Rüdiger Nehberg
Survival-Lexikon

SERIE PIPER

Zu diesem Buch

Es ist noch gar nicht so lange her, daß Menschen wirklich nur überleben konnten, wenn sie sich in der Natur auskannten und sich zu helfen wußten. Genau dieses Wissen möchte Rüdiger Nehberg, Deutschlands berühmtester Abenteurer und Überlebenskünstler, wieder aktivieren. Er hat sein gesammeltes Know-how und seine jahrzehntelange Erfahrung alphabetisch geordnet und in einem »Survival-Lexikon« zusammengestellt. Von A wie Abseilen bis Z wie Zivilcourage erfährt man alles über Laien-Chirurgie, Orientierung in der Wildnis, über Haie, Meerwasser-Entsalzung, Giftschlangen und vieles mehr – eine unendliche Quelle manchmal überraschend einfacher Tips, sich selbst zu helfen. Rund 1500 Stichwörter vermitteln locker, leicht verständlich und humorvoll alles Wissenswerte für das Überleben in der freien Natur. Über 500 erklärende Zeichnungen sorgen für Verständnis, wo Worte nicht ausreichen. Kompaktes Wissen, das Leben retten kann – im Zweifel das eigene!

Rüdiger Nehberg, 1935 geboren, ist Deutschlands bekanntester Abenteurer und Überlebenskünstler. Schon seit Anfang der siebziger Jahre macht er immer wieder mit seinen gefährlichen und strapazenreichen Expeditionen Schlagzeilen – ebenso mit seinem Engagement für die Rettung der Yanomami, die Erhaltung des Regenwalds und zuletzt mit der Gründung von »TARGET«, einer Initiative gegen die Verstümmelung von Frauen. Seine waghalsigen Reisen sind in vielen erfolgreichen Büchern nachzulesen. Zuletzt wurden ihm der Weitsicht-Preis für Menschenrechte sowie das Bundesverdienstkreuz am Bande verliehen. Weiteres zum Autor: www.ruediger-nehberg.de

Rüdiger Nehberg
Survival-Lexikon

Mit Zeichnungen von
Julia Klaustermeyer

Piper München Zürich

Von Rüdiger Nehberg liegen in der Serie Piper vor:
Überleben in der Wüste Danakil (1809)
Survival-Abenteuer vor der Haustür (2715)
Medizin Survival (2717)
Survival-Lexikon (3055)
Abenteuer am Blauen Nil/Drei Mann, ein Boot, zum Rudolfsee (Doppelband, 3251)
Mit dem Baum über den Atlantik (3607)
Die Yanomami-Indianer (3922)
Echt verrückt! (4324)
Überleben ums Verrecken (4410, 4732)
Abenteuer Urwald (4596)

FSC

Dieses Taschenbuch wurde auf FSC-zertifiziertem Papier gedruckt. FSC (Forest Stewardship Council) ist eine nichtstaatliche, gemeinnützige Organisation, die sich für eine ökologische und sozialverantwortliche Nutzung der Wälder unserer Erde einsetzt (vgl. Logo auf der Umschlagrückseite).

Ungekürzte Taschenbuchausgabe
Piper Verlag GmbH, München
1. Auflage Mai 2000
8. Auflage Juli 2006

Umschlag: Büro Hamburg
Stefanie Oberbeck, Katrin Hoffmann
Foto Umschlagvorderseite: Ulrich Krafzik
Foto Umschlagrückseite: Annette Weber/Rüdiger Nehberg
Satz: Verlagsservice G. Pfeifer/EDV-Fotosatz Huber, Germering
Papier: Munken Print von Arctic Paper Munkedals AB, Schweden
Druck und Bindung: Clausen & Bosse, Leck
Printed in Germany
ISBN-13: 978-3-492-23055-1
ISBN-10: 3-492-23055-5

www.piper.de

Vorwort

Liebe Survival-Freunde,

das vorliegende Buch ist die Summe meines Wissens. Es enthält alles, was ich in meinen vier Klassikern

Die Kunst zu überleben
Medizin Survival
Let's fetz (Taschenbuchausgabe unter dem Titel »Survival-Abenteuer vor der Haustür«) und
Survival-Training

veröffentlicht habe, und das, was ich inzwischen dazugelernt habe. Denn Survival lernt man nie aus.
Im Unterschied zu den vorangegangenen Büchern habe ich – wie es sich für ein Lexikon gehört – auf Anekdoten verzichtet und alles (weitgehend) auf das sachlich Wichtige reduziert. Damit es deswegen nicht zu reiner Sachlichkeit verkümmert, sondern auch einen gewissen Lesewert hat, habe ich mir erlaubt, es mit einigen, manchmal nicht so verbissen-ernst zu nehmenden Bemerkungen aufzulockern. Zwar geht es beim Survival bekanntlich ums nackte Überleben, und das ist letztlich eine ernste Angelegenheit, aber etwas Galgenhumor läßt selbst schlimmste Situationen besser ertragen. Auch die allerletzte, die jeder irgendwann erleben wird.
Denn eines kann dieses Buch nicht: jemanden unsterblich machen. Auch Survivors überleben nicht alles. Das Lexikon kann nur helfen, dem unnötig vorzeitigen Tod ein Schnippchen zu schlagen. Es kann verlorengegangene Instinkte und Fertigkeiten reaktivieren. Es soll bewahren vorm Ableiten in die zivilisatorische Degenerierung. Es soll Abenteuer ermöglichen, die man sich sonst nie zugetraut hätte. Und es soll dem Leben eine stärkere Dynamik geben und dem Dasein eine höhere Intensität und Erfüllung.

Das wünscht sich Euer

Rüdiger Nehberg

Zeichenerklärung

 Gefahr

 Beachten!

 Naturschutz

 Besonderer Tip

 Kleiner Gag

A

Aale. Wem es gelingt, einen A. zu fangen, der hat eine Kompakt-Mahlzeit. Denn der A. enthält nicht nur Eiweiß, sondern auch viel Fett. Und außerdem schmeckt er gut. Vor allem geräuchert.

Bevor er sich jedoch räuchern läßt, muß man ihn fangen. Und das geschieht in erster Linie mit Würmern. A. sind ganz verrückt auf Würmer und riechen sie mit der Strömung auf 100 Meter Entfernung.

Am besten fängt man sie des Nachts. Als Haken sollte man möglichst einen Zwilling oder Dreifachhaken nehmen, plus Stahlvorfach, eine kräftige Sehne und unbedingt einen Wirbel, wenn man die Angel unbeobachtet liegenläßt. Denn A. drehen sich stundenlang um die eigene und der Sehne Achse und kriegen Knoten zustande, die kein Mensch mehr öffnen kann – nur noch die Schere.

Ökonomischer als die einfache Angel ist die Methode, ein Seil über einen Bach zu spannen und daran *mehrere Ein*-Meter-Sehnen mit Wirbel, Haken und Wurm zu hängen.

Wer keine Haken hat, kann A. »pöttern«. Dazu benötigt man 20 Würmer, die getötet werden (an beiden Enden einen halben Zentimeter abschneiden). Die toten Würmer werden mit einer Stopfnadel hintereinander auf einen dicken Woll- oder doppelten Zwirnsfaden gezogen. Dieses über einen Meter lange Wurmband wird um ein kleines Wollknäuel gewickelt. Mit einem anderem Zwirnsfaden wird das Wurmband so gesichert, daß es sich nicht selbst abwickeln kann.

Das Wurmknäuel wird mit einem soliden Bindfaden (100 cm) an einen Angelstock (200 cm) gehängt und bei Dunkelheit ins Wasser gehalten. Nicht reden, nicht bewegen, keinen Mond von hinten. Neben der Angel hat man entweder einen großen Kescher oder einen aufgeblasenen Gummischlauch, in dem ein Netz hängt. Das Netz umschnürt man taillenmäßig. Für dunkle Nächte markiert man die Oberfläche des Schlauchs mit Silberpapier, damit man ihn gut sieht. Der so präparierte Schlauch schwimmt neben der Angel und ist an Land gesichert.

Sobald ein A. sich in dem Wurmknäuel verbissen hat, entsteht ein überraschend starker Zug an der Angel. Der Fisch möchte den Wurm abreißen, aber er schafft es nicht, weil der Faden widersteht. In seiner Gier läßt er nicht los, sondern verbeißt sich im Garn. Wenn das geschieht, muß man, *ohne zu rucken*, das Knäuel *langsam* anheben, über den Schlauch manövrieren und – flupp! – ist die Mahlzeit gesichert (Zeichnung).

A. lassen sich auch gut in → Fischreusen fangen, wenn man sie mit Würmern (im Strumpf eingewickelt) beködert.

Eine weitere Methode ist der Fang von A. mit verwesendem Aas. Man

legt die soften Leichen, eingewickelt in ein grobmaschiges Netz, über Nacht ins Wasser. Wenn man Glück hat, fressen sich gleich mehrere Tiere in den Kadaver. Beim Rausziehen ist darauf zu achten, daß dies schnell und ohne zu rucken geschieht.

☺ **Aas.** Wenn lebendes Fleisch irgendwann einmal zu A. geworden ist (ein Schicksal, das jedem von uns blüht), ist das kein Grund zur Trauer, sondern eher zum Feiern. Aas hat keine Sorgen mehr, und A. ist nützlich. Hier ist die große Gelegenheit für die Natur, sich das wiederzuholen, was ihr das A. zu Lebzeiten entnommen hat. Recycling. Und der aasüberlebende Survivor hat hier eine nicht zu verachtende Chance, mögliche Notsituationen etwas besser zu gestalten. Denn A. ist Rohstoff.

Für den menschlichen Genuß ist A. allerdings schon in dem Moment ungeeignet, wo man den *geringsten* Verwesungsgeruch erschnuppern kann. Dann bestünde jedoch zumindest die Möglichkeit, das verwesende Fleisch als Köder für z.B. Fische zu verwenden.

Wer erkältet ist und nicht riechen kann, sollte schauen, ob die grünen Fliegen bereits mit Landeanflügen begonnen haben. Ist das der Fall, kommt man als Mensch leider zu spät. Jetzt beginnt Verwertungsplan II: Man nutzt den Fleiß der Fliegen! Sie legen ihre Eier im Aas ab, und schon nach Stunden schlüpfen daraus die dicken, fetten, ei-weißen Maden. Wenn man sie *gut gewaschen und gekocht* hat, sind sie geradezu ein Leckerbissen für jeden Verhungernden. Oder sie sind Köder, für die jeder Fisch Schlange stehen würde, sofern man überhaupt bereit ist, ihm von dem opulent-lukullischen Mahl abzugeben.

Abbinden ist das Stoppen einer starken Blutung nach schweren Unfällen oder vor Operationen. Entweder werden fühlbare Schlagadern von Hand, per → Druckverband oder per Ader-Presse (Zeichnung) zum Stillstand gebracht. Man er-

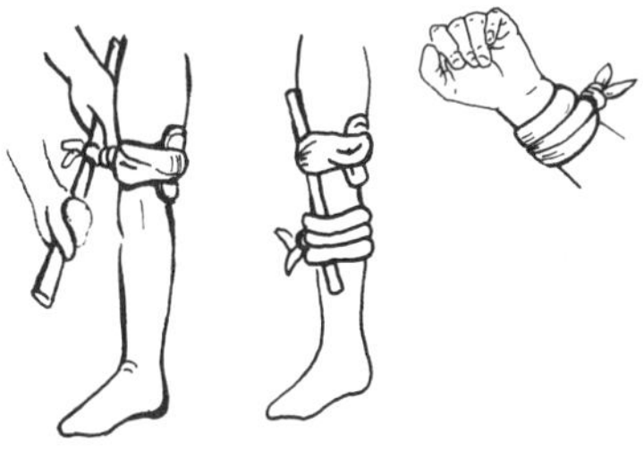

kennt die gelungene Abbindung am Erblassen des abgeschnürten Körperteils. Nach spätestens zwei Stunden muß die Abbindung gelöst werden. Sonst treten unheilbare Schäden des nicht durchbluteten Gewebes ein.

Abenteuer ist das erlernbare besondere Erlebnis, bei dem Mann und Frau spüren können, inwieweit sie noch intakte Lebewesen sind, die auch weitgehend ohne die Vorteile des zivilisatorischen Lebens und völlig ohne Reiseunternehmen auskommen. A. ist das unwiederbringliche Erlebnis auf eigene Faust. Es hängt nicht ab vom Alter, Geschlecht, Geldbeutel oder von der Kondition. A. kann man gratis erleben. Es ist eine Mischung aus Planung und Zufall, Vorbereitung und Training, Neugier und Fantasie, Persönlichkeitserfahrung und Grenzerweiterung, Bereitschaft zum Risiko und Bestehen gegen Naturgewalten, Rückbesinnung auf vergangene Lebensformen und Studium gegenwärtiger fremder Lebensweisen. Es wird zur unauslöschlichen Erfüllung bei Ausrichtung auf ein sinnvolles Ziel.

Abhöranlagen sind einfach selbst herzustellen. Eine Möglichkeit innerhalb des Hauses und nachbarschaftlicher Umgebung ist die Verwendung der Baby-Warnanlage. Im abzuhörenden Raum wird das Mikro an die Steckdose angeschlossen, und in einem anderen Raum (Etage, Haus) kann man empfangen. Lieferant ist der Baby-Bedarfshandel.
Wer zum Abhören außerhalb des Hauses gezwungen ist, bastelt sich ein zigarettenschachtelgroßes Gerät, dessen Bauteile (9-Volt-Batterie, Mikrofon, Sender, Antenne) es fertig montiert und billig im Radio-Elektronik-Handel gibt. Empfang möglich im Umkreis von 100 Metern auf UKW im Radio.

Zwei weitere, aber eher einfache Möglichkeiten des Lauschens durch Wände hindurch sind das Abhören mit dem Stethoskop oder das mit einer umgestülpten Dose, in deren Boden man einen Schlauch zum Abhören einpaßt.
Weiß man, daß man abgehört wird, ist es wichtig, lauten Nebenlärm zu erzeugen und sich selbst nur flüsternd zu unterhalten.

Abhorchen. Darunter versteht man vor allem das A. der *Brust*organe, um veränderte Herztöne und eventuelle Rasselgeräusche der Lunge wahrzunehmen als Indikator für Herzleiden und Lungenerkrankungen. Wer das dafür nötige Stethoskop nicht hat, kann sich mit einem Trichter behelfen. Auch eine Blechdose mit von außen in den Boden gestecktem Schlauch oder Rohr erfüllt diesen Zweck.

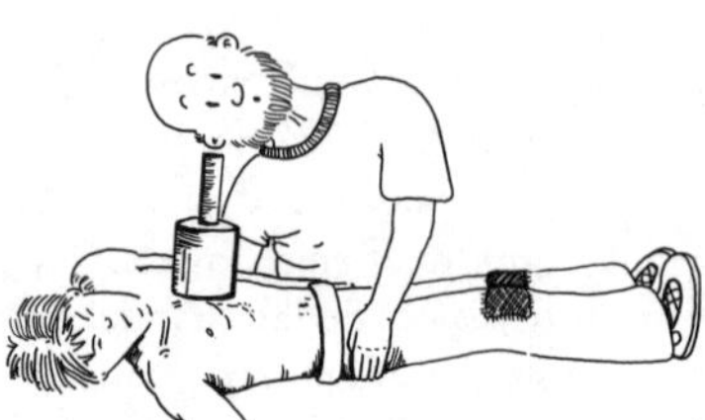

Abseil-Achter. Bergsteiger-Ausrüstungsteil, mit dem man sich bequem und seil- und kraftschonend an einer Steilwand abseilen kann.

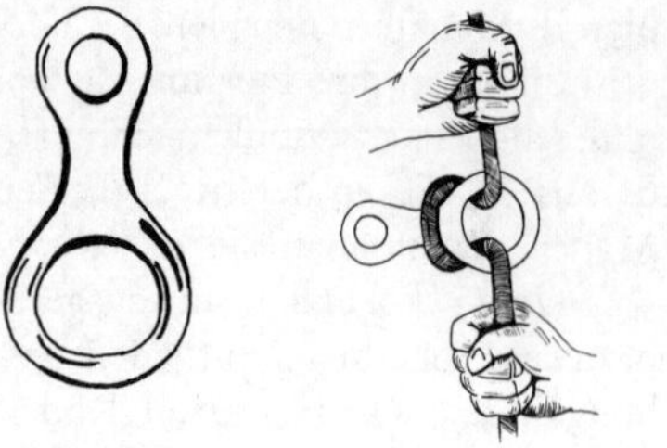

Abseilen ist die Kunst, sich mit ausreichend kräftigem Seil mit geringstmöglichem Aufwand an senkrechter Wand hinabzulassen.

- *Ohne* Karabiner und Sitzgurt → Dülfersitz
- Mit Körpergurt und Abseil-Achter → Abseilachter
- Mit Körpergurt und Karabiner

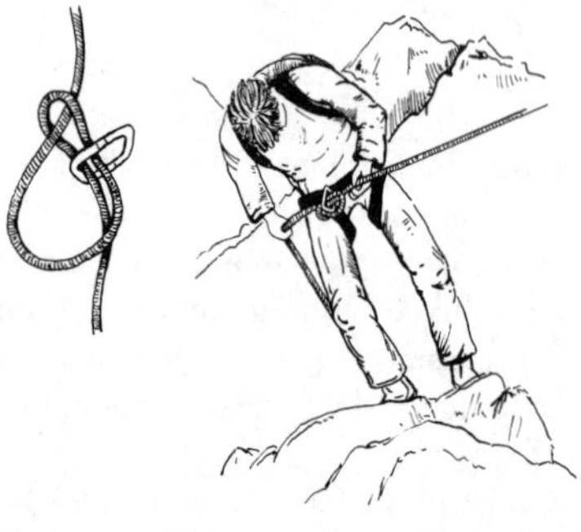

Absturz, Flugzeug- → Flugzeugabsturz

Abtreibung ist für manche Frauen oft der einzige Ausweg aus einer unhaltbaren Situation. Zum Beispiel nach Vergewaltigung oder in sozialer oder gesundheitlicher Notlage. Das vom Marburger Ärztebund als schonendstes und ungefährlichstes Mittel eingestufte *RU 486* der Firma Hoechst ist in Deutschland noch (Stand: 1998) umstritten, in vielen westeuropäischen Ländern aber erhältlich.

Abwehr, Mücken- → Insektenschutz

Abwehrspray. Da gibt es zwei Arten; und zwar das herkömmliche CS-Reizgas und das neue Chili-Pfeffer-Spray. Beide wirken auf maximal vier Metern. Das Pfeffer-Spray gilt als das viel wirksamere. Es erzielt augenblickliche und nachhaltige Wirkung auf Augen, Nase und Schleimhäute. Es bringt angeblich sogar Bären zum Stehen, darf aber dennoch in Deutschland »nur zur Abwehr aggressiver Tiere« verwendet werden. In den USA ist Pfeffer-Spray eine Waffe der Polizei, weil es wirksamer ist und weniger gesundheitsschädlich als CS-Gas. In Ländern wie Belgien, USA und der Schweiz gibt es beide Abwehrsprays und CS-Gas auch in stärkerer Konzentration als in Deutschland. In Bären-Gegenden gibt es die Spraydosen auch als »Großtank«.
Achtung: Nicht gegen den Wind sprühen! Nicht sprühen bei Distanzen unter einem Meter! Vom Pfeffer getroffene Stellen sofort mit viel Wasser abwaschen.

Ader, Vernähen einer → Vernähen einer Ader

Aderklemme ist eine Art Flachzange. Sie sieht aus wie eine Schere. Beim Abklemmen der Ader rastet sie ein und bleibt geschlossen.
→ Operationsinstrumente

Adern, Krampf- → Krampfadern

Adrenalin ist die körpereigene Droge, die in Gefahren- und Streßsituationen vom Nebennierenmark ausgeschüttet wird. Fast mit Lichtgeschwindigkeit beschleunigt sie u.a. Herzschlag, Reaktionsvermögen und Kraft. Sie macht dich mutig, stark und schnell. Zu deutsch: Sie verwandelt eine Schlaftablette in eine Revolverkugel.

AIDS (Aquired Immune Deficiency Syndrome), 1980 entdeckte, durch HTL-Viren verursachte Infektionskrankheit, die zu unheilbaren (Stand: 1998) Störungen der Immunabwehr führt. Übertragung vor allem durch Geschlechtsverkehr über Haarrisse in Schleimhäuten (besondere Gefahr: Rektaler Geschlechtsverkehr), durch Verwendung unsteriler Injektionsnadeln, durch Bluttransfusion und Blutkontakt vom Kranken auf Mikrowunden des Gesunden (z.B. bei Unfällen), blutsaugende Insekten.

Vorbeugung: Kondome beim Geschlechtsverkehr und Gummihandschuhe bei Kontakten mit dem Blut Verunglückter. Gesichtsschutz bei Operationen.

Akupressur ist eine Möglichkeit alternativer Selbstbehandlung. Sie stammt aus China. Wie weit sie jedem einzelnen hilft, möge er rechtzeitig ausprobieren. Hier sei die gegen Kopfschmerzen genannt. Spätestens, wenn man von anderen Behandlungen abgeschnitten ist (z.B. Haft), sollte man sich der A. erinnern. Es ist eine Druckmassage, mit der gestaute und schmerzverursachende Körperenergie aufgelöst und wieder in Fluß gebracht wird. 5 Sekunden bis 2 Minuten werden die betreffenden Punkte (in der Phase des Ausatmens) gedrückt oder kreisend massiert. (→ Akupunktur)

✍ Manche Volkshochschulen erteilen A.-Kurse.
→ Buch *Kopfschmerzen und Migräne*, Stiftung Warentest (Anhang)

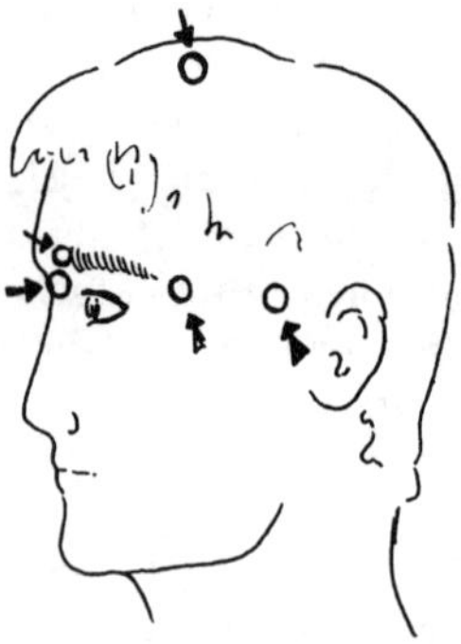

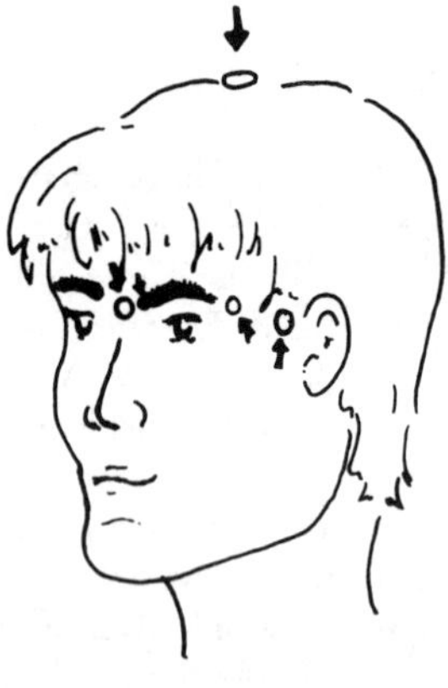

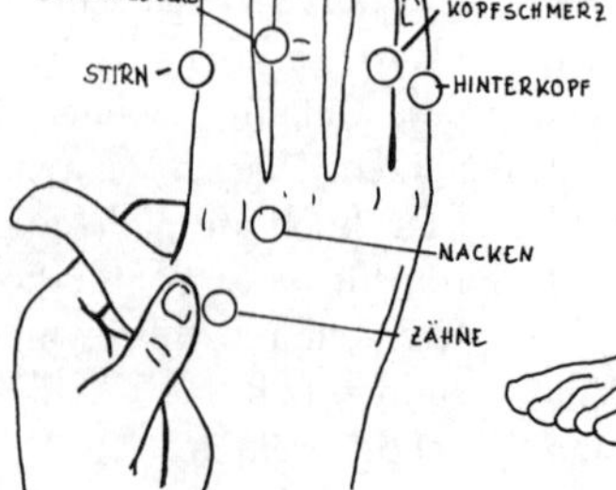

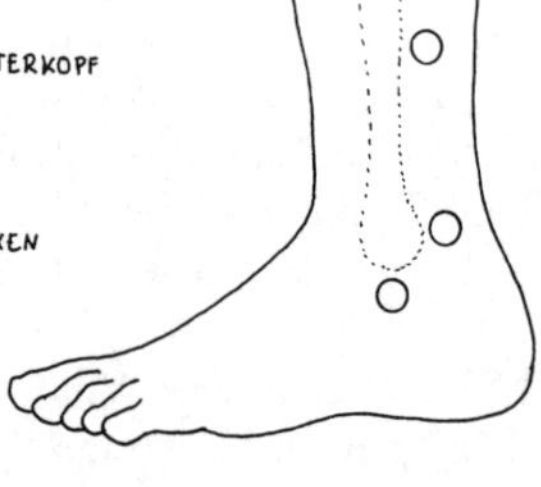

Akupunktur ist, genau wie → Akupressur, eine alternative Behandlungsmöglichkeit u.a. von Kopfschmerzen. Man benötigt nur eine A.-Nadel und die Kenntnis der Einstichpunkte. Ehe man unter dem Schmerz leidet, weil andere Behandlungen nicht anschlagen oder möglich sind (Haft, Abgeschiedenheit) sollte man sich der A. erinnern. A. kann bei *akuten* Kopfschmerzen und bei Migräne *und prophylaktisch* angewandt werden. Der Einstich löst einen physikalischen schmerzlosen Reiz aus, der auf komplizierten Wegen ins Mittelhirn gelangt und dort schmerzstillend verarbeitet wird.

☞ Unbedingt sollte man sich die Einstichpunkte von einem Fachmann zeigen lassen. Die Nadel muß steril sein. Die Behandlung soll im Liegen erfolgen. Zehn Sitzungen sollen mindestens ein Jahr Schmerzfreiheit vermitteln.

Alarmanlagen kann man im Globetrotter-Fachhandel kaufen oder selbst basteln. Sie sind klein, preiswert und wirken infrarot oder mechanisch. Sie geben einen unüberhörbaren Ton ab und sichern damit das Haus, Hotelzimmer oder Gepäck gegen Diebstahl und das Camp gegen herannahende Tiere. Sie wekken den müdesten Schläfer und erschrecken den ungebetenen Gast.

Wer eine A. improvisieren muß, kann dies mittels irgendwelcher Gegenstände, die bei Berührung lärmend umstürzen.

Weitere Möglichkeit:

a) Schreckschuß-Mausefalle

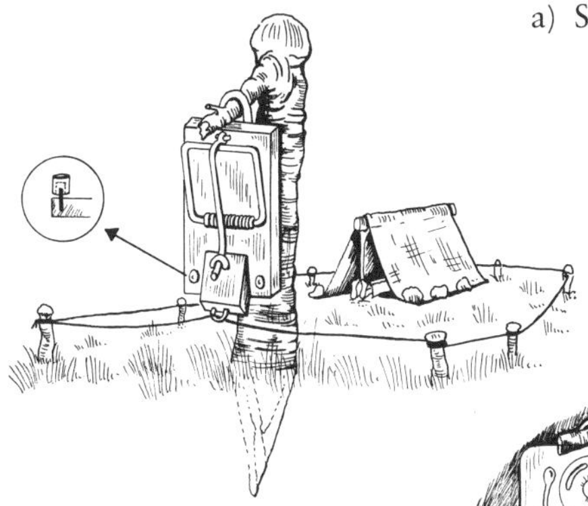

b) Klingel mit Batterie und Wäscheklammer-Schalter

Alibi. Ein A. muß *vorher* ausgearbeitet werden und hieb- und stichfest sein. Hat es Lücken, ist es ein Indiz *gegen* dich. Beispiel: Du willst jemanden telefonisch warnen. Mach es nie von zu Hause oder dem Hotel aus. Immer aus einer Telefonzelle. Die werden nur sehr selten abgehört. Geh nie zweimal in dieselbe Zelle. Rechne stets damit, beobachtet zu werden. Wähl die Nummer so, daß sie niemand nachvollziehen kann. Sprich so, daß deine Lippen nicht zu lesen sind. Wähl die Nummer des zu Warnenden und übermittle in *einem* Satz, was zu sagen ist. So schnell kann man nicht auf Fangschaltung gehen. Dann häng ein und wähle z.B. ein Reisebüro. Erkundige dich nach dem Namen des Reisebüro-Angestellten und der Abfahrt eines Zuges. Notier dir das auf einem Zettel. Der Angestellte ist später dein Zeuge. Du mußt zeitlich in der Lage sein, den Zug notfalls tatsächlich zu benutzen. Und du mußt einen Grund haben, warum du den anvisierten Ort anfahren willst: »Um ein Theaterstück zu besuchen.« Dieses Theaterstück muß wirklich aufgeführt werden. Warum du zweimal angerufen hast? »Weil das Reisebüro beim erstenmal besetzt war.« Warum du nicht vom Hotel aus angerufen hast? »Weil mein Telefon tot war.« Dafür hast du vorher durch Lösen eines Kontaktes gesorgt. Und natürlich besitzt du zu Hause keinen Fahrplan.

Alkohol ist das Endprodukt der alkoholischen Vergärung von Zucker mit Hilfe von Hefen. Er ist ein weitverbreitetes Genußmittel, das schon in *kleinsten* Mengen die Empfindlichkeit der Sinne mindert. Deshalb wird ein Survivor Alkohol dann *völlig* meiden, wenn seine Reaktionsschnelle gefordert ist (Autofahren, gefährliche Vorhaben, exakte Arbeiten etc.).
Andererseits ist Alkohol, weil überall käuflich, bei chirurgischen Operationen *das* Mittel der Wahl für eine → Narkose.

Alleinreisende Frauen → Frauen, alleinreisende

Alleinreisende Männer → Männer, alleinreisende

Allergie ist die Überempfindlichkeit des Körpers gegen Reizstoffe. Das kann alles mögliche sein. Vom Gräserpollen bis zum Kuscheltier. In der Zivilisation gibt es medizinische Tests, um die Ursache zu klären. Unterwegs muß man überlegen, welcher reisebedingte neuartige Einfluß auf den Körper verursachend gewesen sein könnte (z. B. Lebensmittel, Medikamente). Spürt man bei erneutem Kontakt mit dem Verdachtsobjekt einen instinktiven Widerwillen? Treten die Allergien nach Kontakt wieder auf?
Der Reisende hat dann die Möglichkeit, die Umgebung und Lebensgewohnheit konsequent zu ändern und – sofern vorhanden – die Symptome zu behandeln mit Glukokortikoiden, Adrenalin oder Kalzium. Im Ausland sind die Medikamente meist re-

zeptlos zu kaufen. Auch der Versuch, in Meerwasser zu baden und sich der Sonne auszusetzen, kann von Fall zu Fall heilend sein.

Alphabet
(Internationale Buchstabierhilfe)

A Alpha
B Bravo
C Charlie
D Delta
E Echo (sprich: Eko)
F Foxtrott
G Golf
H Hotel
I India
J Julia
K Kilo
L Lima
M Mike (sprich: maik)
N November
O Oscar
P Papa
Q Quebec
R Romeo
S Sierra
T Tango
U Uniform (sprich: juniform)
V Victor
W Whisky
X X-ray (sprich: ix-rey)
Y Yankee (sprich: jenki)
Z Zulu

1 Unaone (sprich: una uann)
2 Bissotwo (sprich: bisso tu)
3 Terrathree (sprich: terra ßri)
4 Kartefour (sprich: kartefor)
5 Pantafive (sprich: panta faif)
6 Soxisix
7 Setteseven
8 Oktoeight (sprich: okto eht)
9 Novenine (sprich: nove nain)
0 Nadazero (sprich: nadasehro)

Alphabet, Morse- → Morsealphabet

Altern ist ein dynamischer Vorgang, der mit der Geburt beginnt. Natur sei Dank trifft es Arm und Reich und ist einer der wenigen gerechten Dinge auf Mutter Erde. Mit zunehmendem Alter verliert der Körper die Fähigkeit, seine Organe mit Wasser zu füllen, das ihm in jüngeren Jahren die prallen Formen verliehen hat. Bewegungsdrang und Impulsivität nehmen ab. Die Haut schrumpelt, die Statur schrumpft, die Kraft läßt nach, die Knochen verspröden. Sie brechen schneller und heilen langsamer (beim 60jährigen fünfmal so langsam wie bei einem 10jährigen Kind!). Also ist Vorsicht bei Kraftsportarten angesagt. Das Gehör und die Sehkraft lassen nach, die Haut wird dünn und zeigt Altersflecken, die Fingernägel werden spröde, Haare und Zähne verabschieden sich. Die Lunge leistet weniger, das Hirn schaltet auf Sparflamme. Die Merkfähigkeit schrumpft bis hin zu extremer Vergeßlichkeit. Das Langzeitgedächtnis triumphiert über das Kurzzeitgedächtnis. Bei einigen Menschen äußert sich A. auch in Eigenbrötlerei und Besserwisserei.
Aber A. muß nicht gleichbedeutend sein mit Resignation, Angst, Jammern und Warten auf den Tod. Auf jedem Tod baut neues Leben auf.

Grauenhaft die Vorstellung, daß wir alle unsterblich wären! Viele Nachteile des A. kann man kompensieren mit den Vorteilen: zunehmende Kombinations- und kritische Denkfähigkeit. Nimm dir ein Beispiel an alten Meistern aus Kunst und Politik, die erst im Alter ihre Genialität entfaltet haben. Nutz die entstandenen Freiräume, die früher mit Beruf und Familie belegt waren, mit der Entfaltung deiner anderen Interessen. Setz dir lohnende Ziele. Übernimm Verantwortung, beschäftige dich geistig mit sinnvollen Aufgaben und körperlich mit Sport. Nur ein Körper, der nicht gefordert wird, altert wirklich. Ernähre dich gesund und halte auch ohne zwingende Pflicht einen Tagesrhythmus ein: je acht Stunden Arbeit, Muße und Schlaf. Je ausgefüllter du deinen Lebensausklang zu gestalten weißt, desto weniger Zeit hat der Körper – über die Faktoren fehlende Aufgaben und Verantwortung, Langeweile, Unzufriedenheit – sich in Krankheit und Siechtum zu flüchten. Altern ist, wie das → Sterben, eine Frage der Würde.

Aluminium-Folie ist ein sehr vielseitig verwendbares Hilfsmittel. Man kann sie sich wie einen Poncho über das Unterhemd ziehen und hat so eine ausgezeichnete Isolation gegen Kälte.

Sie kann zur Mütze geformt, als Regenschutz eingesetzt, als Handschuh über die Hände gezogen werden. Natürlich ist sie der ideale Ersatz-Topf beim Garen von Lebensmitteln wie Kartoffeln und Fisch. Die Lebensmittel werden darin eingewickelt und in die Glut gelegt. Alufolie verbrennt nicht. Sie ist darüber hinaus ein wirksames Signalmittel, das Licht reflektiert und von Radar wahrgenommen wird. Wer Alufolie zum Dauer-Signal umfunktionieren will, schneidet sie in Streifen und hängt sie wie Wäsche auf eine Leine. Sie ist der ideale Reflektor der Feuerwärme, wenn man sie senkrecht aufspannt und sich zwischen sie und das Feuer legt. Sie ist ein brauchbarer Isolationsmattenersatz.

Ihr Nachteil: Sie reißt leicht. Bei der Herstellung eines Behelfs-Ponchos kann man das ausgleichen, indem man sie zwischen Zeitungsseiten legt und Papier nebst Folie zum Poncho verarbeitet.

Amöbenruhr → Ruhr

Amputation eines Körperteils stellt den *Nicht*chirurgen vor eine schwierige Aufgabe. Und nur für ihn ist dieser Absatz bestimmt. Sie kann beispielsweise erforderlich werden bei Zerquetschung eines Gliedes oder bei Vipernbiß. Wenn also der Kreislauf in dem betreffenden Glied hoffnungslos gestört, dem Patienten der Tod sicher und keine Hilfe in Aussicht ist. Und wenn er einverstanden ist.
Die → Narkose erfolgt im Notfalle per Alkohol. Die örtliche → Betäu-

bung mit Mitteln der Reiseapotheke oder per Vereisung. Wenn nichts dergleichen zur Verfügung steht, wird mit Schnelligkeit gearbeitet: Das betroffene Glied wird auf eine feste Unterlage gelegt, möglichst angebunden und mit dem Beil oder Messer und Stein in *einem* Streich abgetrennt. Die nächstgelegene Schlagader zwischen Herz und Wunde wurde vorher abgebunden (→ Abbinden). Wenn Eile geboten ist, kann die Schlagader unmittelbar *nachher* abgebunden werden. Blutungen reinigen die Wunde. Nachblutende Adern werden mit glühendem Messer kurz angetippt und verschlossen. Oder der gesamte Stumpf wird ganz kurz in siedendes Fett getaucht. Die Hitze schließt die Adern und sorgt für die Sterilisation der Wunde.
Abschließend → Druckverband anlegen und die Abbindung lockern.
Steht ein Lokal-Anästhetikum zur Verfügung, wird örtlich betäubt (→ Injektionstechnik), das Fleisch rund um den abzutrennenden Knochen durchschnitten und der Knochen per Knochen- oder Eisensäge oder mittels einer Rosenschere abgetrennt.

☺ Das Amputat bleibt Eigentum des Besitzers und ist in Notzeiten ein geeigneter Köder.

☞ *Achtung:* In Gegenden mit fleischfressenden Großraubtieren (Bären, Katzen, Wölfen etc.) anschließend erhöhte Aufmerksamkeit notwendig.

Angelhaken improvisieren zu lernen, ist schon beim Training wichtig.

Denn häufig ist Fisch die am ehesten erreichbare und schmackhafteste Nahrungsquelle. Angelhaken *ohne* Widerhaken fangen einen Fisch nur, wenn er vom Moment des Bisses an *in einem Rutsch* aus dem Wasser gezogen wird. Die Leine darf nie lokker gelassen werden. Das erreicht man am ehesten, wenn man mit der Leine landeinwärts *läuft*, bis der Fisch auf Land liegt.

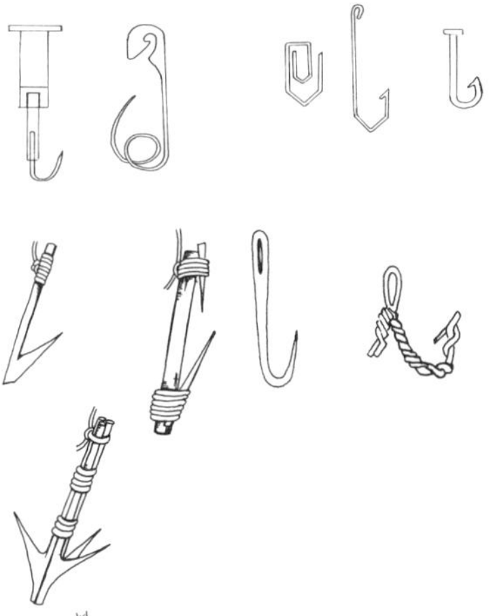

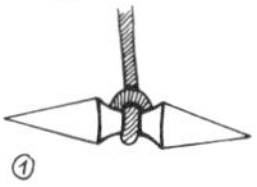

①

②

③

Die hier gezeichneten und teilweise plump wirkenden Haken funktionieren kaum in unseren deutschen Gewässern. Aber sie helfen in ferner Wildnis, wo die Fische groß sind und das Angeln noch nicht kennen.

Angeln ist manchmal leicht. Einmal dort, wo sonst nie geangelt wird. Zum anderen in den Trockenzeiten, wenn die Wasserläufe zu Bächen geschrumpft und alle Fische auf engem Raum zusammengedrängt sind.
In übrigen Fällen muß man sich die Eigenschaften eines Reihers zu eigen machen. Das heißt, man ist leise und bringt Geduld mit. Man bewegt sich ohne Erschütterungen am Ufer, vermeidet es, seinen Schatten ins Wasser zu werfen (hat die Sonne also von vorn), und weiß, daß Fische morgens und nachmittags am liebsten beißen. Man versucht, die bestmöglichen Köder herauszufinden. Gern genommen werden Würmer, Insekten, Frischfleischabfälle, blutig-eitrige Pflaster, gebrauchte Tampons. Aber je nach Gier der Fische genügen auch rote Stoff-Fetzen, blinkendes Metall (Teelöffel) und artfremde Köder wie Maiskörner und rote Beeren, Teig und das Weiße vom Brötchen, das man mit Margarine zu einer Knetmasse vermischt hat. Die Köder werden über den Haken gezogen und sollten ihn bestmöglich verbergen.
Man denkt sich in die Fische hinein. Einige halten sich lieber in Verstecken (Ufergebüsch) auf, andere leben mitten im Strom oder lauern unterhalb von Wasserturbulenzen. Nachts kann man Fische mit Licht anlocken: einer still über dem Wasser hängenden Taschenlampe (→ Fischspeer) oder einem am Ufer brennenden Feuer.

☞ Die Angel besteht aus einer Nylonsehne, notfalls irgendeinem Bindfaden. Am unteren Ende befestigt man den Haken (*Merke*: Wichtig ist, genügend *winzige* Haken mitzunehmen, weil es immer leichter ist, die Jungfische am Ufer zu erwischen. Davon fängt man entweder viele und ißt sie wie Ölsardinen, oder man nimmt sie als Köder für große).
Ein Kügelchen Blei oder ein Steinchen, etwas oberhalb des Hakens, sorgen dafür, daß Haken und Köder absinken. Das ist vor allem in der Strömung wichtig.
Wer Fische mit scharfen Zähnen fangen will (Piranhas), befestigt die stabilen(!) Haken an 20 cm langem Draht (oder Kette) und diesen dann an der Sehne.
Ein trockener Ast, ein Korken o. ä. dienen als Schwimmer. Mit ihnen bestimmt man, wie tief der Haken untergehen soll. Denn manche Fische wühlen lieber auf dem Grund, andere schwimmen nahe der Oberfläche. Gleichzeitig zeigt der Schwimmer durch Rucken und Untergehen an, wann ein Fisch gebissen hat. Die gesamte Angel wickelt man auf ein kleines Brettchen, wenn man sie im Gepäck bei sich führt.
Wenn der Schwimmer zunächst nur nippelnde Bewegungen macht, prüft der Fisch den Köder. Laß ihm Zeit. Nicht alle Fische schnappen sofort

gierig zu. Warte, bis der Schwimmer unter die Wasseroberfläche gezogen wird. Dann rucke kurz, aber kräftig an der Sehne, damit der Haken sich im Fleisch des Fisches festsetzt. Laß den Fisch zunächst ein wenig kämpfen, damit er ermüdet. Zieh ihn sanft zu dir heran und gib Leine nach, wenn er zu stark zieht. Denn wenn der Haken nur in seiner Lippe hängt, könnte die reißen und er wäre frei. Deshalb vermeide auch, ihn aus dem Wasser in die Luft zu heben. Wenn er ermüdet ist, zieh ihn langsam zu dir heran und aufs schräge Ufer.
Die Angel und viele verschiedene Haken sind ein *Muß* für den → Überlebensgürtel.
→ Angelschein → Fische ausnehmen, → Fische, gefährliche, → Fischfang per Reuse etc., → Räuchern

Angeln, automatische finden Anwendung, wenn wenig Angelsehne zur Verfügung steht. In Flüssen genügt ein schwimmender Stock, an dem die Angel befestigt ist. Auf stehenden Gewässern wird sie mit einem Segel aus einem Blatt ausgestattet.
Eine andere Form solcher Treibangel zeigt die Zeichnung.

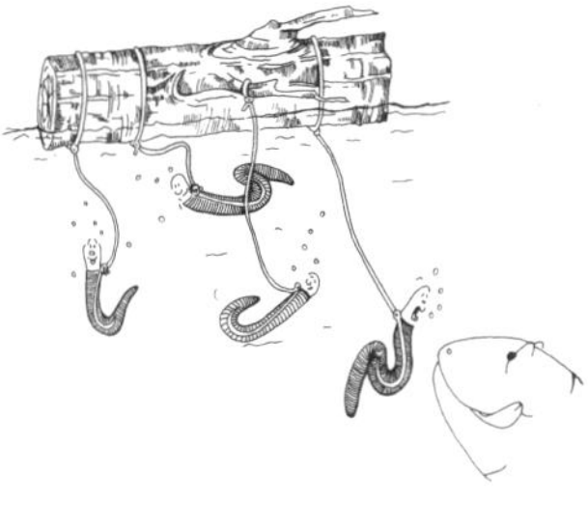

Wer in Eislöchern fischt, hängt die Angel an ein Holzkreuz, das sich mit seinem Wimpel aufrichtet und dem Angler von weitem den Fang signalisiert, sobald ein Fisch am Haken hängt (Zeichnung).

Angelschein → Fischereischein

Angriffe, Tier- → unter dem jeweiligen Tiernamen

Angst und Furcht sind im allgemeinen Sprachgebrauch ein- und dasselbe. Laut Wortklauber allerdings zweierlei. Ihnen zufolge ist Angst die Reaktion auf eine unbestimmte Bedrohung (A. vor Dunkelheit), Furcht hingegen auf eine bestimmte (A. vor dem gegenwärtigen Angriff). Dem Ängstlichen ist das egal: Er macht sich so und so in die

Hosen. Aber: A. ist ein wichtiges natürliches Alarmsignal. Man sollte nie versuchen, sie völlig abzubauen. Durch Training (→ Selbstverteidigung, → Behelfswaffen) und Erfahrung kann man sie in geordnete Bahnen lenken (→ Panik).

A. ist überlebenswichtig. Wer vorgibt, keine Angst zu haben, der lügt. Sie ist jedoch von Mensch zu Mensch verschieden. Durch vorherige Analyse zu erwartender Gefahren, durch Training und Erfahrung kann man lernen, Ängste zu relativieren und die Angstschwelle sinnvoll zu verlagern. Sich rechtzeitig mit Ängsten auseinanderzusetzen, gefährliche Situationen ins → Überlebenstraining aufzunehmen, ist ratsam, damit A. im Ernstfalle nicht zu → Panik oder Lähmung führt.

Anker benötigt jeder, der mit irgendwelchen Fahrzeugen über das Wasser fährt. Vor allem über Seen und Meere. Sie müssen ausreichend schwer sein und genügend Kette oder/und Seil haben. Ein Anker, der infolge eines zu kurzen Seils nur gerade senkrecht bis auf den Grund reicht, wirkt weniger als der, welcher viel Seil und Kette als Vorfach hat. Je nach Unternehmen empfiehlt es sich, zwei Anker zu besitzen.

Flöße, die nur über *ein* statt notwendigerweise *zwei* Steuer verfügen, ziehen einen *Schlepp-Anker* hinter sich her. Das können Steine sein, die man vom Heck aus über Grund hinter sich herzieht. Sie halten das Floß in Fließrichtung und verhindern ein Trudeln. Auf dem Meer kann man fallschirmartige *Schlepp-Anker* hinter sich herziehen, wenn man eine unerwünschte Abdrift verlangsamen möchte. Wichtig ist, sie an derart langer Leine hinter sich herzuschleppen, daß sie nie in derselben Welle wie das Boot liegen, sondern in der nächsten, vielleicht hundert und mehr Meter entfernt heranrollenden.

Als *Schlepp-Anker* wirken z. B. auch zu 90% mit Wasser gefüllte Kanister, die gerade noch an der Oberfläche schweben.

Anker kann man improvisieren. Schwere Steine, am besten in ein Netz gepackt, sind eine Möglichkeit. Eine weitere ist der Anker aus Ästen und einem Stein (Zeichnung).

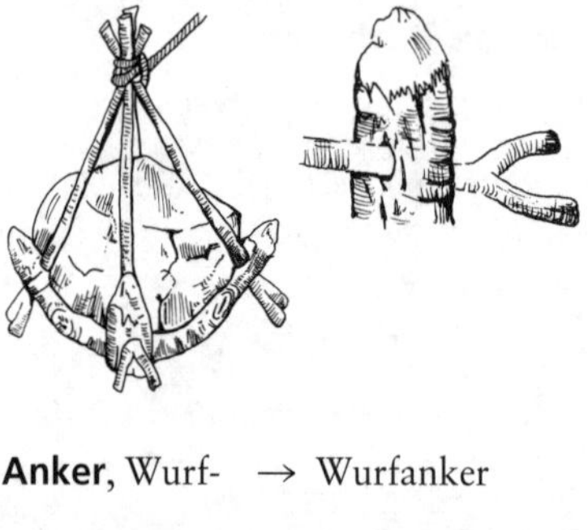

Anker, Wurf- → Wurfanker

Annäherung an Menschen in der Wildnis. Der kürzeste Weg zwischen zwei Menschen ist das Lächeln – vor allem bei Begegnungen mit Menschen, die einsam wohnen und von Natur aus mißtrauisch sind, weil sie mit Fremden schlechte Erfahrungen gemacht haben. Das Lächeln kann verstärkt werden durch Gesten der Demut wie Verneigung, respektvollem Stehenbleiben in gebührendem Abstand und Verschränken der leeren Hände vor der Brust. Man nimmt (als Mann) die Kopfbedekkung ab und die Sonnenbrille und läßt den Besuchten Zeit, sich einen Eindruck zu verschaffen. Nie sollte man in der Dunkelheit ankommen. Schon beim ersten Anblick einer fremden Behausung oder eines Menschen macht man durch Klatschen und lautes Rufen auf sich aufmerksam, um Schreckreaktionen zu vermeiden. Wald-Indianer sagen: »Ein Feind kommt leise, ein Freund kommt laut.« Auch bei uns bevorzugen wir den, der tagsüber an der Tür klingelt, vor dem, der nachts durch den Garten schleicht. Von Land zu Land verschieden sind auch andere Symbole des guten Willens: der Palmzweig, die Blume, Musik, weiße Daunen auf dem Haupthaar oder die Präsentation mit Frau und Kind. Empfehlenswert ist natürlich, zumindest die Begrüßung in der Landessprache zu beherrschen.

Bei Annäherung an Aufständische ist es wichtig, einen landeskundigen Führer oder ein Empfehlungsschreiben zu haben, unbewaffnet zu sein und über die politischen Ziele der Kampftruppe Bescheid zu wissen. Besondere Vorsicht ist geboten mit spionageverdächtiger Ausrüstung wie Kameras oder mit Paßeintragungen der verfeindeten Gegenseite.

Wird einem die Annäherung gestattet und sogar Gastfreundschaft in Form von Dach und Nahrung geboten, muß es selbstverständlich sein, Gegengeschenke anzubieten. Auch Darbietungen wie Gesang, Tanz, Gymnastik, Clownerie, Zaubertricks und medizinische Hilfe sind ein wertvolles Dankeschön an Gastgeber.

Arbeitslosigkeit ist keine Frage des Alters oder der Bildung. Für jeden gibt es irgendwo die erfüllende Tätigkeit. Studier im Branchenbuch der Großstädte alle vorhandenen Berufe und überleg, welchem davon die eigenen Neigungen am ehesten entsprechen. Erwäge auch Tätigkeiten, die du als Alleinarbeiter (ohne Lehre) anbieten und ausführen kannst. Große Chancen haben Individualisten immer im Dienstleistungsgewerbe (vom Schuhputzer bis zum Gartengestalter ...).

Nutz die Beratungsstellen des Arbeitsamtes, der Gewerkschaft, der Handels- und Handwerkskammern. Nutz die vielfältigen Gelegenheiten der angebotenen Kurse.

Mach dich vielseitig, unentbehrlich, konkurrenzlos mit irgendeiner Spezialität, die nur du beherrschst – wie mein Bekannter Alois, der sich eine lebende Ringelnatter durch die Nase, den Kopf, den Rachen krie-

chen und am Mund wieder hervorkommen ließ!
Wichtig bei der Job- oder Kundensuche sind immer ein positives Erscheinungsbild und Zuverlässigkeit.

Armut ist eine der Geißeln der Menschheit. 20% der Menschheit gelten als unterernährt, 50% leiden an Mangelernährung. A. kann eine Folge sein von persönlichem Schicksal (Krankheit, Alter) oder der Zeitereignisse (Krieg, Mißwirtschaft, Überbevölkerung, Katastrophen). Gegenwaffen wären Bildung und soziale Gerechtigkeit, die die meisten Betroffenen nie erleben werden.
Globetrotter sollten ihren Blick für diese Mißstände schärfen. Dann werden sie die Hoffnungslosigkeit der Müllsucher genauso wahrnehmen wie brutale Kindersklaverei. Es wird sie lehren, unsere Demokratie positiver zu bewerten und sie vielleicht sogar veranlassen, sich konkret in ein humanitäres Hilfsprojekt (→ Spenden) einzuschalten. Oder es sollte sie motivieren, selbst etwas in Gang zu setzen. Sei es die Adoption eines Kindes, die Übernahme einer Bürgschaft für Schulbildung oder die kontinuierliche Unterstützung einer Familie. Mit solchen Werken kann man seinen Reiseerlebnissen die krönende Erfüllung geben.
Survivalmäßig muß man wissen, daß ein Mensch, der nichts mehr zu verlieren hat und für den der eigene Tod einen Gewinn darstellt, vor nichts zurückschrecken wird, um seine Situation zu verbessern. Auch nicht vor Raub oder Mord. Für ihn ist es das letzte ihm verbliebene Urrecht aller Lebewesen: *Fressen, um nicht gefressen zu werden.* Deshalb begibt sich der Survivor nie allein in Elendsviertel, schon gar nicht nachts und mit Insignien des Reichtums. Schon seine pure Gegenwart, nur in Hemd und Hose, stellt für Arme eine Herausforderung dar, weil er sich eine Reise in ihr Land erlauben konnte.
→ Überfälle, Verhalten bei

Arterienverkalkung → Durchblutungsstörungen

Asche aus dem Feuer ist das natürliche und meist schnell verfügbare Mittel gegen viele Krabbel-Insekten. Wer abends einen Gürtel Asche um sein Lager streut, bleibt von vielen Störenfrieden verschont. Rührt man Asche mit Wasser an und reibt sich damit den Körper ein, ist man auch gegen viele *Flug-Insekten* geschützt (→ Holzkohle).

Astgabeln sind der »Metallwinkel« des Survivors. Sie sind die gewachsene Verbindung zweier Stücke Holz, die man sonst nur mit Metallwinkeln, Leim und Schrauben stabil zusammenfügen könnte. Man kann A. mannigfach einsetzen. Zum Beispiel als → Grabstock, als Kleiderhaken, zum Bau von → Kiepen, Tischen, Stühlen, Betten. Sie nutzen einem in Form einer 1 oder eines Y.

Atemspende ist erforderlich, wenn keine Atmung feststellbar ist. Sie muß

sofort erfolgen! Ideal ist die *Mund-Nase-Beatmung*. Patient (P) in Rükkenlage. Helfer (H) kniet seitlich am Kopf des P. Überstrecken dessen Halses bei gleichzeitigem Verschließen seiner Lippen. Selbst tief durch offenen Mund einatmen und dann geöffneten Mund um die Nase herum fest aufdrücken und nach eigenem Rhythmus Luft in den P blasen.
Kopf abheben, zur Brust des P schauen, ob Brustkorb oder Oberbauch sich senken. Gleichzeitig horchen, ob P Luft ausatmet. Selbst erneut einatmen und mit dem Beatmen fortfahren. 15 × pro Minute.
Wenn H Flimmern vor den Augen verspürt, kurz pausieren. Kopf des P unverändert halten.
Wenn H den Eindruck hat, Atemwege des P seien blockiert, Kopf erneut geradelegen und Hals überstrecken. Wenn das nichts bringt, übergehen zur *Mund-zu-Mund-Beatmung:* Kopflage beibehalten. Daumen und Zeigefinger der Hand, die auf der Stirn des P liegt, verschließen dessen Nase. Mund des P nur wenig öffnen und beatmen.
Wenn auch das nichts gebracht hat, sind die Atemwege verlegt. Nun hinterm Kopf des P knien und die Daumen beidseits aufs Kinn des P legen, während die Zeigefinger sich unter den Kiefer Richtung Ohr legen (Zeichnung). Die Daumen drücken den Unterkiefer abwärts. Um den Mund offenzuhalten, drückt ein Daumen eine Wange zwischen die Zahnreihen. Mit der anderen Hand nach dem möglichen Fremdkörper suchen (z.B. künstlichem Gebiß).

☞ *Achtung:* Diese Maßnahmen unbedingt in Erste-Hilfe-Kursen erlernen. Kurse wiederholen.

Atemtraining bei Panik. Außer Atem nach höchster körperlicher Belastung (Flucht) – wer kennt das nicht? Wenn nur eine winzige Verschnaufpause möglich ist, nutz sie für A.-Quicky von einer halben Minute! Es soll die Erregbarkeit des vegetativen Nervensystems verringern und einen kontrollierten Zuwachs der Sauerstoffversorgung bewirken. Das beruhigt die Psyche und steigert kurzfristig die Leistungsfähigkeit.
Und das geht so: Trotz deiner hektischen Atmung bewußt drei Sekunden lang einmal einatmen, den Atem drei weitere Sekunden anhalten und ausatmen. Dasselbe dann noch einmal vier Sekunden und fünf Sekunden lang.

Atemwege, Vergiftung über
→ Vergiftung über Atemwege

Augenleiden auf Reisen kann man oft verhindern oder lindern und

heilen. Vermeide extreme Helligkeit (Schneefelder, Strände, Schweißen usw.). Schütz die Augen mit selbstgefertigter → Schneebrille, rußgeschwärztem Glas, einlagigem dunklen Stoff oder einer Schlauchbrille. Sie besteht aus zwei ca. 8 cm langen Schlauchstücken (auch dunkler Karton, Bambusrohr etc.), die man wie ein Fernglas zusammenbaut und als Brille verwendet.
Wer *Fremdkörper* auf dem Augapfel hat, entfernt sie von Hand oder mit einer → Augenschlinge. Ist der Fremdkörper ein Eisensplitter, hilft ein starker Magnet. Wichtig ist, den Magneten so anzusetzen, daß der Splitter auf direktestem Wege herausgezogen wird, und er keine Kratzer verursachen kann.
Sitzt der Fremdkörper unterm Lid, soll man es hochklappen. Man legt ein Streichholz auf die Hautfalte des geschlossenen Auges. Mit der freien Hand greift man die Wimpern. Während man leicht daran zieht, drückt man gleichzeitig mit dem Streichholz das Lid nach unten und klappt es im selben Moment über das Hölzchen hoch.
Nach jeder Behandlung soll mit antibiotischen Augentropfen behandelt werden. Es müssen stets beide Augen betropft werden. Auch wenn Ruhe oder Verband erforderlich sind, immer beide Augen gleichtzeitig abdunkeln, weil sonst das kranke Auge alle Bewegungen des gesunden mitvollzieht.
Schmerzlindernd verabreicht man abschließend beruhigende Tropfen auf den Augapfel z.B. Cornecain-Lösung 1%ig, Novesin-Lösung 0,4%ig. Sie wirken auch bei *Kratzern auf der Hornhaut.*
Bei *Rötung* – entstanden durch Zugluft, Reizung, Staub – gibt man antibiotische und schmerzstillende Tropfen.
Bei *Augenhöhlen-Verletzungen* verabreicht man das Antibioticum oral (per Mund), weil die Heilung in diesem Falle von innen ansetzen muß.
Ein *blaues Auge* wird einfach gekühlt, weil es sich dabei um eine Schwellung handelt.
Bei *zwei blauen Augen ohne Schwellung* kann es sich um einen Bluterguß handeln, als Folge einer Schädelverletzung. Hier ist ärztliche Hilfe nötig.
Bei *Verätzungen* die Augen weit aufreißen und mit viel Wasser spülen. Wichtig sind Wassermenge und Schnelligkeit.
Vereiterungen und Entzündungen am Lid behandelt man mit oral verabreichtem Depot-Penicillin von 1 Mio. Einheiten täglich. Nur das *Gerstenkorn* (Haarbalg-Entzündung) kann mit antibiotischer Salbe behandelt werden.

☞ *Entzündungen* nicht kneten oder drücken.

Augentripper entsteht durch Übertragung der Tripperbakterien vom Penis oder der Scheide zum Auge. Die Inkubationszeit beträgt nur vier (!) Stunden. Bei Untersuchung eines solchen Auges unbedingt Handschuhe und Schutzbrille tragen, weil sich die Eiteransammlung explosionsartig entleert. Behandlung: Alle 30 Minuten Kaliumpermanganat-Spülungen und antibiotische Tropfen. In diesem Falle helfen Tabletten und Spritzen nicht. Bei Nichtbehandlung Erblindung.

Augenmagnet → Augenleiden

Augenschlinge findet Einsatz, wenn man einen Fremdkörper vom Augapfel entfernen will. Sie ist eine winzige U-förmige Schlinge aus Nylonsehne, die an einem bleistiftartigen Holzgriff befestigt ist.

Augenstich ist die Notwehr-Verteidigung, bei der man dem Gegner mit voller Wucht die Zeige- und Mittelfinger senkrecht in die Augen stößt, um einen gegenwärtigen lebensbedrohenden Angriff abzuwehren.

Augentraining hilft vorzubeugen gegen Kurz- und Weitsichtigkeit. Oder beides zu lindern. Es ist das Mittel der Wahl für den Menschen in der Abgeschiedenheit oder Gefangenschaft, der keine Brille zur Verfügung hat. Oder für Menschen, die Naturheilverfahren der Schulmedizin vorziehen.
Das Auge wird von sechs Muskeln bewegt, die im Laufe der Zeit und weil sie nicht alle und immer benötigt werden, in ihrer Spannkraft nachlassen. Wir blicken vor allem geradeaus. Nah und weit. Aber wir schauen nie diagonal. Statt dessen wenden wir den Kopf. So kann durch Erschlaffung der Muskeln aus dem runden Augapfel ein eiförmiger werden. Die Folge: Man sieht unscharf.

☞ Training: um die erschlafften Muskeln zu reaktivieren, schaut man abwechselnd *(alle Übungen, ohne den Kopf zu bewegen!)* geradeaus, fixiert Nahes und Fernes; dann jeweils diagonal kreuz und quer sowie rauf und runter. Und zwar so stark rauf und runter oder diagonal, wie es machbar ist. Das verursacht Kopfschmerzen, die aber von Mal zu Mal nachlassen.

☺ Bis du es mehrfach locker 100 × pro Tag schaffst. Wer glaubt, die Zeit dafür nicht zu haben, trainiert, wenn er auf der Toilette sitzt.

Ergänzend zum Training soll man Wert legen auf den Verzehr von Vitamin A (Mohrrüben, Spinat etc.) plus etwas Fett, weil das Fett das Vitamin erst zur vollen Wirkung entfaltet.

Ausbruch aus Haft → Flucht

Ausland, Heirat im → Heirat im Ausland

Ausrüstung, Survival- → Survival-Ausrüstung

Auto und Wildnis. Wer von Autos keine Ahnung hat, aber durchs Outback fahren muß, sollte den Wagen in eine verantwortungsbewußte Werkstatt geben und genau sagen, was geplant ist. Empfehlenswert wäre außerdem ein Schnellkursus in Autotechnik.

Sicherheitsschwerpunkte sind: Wagen, Werkzeug, Rettungsgeräte, Proviant und Wasser, Checkliste.
Der Wagen muß vom Dach bis zum Reifenprofil durchgecheckt werden. Geht es durch Gewässer, ist der Auspuff aufs Dach zu legen; geht es durch Hitze, ist die Außenfront weiß zu wählen; hat man viel Gepäck, braucht man ein starkes Gepäckdach; ist man durch Großwild gefährdet, sollte man im Auto oder im Dachzelt schlafen können; geht es durch hohes Gras und Gestrüpp, benötigt man ein Kühlerschutzgitter, einen Unterboden- und einen Scheinwerferschutz; geht es durch Sand, benötigt man spezielle Sandreifen, und wird man verfolgt, sind Tarnnetze ratsam. Benzin und Öl nimmt man viel mehr, als theoretisch nötig, mit und vorzugsweise in Metallkanistern, gesichert gegen Selbstöffnung.
Werkzeug: Wagenheber (der höher hebt als normal), Holzblöcke, Kanthölzer, Eisensäge, Seile, Drähte, Hand-Seilwinde, Hand-Luftpumpe, Trichter, Lassoband, Lampen, Dichtungsmittel, Filter, Dichtungsringe, Schraubenzieher, Schraubenschlüssel, div. Zangen, Krokodilklemmen, Elektrokabel, Flickzeug, Reservereifen auf Felgen, Reifenwechsel-Brechstangen, Metallschellen, Gurte, Überbrückungskabel, Feuerlöscher...
Rettungsgerät: Schaufel, Spaten, Kreuzhacke, ausreichend langes und starkes Seil, Drahtseil, Ketten zum Rauswinden (alles mit Augen, Schäkel, Karabiner), Sandbleche, Axt, Säge, Funkgerät, Kompaß und/oder Satelliten-Navigationsgerät (GPS), Leuchtsignale, Feuerzeug, elektrische → Seilwinde, Decken, Erste-Hilfe-Kasten.
Checkliste anlegen für tägliche Kontrolle: Keilriemen, Motoröl, Kühlwasser-Menge, Kühlwasser- und Differential-Lecks, Wasser vom Ölfilter entfernen, Luftfilter reinigen, Bremsen und Bremsflüssigkeit, Steuer-Hydrauliköl, Reifen, Batterie, Bolzen.

☞ Vor Abreise bei Freunden oder Polizei abmelden unter Hinterlassen der Reiseroute und Zeitplan. *Bei Ankunft unbedingt Entwarnung geben!*

Proviant und Wasser: unverderbliche Reserve-Rationen für Reisedauer plus drei Tage. Vor allem ausreichend Wasser (pro Person und Tag mind. 5 Liter). Kanister im Schatten transportieren und sichern gegen Selbstöffnung der Verschlüsse.
Täglicher Check: Luftdruck, Reifenkontrolle, Keilriemen, Filter, Ölstand, Batterieflüssigkeit, Kühlmittel, Bremsen, Kupplung, Elektrik, Kühlerrippen reinigen, Schrauben nachziehen, Leckagen, Gepäck austarieren (Schwerpunkt so tief wie möglich legen).

Autogenes Training ist eine Art Selbsthypnose, mit der man versucht, sein vegetatives (scheinbar unbeeinflußbares) Nervensystem mit Hilfe von Konzentrationsübungen unter Kontrolle zu bringen. Man kann es erlernen in Kursen der Volkshoch-

schule, privat, nach Büchern und bei Heilpraktikern. Wer es schafft, kann seinen Kreislauf dämpfen, Wärmeempfinden verlagern, kann Spannungszustände und Verkrampfungen lösen, Schmerzen lindern und Schlafstörungen beheben. A. bietet sich an für Reisende, die ein gewagtes Ziel vor Augen haben und keinesfalls aufgeben dürfen. Sie prägen sich einen formelhaften Slogan ein, der ihnen im Notfalle dann Mut macht und sie, wenn der coole Verstand schon reduziert ist, dennoch strategisch richtig handeln läßt.
→ Entspannungsübungen

Automatische Angel → Angeln, automatische

Automatische Feuerschütte
→ Feuer zum Schlafen

Auto-Sicherheit. Viele Menschen sparen nicht mit ihrem Geld bei der Anschaffung eines Autos. Aber wenn es darum geht, den Teil des Sicherheitsstandards zu optimieren, der der persönlichen Verantwortung unterliegt, beschränkt man sich oft genug auf den vorgeschriebenen Verbandskasten und das Warndreieck. Dabei ist die Gefahr, bei einem heimischen Unfall zu Schaden zu kommen, viel größer als bei einer Wanderung durch die Wildnisse der Erde.
Grundsätzliches lernt man in der Fahrschule. Hier noch ein paar weitere Vorschläge. Denn: *Unfall ist nie Zufall!*
Kein Alkohol am Steuer, keine Beruhigungstabletten, keine Appetitzügler – sie verlängern die Reaktionszeit. Genauso schlimm wie Alkohol ist Müdigkeit. Bei ersten Anzeichen von Müdigkeit den nächsten Parkplatz ansteuern und ein Nickerchen machen. Deshalb lieber eine warme Decke mitnehmen als einen sinnlosen Talisman.
Der *Verbandskasten* sollte bereichert werden um sehr viel Verbandsstoff (Handtücher, Bettlaken etc.) Denn wenn es kracht und auch andere darin verwickelt sind, fließt viel Blut. Damit jeder Fremde weiß, wo dein Verbandskasten liegt, schreib es auf ein Schild und kleb es aufs Armaturenbrett.
In einer großen, mit *SOS* beschrifteten Kiste hat man: Axt, Säge, Seil, großen Feuerlöscher, Taschenlampe, Blinklampe, 5 Liter Reserve-Sprit, Warndreieck, Klappspaten, Wagen-Gebrauchsanweisung, Fotoapparat, Ölkreide, Landkarten, Unfallskizzen-Papier, Sonnenbrille, Kugelschreiber, Notizblock, Messer...
Zur Fahrweise: • Mehr Zeit, mehr Sicherheit – also rechtzeitig losfahren • Verkehrsfunk einschalten • immer angurten • defensiv fahren: stets mit der Fahruntüchtigkeit der anderen rechnen • während der Fahrt alle Türen entriegeln, damit Retter keine Zeit verlieren, wenn sie schnell zu dir in den verbeulten Wagen wollen, weil du verblutest oder es brennt • immer mit Kindern rechnen (jedem Ball, der auf die Straße rollt, folgt ein Kind) • Reifendruck und Reifenprofil kontrollieren • im Auto nicht rauchen ...

B

Bakterien sind einzellige Mikroorganismen, die es unzählbar überall in der Luft, im Wasser und auf dem Boden gibt. Sie vermehren sich durch Zellteilung und je nach Gunst der Bedingungen (Wärme, Feuchtigkeit, richtiger Wirt) alle 9 bis 40 Minuten. Sie übertragen Krankheiten wie Cholera, Typhus, Lepra, Tuberkulose, Syphilis, Tripper, Meningitis, Lungenentzündung. Sie verursachen Lebensmittelvergiftungen wie Salmonellose und Botulismus. Aber sie sind auch nötig für die Herstellung von Dickmilch, Yoghurt, Käse, Alkohol, Antibiotika, Vitamin B 12, Aminosäuren. Sie werden bekämpft mit Chemotherapeutika, Desinfektion, Pasteurisierung, Sterilisation und vorbeugend mit Impfungen.

Bakterienruhr → Ruhr

Ballistol (und Neo-Ballistol) ist ein Spezialöl, das sich für Waffen- und Maschinenpflege genauso eignet wie zur Weichmachung erhärteten Leders und zur Behandlung mancher Insektenstiche. Es pflegt spröde Haut, rissige Nägel, lindert Sonnenbrand und ist auch ein sympathisches Massageöl.

Bandwürmer holt man sich beim Verzehr rohen finnenhaltigen Rind- oder Schweinefleisches sowie bei Fisch und mündlichen Liebkosungen von Hund und Katze. Die B. setzen sich mit Hilfe von Saugnäpfen und Haken im Darm des Menschen fest. Der Rinderbandwurm kann 10 Meter lang werden. Der Befallene verspürt Übelkeit, Müdigkeit und leidet unter Sodbrennen, Koliken, Erbrechen und nervösen Störungen. Er ist blaß und hat ständig Hunger. Den Beweis für die Anwesenheit des B. erbringen schließlich dessen mit dem Kot ausgeschiedenen Endglieder. Sie sehen aus wie Maccaroni-Stücke.
Gegen den Wurm helfen Wurmmittel aus der Apotheke und die Wurzeln des Wurmfarns.

☺ Die ausgeschiedenen Wurmstücke sind notfalls nicht zu verachten als Angelköder.

Daß man sich mit den ausgeschiedenen gebratenen Wurmstücken perpetuum-mobile-mäßig ständig erneut ernähren kann, ist ein Gerücht. Oder ein Gag.

Bären können für den Menschen zu einer großen Gefahr werden. Sie sind stark, haben keine Angst und sind dem Menschen konditionell bei weitem überlegen.
In den Nordregionen gibt es vor allem den Eisbären, den Schwarzbären und den Braunbären oder Grizzly. Wenn du Glück hast, wirst du einen von ihnen sehen. Und wenn du dich mit der Gefahr vorher auseinandergesetzt hast, wird die Begegnung zu

einem unvergeßlich schönen Höhepunkt deiner Reise.

B. sind neugierig, intelligent und nur in Ausnahmefällen für den Menschen gefährlich. Die meisten Unfälle ereignen sich infolge unüberlegter Angstmanöver. Viele Bären werden aus Angst getötet.

Grundsätzlich meidet der Bär den Menschen. Er muß ihn nur rechtzeitig wahrnehmen. Geh also geräuschvoll. Sing ein Lied, rede laut oder trag am Rucksack eine Glocke, vor allem dort, wo die Sicht durch Vegetation eingeschränkt ist. Vermeide, jemals zwischen Mutter und Junge zu geraten. Bei Wanderungen durch dichtes Gebüsch richte es so ein, daß du den Wind im Rücken hast, damit der Bär dich rechtzeitig wittern kann.

B. bevorzugen es, bequemerweise auf Wegen zu gehen. Stell dein Zelt also nicht gerade dort auf. Vermeide auch, in der Nähe von Tier- und Fischkadavern zu lagern. Häng deine sämtlichen Lebensmittelvorräte – 500 m vom Camp entfernt – an ein mindestens 6 Meter hohes Seil, das quer von Baum zu Baum gespannt worden ist.

Überrascht dich ein Bär beim Angeln, laß die Angel sofort los oder schneide sie ab. Vermeide, daß der Fisch sichtbar zappelt. Bären lieben Fische wie unsereins Gummibärchen.

Wenn du einen B. erblickst, gib ihm jede Möglichkeit, dir auszuweichen. Ist er schon sehr nah, bleib ruhig stehen. Nur selten greift er an (in Alaska gab es in den letzten 85 Jahren nur 20 Tote durch Bären). Zeig ihm, daß du ein Mensch bist: Sprich laut, aber ruhig, heb die Arme auf und ab, damit er von seinem Standort aus sieht, daß du ein Mensch bist und er nicht näherkommen muß, um dich zu identifizieren. Stellt er sich auf die Hinterbeine, ist er vor allem neugierig. Er hat dich noch nicht ausreichend erkannt.

Entferne dich langsam rückwärts oder mit dem Gesicht zum Bären. Folgt er dir, bleib stehen. Oft täuschen sie einen Angriff nur vor und stoppen drei Meter vor dir. Das kostet Nerven. Lauf keinesfalls fort. Er wäre dir in jedem Falle überlegen: zu Land, im Wasser und auf dem Baum. Bären laufen 55 km/h. Beweg weiter die Arme und sprich mit ihm. Erzähl ihm deinen Lebenslauf. B., wie gesagt, sind neugierig. Vielleicht interessiert es ihn. Kommt er dennoch näher, heb die Stimme und werd aggressiver. Wenn er sieht, daß du keine Angst hast, wird er unsicher. Klapper mit Töpfen, aber versuch nicht, sein Brummen nachzumachen und schrei nicht in schriller Tonlage. Kommt er dennoch näher, liebt er dich. Als Mensch oder als Fleisch. Dann sprüh ihn an mit Pfefferspray, das es in den Bärenländern in Großdosen zu kaufen gibt. Sprüh nicht gegen den Wind! Kommt der Bär *mit* dem Wind, warte, bis er auf einen Meter ran ist und gib ihm dann seinen Pfeffer.

Wenn du kein Spray hast und er angreift, ergib dich. Laß dich fallen und stell dich tot. Roll dich zusammen und schütz den Nacken mit den

Händen. Bleib so lange liegen wie möglich. Meist trollt er sich von dannen, wenn er die Gefahr als überstanden betrachtet.
Attackiert er aber weiterhin, wertet er dich als Nahrung. Dann wehr dich mit allen Mitteln.
Nur in solchem äußersten Notfalle ist der Einsatz einer Waffe gerechtfertigt. In vielen Nationalparks Alaskas ist das Führen von Waffen aber verboten. Und *wenn* Waffe, muß es eine starkkalibrige sein. Ein verletzter Bär ist das gefährlichste, das dir widerfahren kann. Fell und Schädel eines getöteten Bären sind der zuständigen Behörde zu übergeben.

Barrakuda. Der B. ist schnell im Angriff, aber sein Ruf ist schlechter als sein wirkliches Wesen – wie bei fast allen Tieren. Er hat – nach menschlicher Urteilsbildung – einen bösen Gesichtsausdruck, der uns Angst einflößt, und er ist neugierig, aber seine Angriffslust gegen Menschen ist gering. Sie wird jedoch provoziert, wenn ein Taucher einen harpunierten Fisch bei sich hat. Davon sollte er sich beim Anblick eines B. lieber trennen. Etwas Schutz bieten im übrigen Garderobe und ein solider Fischabwehrstock von 130 cm Länge mit nicht glänzender, metallener Spitze.

Bastrinde ist die Schicht *unter* der Baum-Borke. Sie ist oft gut faserig und verflechtbar zu Seilen (→ Bindematerial, improvisiertes).

Batterien. Besonders Filmer sollten wissen, daß *Lithium*-Batterien um vieles leichter und leistungsstärker sind. Kameraleute, die ihr Gerät

selbst tragen müssen, können viel Gewicht sparen. Weitere Vorteile: Lithium-B. geben den Strom gleichmäßig ab und funktionieren selbst bei –5 Grad noch voll und bis zu –20 Grad immerhin besser als die Alkali-Batterien bei normaler Zimmertemperatur.
Wer mit anderen Batterien reist, sollte ein Solar-Ladegerät mitnehmen.
→ Feuer mit Batterien

Bau, Brücken- → Brückenbau

Bau, Hütten- → Hüttenbau

Baum erklettern erklären die Zeichnungen

Baum fällen. Ein schräg gewachsener Baum fällt immer zur Neigungsseite. Ein senkrecht stehender Baum kann in jede gewünschte Richtung gefällt werden. Auf der Seite, zu der der Stamm fallen soll (Zeichnung), wird dicht über dem Boden eine V-förmige Fällkerbe bis zu ein Drittel Tiefe des Stammes herausge-

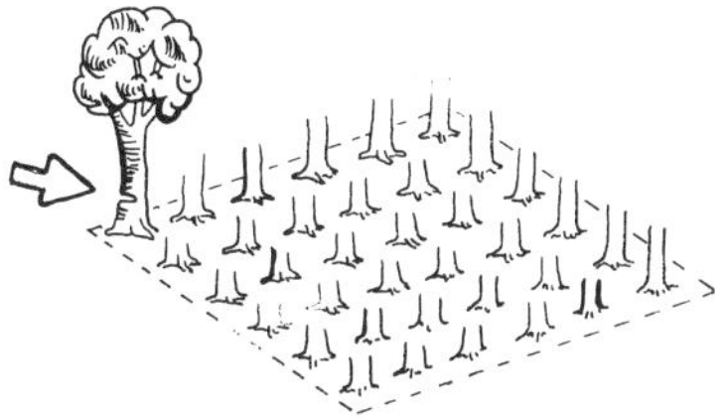

sägt/-gehackt (A). Dann wird auf genau der gegenüberliegenden Seite, etwa 5–10 cm über dem Schenkelpunkt des V, waagerecht in den Baum gesägt (B). Der obere Teil des V wird so zum Scharnier für den fallenden Stamm. *Vorsicht:* Beim Sägen und im Moment des Umbrechens immer seitlich zur Fallrichtung stehen und eine Rückzugsmöglichkeit offenlassen.
Beim Fällen vieler dicht zusammenstehender Bäume (z. B. für die Anlage einer Plantage), die alle in dieselbe Richtung fallen sollen, kann man sämtliche Stämme an der der Fallrichtung entgegengesetzten Seite im Winkel von 30 Grad bis zu zwei Drittel des Stammes glatt einsägen. Das zu fällende Feld sollte Rautenform haben. Sobald alle Stämme eingesägt sind, wird der letzte Baum in

der Rautenspitze völlig gefällt. Er reißt das gesamte Feld ein (Zeichung).

Baumschlagfalle → Fallen

Bedienungszeichen → Nachrichtenübermittlung

Bedürfnisse → Grundbedürfnisse

Befreiung aus Gefangenschaft (vor allem bei Geiselhaft) ist ein gefährlicher Moment auch für den Gefangenen. Die Befreier arbeiten unter höchstem Streß und wissen noch nicht, wer Geiselnehmer und wer Gefangener ist. Deshalb sollte der Gefangene immer auf den unerwarteten Befreiungsmoment eingestellt sein und alle Eventualitäten geistig durchspielen. Solche Befreiung geht blitzschnell vonstatten. Es kann die Sprengung einer Tür sein und der gleichzeitige Knall einer Blendgranate. Deshalb: Sofort Deckung suchen. Nie aufstehen, weil auf alles Große und Sich-Bewegende zuerst geschossen wird. Keine Verwechslung provozieren. Nicht den Helden spielen. Unauffällig verhalten, bis die Aktion beendet ist. Anweisungen der Retter befolgen.

Befreiungsgriffe lernt man beim Rettungsschwimmen (DLRG), aus Büchern oder in Kampfsportkursen. Sie alle seien empfohlen. Da man nicht sämtliche Kurse der Welt belegen kann, muß sich der Survivor zumindest *zwei* Grundregeln einprägen: für den lebensbedrohenden Angriff von hinten und den von vorn. Egal, ob Umklammerung oder Würgen.
Das Gefährlichste beim Handgemenge auf Leben und Tod und von Mensch zu Mensch ist das Würgen mit der → Drahtschlinge. In solchem Falle muß die Reaktion blitzschnell erfolgen, weil Drahtschlingen die Blutzufuhr zum Gehirn wie ein Handkantenschlag stoppen und zu sofortiger → Bewußtlosigkeit führen. Es gibt keine Chance, mit den Fingern unter den Draht zu gelangen und die Abschnürung zu lokkern. Aber egal, ob Würgen per Hand oder Drahtschlinge oder ob Umklammern:
Bei Angriff von hinten mit größtmöglicher Kraft in die Hoden oder vors Schienbein treten und sich fallen lassen. Dann → Karate.
Bei Angriff von vorn mit beiden Daumen an der Nase des Angreifers vorbei tief in dessen Augenhöhlen stechen und dann mit Hilfe der anderen Finger die Augäpfel aus dem Kopf reißen.

☞ *Wichtig:* Anerzogene Hemmungen ausschalten und den Augengriff (→ Augenstich) mit solcher Heftigkeit ausführen, als lägen die Augen im Hinterkopf und nicht vorn.

Behelfswaffen können in der Not alles sein: die Glasscherbe (Fensterglas, Trinkglas, abgeschlagene Flasche) als Messer oder Skalpell;

der Stein zum Schlagen; die Steinscherbe als Messer; die angespitzte T-förmige Astgabel oder Schlüssel als Schlagring; ein spitzer Kugelschreiber; eine Stecknadel; ein Draht oder Bindfaden zum Würgen (→ Drahtschlinge); Benzin (→ Molotow-Cocktail); eine Giftschlange. Behelfswaffen sind eine Frage der Fantasie und der Geistesgegenwart.

Behelfswerkzeug → Steinzeit-Werkzeug

Bekämpfung, Feuer → Brandschutz

Belästigung ist die mindeste Gefahr, der man ausgesetzt ist, wenn man durch Städte geht. Dagegen helfen forsches, scheinbar zielgerichtetes Gehen (nicht als neugieriger Tourist, sondern als Insider wirken), Angepaßtheit in der Kleidung und das Vermeiden dunkler enger Gassen. Vermeide Insignien des Reichtums (Schmuck, wertvolle Uhr etc.). Halt deine Umhängetasche an der dem Belästiger abgewandten Seite fest unterm Arm. Trag Geld und Paß am Körper, nicht in der Umhängetasche. Zeig keine → Angst. Angst macht anderen Mut. Wenn es angebracht erscheint, grüß Neugierige freundlich. Beherrsche einen → Grundwortschatz. Wenn dennoch jemand immer dreister wird, geh auf einen gebildet wirkenden Passanten zu und bitte ihn um eine Auskunft. Frag ihn nach dem Weg, oder ersuch ihn um Hilfe, um Begleitung. Klopf notfalls an ein Haus und bitte um Gastrecht und Schutz. Sei trotzdem immer darauf eingestellt, daß alle gegen dich Partei ergreifen. Wird der Belästiger noch dreister, hast du hoffentlich dein → Abwehrspray griffbereit.

Belastungstraining ist das Training unter realitätsnahen Umständen.

☞ Also: 24-Stunden-Märsche mit Gepäck; Dauer*laufen* über Kurzstrecken mit Gepäck durch schwieriges Gelände; Kentern im Wasser und Bergen von Boot und Gepäck; Übernachten ohne Gepäck und nur mit Unterwäsche, Schuhen und Overall bekleidet; drei Tage ohne Ausrüstung und Nahrung in Großstadt überleben unter Respektierung der Gesetze.
→ Überlebenstraining

Beleuchtung → Licht-Ersatz

Besen. Feine elastische Zweige (z.B. Birke) werden um einen Stiel gebunden.

Bestechung ist illegal. Weltweit. Sie kann dir hohe Strafen einbringen. Das mußt du wissen, wenn du es dennoch wagst. Oft ist aber Korruption der einzige Weg, um zum Erfolg zu gelangen. Oder um Schlimmeres zu verhindern. Deshalb mußt du die Gesetze des Korrumpierens kennen.

- Es kann sein, daß er bestochen werden will. Dann signalisiert er es.
- Es kann sein, daß er unbestechlich ist. Dann mußt du besonders diplomatisch sein.
- Es kann sein, daß er dich haßt. Dann vergiß es und such einen anderen Weg.
- Es kann sein, daß er seine Forderung unverblümt stellt.
- Es kann sein, daß er dir die Initiative überläßt.
- Sonst achte auf seine Signale:
  - Er bedauert, dir leider nicht helfen zu können, obwohl er es so gern täte.
  - Er gibt sich vertraulich.
  - Er lehnt deinen Antrag barsch ab, um deine Verzweiflung zu testen und den Preis hochzutreiben.
- Du mußt ungefähr wissen, was der zu Bestechende verdient.
- Der zu Bestechende wird abwägen, was dir sein Entgegenkommen wert ist.
- Daraus resultieren dein Angebot und seine Forderung.
- Du mußt dir sicher sein, daß der Bestechliche den erforderlichen Einfluß hat, dir zu helfen.
- Bei militärischen oder polizeilichen Ermittlungen reagier, bevor dein Fall zu einem Akten-Vorgang wird und zu viele davon erfahren.
- Bestich, sobald dir klar ist, daß du sonst keinen Erfolg haben wirst.
- Du kannst in Bagatellfällen einen Geldschein diskret in deinem Paß vergessen. Nimmt er ihn, geht alles klar. Läßt er ihn drin, war es zuwenig oder er ist unbestechlich. Jedenfalls kann er dich dafür kaum wegen Bestechungsversuchs anzeigen. Sein Lächeln wird dir sagen, woran du bist.
- Immer ist das oberste Gebot: *keinen einzigen* Zeugen! So kann ihm niemand etwas am Zeug flicken und er dir auch nicht.
- Appellier an seine Gastfreundschaft. Lob seinen bekannten Einfluß und bitte ihn, den für dich geltend zu machen. Du möchtest seinen Dienst nicht geschenkt haben. Du hättest von seinem Entgegenkommen einen Nutzen, deshalb solle auch er einen lohnenden Nutzen haben.
- Deute an, deine Großzügigkeit gegenüber »Freunden« wäre sprichwörtlich.
- Erwäg eine Anzahlung.
- Deklariere dein Geschenk evtl. als Aufmerksamkeit für seine Kinder.
- Es ist riskant, dem Bestechlichen zu viel Geld zu zeigen.
- Hab dein Geld in verschiedenen Hosentaschen griffbereit, so daß du mit der Summe flexibel bist, falls er weniger verlangt, als du maximal ausgeben willst.
- Wenn er sagt, er werde sein Bestes versuchen, ist das so gut wie ein Versprechen.
- Halte dann unbedingt auch deine Zusage.
- Überweise mir 30% dessen, was dir dieser Rat wert war. ☺

Betäubung → Narkose, Injektionstechnik

Bett

Beutel → Klarsichtbeutel

Bewaffneter Überfall. Jeder Überfall läuft anders ab. Wenn du keine Chance der Gegenwehr hast, wenn du mit dem Messer bedroht wirst oder bereits geschossen wurde und krakeelt wird, um dich einzuschüchtern:

☞ Erinnere dich sofort an das oberste Gesetz: *Sie wollen dich nicht töten.* Sonst hätten sie es schon getan. Verhalte dich also entsprechend. Mach keine Bewegung, die sie für Widerstand halten könnten. Heb die Hände hoch oder leg dich breitbeinig hin. Vermeide es, ihnen in die Augen zu blicken, damit sie nicht fürchten müssen, von dir wiedererkannt zu werden. Augenkontakt ist überdies immer eine Provokation. Klammer dich nicht an deinen Besitz, wenn du dafür dein Leben retten kannst. Verhandle nicht und verzögere nichts, sondern hilf ihnen dabei, daß es schnell geht. Versetz dich in ihre Lage: Sie stehen unter Adrenalin, sie fürchten, daß du Hilfe erhältst.

Wenn du abends allein durch nächtliche Straßen gehst und ein kleiner Geldraub nicht auszuschließen ist, achte darauf, grundsätzlich immer einen angemessenen Schein (10 bis 50 DM) bei dir zu haben. Niemand glaubt dem Ausländer, daß er ohne Geld unterwegs ist. Wenn sie nichts finden, besteht die Gefahr, daß sie brutaler werden.

Heb am besten an anderer Stelle (im Schuh) noch einen Schein auf, falls du an diesem Abend noch einmal überfallen wirst.

☺ Manchmal sind sogar aller guten Dinge drei.

Wenn du jedoch die Chance zur *Gegenwehr* hast, dann wehr dich. Trag die Waffe nie sichtbar. Sonst stellt sich der Gegner darauf ein. Zieh überraschend, sobald dir klar ist, was sich da zusammenbraut. Beherrsche → Deutschießen, → Stoßgriff.

Mit dem Revolver bist du schneller, weil er immer schußbereit ist und nie Ladehemmung hat. Pistolen müssen erst entsichert und durchgeladen werden. Dafür sind sie schneller nachzuladen. Aber viel wichtiger als das *Viel*schießen ist, mit dem ersten Schuß zu treffen (→ Schießtraining).

Schieß schnell und möglichst auf den Ersten oder, wenn erkennbar, auf den Anführer. Nutz deren Schock-Situation. Halt dir einen Fluchtweg offen. Nimm dir ggf. eine Geisel als Kugelfang.

Wenn du keine Schußwaffe hast, mag → Abwehrspray die Lösung sein.

Wenn ein Überfall in der Wildnis zu erwarten ist, umgeh das Gebiet weiträumig und marschier nachts. Sichere dein Lager mit Wachen, Hund und → Alarmanlagen.

Bewußtlosigkeit tritt ein, wenn die besonders empfindlichen Großhirnzellen geschädigt wurden und ihre Funktion einstellen. Das geschieht infolge von Gewalteinwirkung (bei Unterbrechung der Blutzufuhr durch Handkantenschlag auf die Halsschlagader, durch Erdrosseln oder Erhängen), Elektroschock, Vergiftung von außen oder innen, Mangel an Sauerstoff oder Kohlenhydraten, Wärmestau, als Begleiterscheinung von schweren Krankheiten kurz vorm Tod oder durch → Narkose. Bei tiefer B. reagiert der Betroffene weder auf Geräusche noch auf Schmerzzufügung. Bei leichter B. kann er noch reflektorisch-abwehrend reagieren. Kurz andauernde B. ist eine → Ohnmacht. Der Bewußtlose bricht überraschend zusammen, sieht blaß aus und ist nicht ansprechbar. Atmet er noch, muß er in die → stabile Seitenlage gebracht werden. Atmet er nicht, → Atemspende geben. Frischluft.

Bienen(stich) → Hornissen

Bienen, Todes- → Todesbienen

Bilharziose zählt zu den gefährlichen Krankheiten, die man sich in tropischen Ländern (vor allem Afrikas) zuziehen kann. Dabei handelt es sich um bis zu 2 mm lange Würmer, die in den Venen der Blase, der Geschlechtsteile und des Darmes leben. Man holt sie sich in stehenden Süßwassern, in denen bestimmte Schnecken leben. Sobald diese ihre Zwischenwirt-Funktion erfüllt haben, werden sie von den Larven verlassen, die nun frei im Wasser umherschwimmen. Beim Baden bohren sie sich durch die Haut des Menschen und gelangen über die Venen zur Leber. Wenn sie herangewachsen sind, wandern sie weiter zu ihrem endgültigen Sitz. Frühestens vier Wochen nach Ansteckung verspürt man Fieber und mannigfache Begleiterscheinungen infolge der massenhaft abgelagerten und zugrunde gegangenen Eier. Nachweis der Bilharzien nur per Mikroskop in Harn und Stuhl. Bei Nichtbehandlung Siechtum, Tod.

Deshalb: Meidung stehender Süßwasser oder Betreten nur mit Gummistiefeln. Die Erreger sind kaum in Fließ- und nie in salzhaltigen Gewässern.

Biltong ist naturkonserviertes Fleisch. Die einfachste Form ist das in dünne Streifen geschnittene Fleisch, das gesalzen werden kann (oder auch nicht) und zum Trocknen in Wind und Schatten gehängt wird (nicht in die Sonne). Wichtig ist, daß es schnell eine Haut zieht, um den Fliegen die Ablage der Eier unmöglich zu machen.
Feinschmecker machen Biltong nach Geheimrezepten. Sie wälzen das Fleisch 24 Stunden in einer Mischung aus grobem Pfeffer, Coriander und Salz. Dabei muß in dieser Zeit darauf geachtet werden, daß die Oberfläche immer feucht bleibt (nasses Tuch), und die Stücke alle sechs Stunden gewendet werden. Dann werden sie nachts, zunächst in leichtem Wind, aufgehängt, um eine dünne Haut zu ziehen und schließlich bei Tage im Schatten zuendegetrocknet.
Man ißt B. roh wie Trockenobst oder kocht es auf.

Bindematerial, improvisiertes. Geeignet ist alles, das langfaserig und möglichst reißfest ist. Es sollte »griffig« sein, damit es miteinander verflechtbar ist, und es sollte elastisch sein oder elastisch gemacht werden. Materialbeispiele: Gräser, Ranken (Efeu, Wein, → Lianen, Hopfen, Knöterich), Wasserpflanzen, Brennesseln, → Bastrinde mancher Bäume (Linde), Baumrinden (Weide), Baumwurzeln, Getreide, Papier, Stoffstreifen, Haare, Tierwolle, Baumwolle, Tierhäute.
Bei manchen Pflanzen ist die Ernte*zeit* entscheidend. Eine junge Brennessel hat allenfalls Spinatwert, aber null Seilwert. Mit zunehmendem Alter wird sie langstieliger, holziger und damit seil-geeigneter.
Eignungstests: Nimm ein Bündel Pflanzen und wring es. Verklebt es miteinander, läßt sich gar ein einfacher Knoten damit machen, ist es geeignet.

Viele Pflanzenhalme/-stiele werden besser, wenn man sie weichklopft. Man legt sie auf hölzernen Untergrund und schlägt sie mit einem runden Aststück mürbe. Viele leichte Schläge sind besser als wenige harte. Oder man greift die Pflanzen an beiden Enden mit je einer Hand und zieht sie U-förmig über einem Ast hin und her. Wo keine Äste vorhanden sind, zieht man die Fasern unterm Schuh hin und her. Andere Pflanzen werden elastischer, wenn man sie kurz über heißer Flamme schwenkt.

Da einige wenige Fasern oft noch kein ausreichend starkes Seil ergeben, müssen entsprechend viele gebündelt und verwrungen, verflochten (→ Flechten) oder versponnen (→ Spinnen) werden. In manchen Fällen erhöht sich die Reißfestigkeit zusätzlich durch Trocknen.

Leder- und Plastikstücke schneidet man von der Mitte her schneckenförmig in lange Streifen. Dadurch vermeidet man die Notwendigkeit unnötigen Verknotens kurzer Streifen. Knoten reduzieren die Reißfestigkeit um 50%.

❀ Keine Pflanzenart völlig abernten. Immer genügend zusammenhängende Pflanzengruppen stehen lassen. Vorzugsweise dort ernten, wo sie am dichtesten stehen. Pflanzen nicht einfach herausreißen, sondern unten abschneiden. Dann können sie nachwachsen. Keinen Baum ganz entrinden. Immer nur Streifen und vorzugsweise von einzelnen Ästen nehmen.

Biotop anlegen ist eine Möglichkeit für verantwortungsbewußte Mitmenschen, der Welt zu helfen. Schon das Verwildernlassen eines Gartens (was nichts kostet), oder/und die Anlage eines Teiches (was wenig kostet) sind wirksame Maßnahmen, die überdies den Freizeitwert im eigenen Lebensbereich erheblich steigern können.

Biß, Tier- → Tierbiß

Biwak nennt man das Lager in der freien Natur. Es ist ein fester Begriff unter Bergsteigern und Militärs. Man biwakiert sowohl im Freien (wasserdichte Biwak-Schlafsäcke) als auch im Zelt. Genauere und jeweils aktuelle Produktbeschreibungen bieten die Globetrotter-Ausrüster.

Blasen sind das Leid des Marschierers. *Fußblasen* sind eine Folge von Druck und Dauer (Gepäck), Wärme (Enge der Schuhe, Dauer der Bewegung), Feuchtigkeit (Schweißbildung) und fehlender Gewöhnung (fehlendes Training). Sie können das Weiterkommen zur Qual oder gar unmöglich machen. Barfußgeher kennen das Problem nicht.
Man verhindert Blasenbildung durch ausreichend weite Schuhe (drei Nummern zu groß und ausgeglichen mit doppelt gepolsterten faltenlosen Wollstrümpfen oder Schafwollsokken) oder durch Gehen in Sandalen. Zu enge Schuhe weitet man über Wasserdampf, mit Schnaps oder Urin, zieht sich ein Paar Socken an und geht sie mindestens eine halbe Stunde trocken.
Wichtig ist, daß der Fußschweiß abziehen kann. Trockene Füße bilden keine Blasen. Notfalls Luft-Löcher in den Schuh schneiden, Füße mit zwei Wanderstöcken entlasten. Häufige Pausen einlegen. Füße schon *vorm* Marsch mit → Hirschtalg oder Vaseline einreiben. Strümpfe stündlich wechseln. Durchgeschwitzte Strümpfe am Rucksack trocknen.
Blasen, sobald erkennbar, aufstechen, weil sich das Blasenwasser sonst infolge Drucks unter der Blase ausdehnt und die Blase vergrößert. Aufgestochene Blase mit glattem Pflaster wie mit Zweithaut (Leukoplast, Lassoband, Blasenpflaster) abkleben. Füße mehrmals täglich in Lösung aus → Kaliumpermanganat oder im eigenen Urin, bzw. mit Salzwasser baden.

Während der Pausen und des Nachts Füße der Luft aussetzen. Nach etwa vier Tagen bildet sich eine zarte neue Haut, die den Belastungen standhält. → Schuhe

Blasrohr. Dafür geeignet ist jedes Rohr mit geringem Innendurchmesser (5–10 mm). Auch ein Strohhalm und ausgehöhlter Holunder erfüllen ihren Zweck. Fertige Blasrohre bietet der Waffenhandel. Sie sind leicht und zusammensteckbar. Blasrohre haben den Vorteil der schnellen Herstellung und der Geräuschlosigkeit. Mit gutem Blasrohr kann man bei Windstille 50 Meter weit treffen.
Als Pfeile eignen sich (vergiftete) Injektionsnadeln (→ Gift), Stopfnadeln, feine gerade Äste. Ihre Enden müssen mit Watte umwickelt werden, damit die Luft beim Blasen nicht am Pfeil vorbeigedrückt wird.

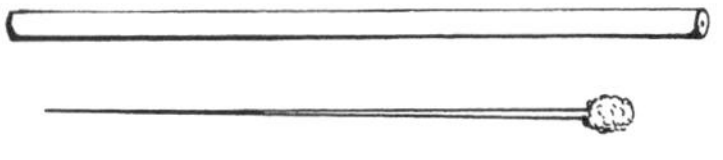

Blätter zum Einwickeln und Garen bietet die Natur in Hülle und Fülle.

Damit kann man Lebensmittel schützen gegen Sonne und Fliegen oder man nimmt sie als Topfersatz. Dann muß man etwa fünf Schichten der Blätter übereinander legen, sie mit Baumrinde, Wurzeln, Gras zusammenbinden und in die Glut legen. Bevor das letzte Blatt verbrannt ist, ist der Inhalt gar.

Will man Blätter besonders elastisch machen, schwenkt man sie kurz überm Feuer hin und her.

Blinddarmdurchbruch → Blinddarmentzündung

Blinddarmentzündung kann haben, wer Schmerzen in der Nabel- und Magengegend verspürt, die sich nach Stunden in die rechte Unterbauchgegend verlagern bei gleichzeitiger leichter Temperatur (unter 38 °C). Nehmen die Schmerzen zu und werden sie begleitet von Aufstoßen, Erbrechen und Erhärtung der Bauchdecke, besteht die große Gefahr des *Blinddarmdurchbruchs.* Ein sehr wichtiger Hinweis auf akute Blinddarmentzündung besteht, wenn man den linken Unterleib drückt, plötzlich losläßt und es rechts stark schmerzt. In diesem Falle ist dringend zu einer Blinddarm-Operation zu raten. Je eher, desto besser. Die besten Erfolge hat man innerhalb der ersten 24 Stunden. Hat es erst einen Durchbruch gegeben, besteht akute Lebensgefahr.
Der Reisende kann dem Durchbruch nur vorbeugen durch Kühlung der betroffenen Stelle mit Eis, durch Ruhe und Verabreichung von Sulfonamiden und Antibiotika und mit Einläufen (→ Einlaufgefäß).

Blindheit, Schnee- → Schneeblindheit

Blitzschlag kann lebensgefährlich sein. Besonders, wenn er direkt in den

Körper trifft. Aber auch Erdströme eines Blitz-Einschlags in der Nähe sind gefährlich. Wer in der Natur von einem Blitzgewitter überrascht wird, soll nie auf Anhöhen stehen bleiben oder mitten auf ebenen Flächen. Er soll die Nähe von Gewässern meiden und nicht einmal auf feuchtem Boden verweilen. Das gleiche gilt für Höhlen, Überhänge, einzelne Felsblöcke, einzelstehende Bäume, Masten, Türme.
Die sicherste Schutzzone ist das Auto. Es ist ein »Faradayscher Käfig«. *Wichtig:* Fenster schließen, kein Metall anfassen. Die abgeschwächte Form eines solchen Käfigs kann man bauen, wenn man sich die Alu-Rettungsfolie über den Körper spannt mit Kontakt zum Boden (!).
In Höhlen, Gräben u.ä. nur Zuflucht suchen, wenn alle Rundumwände mindestens 150 cm entfernt sind. Hock dich mit geschlossenen Beinen auf einen Isolator aus Gummi, Plastik, trockener Garderobe, trockenem Stein... Befindet sich ein Wald in der Nähe, such den Wald auf. Aber auch hier gilt: hinhocken, Isolator, Abstand.

Blockhaus ist eine Urform des Häuserbaus. Sie kann relevant werden für den, dem in bewaldeten arktischen Zonen unverhofft der Rückweg abgeschnitten ist und der über den Winter kommen muß. Wer mit dieser Gefahr rechnen muß, sollte sich unbedingt vorher bei Einheimischen den Bau zeigen lassen. Zumindest sollte er es an einem Kleinmodell erprobt haben.
Für das B. wählt man gleich dicke gerade gewachsene Stämme. Je dicker, desto isolierender, aber auch desto schwerer zu handhaben. Also benötigt man eine Axt und möglichst eine Säge. Alle Stämme werden entrindet und erhalten eine V-artige Kerbe, die dafür sorgt, daß die Balken sich nicht nur in einem Punkt berühren, sondern breiter aufsitzen und so mehr Isolation garantieren. Die V-Schlitze werden nach unten gedreht und zur Abdichtung mit Moos gefüllt.
Ein System, die Stämme miteinander zu verzahnen, ist, sie an den Eck-Berührungspunkten mit einer halbmondförmigen Einkerbung zu versehen. Die Zeichnung wird dies erklären und ebenso, wie Fenster und Tür zu bauen sind.
Die Dachdeckung erfolgt mit Baumrinden oder Brettern und Grassoden, die die Isolation verstärken und das Wegwehen der Bretter bei Wind verhindern. Dachneigung: 45 ° und steiler.

Blutdruck. Unter B. versteht man den Druck, den das Herz erzeugt, um den Blutstrom im Körper aufrechtzuhalten. In den das Herz verlassenden Schlagadern ist er am größten. Er verringert sich bei jeder Aderverzweigung und ist in den kapillaren Gefäßen und bei Rückkehr über die Venen am geringsten.
Wenn er nachläßt durch z.B. → Schock oder Blutverlust, muß die Situation schnellstens behoben werden. Beim Verblutenden ist die Blutung immer vorrangig vor sonstiger

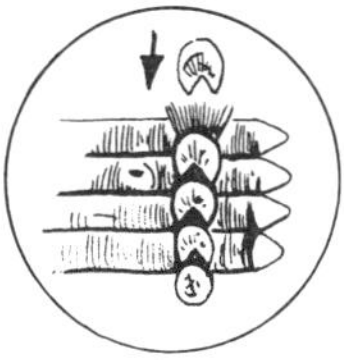

Blockhaus

FENSTER

Erster Hilfe zu stoppen. Bei Schlagader-Durchtrennungen kann ein Patient in wenigen Sekunden verbluten (→ Abbinden). Wer Blut und damit B. verloren hat, muß liegen und Ruhe bewahren, damit Herz und Blut ihren Aufgaben so gut wie möglich nachkommen können. Der Blutverlust muß ausgeglichen werden mit einer Bluttransfusion.

Dem Globetrotter wird diese Möglichkeit fehlen. Er kann sich behelfen mit der Verabreichung von physiologischer Kochsalzlösung. Er kann sie selbst herstellen. Sie muß den gleichen osmotischen Druck haben wie das Blutserum. Für den Menschen enthält sie 0,9% Kochsalz (NaCl) und 99,1% abgekochtes und wieder abgekühltes Wasser.

Achtung: Wasser wegen der Verdunstung beim Kochen erst nach dem Abkochen wiegen und mit dem Salz mischen. Die Lösung wird per → Infusion oder durch Trinken in den Kreislauf gebracht.

Blutegel geben dem Globetrotter ein Naturheilverfahren an die Hand, deren Hilfsmittel er in vielen Teilen der Erde an Land und im Wasser findet. B.-Behandlung gibt es schon seit uralten Zeiten. B. sind Ringelwürmer, die an beiden Enden einen Saugnapf besitzen. Damit fräsen sie sich durch die Haut und saugen sich voll mit Blut. Man verspürt das Fräsen und Saugen als kratzend-juckendes Gefühl. Es ist nicht unangenehm. Ein Tier kann bis zu 15 Kubikzentimeter Blut aufnehmen. Das kann eine halbe Stunde dauern. Dann läßt es sich fallen. Tiere, die nicht beißen wollen, kann man reizen, wenn man die (ohne Seife lauwarm gewaschene) Hautstelle ein wenig mit einer ausgeglühten Nähnadel ankratzt. Bei dem Saugvorgang sondert der B. Hirudin ab. Die Wirkung des Hirudin ist gerinnungshemmend, entzündungshemmend, lymphstrombeschleunigend, antibiotisch und immunisierend. Es verflüssigt also u.a. das Blut und reduziert seine Gerinnungsfähigkeit drastisch: Wunden bluten noch zehn Stunden heftig nach.

B.-Behandlung ist zu empfehlen bei Thrombosen, Krampfadern, Fieber, Entzündungen, Hämorrhoiden, Kopfschmerzen, Bißwunden, Hautwunden (an denen Infektionen zu befürchten sind, wie bei Verletzung durch rostigen Nagel) und Regelverhaltung. Bei Hämorrhoiden etwa wird ein Tier, bei Furunkeln werden bis zu vier Tiere an oder um den Krankheitsherd angesetzt. Bei Furunkeln bewirken sie zunächst eine Entzündungsvermehrung, dann Eiterentleerung.

B. können in manchen Regenwäldern aber auch zur *Plage* werden, wenn sie zu Tausenden auftreten und es immer verstehen, sich am Menschen festzusaugen und ihn anzuzapfen. In solcherart heimgesuchten Gegenden hilft es, einen Strumpf mit nassem Salz ständig gegen die anhaftenden B. pendeln zu lassen.

☞ *Achtung:* 15 B. schaffen es, einen Menschen verbluten zu lassen, wenn er nicht verbunden wird!

☞ Kauf einen Blutegel daheim in der Apotheke und mach einen Biß-Eigenversuch. Stopp die Blutung mit Druckverband.

❀ Tier anschließend in Teich mit sehr sauberem Wasser freilassen.

Bluten, Nasen → Nasenbluten

Bluthochdruck ist die Folge u.a. von falscher Ernährung oder Nierenleiden. Die Adern sind verstopft, und das Herz muß mehr Druck geben, um den Anforderungen des Körpers nach Sauerstoff, Nahrung und Entschlackung gerecht zu werden.
Als Patient kann man sich helfen durch Verzicht auf Nikotin und Alkohol und Entschlackung per Heilfastenkur (→ Fasten). Weiterreichendes kann nur der Arzt.

Blutkreislauf → Kreislauf

Blutrache → Rache

Blutvergiftung. Wenn Schmutz und damit Bakterien, vor allem Eiterbakterien und ihre Gifte, in die Blutbahn geraten, besteht die Gefahr einer B. Der Grad der Vergiftung hängt von der Relation zwischen Erreger und Abwehrkräften des Körpers ab.
Symptome: Hohes Fieber, Schüttelfrost, Kopfschmerzen, starkes Krankheitsgefühl, ziehende Gliederschmerzen und Appetitlosigkeit. Lebensgefahr! Hospital aufsuchen.
Behandlung: Sulfonamide, Antibiotika. Notfalls → Amputation.

Blutverlust kann tödlich sein, wenn mehr als drei Liter verloren wurden (→ Blutdruck). Deshalb Blutungen immer vorrangig vor anderer Erster Hilfe zum Stillstand bringen. Bei geringerem B. durch kleinere Wunden hilft sich der Körper selbst: Die Adern ziehen sich an der Wunde zusammen, das Blut gerinnt und bildet einen pflastergleichen Pfropf, und der B. wird durch vermehrte Wasseraufnahme aus dem Körper ausgeglichen, damit Blutmenge und Blutdruck konstant bleiben. Deshalb bei B. reichlich trinken. Großen B. gleicht der Körper nach einem Monat aus, kleineren nach wenigen Tagen.

Bogen und Pfeile sind die Ur-Waffe des Survivors, wenn er gezwungen ist, von der Jagd zu leben. Er benötigt einen geraden elastischen Stock von der Stärke eines Besenstiels und 2 Meter Nylonsehne, Stahldraht oder kräftigen Bindfaden. In allen Breiten der Erde gibt es besonders geeignete Hölzer. Bei uns ist die Esche zu empfehlen, in den Tropen einige Palmhölzer (mitunter deren Rinden), weil sie eine höhere Elastizität besitzen und diese auch nach längerer Zeit nicht einbüßen. Aber notfalls muß jedes Holz herhalten.

Der Bogen kann mannshoch sein. Er wird entrindet. An den Enden erhält er einen Kerbe für die Sehne. Die Sehne wird jedes Mal entspannt, wenn der Bogen nicht benötigt wird. Steht ein Messer zur Verfügung, empfiehlt es sich, die (zum Körper gewandte) Innenseite des Bogens von der Mitte zu den Enden hin zu verjüngen. Die Außenseite des Bogens muß unbeschnitten bleiben! Wem ausreichend Bindfaden (oder Lassoband) zur Verfügung steht, bandagiert den Mittelteil des Bogens mit engen Umwindungen. Sie erlauben eine höhere Spannung und verhindern das Brechen.

Die Pfeile müssen aus schnurgeraden Ästen gefertigt werden. Sie werden entrindet und unter ständigem Drehen über dem Feuer getrocknet. Dabei lassen sich Krümmungen noch korrigieren. Wer keine Pfeilspitze hat, härtet den Spitzenteil in der Glut. Besser ist natürlich eine Metallspitze, die man sich gefertigt hat aus einem flachgeklopften Nagel, Angelhaken oder den Rippenknochen eines Kleintieres. Die Pfeilspitze muß entweder messerartig stark sein, damit sie eine tödliche Wunde verursacht, oder sie muß einen Widerhaken haben und vielleicht sogar mit → Gift bestrichen sein. Damit die Pfeilspitze den Pfeil beim Aufprall nicht spaltet, wird sie, wie der Bogen, eng mit Band umwickelt.

Das hintere Pfeilende muß eine Kerbe für die Führung der Sehne erhalten und befiedert werden. Dazu entfernt man eine der beiden Haarseiten einer Vogelfeder (wie es die Zeichnung zeigt) und bindet davon drei Stück symmetrisch an den Pfeil. → Jagdtricks

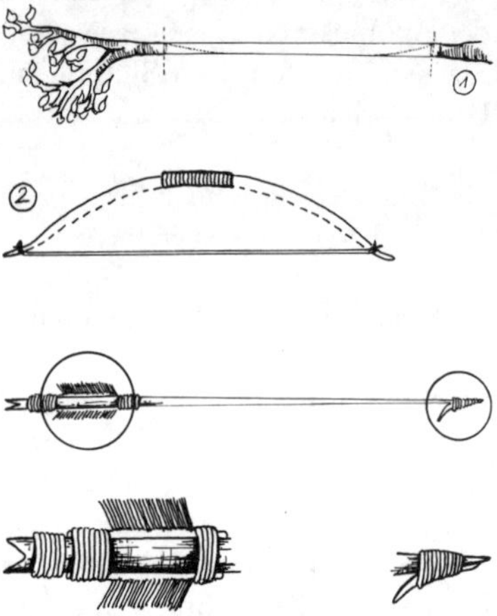

Bogenfalle → Fallen

Bola ist ein südamerikanisches Wurfgerät, mit dem langbeinige Tiere zu Fall gebracht werden können. Beim Aufprall wickelt sie sich um die Beine.

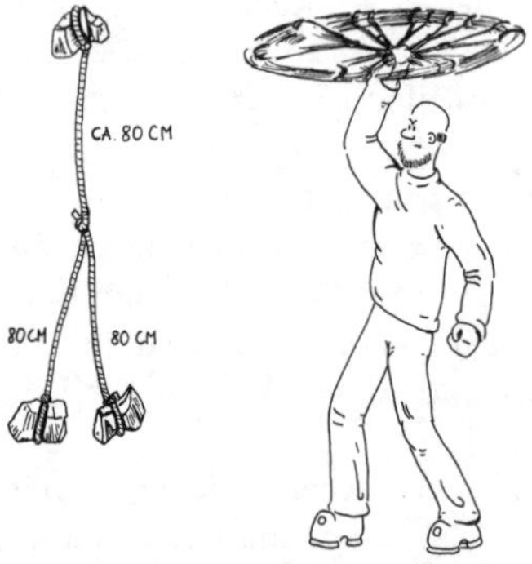

Boot aus Ästen und einer wasserdichten Plastik-Folie ist schnell gebastelt. Man benötigt drei ca. 4 Meter lange gerade und astfreie Äste von der Stärke eines Besenstiels (zwei kurze können auch zu einem langen zusammengebunden werden). Außerdem benötigt man etwa 15 Stöcke à 150 bis 200 cm. Als erstes wird Ast a in die Erde gerammt. Er bestimmt Länge und Höhe des Bootes. Darüber spannt man b. Er bestimmt die breiteste Stelle des Bootes. Dann folgen zweimal c. a und 2 × c werden an den beiden Kreuzungspunkten gut zusammengebunden. Es folgen zwei Ruderbänke d, die aber nicht zum Sitzen gedacht sind! Sie sichern das Boot später gegen das Wieder-Flach-Werden. Nun folgen etwa acht fingerdicke Spanten, die wie b über den Kiel gebogen werden. Alle Berührungspunkte der Äste werden stramm mit Bindfaden verbunden. (Am besten, man legt die Bindfäden doppelt – das erspart die halbe Arbeit – und wickelt dreimal links-diagonal, dreimal rechts-diagonal und schließlich dreimal stramm eine Taille e.) Die weiteren Äste in Längsrichtung können durch die Spanten hindurchgeflochten oder, wie die Zeichnung es zeigt, ebenfalls gebunden werden. Wichtig ist, auf Festigkeit der Bindungen zu achten. Nach zwei Tagen schrumpfen die Äste. Dann besteht die Gefahr, daß die Bindungen sich lockern (→ auch Bindematerial, improvisiertes).

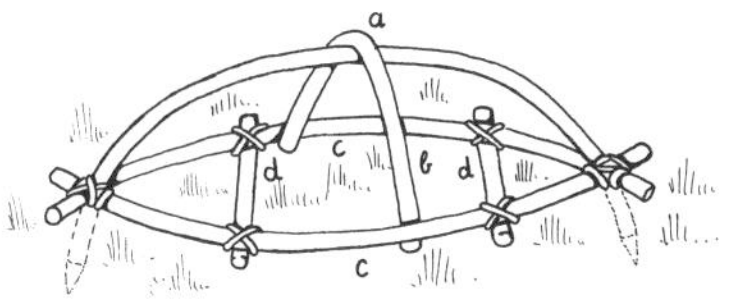

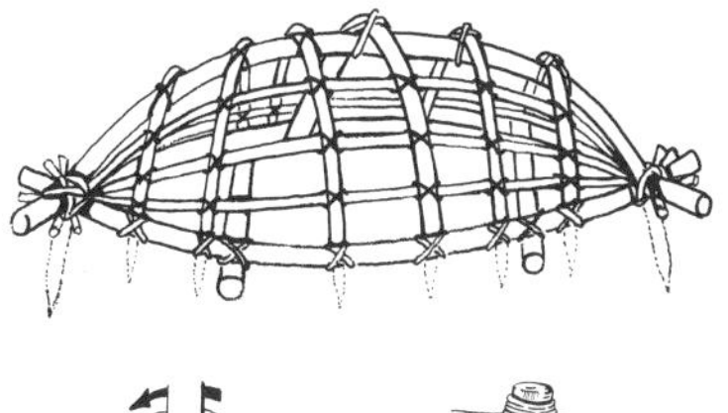

Jetzt wird das Gerippe aus dem Boden gezogen und alle überstehenden Ast-Enden auf 5 cm Länge gestutzt. Dann wird es, Öffnung nach oben, auf die auf der Erde liegende Folie (oder Rinderhaut) gelegt. Die Folie wird von außen über die Bootsränder nach innen ins Boot eingeschlagen und mit kurzen Bindfäden um die überstehenden Stutzen und an den Spanten verzurrt (f). Diese Bindung muß nicht mehr so stramm sein. Hat man reichlich Folie, genügt ein einfaches Nach-innen-Einschlagen. Ohne die Bindungen. Das Boot wird, zum bequemeren Sitzen, halb gefüllt mit Gras o.ä. Polstermaterial. Als Paddel dienen lange Holzstangen.

Das Boot ist ideal auf strömendem Wasser. Es kann, umgedreht, auch dienen als Zelt. Oder, schräg, als Windschutz. Oder, schräg, als Hitzereflektor, wenn man sich zwischen Feuer und Boot niederlegt. Oder als Hängematte. Oder zum Transport eines Verletzten mit zwei Trägern über Land.

☞ Dieses Boot ist ein Muß für jedes Survival-Training!

Boot aus Gras und Plastikfolie ist in jeder Hinsicht verblüffend. Es ist schnell hergestellt und top-praktisch. Ein Survival-Meisterstück. Man steckt fingerstarke Äste in ovaler Anordnung in die Erde; ein Außen-Oval und ein Innen-Oval mit 20 cm Abstand voneinander. Wie ein Schlauchboot. Die Äste sollen ca. 40 cm aus der Erde schauen und 30 cm Abstand voneinander haben. Zwischen die beiden Äste-Ovale wird langstieliges Gras gepackt und festgetreten. Oder Brennesseln, Stroh, feines Astmaterial, Garderobe. Dann wird das Gras alle 20 cm mit Bindfaden umwickelt. Wie ein Adventskranz.

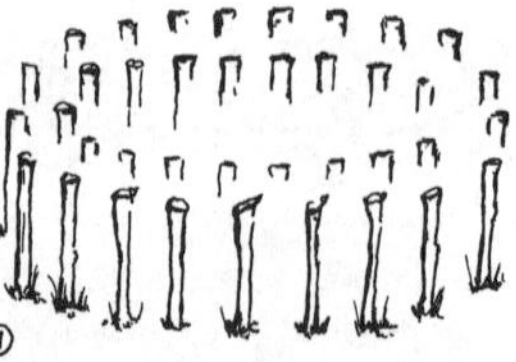
①

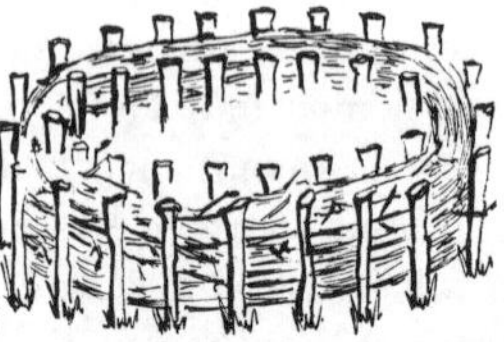
②

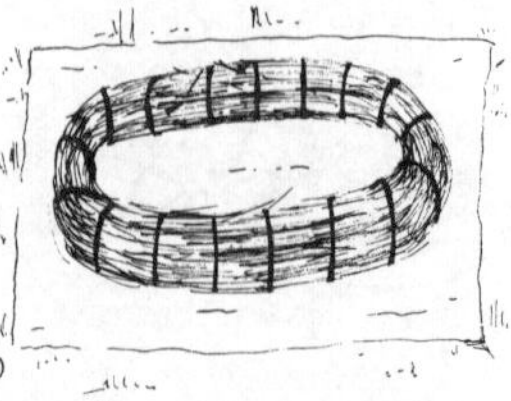
③

④

Das fertige Gras-Oval wird aus der Form gehoben und auf die ausgebreitete Folie (oder Rinderhaut) gelegt. Die Folie wird nur nach innen ins Oval geschlagen. Weiteres Binden ist nicht nötig (Zeichnung). Als Paddel dient ein Ast.

☞ Dieses Boot ist ein Muß für jedes Survival-Training.

✿ Boote aus Brennesseln ergeben zum Schluß einen leckeren Spinat.

Brand, Wald- → Buschfeuer

Brandbekämpfung → Feuerbekämpfung

Brandschutz. Viele Feuer lassen sich vermeiden oder löschen, wenn die Voraussetzungen dafür gegeben sind (→ auch Buschfeuer-Survival).
Vermeidung und Vorsorge: • kein offenes Licht, • leicht brennbare Stoffe an geeigneten Plätzen lagern und nicht in der Nähe von Heizungen aller Art, • elektrische Geräte nicht unfachmännisch ändern, während Abwesenheit ausschalten, • nicht im Bett rauchen, • bei Abwesenheit Zugang zum Haus sichern durch Nachbarn, • keine laufenden Motoren in geschlossenen Räumen, • Feuerlöscher, Feuerpatsche (Besenstiel mit dicken nassen Lappen), Eimer mit Sand und Wasser, Schaufeln, Feuerhaken (zum Abreißen z.B. brennender Gardinen) ausreichend bereit haben und deren Handhabung kennen, • nasse Tücher und Decken zum Schutz der Löschenden (Ersticken der Flammen), • Notrufnummer für Feuerwehr wissen, • in Hochhäusern ggf. Bergsteigerseil zum → Abseilen bereitliegen haben, • in Großhotels Fluchtwege und Vorhandensein von Löschgerät einprägen, • Lehrgang bei Feuerwehr mitmachen, • ausführliche Brände-Abhandlung in Gerhard Buzeks »Das große Überlebensbuch« studieren.
Verhalten bei Bränden:

1. Hilfe alarmieren. Auch bei Kleinfeuern, wenn man glaubt, sie allein unter Kontrolle bringen zu können.
2. Menschen und Tiere retten
3. Löschen

Sonstiges: • Hitze und Atemluft sind am Boden besser. • zum Schutz gegen Hitze Kleidung naß machen oder feuchte Tücher umhängen. Handschuhe benutzen, • feuchtes Tuch auch vor Gesicht zur Reduzierung der Rauchvergiftung, • Rauch nicht unterschätzen: Ein tiefer Atemzug kann dich außer Kontrolle bringen • an Einsturzgefahr denken, • eigene Panik vermeiden, • kein Sprung aus großer Höhe auf die Straße, bevor Rettungstuch gespannt ist (→ Südpol-Phänomen), • immer einzeln springen, nie mehrere Personen gleichzeitig, • Menschenansammlungen wegen Panikgefahr umgehen, • wichtigste Wertsachen griffbereit für Flucht bereithalten, • niemals den Lift benutzen!
Löschen: • Bei Kleinbrand Türen, Fenster schließen, um Sauerstoff ab-

zuriegeln, • Kleinbrand mit kurzen, schnellen und leichten Schlägen per nasser Feuerpatsche ausschlagen, • brennbares Material beiseite schaffen, • Brennbares aus unteren Geschossen beiseite schaffen, • größere Feuer: lüften, damit Rauch und Giftgase abziehen können, • die waagerechte Hitzestrahlung nicht unterschätzen (bei Großfeuern kann sie auf 30 Meter Entfernung Holz entzünden); sie besteht auch bei Wind, • Türen als Schutzschild verwenden, • Feuer stets von unten und von der Mitte zur Seite hin löschen, • Übergreifen auf Nachbargebäude verhindern, • Brandschutt ins Freie schaufeln, • Brandstätte nach Löschung ausreichend lange überwachen.

Braunbär → Bären

Briefkasten, Toter → Toter Briefkasten

Brillenersatz. Wer brillenabhängig ist, sollte unbedingt eine Ersatzbrille bei sich haben. Zumindest eine Lupe. Ggf. bleiben ihm nur die Linsen des Fernglases.

Bronchitis holt man sich der unzureichend Abgehärtete nach Durchnässungen und Abkühlungen oder durch Einatmen staubiger Luft. Sie äußert sich mit Fieber und Husten, der den Schleim der verschleimten Bronchien (Äste der Luftröhre) nach außen befördert. Mittel auf Reisen: warme Umschläge um den Hals.

Brot ohne Topf und Ofen kann man auf mehrere Art und Weise herstellen. Natürlich benötigt man Mehl. Wer nur Körner besitzt, zerquetscht sie zwischen zwei Steinen, so fein wie möglich. Wer wenig Mehl und viel Hunger hat, kann das Mehl strecken. Es bieten sich an: Grassamen, Sägemehl von nichtharzhaltigen Bäumen oder zerstoßenes Gras. Diese Zutaten haben jedoch keinen Nähr-, sondern nur Füllwert.

Das Mehl wird auf einen glatten Stein geschüttet und in seiner Mitte mit der Hand eine Mulde gemacht. In diese Mulde gibt man das erste Wasser und – sofern vorhanden – Salz, → Sauerteig, Hefe, Backpulver, Nüsse, Rosinen oder Gewürze. Kreisförmig verrührt man mit einer Hand Mehl und Wasser zu einer zunächst suppigen, dann zunehmend teigartigen Verbindung. Solange der Teig flüssig ist, darauf achten, daß der Mehldamm nicht bricht. Er bildet den Topf, bis der Teig fest genug ist. Das ist er, wenn er nicht mehr läuft und sich noch gut kneten läßt. Der fertige Teig sollte 15 Minuten ruhen und entspannen.

In dieser Zeit bereitet man sich armdicke frische Äste von 150 cm Länge vor. Sie werden an einem Ende abgerindet. Wenn der Teig entspannt ist, nimmt man sich faustgroße Stücke davon ab und rollt sie – mit etwas Mehl – zu langen fingerdicken Strängen, die spiralförmig um den entrindeten Ast gewickelt und flachgeklopft werden.

Diese Stockbrote werden unter Drehen über die Glut gehalten.

Natürlich kann man den Teig auch zu flachen Fladen klopfen und auf einem Rost (notfalls aus frischen Ästen) oder einem glühenden Stein backen.
Oder man wickelt sie um faustgroße, vorher stark erhitzte Steine (mit 2 Y-artigen Astgabeln handhaben), die man an den Glutrand des Feuers auf größere Blätter legt. Dieses Steinbrot hat den Vorteil gegenüber dem Stockbrot, daß es Hitze auch von innen erhält.
Wer länger an einem Ort verweilt, kann sich einen → Ofen improvisieren.

Bruch, Knochen- → Knochenbruch

Bruch, Leisten- → Leistenbruch

Bruchband. Bei Überanstrengung durch Heben kann es geschehen, daß Teile der Bauchorgane durch eine Lücke in der Bauchwand in der Nähe der Leiste austreten können. Man sieht und fühlt es. Damit es nicht zu einem Abklemmen und einer Entzündung kommt, preßt man mittels Bruchband diese Teile zurück in die Bauchhöhle. Langfristig hilft nur die Operation.

Brüche → Knochenbruch

Brücken, Seil- → Seilbrücken

Brückenbau (Zeichnung)

Brustbeutel ist das traditionelle Geldversteck des deutschen Globetrotters. In vielen Ländern weiß man das und stiehlt ihn gezielt. Deshalb sollte man sein Geld immer an mehreren Stellen verteilt bei sich tragen: → Geldgürtel; am Gürtel hängende, in die Hose geklappte Tasche; Wadentasche, Strumpftasche, doppelte Hosentasche. Diese Dinge sind bastelbar und im Globetrotter-Handel käuflich.

Bundeswehr wird von vielen geschmäht. Viele Schmäher würden vor einer eigenen Armee nicht zurückschrecken, um selbst Krieg zu machen gegen die Bundeswehr, die sie so gern abgeschafft sähen. Wer so denkt, war noch nie mit offenen Augen in diktatorisch regierten Ländern, wo Menschenrechte mit Füßen getreten werden. Wer so denkt, ignoriert, daß Institutionen wie Polizei und Armee als Garanten einer funktionierenden Demokratie unabdingbar sind. Es genügt nur ein einziger politischer Chaot als Staatschef, und selbst das friedlichste Land wird brutal überfallen. Der Machtrausch, Größenwahn und die Skrupellosigkeit solcher Potentaten (Cäsar, Hitler, Stalin, Saddam Hussein, Ghadafi, Milosevic, Karajic, Pol Pot) machen vor nichts halt. Außer vor einem stärkeren Gegner. Deswegen braucht jede gute Demokratie eine wehrhafte Armee, um ihre Freiheit bei Angriff zu verteidigen, so, wie wir uns auch als Einzelperson verteidigen, wenn wir angegriffen werden. Abgesehen davon ist der Wehrdienst für manche Rekruten oft die einzige körperliche Betätigung in ihrem ganzen Leben.

Buschfeuer-Survival will gelernt sein. Immer wieder gibt es in Steppen und Wäldern verheerende Brände. Buschfeuer können bei starkem Wind schneller sein als Pferd und Reiter. Deshalb nutzt Flucht oft gar nichts. Wohl aber diverse Regeln.

- Sei immer in Alarmbereitschaft. Vergegenwärtige dir rechtzeitig, daß eine gefährliche Situation auf dich zukommt. Finde dich damit ab, verlier keine wertvolle Zeit und reagier sofort, solange du noch im Vollbesitz deiner Handlungskraft bist.
- Lauf nur, wenn es unumgänglich ist. Panik bedeutet erhöhten Sauerstoffbedarf, Energieverlust und eingeschränkte Urteilsfähigkeit.
- Bei dichtem Rauch Atmung reduzieren, auf qualmfreie Luftlöcher hoffen, Luft am Boden atmen. Sie ist kühler und frischer.
- Die gefährlichste Hitze ist die *Strahlung*shitze, nicht die eigentliche Flamme. Sie eilt dem Feuer *geradlinig* unmittelbar voraus. Dagegen schütz dich in Löchern, hinter Felsen und Bäumen, in Bächen und Teichen. Die Strahlen kommen nicht um die Ecke.
- Lauf nicht durch große Flammenfronten, vor allem nicht, wenn der Boden unübersichtlich und dicht mit Gestrüpp bewachsen ist.

- Lauf bergab statt bergan. Feuer klettert schneller hoch als runter.
- Hab immer Streichhölzer bei dir, um rechtzeitig ein eigenes Feuer anzuzünden, in dessen abgebrannte Zone du dich dann in Sicherheit begibst.
- Wenn ein Entkommen unmöglich ist, wirf dich hin auf unbewachsenen Boden. Bedeck dich mit so viel (nasser) Garderobe wie möglich. Vermeide unbedeckte Haut. Nimm keinesfalls Nylonstoffe! Wenn du keine Garderobe besitzt, scharr ein Loch und »beerdige« dich. Vermeide weiterhin Panik, um die Atmung zu verringern.
- Hat die Garderobe Feuer gefangen, lauf nicht weg. Windzug nährt das Feuer. Roll dich am Boden, um es zu ersticken. Oder erstick es mit Decken.
- Wenn dich das Feuer im Auto überrascht, bleib im Auto! Es hält die gefährliche *voraneilende* Hitzestrahlung ab. Wenn es doch zu warm wird (nach dem Platzen der Scheiben), verbirg dich an der feuerabgewandten (Lee-) Seite des Wagens. Bis dahin ist die schnell brennende Vegetation bereits verbrannt, und die Hauptthitze ist vorüber.
- Erinnere dich, daß schon sehr viele Menschen vor dir durch richtiges Verhalten Buschfeuer überlebt haben, bei denen ihnen niemand eine Chance eingeräumt hätte.

Die wirksamste Waffe gegen das Umkommen im Buschfeuer ist das *Gegenfeuer*. Die gewaltige Feuerkraft eines Großbrandes läßt einen Luftstrom in Richtung Feuerherd entstehen. Wenn du also ein neues Feuer zwischen dir und dem Brand anlegst, bewegt es sich meist in Richtung Brandherd.

Sollte das anders sein, weil es noch zu weit entfernt ist, steck das Gras trotzdem an. Dann läuft es halt *mit* dem Wind und vor dir fort.

Sobald sich das eigentliche Großfeuer nähert, begibst du dich in die bereits abgebrannte Zone.

C

Caimane → Kaimane

Caliumpermanganat → Kaliumpermanganat

Callus → Kallus

Captagon ist ein Psychotonikum, das Niedergeschlagenheit in Optimismus verwandelt. Es ist rezeptpflichtig und für Extremunternehmen ein denkbares Aufputschmittel für den Notfall. Auf Dauer eingenommen, macht es abhängig.

Cavit ist *das* Zahnfüllmittel für den Globetrotter. Er kann damit Löcher vorübergehend schließen und sich Schmerzen ersparen. Es ist in Apotheken erhältlich und vor allem wirksam mit einer Unterfüllung aus Watte und Nelkenöl (→ Zähne füllen).

Certisil Combina ist ein Präparat zum Entkeimen von Trinkwasser. Es wirkt auf Silberionen- und Chlor-Basis. Infolge des Chloranteils kann man das Wasser schon nach 30 Minuten trinken. Aber zwei Stunden lang schmeckt man das Chlor durch. Danach verflüchtigt es sich. → Micropur

Chagas-Krankheit gibt es nur in Lateinamerika. Sie wird von Laufwanzen übertragen, die in den Blätterwänden einfacher Häuser leben. Wenn sie stechen, gerät ihr Kot in die Wunde. Und darin befinden sich die Erreger, die sich in einigen Körperorganen vermehren und sie schädigen.
Symptome: Vier Wochen lang Fieber, Blutarmut, Kräfteschwund und Drüsenschwellungen von Milz und Leber. Je nachdem, wo die Erreger sitzen, kann es zu schwerem Herzleiden kommen und zu sehr plötzlichem Tod. Vor allem wird das Zentralnervensystem angegriffen. Das hat dann Intelligenzschwund zur Folge.
Behandlung ist noch nicht möglich. Es gibt kein Gegenmittel. Todesrate bei Kindern 50%, bei Erwachsenenen 10%.
Vorbeugung: Insektensprays, bessere Wohnverhältnisse, Moskitonetz, Tötung der Zwischenwirte (Haustiere, Opossums, Affen).

Chill-Faktor ist der durch Wind erhöhte Kälteeffekt. Je stärker der Wind, desto intensiver die gefühlte Kälte bei Lebewesen.

Chirurgischer Knoten → Knoten

Cholera ist eine meldepflichtige Seuche, die sehr schnell zum Tode führen kann. Manchmal bereits wenige Stunden nach Ausbruch der Krankheit. Ihre Gefährlichkeit rührt daher, daß nicht nur Kranke die Keime massenhaft ausscheiden und diese sich in allen Wassern rasend vermehren, sondern auch Gesunde und Genesende sie beherbergen und über weite Distanzen verschleppen können. Die Gefahr wächst mit den schlechten hygienischen Verhältnissen der Umgebung. Die Übertragung erfolgt durch Berührung, durch Wasser, durch Fliegen, durch infizierte Nahrung. Die C.-Keime gehen im Darm massenhaft zugrunde, und das in ihren Leibern enthaltene Gift wird vom Darm aufgenommen.

Der Patient hat kein Fieber. Aber schon 12 bis 48 Stunden nach der Ansteckung leidet er unter Kopfschmerzen, Erbrechen und wasserartigem Durchfall. Infolge des hohen Wasserverlustes verfällt der Körper sichtbar: schwacher Kreislauf, Wadenkrämpfe, tiefliegende, zurückgesunkene Augen, rauhe cholerische Stimme, eingezogener Bauch, blaugraue Verfärbung der Haut, rasch verfallende Kräfte.

Das wichtigste Gegenmittel ist die vorbeugende C.-*Impfung*. Sie gewährt sechs Monate relativen Schutz. Der Patient muß außerdem streng isoliert, warmgehalten und mit größten Mengen Flüssigkeit versorgt werden. Nicht nur in Form von Getränken, sondern auch intravenös (→ Infusionstechnik) mit → Kochsalzlösung. Hilfreich sein soll die Verabreichung von Antibiotika. Die Helfer müssen sich schützen mit höchster Sauberkeit (Desinfektionsmittel), Gummi-Handschuhen, Mundschutz und Vermeidung des Haut-zu-Haut-Kontakts.

Sobald der Kreislauf wieder stabil und der Stuhl des Patienten dick und gallehaltig wird, ist die Gesundung ziemlich gesichert.

Code, Klopf- → Nachrichtencode

Code, Nachrichten- → Nachrichtencode

Codewort → Kennwort

Combatschießen → Deutschießen

CS-Abwehrgas → Abwehrspray

D

Dach, Regen- → Regendach

Darmverschlingung kann sich u.a. durch eine Entzündung ergeben. Dabei dreht sich der Darm an einer Stelle um seine eigene Achse wie ein ausgewrungener Lappen. Die Blutzufuhr wird unterbrochen, und es kommt zum → Darmverschluß. Hier hilft nur die sofortige Operation, die der Laie unterwegs nicht selbst durchführen kann.

Darmverschluß ist eingetreten, wenn der Darm irgendwo so verstopft ist, daß der Darminhalt nicht mehr weitertransportiert werden kann. So etwas passiert plötzlich durch → Darmverschlingung, unverdauliche Fremdkörper, Gallensteine, Geschwülste. Beim Reisenden sind häufig (hart fühlbare) Zusammenballungen von Eingeweide-Würmern die Ursache. Der Betroffene leidet unter schwer gestörtem Allgemeinbefinden. Er ist blaß, hat Schweißausbruch, raschen, schwachen Puls, anschwellenden Unterleib, sehr starke Schmerzen, Verstopfung, Erbrechen bis hin zu Kot-Erbrechen. Bei Würmern kann Fieber hinzukommen.
Bei Würmern gibt man ein Wurm- und ein Abführmittel. In anderen Fällen ist eine sofortige Operation erforderlich. Der Reisende hat nur die Möglichkeit, den Kranken in ein Hospital zu transportieren. Vor der Operation sollen keine schmerzstillenden Mittel gegeben werden, weil sie die Diagnose erschweren.

☞ Immer ist wegen höchster Lebensgefahr größte Eile geboten.

Decke, Rettungs- → Rettungsdecke

Deckenrolle ist die einfachste Form eines Rucksacks. Man rollt sein Hab und Gut einfach in eine Decke, verschließt beide Enden mit einem Seil und verbindet diese miteinander. So hat man ein O-förmiges Gepäckstück, daß man in mannigfacher Weise schultern und tragen kann.

Desinfektion soll das Leben krankheitserregender Bakterien beenden oder es zumindest erschweren. Für Globetrotter bietet sich vor allem Sauberkeit an. Das einfache Waschen mit Seife und warmen Wasser kann bereits vielem vorbeugen. Sonst hilft das Desinfizieren in kochendem Wasser (Operationsmaterial). Je länger desto besser. Krankheitsverseuchte Wäsche anschließend der Sonne aussetzen.
Mit Alkohol, Kodan u.a. sowie Kaliumpermanganat werden Wunden und Operationsmaterial desinfiziert. Mit Sagrotan kann man Räume säubern. Mit → Micropur wird Trinkwasser haltbar gemacht.

☠ Genau dosieren! Zu starke Konzentration ist Gift!

Um Fleisch dauerhafter gegen Verwesungsbakterien zu schützen, ist das Braten (well done) wirkungsvoller als Kochen, weil man dabei Temperaturen weit über 100 °C erreicht.

☺ Auch Trichine verwandeln sich bei Kochen und Braten in nahrhafte Proteine (ab 60 °C).

Es gibt noch andere Methoden. Aber sie sind auf Reisen kaum durchführbar.

Destilliertes Wasser darf nie getrunken werden! Es enthält keinerlei Mineralien und hat das Bedürfnis, sich damit zu sättigen. Es entzöge sie den Körpergefäßen, die dann in ihrer Funktionstüchtigkeit stark beeinträchtigt würden. Und wenn dem Körper ohnehin schon Wasser fehlt, kann das verheerende Folgen haben. Genau wie das Trinken von Salzwasser oder Urin. Das muß man wissen, weil die Herstellung von D. zu den Möglichkeiten gehört, sich ungenießbare Flüssigkeiten trinkbar zu machen (→ Wasserbeschaffung).

☞ Aber man kann D. sehr schnell und einfach wieder trinkbar machen, wenn man irgend etwas hineinrührt, von dem es sich seine Mineralien nehmen kann: eine Prise Salz, Sand, Sägemehl, Haferflocken, Grashalme....

Deutschießen oder Combatschießen ist das Verteidigungsschießen (→ Notwehr) mit der Faustfeuerwaffe auf 5 oder weniger Meter Entfernung im äußersten Notfall. Wenn also der Gegner seinerseits bereits zum tödlichen Schuß ansetzt oder eine solche Reaktion unmittelbar bevorsteht. D. ist schnell im Selbsttraining zu erlernen. Drei Grundsätze sind von ausschlaggebender Bedeutung:

1. Der Verteidiger erhöht seine Reaktionsschnelligkeit, wenn er einen *Revolver* hat statt einer Pistole. Ein Revolver ist *sofort* schußbereit. Eine Pistole hingegen muß erst entsichert und einmal durchgeladen werden – in dieser Situation zwei unnötig zeitraubende Griffe. Außerdem ist die Gefahr der Ladehemmung beim Revolver geringer. Nachteil des Revolvers: Er hat nur ca. sechs Schuß und ist langsamer nachladbar. Im Notwehrfalle zählen die Pistolen-Vorteile nicht, weil der erste Schuß der entscheidende ist.
2. Schon während des Ziehens der Waffe macht sich der Verteidiger kleiner. Er geht in die Hocke und bietet dem Angreifer damit weniger Treff-Fläche. Gleichzeitig reduziert der Verteidiger damit den Weg der waffenführenden Hand vom Holster zur Augenhöhe um die Hälfte. Waffe und Augen treffen sich auf halbem Wege.
3. Das Zielen erfolgt nicht gewohnheitsmäßig über Kimme und

Korn, sondern man zielt mit beiden Augen und beiden ausgestreckten Armen! Während der waffenführende Arm nach vorn schnellt, kommt ihm der zweite dabei zu Hilfe. Er ergreift die Waffe stabilisierend von der anderen Seite. So entstehen drei Linien (die der Augen und die des Revolverlaufs), die sich im Ziel treffen. Und genau dort wird der Schuß sitzen.

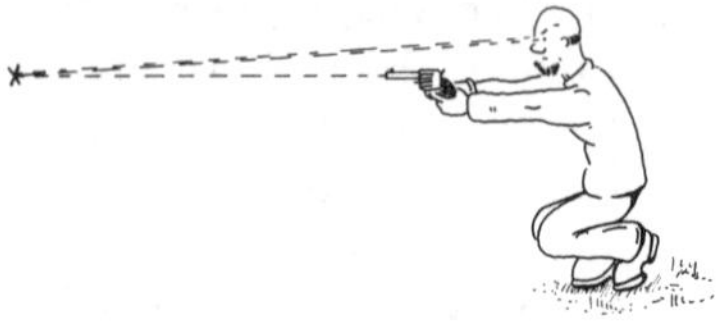

☞ Training kann daheim erfolgen, da nur kurze Distanz erforderlich (Zum Beispiel mit der Luftpistole. Oder mit einem → Laserstrahlpointer, → Soft-Air-Pistolen.)

Dicker Tropfen sind zwei Tropfen Blut zur mikroskopischen Feststellung von Malaria. Er wird dem Körper des Kranken während eines Fieberanfalls entnommen und ermöglicht die Diagnose. Fingerkuppe oder Ohrläppchen werden per Wattebausch desinfiziert (Alkohol, Merfen Orange, Kodan) und mit einer Nadel angestochen. Der erste Tropfen wird mit dem Wattebausch abgewischt. Der zweite wird mit der Mitte eines Objektträgers (kleines rechteckiges Glasscheibchen) abgenommen und kreisförmig verrieben auf 15 bis 20 mm Durchmesser. Der nächste Tropfen wird mit der Mitte der kurzen Seite des Objektträgers abgenommen, an der er augenblicklich zerfließt. Wenn das passiert ist, stellt man den blutbehafteten Objektträger im spitzen Winkel auf einen dritten sauberen und zieht den Blutstropfen als hauchdünnen roten Film über diesen sauberen Träger. Die beiden Blutgebilde werden aufgehoben bis zur späteren Mikroskopierung.
Zur Schnellfeststellung der Malaria-Art gibt es inzwischen *Malaquick*. Es ist teuer und nur wenige Monate haltbar. Aber für den Globetrotter in malariaverseuchten Gebieten ist es das Mittel der Wahl für die Schnell-Diagnose, nach der sich die Therapie richtet.

Diebstahl ist für den Reisenden vor allem dann folgenschwer, wenn der Paß und das Geld weg sind. Deshalb sollte man immer auch eine Fotokopie des Passes und einen Personalausweis dabeihaben und das Geld grundsätzlich an mehreren Stellen des Körpers verteilen. Am besten stellt man sich darauf ein, daß man immer und überall bestohlen werden kann: von einzelnen oder Gruppen, von Kindern und Erwachsenen, im Hotel und auf der Straße, mit List und mit Gewalt. Für den Fall, daß man einen Dieb stellt, sollte man zumindest → Pfefferspray dabeihaben.

Dolchstoßfalle → Fallen

Drahtschlinge zum Töten. 80 cm Stahldraht oder Nylon mit zwei Griffen an den Enden. Sie wird dem Opfer um den Hals geworfen und zugezogen. Gegen diese D. gibt es kaum Gegenwehr. Durch Abschnürung der Halsschlagadern ist das Opfer in drei Sekunden außer Gefecht.

Dreiecktuch gehört in jede Erste-Hilfe-Apotheke. Es findet vielseitige Verwendung zur Ruhigstellung eines gebrochenen Arms, als Kopf-, Fuß-, Knie-, Unterschenkel- und Kinnverband sowie als Augen- und als Druckverband, wenn man das D. zu einer sog. Krawatte gelegt hat. Näheres in allen Erste-Hilfe-Lehrgängen.
Darüber hinaus ist es ideal als Kopftuch gegen Sonnenstrahlen, als Schal zum Aufsaugen des Nackenschweisses, als Beutel beim Sammeln, als einfacher Filter, als Taschentuch, zum Gesichtabdecken gegen Insekten beim Mittagsschlaf, zum Einsammeln von Morgentau und als Weiße Fahne, um Kapitulation zu signalisieren.
Mit zwei Dreiecktüchern lassen sich auch kompliziertere Verbände (Schulter, Hüfte) anlegen.

Drinkwell ist ein flüssiges Chlorpräparat zur schnellen Trinkbarmachung suspekten Wassers, sofern es *klar* ist. Trübes Wasser muß zusätzlich gefiltert werden. Man benötigt 3 Tropfen, um einen Liter in 60 Minuten trinken zu können und 15 Tropfen, wenn man nur 6 Minuten warten möchte.

Drogen. Ursprünglich der Begriff für Heilmittel, Stimulanzien und Gewürze, heute das Synonym für Suchtmittel aller Art wie Alkohol, Nikotin, Kokain, Haschisch, Meskalin, LSD, Weckamine, Heroin sowie synthetische Schmerz-, Beruhigungs- und Schlafmittel. D. machen psychisch, physisch und seelisch abhängig. Drogenkonsum ist das Kennzeichen für psychisch unausgeglichene Menschen! Die Abhängigen wollen sich damit ein Gefühl des Wohlbefindens vermitteln oder Mißempfindungen ausschalten. Menschen mit Selbstbewußtsein, Selbstwertgefühl und erfüllendem Lebensziel werden kein Verlangen nach Drogen haben.

☠ Da der Handel mit D. in vielen Ländern besonders hart bestraft wird (bis hin zur Todesstrafe!), muß der Reisende ganz besonders darauf achten, niemals (!) für Fremde Gefälligkeitspäckchen zu transportieren, deren Inhalt er nicht genau kennt. Außerdem sollte man aufpassen, daß niemand Drogen ins Gepäck oder Auto manipulieren kann.

Druckverband ist das Stillen einer Blutung mit einem Verbandspolster und einer straffen Binde. Dadurch werden die Blutgefäße zusammengedrückt und das weitere Bluten unterbunden. Das Glied darf dabei nicht abgeschnürt werden. Wenn die Blutung nicht zum Stehen kommt, → abbinden.

Dülfersitz ist die Methode, sich nur per Seil an einer Steilwand hinabzulassen. Hierbei ist dicke Garderobe wichtig. Rechten Kragen hochklappen! Sonst schwere Schürfwunden.

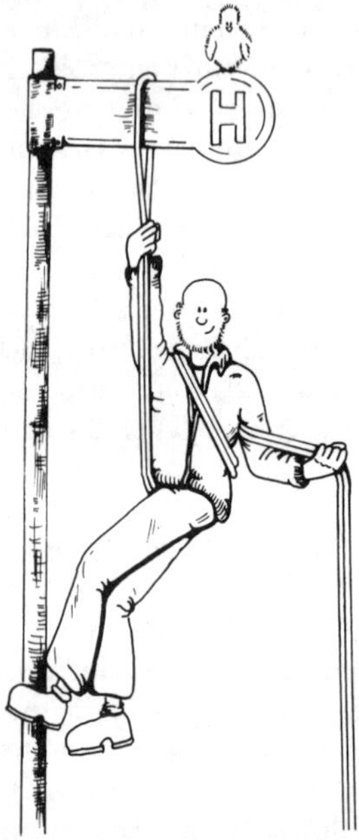

Dünndarmkatarrh. Wenn man sich schlecht und maddelig fühlt, Fieber hat, zu Erbrechen und Durchfall neigt, Darmkrämpfe und ständiger Stuhldrang sich einstellen und bei chronischem Verlauf alles brodelt, gärt, fault und stinkt (auch aus dem Mund bei belegter Zunge), der Durchfall breiig-stinkend wird und der Patient abmagert – dann liegt D. vor. Die Ursache sind Bakterien. Mit Hilfe von Rizinus entleert man den Darmtrakt und fastet zwei bis drei Tage bei ausschließlich Tee und Zwieback. Dazu nimmt man 3× täglich mit lauwarmem Wasser 1 bis 2 Tabletten des Vioform-Entobex-Gemischs und alle 2 Stunden 1 bis 2 Tabletten einer Gerbsäure-Eiweiß-Verbindung. Wenn der Erfolg ausbleibt, verabreicht man das Antibiotikum Tetracyclin.
Spürt der Patient Besserung, kann mit leichter Aufbaukost begonnen werden. Nach *stinkendem* Fäulnisstuhl sind das Stärkeprodukte (Kartoffelbrei, Reis, Weißbrot, Nudeln), bei *säuerlichem* Stuhl Fleischkost.

Durchblutungsstörungen sind gegeben, wenn manche Körperpartien nicht mehr ordentlich durchblutet werden. Man spürt das mit einem komischen Gefühl unter der Zunge, wird schwindelig und sieht Sternchen und schwarz vor den Augen. Die Ursachen dafür: Zu lange in einer Stellung (Hocke) verharrt, langes Stehen in großer Hitze, Schock durch Schreck (das Blut ist in die Beine gesackt) oder Arterienverkalkung. Behandlung: hinlegen, Beine hoch (Schocklage). Hilft das nicht, wird ein Kreislaufmittel verabreicht (Noradrenalin, Arterenol, Effortil, Novadral).

D. des Herzens können vorliegen, wenn man sich »eng« ums verkrampfte Herz fühlt und Schmerz hinterm Brustbein verspürt, der zum linken Arm ausstrahlt; und zwar schon bei geringer körperlicher Belastung oder beim Verlassen der warmen Wohnung an die kalte Luft. Behandlung: nitrathaltige Kapseln (Nitroglycerin). Sie entspannen den Krampf des Herzkranzgefäßes, lösen dessen Verengung und lassen das Blut wieder fließen.

Durchbruch, Magen- → Magendurchbruch

Durchfall ist das häufige Verlieren dünnflüssigen Stuhls. Ursache kann ein einfacher Schrecken sein. Man macht sich vor Angst oder Aufregung in die Hosen. Oder man hat eine Infektion durch verschmutzte Nahrung. Es gibt viele Gründe. Deshalb empfiehlt sich für den Reisenden immer, auf Sauberkeit zu achten. Er sollte lieber gekochtes Gemüse als rohen Salat essen, lieber Obst in Schale (Orange, Banane) als solches, das schon hundertmal begrabbelt wurde. Und immer sollte er Eis in den Tropen meiden. Der Fachmann erkennt die Ursache des D. oft am Stuhl (Teerstuhl bei Magenblutungen, Reiswasser-Stuhl bei Cholera, Erbssuppen-Stuhl bei Typhus), und entsprechend ist die Behandlung.
Immer gelten die Empfehlungen Bettruhe und die völlige Entleerung des Darms mit 1 bis 2 Eßlöffeln Rizinusöl. Den Unterleib mit Wärmflasche verwöhnen. Dann 1 bis 2 Tage ungesüßten starken schwarzen Tee mit geriebener Muskatnuß, sofern vorhanden. Auch Kamillentee ist empfehlenswert. Dazu verabreicht man alle zwei Stunden 2 Kohletabletten. Sie entgiften den Darm.

☞ Statt ihrer kann man ebenso gut die Holzkohle vom angebrannten Holz kratzen und essen. Sehr empfohlen werden als erste Nahrung frisch geriebene, geschälte Äpfel in größerer Menge. Sind sie nicht vorhanden (in den Tropen), gibt man durchgesiebten, gesalzenen Haferschleim. Wenn der Appetit zunimmt, darf erweitert werden mit *kleinen Mengen* (!) Zwieback, Weißbrot, Knäckebrot; dann Wasserreis, Wasserkakao, weiches Ei, Magermilchquark. Wer sich gleich wieder satt ißt, muß mit Rückfällen rechnen.

Durchquerung, Fluß- → Flußdurchquerung

Durst ist der Hinweis des Körpers, daß ihm Wasser fehlt. Er braucht es, damit er funktioniert. Weit über die Hälfte des Körpers ist Wasser, im Blut sogar 90%. Man verliert es durch Atmung, Schwitzen, Harn und Stuhl. Der Verlust wird gesteigert durch Anstrengung, Panik, Sprechen, Durchfall, Fieber, Außenhitze, Essen, Salzhaltiges usw. Die Symptome zunehmenden D. bis hin zur Verdurstung sind: Schluckbedürfnis, zusammenziehende Kehle, versiegender Speichelfluß, trockener Mund, erschwertes Schlucken, rauhheisere Stimme, gerötete, brennende

Augen, beschleunigter Puls, Appetitlosigkeit, Benommenheit, Hitzegefühl im Gesicht, Müdigkeit, Halluzinationen, Wahnvorstellungen, Fieber, konfuses Reden, Bewußtlosigkeit, Tod.
Man kann viele Wochen ohne Nahrung auskommen, aber nur sehr kurze Zeit ohne Wasser. Deshalb ist die Trinkwasserversorgung immer etwas sehr Vorrangiges. Zum einen muß man wissen, wo man Wasser findet (→ Wasserbeschaffung), zum andern muß man wissen, wie Wasserbedarf und -abgabe des Körpers reduziert werden können.
Zum Beispiel: keine Anstrengungen, keine Hektik, keine Panik, kein Rufen, nicht weinen, wenig sprechen, Mundtuch, nicht in der Mittagshitze bewegen, Abend- und Nachtkühle für Märsche nutzen, nichts essen, kleine (!) Schlucke trinken, lieber heißen zuckerlosen Tee als lauwarmes Wasser, Lippen einfetten, weiße weite Baumwollgarderobe tragen, keine Haut der Luft aussetzen, Urin auffangen für eventuelle Wiederaufbereitung (→ Wasserbeschaffung), nichts Salzhaltiges trinken, destilliertes Wasser nur trinken, wenn es durch Zusatz von Mineralien trinkbar gemacht wurde (z.B. Sand einrühren). Bei Hitze und Vorhandensein von Salzwasser: Kleidung ständig mit Salzwasser tränken, um die Kühlung des Körpers nicht über das Schwitzen zu erreichen.

E

Egel → Blutegel

Eiche hat für den Survivor vor allem Bedeutung, wenn er das Holz für den Hüttenbau benötigt und die Hütte lange halten soll. Es enthält Wirkstoffe, die ein natürliches Gift gegen Fäulnisbakterien sind. Ferner ist es besonders hart und stabil und deshalb auch ideal für den Bau von → Grabstöcken.
Die Eicheln sind nur als Wildfutter zu nutzen.
Eichenrinde wurde früher zum → Gerben verwendet, indem man Felle und Rinde schichtweise wochenlang in abgedeckten Erdgruben fermentieren ließ.

Einbruchsicherung Schwachstellenanalyse durch Kripo vornehmen lassen. Kosten-Nutzen-Rechnung aufstellen. Mechanisch und elektronisch sichern. Türen und Fenster aufhebelsicher machen, einbruchhemmende Fenster einbauen lassen, Zusatzschlösser, Vorlegeriegel, Glasbruchmelder, Bewegungsmelder. Hund. Richtiges Verhalten (Telefon griffbereit).

Einlaufgefäß benötigt man, um einem Patienten einen Liter blutwarmes Wasser in den Darm zu praktizieren. Diese Methode wird angewendet, wenn jemand Kotverhärtung hat oder unter einer Infektionskrankheit leidet und Rizinus nicht ausreichend gewirkt hat. Der Einlauf ist eine Entlastungsmaßnahme, um den Darm von Verstopfungen und Giften zu befreien.
Als E. eignet sich jedes Gefäß, selbst Flaschenkürbisse oder Bambusrohre. Es sollte sauber, muß aber nicht steril sein. Der Schmutz, der unter Umständen mit in den Darmtrakt gelangt, wird dort unschädlich gemacht. Das Gefäß muß höher angebracht werden als der auf der linken Seite liegende Patient. Unten im Gefäß muß sich ein Auslauf für einen dünnen (z.B. Aquarium-) Schlauch befinden. Der von scharfen Kanten befreite Schlauch wird eingefettet und dem Patienten in den ebenfalls eingefetteten After geführt. Durch die Schwerkraft gelangt die Flüssigkeit in den Darm.
Hat eine Entleerung stattgefunden, kann man einen zweiten, tieferen (50 cm) Einlauf mit Kamillentee oder Öl machen. Damit erreicht man im Mastdarm auch die letzten Stuhlreste und bewirkt die vollkommene Reinigung des Darmsystems.
Nähreinlauf: Ein Einlauf wird auch dann angewendet, wenn jemand oral

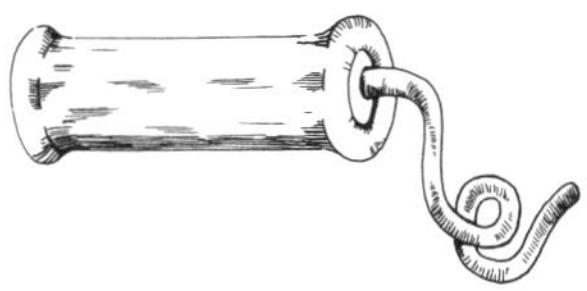

keine Nahrung zu sich nehmen kann. Zunächst wird sein Darm – wie eben beschrieben – gereinigt und dann eine Nährlösung eingegeben. Sie besteht aus 60 g Traubenzucker und 500 g Wasser.
Einläufe können auch mit einer großen *(Klistier-) Spritze*, an der ein Schlauch hängt, durchgeführt werden. Oder mit einer der käuflichen Gummispritzen. Oder mit einer Improvisation aus z.B. Bambusrohr als Kolben und einem Stock, der mit so viel Mull umwickelt wird, daß er den Innenraum des Kolbens abdichtet, aber noch hin- und herbewegt werden kann (Zeichnung).

Einsamkeit kann *erholsam* oder *deprimierend* sein. *Erholsam* ist E., wenn man ihre Dauer selbst bestimmen kann, sie als Möglichkeit der Selbstfindung freiwillig gewählt hat oder um aus den gesellschaftlichen Zwängen auszubrechen. *Deprimierend* wird E., wenn sie eine Folge sozialer Ausgliederungsprozesse ist wie im Falle von Krankheit oder Alter.
Wer im Gefängnis mit E. ungewollt konfrontiert wird, läuft Gefahr zu verzweifeln und nicht mehr rational handeln zu können. In solchen Situationen ist das oberste Gesetz, nie die Hoffnung aufzugeben. Psyche, Seele und Physis sind untrennbar miteinander gekoppelt und müssen unbedingt mit Zukunftsplänen und Betätigung intakt gehalten werden.
Das sollte möglichst sinnvoll sein wie das Erlernen der Sprache des Gastlandes, das Schreiben eines Buches, das Anfertigen von Zeichnungen, das Basteln eines Schachspiels, das Planen des Ausbruchs. Wo einem keinerlei Vergünstigungen (Schreibmaterial) gewährt werden, kann Betätigung auch banal sein wie das Herausziehen eines Nagels aus der Zellenwand mit Hilfe eines aus Haaren gedrehten Seiles oder die Zähmung einer Kakerlake. Und immer sollte man bestmöglich auf Körperpflege achten und ein Sportprogramm absolvieren, um im Falle der Befreiung ausreichend fit zu sein.

Einstamm-Floß → Floß

Eis-Einbruch. Wer über Eisflächen geht, sollte wissen, ob sie tragen oder ob es nicht irgendwo Strömungen und Quellen gibt, die die Bruchgefahr erhöhen. Wer schon einmal eingebrochen ist, weiß, wie schnell das geschehen kann. Man versinkt wie vom Blitz getroffen. Reflektiv wird man sich beim Einsturz an der Bruchkante festhalten. Tödlich ist es, *unter* die Eisdecke zu geraten und die Orientierung zu verlieren. Innerhalb von Sekunden (!) wird man handlungsunfähig infolge der Kälte und der Aussichtslosigkeit (Panik), die Eisdecke zu durchstoßen.
Zur Selbstrettung gibt es nur die Möglichkeit, sich breitflächig mit den Unterarmen auf die Eis-Kante aufzustützen (wenn möglich, Mantel ausziehen, zur Rolle formen und so die Aufstütz-Unterlage vergrößern) und sich – ohne zu rucken – heraus-

zustemmen. Dann X-artig flachliegend ans Ufer kriechen.
Eine andere Möglichkeit ist, sich durch das immer wieder brechende Eis auf das Ufer hinzuarbeiten. Bei allen Methoden ist höchste Eile geboten, weil der Körper schnell die Versorgung der Endgliedmaßen einstellt. Die Hände versagen den Dienst.
Wird man als Retter tätig, um einen Eingebrochenen herauszuholen, benötigt man lange Bretter, Stangen, Leitern, auf denen man sich flachliegend an das Eisloch heranarbeitet. Und man sollte sich, sofern möglich, anseilen, um nicht selbst im Eis zu verschwinden. Hat man diese Hilfsmittel nicht, bleibt nur, sich X-artig ausgebreitet an den Verunglückten heranzuarbeiten.

☞ Unterkühlte nie (!) *schnell* aufwärmen. Nasse Garderobe gegen trockene auswechseln, weitere Auskühlung mit Decken verhindern, in warmen Raum bringen, warmen Tee geben. Keinen Alkohol, keine Massage, kein heißes Bad!

Eis-Schutzbauten lassen sich errichten wie ein Iglu. Man benutzt die Eisplatten wie Bausteine, die zunächst als Kreis angelegt und dann spiralartig und kuppelförmig hochgezogen werden, bis sie sich oben schließen. Fugen werden mit Schnee abgedichtet. Da Eis nicht so gut haftet wie der Schnee beim Iglu-Bau, wird man Pausen einlegen müssen, bis der Fugenschnee angefroren ist.
In Fällen der Eile läßt sich auch eine senkrechte Windschutzwand errichten, die besondere Stabilität erhält, wenn an der windabgewandten Seite eine Querwand dagegen gemauert wird.

Eisbär → Bären

Eiserne Ration. Wer damit rechnen muß, plötzlich von der Versorgung abgeschnitten zu werden (Krieg, Wintereinbruch), sollte sich einer *E.* versichern. Das können sein: Wasser, Lebensmittel, Heizstoff, Batterien, Taschenlampe, Transistor, Treibstoff, Medikamente.
Das Wasser sollte entweder ständig erneuert werden, solange diese Möglichkeit besteht, oder es sollte haltbar gemacht werden mit Micropur, Kochen, Kälte oder Kaliumpermanganat. Die Lebensmittel müssen unverderblich sein: Haferflocken, Zukker, Mehl, Reis, Nudeln, Getrocknetes, Konserven, Geräuchertes. Die Batterien sind für die Taschenlampe (Signale, Wegfindung) und das Transistor-Radio, aus dem man den Wetterumschwung erfährt, oder ob Suchmannschaften unterwegs sind.

☞ Man kann vielseitig zusammengestellte *E.* auch fertig kaufen. *»Mahlzeiten in Notzeiten«* nennt die Firma Folker Schultheiss ihre Produkte für die Langzeit-Lagerung (Nordendstr. 76, 64546 Mörfelden-Walldorf, Fax 06105/4 58 77; Homepage im Internet: http://www.notvorrat.de). Da gibt es das

30-Tage-Paket für eine Person, das 90-Tage-Paket und das 12-Monate-Paket. Und es gibt ein *Technik-Paket* mit Koch-Set, Licht, Radioempfang, Wasseraufbereitung und Wasserlagerung.

Eisloch-Tauchen ist ein Panik-Überwindungstraining und gleichzeitig eine Abhärtung gegen Erkältungen. Man hackt sich zwei Löcher im Abstand von 3 Metern ins Eis. Der Anfänger macht es dort, wo er im Eiswasser noch stehen kann. Mittels einer Stange schiebt man ein Seil unterm Eis von Loch zu Loch und sichert es so, daß der Tauchende eine zuverlässige Richtschnur und Halteleine hat. Ungeübte sichern sich außerdem mit einem Seil um die Taille, das ein Helfer *auf* dem Eis bedient, wenn er merkt, daß der Taucher nicht vorankommt.

☞ Zur Steigerung der Schwierigkeit Zahl auf Papier schreiben und sie unters Eis ans Seil hängen. Taucher muß sie lesen und nennen. Oder *nachts* tauchen, weil Dunkelheit das Panikgefühl verstärkt.

☺ → Sadistic Arctic Training, SAT

Eiter ist die Körper-Polizei. Er besteht u.a. aus weißen Blutkörperchen, die die Aufgabe haben, eingedrungene schädliche Bakterien zu töten. Wenn die Eiterherde pochen, sind sie reif und sollten mit steriler (Feuer, Jod, Benzin, Alkohol) Nadel geöffnet und verbunden werden. → Furunkel

☺ Myxomatoseverseuchte Kaninchen haben vereiterte Sinnesorgane. Das mag schon rein optisch und geruchsmäßig abschrecken. In der Not erinnere man sich daran, daß Eiter aus weißen Blutkörperchen besteht, letztlich also weißes Blut = Protein = hochqualitative Nahrung ist. Gebraten verliert Eiter seinen Geruch und verwandelt sich in Kompaktnahrung. Darüber hinaus sind eitrige Verbände kein Sondermüll, sondern recycelbar und ideale Köder für allerlei Getier, vor allem für Fische, die auf Geruch reagieren (Wels, Aal etc.). Kranke mögen deshalb nicht jammern, sondern positiv denken: Mit Eiter kommt man heiter weiter.

Ekel ist zum einen ein natürliches und wichtiges Alarm-Signal des Körpers. Es schützt den Menschen davor, mit etwas in näheren Kontakt zu kommen, das dem Körper Schaden zufügen würde. Dieser Widerwillen – von der Gänsehaut bis hin zum Brechreiz – erstreckt sich nicht nur auf Lebensmittel, Ausscheidungen, Aas u.ä., sondern auch auf bestimmte Menschen oder deren Verhaltensweisen.
Aber es gibt auch den gesellschaftlich verursachten und – realistisch betrachtet – *unbegründeten* Ekel, wie den gegen Insektenverzehr. Auch die Ablehnung von Schweinefleisch durch Moslems hat kulturelle Gründe. Diese beiden Ekel muß man

unterscheiden lernen (→ Ekelüberwindung). Heuschrecken sind in vielen Ländern eine Delikatesse. Sie schmecken roh und geröstet und erinnern an Haselnüsse. Würmer, in Salzwasser gekocht, konkurrieren mit Maccaroni, und Termiten sind wertvoller als Schweinefleisch aus der Massentierhaltung.
Natürlich muß man wissen, wo Gifttiere ihr Gift haben, daß die Bakterien der Kaninchen-Krankheit → Myxomatose sich nicht auf den Menschen übertragen, daß Wanderratten → Trichine enthalten können, und daß vieles davon durch Kochen und Braten unschädlich wird.

Ekelüberwindung lernt man am schnellsten, wenn man etwas zum Essen vorgesetzt bekommt, das man als lecker empfindet und von dem gar nicht weiß, was es ist. Vor allem, wenn es mit Gewürzen, Salz und Butter zubereitet wurde. Für Survivors ist E. eine Pflicht-Disziplin. Sie muß über den Verstand geregelt werden. Viele Menschen sind schon verhungert, obwohl sie von Nahrung im Überfluß umgeben waren. Warum lehnen Moslems Schweinefleisch ab, obwohl es dir gut schmeckt? Warum magst du die unsexy aussehenden Muscheln und verweigerst Regenwürmer? Wieso gierst du nach Krabben und hast Schluckbeschwerden bei Wasserflöhen? Und warum gibst du viel Geld aus für Rinderfilet, obwohl du Rattensteak kostenlos haben kannst? Die Antwort: Weil du diesen Absatz noch nicht gelesen hast.
Wanderratten – wie alle Gemischtkost-Esser incl. Menschen – können Trichine enthalten. Sie werden auf den Menschen übertragen und töten ihn. Aber gebraten (über 60 °C) geben sie ihren Kampfgeist auf und verwandeln sich in nahrhafte Proteine. Rattenfleisch ist sehr schmackhaft.

☺ Das Schlachten der ersten Ratte kostet Wohlstandsgesellschafter eine große Überwindung. Ist sie jedoch tot und schneidet man ihr den gänsehauterregenden Schwanz ab, und zieht man ihr die Öhrchen in die Länge – dann erinnert sie überraschend an ein Kaninchen! Und Kaninchen – die mag man selbstverständlich.

Wenn Kaninchen jedoch Myxomatose haben (Eiterkrankheit, an der sie sterben), überkommt einen der Ekel. In diesem Falle muß man wissen, daß diese Krankheit sich *nicht* auf den Menschen überträgt, daß die Eiterbakterien beim Kochen sterben und sie sogar ihren unangenehmen Geruch verlieren. Eiter sind weiße Blutkörperchen und somit Eiweiß.

Überzeug dich am besten zunächst mit einer rohen Heuschrecke. Weder schmeckt sie nach *Heu*, noch wird sie dich er*schreck*en. Sie ist eine Konkurrenz für Haselnüsse. Zur Weiterbildung → Nahrung, unkonventionelle

Elefanten besonders die afrikanischen, dürfen in der freien Natur nicht unterschätzt werden. Wenn man sich ihnen zu sehr nähert – vor allem, wenn sie Junge haben, Einzelgänger oder verletzt sind –, warnen sie mit abgestellten Ohren, aufgeregtem Fußstampfen, gerolltem Rüssel und schrillem Trompeten. Überschreitet man ihre Notwehr-Distanz, greifen sie an. Sie sind schnelle Läufer (kurzfristig bis zu 30 km/h) und ausdauernd. In der Ebene ist der Mensch unterlegen. In baumbestandenem Gebiet ist der Mensch wendiger, wenn er Slalom um die Bäume läuft oder einen Baum (ausreichend hoch!) erklettert. Das Auto bietet keine Sicherheit, wenn der Elefant bereits gereizt ist und man dann hineinflieht. Es wird mühelos umgestürzt und demoliert.

Elektrischer Schlag. Seine Gefährlichkeit nimmt zu mit der Höhe der Spannung (Haushalt 220 Volt, Gewerbestrom 360 bis 1000 Volt und mehr) und wenn ein Durchströmen des Körpers möglich ist, weil der Verunglückte auf feuchtem Untergrund steht. An den Stromein- und -austrittsstellen gibt es Verbrennungen. Weitere Folgen können sein: Muskelverkrampfung, Bewußtlosigkeit, Atemstillstand, Kreislaufstillstand, Tod.

Gegenmaßnahmen: Strom abschalten am Schalter, Stecker oder Sicherung. Ist das nicht möglich, auf nichtleitendes Material stellen (Kunststoffe, Teppich, Zeitungen, trockenes Brett) und den Elektrisierten mit ebensolchem nichtleitenden Material anfassen und an seiner Garderobe von der Stromleitung fortziehen.

Anschließend sofortige Ruhelage, Prüfung von Atmung und Puls. Bei Atemstillstand → Atemspende. Bei Herzstillstand → Herz-Lungen-Wiederbelebung. Stabile Seitenlage. Brandwunden keimfrei abdecken.

Embolie entsteht, wenn z.B. Blutgerinnsel oder Luft eine Ader verstopfen und plötzlich heftige Funktionsstörungen einsetzen.

Lungen-E. äußert sich durch zunehmende Atemnot – bei gleichzeitigem blutigem Auswurf – bis hin zum Erstickungstod.

Bei *E. der Hirn-Schlagadern* kann es zum Schlaganfall kommen. Bewußtlosigkeit und Lähmung sind die Vorboten.

Bei *E. in den Herz-Kranz-Schlagadern* kommt es zum Herzstillstand (Herzschlag).

Die *E. der Gliedmaßen-Schlagadern* äußert sich mit plötzlichem Schmerz, Blässe, Kälte und Unempfindlichkeit des betroffenen Gliedes.

Widerfährt einem das auf Reisen, ist Hilfe nicht möglich, weil innerhalb von maximal vier Stunden operiert werden muß. Eine sehr geringe Chance hat der Reisende nur dann, wenn er sofort viele Blutegel auf seine Adern setzt.

Engagement gegen irgendeine Sache auf der Welt, die man aus ethischen Gründen mißbilligt, kann dem Leben eine ungeahnte Bereicherung

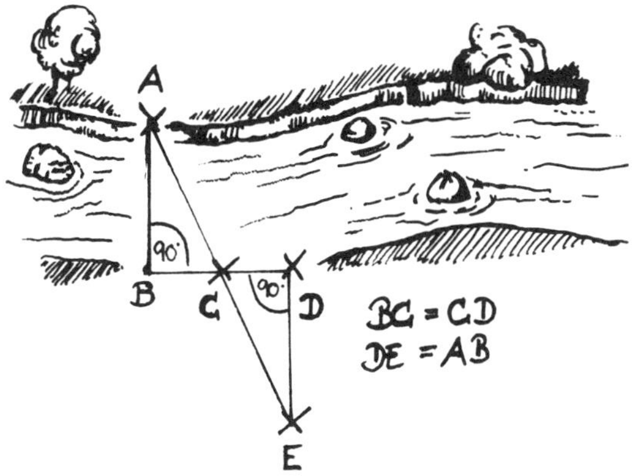

bescheren. Für uns Wohlstandsmenschen ist E. geradezu eine Verpflichtung. Niemand sollte glauben, daß gerade er zu gering oder unvermögend sei, um etwas zu bewegen. Es gibt für jeden adäquate Aufgaben. Ob auf dem Sektor Nächstenhilfe, Naturschutz oder Menschenrechte – die vielen tausend Vereine und Organisationen informieren gern. → Spenden

Entfernung messen (Kurzstrecken). Du willst über eine Schlucht oder einen Fluß ein Seil spannen, damit diejenigen, die nicht klettern oder schwimmen können, auch hinüber gelangen (→ Hindernisüberwindung). Deshalb möchtest du wissen, ob deine Seile reichen.

Dazu wählst du einen festen Punkt am gegenüberliegenden Ufer. Sagen wir, einen Baum (A). Genau gegenüber, also auf deiner Seite, steckst du einen Stock in die Erde (B). Von dieser Linie A–B gehst du im rechten Winkel eine bestimmte Zahl von Schritten, sagen wir zwanzig, im rechten Winkel flußauf- oder -abwärts und steckst einen weiteren Stock (C) in die Erde. Die Linie B–C verlängerst du um noch einmal dieselbe Distanz, also erneute zwanzig Schritte (D).

Du verläßt die Linie B–D bei D im rechten Winkel landeinwärts. Du gehst so lange, bis du die Punkte A und C in einer Linie siehst. Das ist dein Punkt E. Nun entspricht D–E der Strecke A–B.

Entfernung (Wegstrecke) schätzen kann oft sehr wichtig sein. Deshalb sollte jeder Wanderer wissen, wie sein Marschtempo in welchem Gelände ist.

☞ Entfernungen zu schätzen läßt sich rechtzeitig lernen, wenn man mit dem Fahrrad oder Auto auf deutschen Straßen unterwegs ist. Man visiert ein Ziel an, schätzt die Distanz

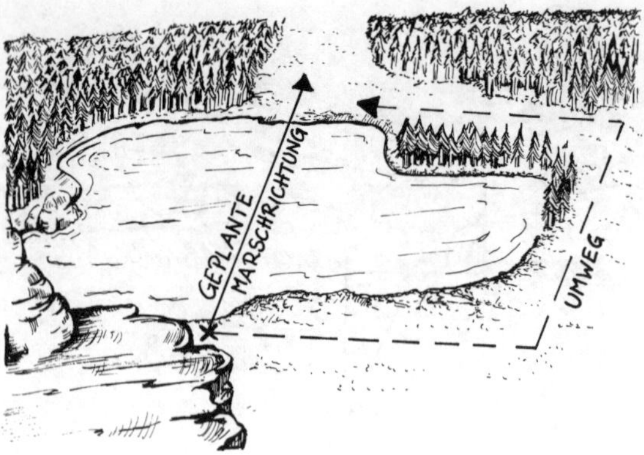

und kontrolliert das Ergebnis auf dem Kilometerzähler.

Einzeln stehende Gebäude erkennt man auf 4 km; große, freistehende Bäume auf 2 km; die Gliedmaßen eines Menschen auf 300 m; Einzelheiten der Kleidung auf 100 m.

Telegrafenmasten stehen 100 m auseinander. Ein LKW und das Stockwerk eines Wohnhauses sind 3 m hoch.

Wer ein Hindernis (z.B. See) zu umgehen hat und wissen muß, wie viele Kilometer Luftlinie das auf der eigentlich geplanten Strecke sind, muß sich die Mühe machen, den Umweg in geometrischen Figuren abzugehen. Beispielsweise im Rechteck, wobei Schritte oder Zeit und geschätztes Marschtempo zu merken sind.

Immer bleiben alle diese Methoden ungenau und mühsam. Deshalb ist es bei allen Märschen in unbekanntem Gelände wichtig, noch eine zusätzliche Grundsatzregel im Hinterkopf zu haben → Heimwegfindung.

Entkeimungstabletten. Die meisten Infektionskrankheiten holt man sich über das Trinkwasser. Vor allem, wenn man in Gebiete kommt, wo es andere Bakterienarten gibt, auf die unser Magen-Darmsystem nicht eingestellt ist. Typhus, Cholera, Influenza u.a. kann man sich sogar schon beim Zähneputzen holen.

Dem läßt sich vorbeugen mit zwei Arten von Tabletten. Sie entkeimen Wasser in 15 bis 120 Minuten und konservieren es bis zu sechs Monaten gegen Typhus, Paratyphus, Colibazillose, Cholera, Influenza, Dysenterie usw., aber nur sehr bedingt gegen Würmer, Giardia, Shigella, Amöben, Viren. Hier ist zusätzliches Kochen erforderlich. Oder Filtern.

1. *Micropur* wirkt durch Silberionen. Sie müssen zwei Stunden auf

das Wasser einwirken, halten es dann aber sechs Monate keimfrei. Sie sind weder gesundheitsschädlich noch verändern sie den Wassergeschmack. Sie sind leicht dosierbar.

2. *Certisil Combina* wirkt ebenfalls auf Silberionen-Basis, beinhaltet aber auch Chlor. Dadurch wirkt es bereits nach 15 Minuten. Es ist deshalb das Mittel der Wahl, wenn man Wasser nicht mit sich zu führen braucht, weil es überall in der Landschaft vorhanden ist, und man es schnell trinkbar haben möchte. Bei beiden Mitteln unbedingt genau die Gebrauchsanweisung studieren.

Wem die Tabletten nicht zur Verfügung stehen, der muß sein Wasser mindestens *10 Minuten kochen*. In Lagen über 1000 m Höhe länger. Gekochtes Wasser verliert seinen angenehmen Geschmack, und es verkeimt nach Abkühlung erneut.

→ Wasserfilter

Entsalzung, Meereswasser-
→ Meereswasser-Entsalzung

Entspannungsübungen (nach Jacobson). Man braucht Entspannung, um der nächsten Beanspruchung gewachsen zu sein. Egal, ob sie körperlich oder geistig oder beides ist.

Entspannung im Sinne dieser Übungen ist der Zustand, in dem du ganz bewußt seelisch, geistig und körperlich abschaltest, um dann bei erneuter Belastung zu profitieren von verbesserter Konzentrationsfähigkeit, Selbstkontrolle, innerer Ruhe und frei wirst von Beschwerden wie Kopfschmerz, Verspannungen und Schlafproblemen. Ideal also für dauerhaft stark belastete, leistungsorientierte Menschen in Beruf, auf Extremreisen, in Gefangenschaft.

Such dir einen ruhigen und bequemen Platz. Setz oder leg dich hin und vermeide Störungen. Leichte Entspannungsmusik im Hintergrund ist erlaubt. Wenn du das Gefühl hast, bequem zu sitzen, laß alle deine Muskeln locker werden und schließ die Augen. Wenn du nun noch Geräusche wahrnimmst, ignorier sie. Betrachte sie als dazugehörig. Du entspannst und mußt nichts leisten.

Dann schließ deine rechte Hand ganz langsam, aber betont kräftig zur Faust. Die Muskeln, Sehnen und Adern deines Unterarmes schwellen an. Das ist gut. Beobachte sie. Und dann laß wieder alles los, schließ die Augen und genieß die Entspannung.

Genau das gleiche machst du nun mit *beiden* Händen.

Danach streck die Arme waagerecht von dir, die Handflächen nach oben geöffnet. Spür, wie sich von selbst eine zunehmende Anspannung ergibt. Wenn sie dir deutlich geworden ist, laß die Arme auf den Schoß oder die Sessellehne sinken und sich lockern.

Danach winkle beide Arme an und mach den dicken Bizeps. Nimm die Armspannung ganz bewußt wahr. Dann lockere alles und nimm auch die Entspannung bewußt zur Kenntnis.

Soweit das Muskulöse. Jetzt bleib entspannt sitzen, laß die Arme ruhend unten und geh in Gedanken in deine Stirn. Bist du dort angekommen, zieh deine Augenbrauen so hoch wie möglich und fühl, wie die Spannung sich über den ganzen Kopf ausdehnt. Dann Entspannen und die Entspannung genau nachfühlen.
Als nächstes kneif deine Augen so fest wie möglich zu. Wenn du genug gekniffen hast, lös alles und genieß die Lösung. Die nächsten Übungen sind: Naserümpfen, Lippen spitzen, Zähne zusammenbeißen, Zungenspitze gegen den Gaumen pressen.
Darauf folgt die totale Entspannungsphase: Stirnmuskeln, Kopfdecke, alles, was du am Kopf eben in Bewegung gesetzt hast, laß genüßlich durchhängen.
Als nächstes ist der Hals dran: drück den Kopf nach hinten in den Nakken, nach vorne auf die Brust, rechts auf die Schulter, links auf die Schulter. Danach Kopf locker auf der Wirbelsäule wackeln lassen. Nach allen Seiten hin, die du eben beansprucht hast.
Nun: Schultern heben, Schultern senken. Entspannen. Schultern zurück.
Jetzt genieß die Atmung: die ein- und ausströmende Luft. Halt sie auch mal kurz an und beachte die Spannung in Bauch und Brust.
Jetzt mach die Bauchdecke hart. Entspannen. Dann Bauchdecke tiefstmöglich einziehen und härten und wieder lockern; Beine ausstrecken, Hacken fest gegen den Boden drükken, Zehen nach oben, Oberschenkel anspannen. Entspannen.
Dann weiter so, aber Zehenspitzen nach vorn, alle Bein- und Sitzmuskeln anspannen und wieder von oben nach unten loslassen.
Zum Abschluß laß dich schwer in deinen Sessel sinken und schweif mit geschlossenen Augen fort in eine Situation, in die du gern in Gedanken wanderst.

☺ Denk an mich.

Und dann kommst du zurück in die Gegenwart: Beweg die Finger und Gliedmaßen mit zunehmender Intensität, räkel dich wie morgens beim Aufstehen und gähn wie bei einer Mammut-Konferenz.
Diese E. kann gekoppelt werden mit Elementen des → Autogenen Trainings. Rede dir immer wieder ein und konzentrier dich auf den Inhalt:

- Ich werde das hier schaffen,
- ich lasse mich nicht unterkriegen,
- die holen mich hier raus,
- das macht mir nichts aus,
- ich werde gesund!

Entzündung, Lungen- → Lungenentzündung

Erbrechen ist das stoßweise Entleeren des Mageninhalts durch den Mund. Erbrochenes schmeckt sauer oder auch bitter (Galle). E. ist eine Reaktion des Körpers auf Überladung des Magens mit Nahrung oder Alkohol, eine Folge von → Seekrankheit, Ekel, Schreck, Gift oder – bei Fieber und Appetitlosigkeit – ein Hinweis des Körpers, daß er im Moment keine Nahrung benötigt. Es gibt weitere Ursachen wie Magenverschluß, Blinddarmentzündung etc. Aber in allen Fällen gibt es Grundregeln zur Linderung:

- Ruhe und Schlaf,
- Nahrungsverzicht,
- bei starkem Durst leicht gesüßten Tee (Kamille, Pfefferminz),
- Oberbauch wärmen (Gummi- oder Plastikbeutel mit warmem Wasser, heiße Umschläge),
- bei anhaltendem E. Arzt aufsuchen.

Erfrierungen beginnen mit dem Gefühl von Frost in den Händen oder Zehen und wenn man glaubt, zu kleines Schuhwerk zu tragen, ein Kribbeln verspürt bei Wärmeeinwirkung oder sich blaurote Flecken bilden. E. sind Gewebeschäden infolge von Durchblutungsstörungen. Sobald zuviel Kälte auf den Körper einwirkt und er die erforderliche Wärme nicht ausreichend schnell nachproduzieren kann, drosselt er die Blutzufuhr in den Extremitäten und reserviert die Hitze für den Rumpf und den Kopf.

☞ Man kann auch bei Plusgraden (!) erfrieren, wenn Nässe und Wind sich summieren zum Kühl-Effekt (→ Chill-Faktor). Zieht der Frost tiefer in die Gliedmaßen, werden die betroffenen Körperstellen weich und verfärben sich weiß-grau. Sie schmerzen beim Betasten und bilden Blasen. Bei noch weiterer Erfrierung in die Körpertiefe erstirbt der Berührungsschmerz und das Glied wird bretthart bis hin zur Brüchigkeit von Eis.

Man verhindert E. durch Schutz aller Extremitäten (Ohr, Nase, Kinn, Wangen, Finger, Hände, Zehen, Füße) und Tragen nicht zu engen Schuhwerks.

☠ E. niemals behandeln mit heißem Bad oder Alkohol! Blasen nicht öffnen! Weiteren Kälteeinfluß vermeiden. Körper mit viel Textilien vor weiterem Wärmeverlust bewahren. Erfrorene Füße nicht gebrauchen. Eng anliegende Kleidung öffnen und mit Fremdkörperwärme behutsam auftauen (unter der Achselhöhle oder zwischen den Schenkeln des Helfers). Warme Getränke, Bewegung.

☞ **Ernährung.** Die Weltgesundheitsorganisation empfiehlt als optimale Ernährungsweise, sich hauptsächlich *pflanzlich* zu orientieren. Und zwar täglich mit bis zu 600 g Obst/Gemüse und 700 g Getreide. Das Getreide aber nicht in Form von ausgemahlenem und von Kleie befreitem Mehl (Weißbrot), sondern möglichst schrotig (Vollkornbrot, Müsli). Keine zusätzlichen Mineralien, Vitamine, Ballaststoffe, Spurenelemente aufschwätzen lassen: In abwechslungsreicher, frischer Nahrung ist alles in ausgewogener Form enthalten.

Ferner: • nur bis 6 g Salz und wenig Zucker. Wenn gesüßt werden muß, lieber mit Honig, • kein rotes Fleisch; lieber Fisch und Geflügel und möglichst nicht mehr als 80 g pro Tag, • keine tierischen Fette (Speck, Sahne, Butter, Schmalz etc.), • keinen Alkohol; auch Wein nur 100 g pro Woche! • nichts Verkohltes, Geräuchertes, chemisch Konserviertes, Verschimmeltes und Gepökeltes essen.

Diese Ernährungsweise soll gekoppelt werden mit täglich einstündiger körperlicher Bewegung und einmal wöchentlicher Hochbelastung. Das *Normal*körpergewicht soll mit zunehmendem Alter bei Erwachsenen mit höchstens 5 Kilo überschritten werden.

Übergewichtler mögen sich einmal einen Rucksack aufschnallen mit so vielen Kilo Inhalt, wie sie Übergewicht haben. Wenn sie den 12 Stunden ununterbrochen getragen haben, wird ihnen am ehesten bewußt werden, was sie ihrem Körper zumuten.

Ernährung, künstliche → Einlaufgefäß

Ersatz, Licht- → Licht-Ersatz

Ersatz, Schlitten- → Schlittenersatz

Erschöpfung, Hitze → Hitzeerschöpfung

Erste-Hilfe-Ausrüstung stellt sich jeder nach seinen Bedürfnissen zusammen. Man orientiert sich am Verbandskasten, wie er für Autos vorgeschrieben ist und paßt ihn individuell den eigenen Wehwehchen und den Problemen des bereisten Landes an. Was man immer benötigt, sind Desinfektionsmittel, Pflaster, Verbände. Darüber hinaus vielleicht Mittel wie Malaria-, Wurm- und Schmerztabletten, Antibiotika, Nähnadel und Pinzette (gegen Splitter), Sonnenschutz, Insektenschutz, Zugsalbe. Natürlich sollte man hierzu auch die Vorbeugung rechnen durch Impfungen (Information bei den Impfanstalten, Tropenkrankenhäusern, Tropenärzten) und das, was man im Kopf hat: das Wissen aus aufgefrischten Erste-Hilfe-Kursen.

Erste-Hilfe-Lehrgang ist ein *Muß* für jeden Menschen. Besonders für jeden Individual-Reisenden. Es genügt jedoch nicht das einmalige Absolvieren, sondern die regelmäßige Wiederholung (alle fünf Jahre). Der E. sind preiswert angeboten von den meisten Rettungsdiensten. Ihre Anschriften erfährt man über Ärzte, Fahrschulen, Polizei, Feuerwehr etc.

Ersticken an Kohlenmonoxid oder -dioxid → Vergiftung über Atemwege

Ertrinken. Einen Ertrinkenden kann nur retten, wer selbst gesichert oder/und ausgebildeter Rettungs-

schwimmer ist (Rettungsschwimmer-Kursus der DLRG ist grundsätzlich zu empfehlen, auch deswegen, weil man dabei Befreiungsgriffe lernt). Beim Rettungsversuch sind die Gegebenheiten des Gewässers zu bedenken: vor allem Strömung, Ufer und Untergrund. Ungeübte sollten nie die übermenschliche Kraft des Ertrinkenden unterschätzen. Erleichtert wird die Rettung durch Vorhandensein eines Bootes, Schwimmkörpers, Seiles, einer Stange.
Wiederbelebung per → Atemspende, → Herz-Lungen-Wiederbelebung

Esche Das Holz der E. hat für den Survivor vor allem Bedeutung als ideales Bogenholz (Bogensport) – wie das des Wacholder.

Esel sind ideale Last- und Reittiere. In unwegsamem Gelände sind sie, neben der Menschenkraft, oft das einzige Transportmittel. Sie sind anspruchslos im Futter und relativ preiswert im Erwerb. Sie sind in der Lage, selbst in steinigstem Gelände ihren Weg sicher zu suchen.

Esoterik. Sammelbegriff für Pseudo-Wissenschaften und Scharlatanerie, die versuchen, mit der Lebensangst, Dummheit und Gutgläubigkeit vieler Mitmenschen das große Geld zu machen. Esoteriker geben sich als große Durchblicker und operieren gern mit Pendel, Astrologie, Kaffeesatz und polierten Steinen. Wenn es deinen Reisebegleitern wichtiger ist, die gemeinsame Partnerschaft von der Konstellation der Sterne abhängig zu machen, dann vergiß sie schnell und such dir Realisten, die mit beiden Beinen im Leben stehen und ihre Entscheidungen von ihrem Können abhängig machen.

Essigsaure Tonerde → Imprägnieren

Existenzminimum ist das zur Lebenserhaltung erforderliche Mindesteinkommen. Obwohl es in den sog. Drittwelt-Ländern weit (!) niedriger ist als bei uns, erreichen sehr viele Einwohner nicht einmal dieses unterste Limit. Sie arbeiten als Sklaven für eine Handvoll Reis, oder sie sind lebenslänglich arbeitslos und leben von Müll. Jeder Reisende sollte sich dessen immer bewußt sein und mit wachem kritischen Blick durch die Länder ziehen. Er sollte zudem seinen Reichtum nie offen zeigen und nach Möglichkeiten Ausschau halten, mit den ihm gegebenen Mitteln zu helfen (Spende, Patenschaft für eine Schulausbildung, Studienplatz in Deutschland etc.).

☞ Vergessen wir nie, daß unser Reichtum u.a. auf der Armut solcher Menschen aufgebaut ist.

F

Fahrrad-Touren sind, wie die Füße des Wanderers, die Fortbewegungsart der bescheidenen und weltoffenen Globetrotter. Mit ihnen kommt man fremden Ländern und Menschen viel näher als jeder andere Tourist. Sportliche Leistungen erwecken überall Sympathie. Größte Herzlichkeit und Gastfreundschaft durch die Bevölkerung sind die Beweise. Ein Feedback, wie kein Autofahrer es je mit solcher Intensität kennenlernen wird. Erinnerungen, die ein Leben lang unauslöschlich erhalten bleiben. Schöner als Radfahren oder Wandern ist nur, es zu zweit machen zu können.

Zwar kostet Radfahren Kraft, Ausdauer und Disziplin, aber es stählt den Radler und formt ihn positiv fürs Leben. Ein weiterer Vorteil des Radelns ist die Unabhängigkeit von Sprit und Geld.

Die Nachteile sind der dichte Autoverkehr. Das schwächste Glied im Verkehr ist der Radfahrer. Deshalb muß jedes Fahrrad mit allen Sicherheitsangeboten bestückt werden. Das sind in erster Linie Rückstrahler in alle Himmelsrichtungen und Abstandhalter. Auch die Garderobe und das Gepäck sollten auffallen: signalrot, postgelb, Reflexstreifen, Flatterbänder. Wichtig sind auch schrille Klingel und Beleuchtung. Unumgänglich ferner stabile Schlösser, Flickzeug, Ersatzschlauch, Werkzeug, Trinkwasser-Reserven usw. Bevorzuge stabile Räder mit Mountain-Bike-Reifen und mit wenig Schickimicki. Je weniger Technik, desto geringer die Reparaturanfälligkeit. Denk daran, daß es vielerorts keine Ersatzteile zu kaufen gibt. Ein Fähnchen deines und des bereisten Landes bewirken weitere Wunder. Alle Menschen sind Patrioten. Auch du. Das merkst du spätestens dann, wenn dir ein Landsmann mit gleicher Wellenlänge begegnet.

Fährtentäuschung. Um Verfolger in die Irre zu leiten, ist die einfachste Methode die des Rückwärtslaufens. Die schnellste ist, sich ein paar andere Sohlen in falscher Richtung unter die eigenen Schuhe zu binden.

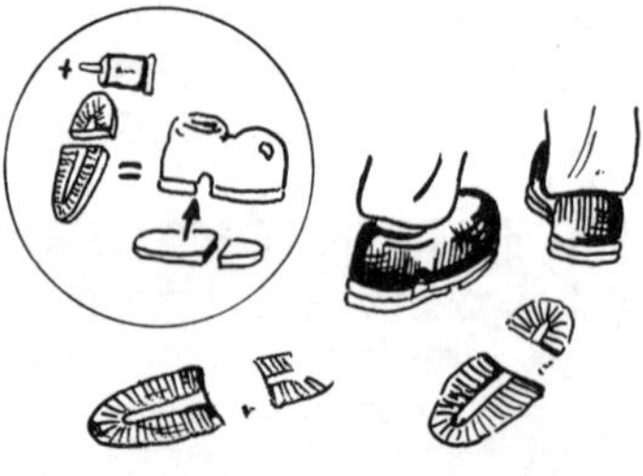

Spurentäuschung: Wenn verschleiert werden soll, wie viele Personen zur verfolgten Gruppe gehören: alle in dieselben Spuren treten.

Falle, Netz- → Fallen

Fällen eines Baumes → Baumfällen

Fallenstellen gehört zu den Grundfertigkeiten, die ein Survivor beherrschen sollte. Dazu gehört auch das Wissen um wichtige Regeln beim Bau aller Fallen. Sonst bleiben sie leer.

Wähl den richtigen Platz für die Falle. Das sind Tierwechsel, Futterstellen, Wasserstellen, Wohnhöhlen. Du mußt wissen, *welches* Tier du fangen willst. Entsprechend groß und stark muß die Falle sein. Entscheide, ob das Tier oder du selbst die Falle auslösen soll. Zwing die Tiere in die Falle durch Leitzäune. Vermeide auf alle Fälle, deinen Geruch an den Fallen zu hinterlassen. Übertöne ihn mit Gerüchen der Umgebung (Pfefferminz, Schlamm) oder mit duftenden Ködern. Ideal zum Anlocken sind Duftstoffe aus den Samendrüsen der Männchen in der Paarungszeit (→ Köder). Oder arbeite mit Handschuhen. Verändere so wenig wie möglich in der Umgebung. Sonst brauchst du Zeit, bis Wind und Wetter deine Fährten eliminiert haben.

Kontrolliere Fallen mindestens einmal täglich. Zum einen, um dem gefangenen Tier, wenn es noch lebt, die Qual zu ersparen, zum andern, um deine Beute nicht mit Raubtieren teilen zu müssen.

Es gibt Hunderte von Fallen. Hier beschränken wir uns auf einige machbare. Die Bauweise der Fallen erklären die Zeichnungen.

1. Beköderte Stein-Schlagfalle

2. Bogenfalle

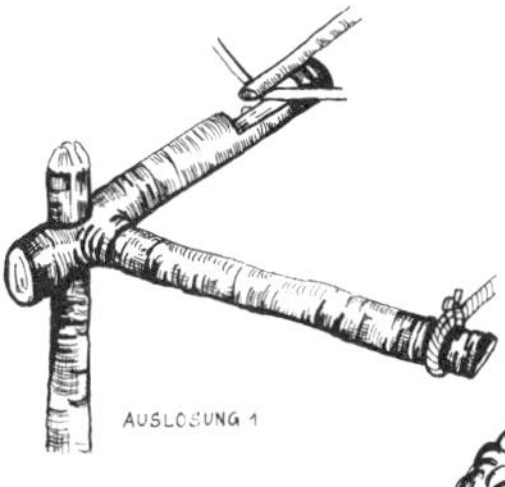

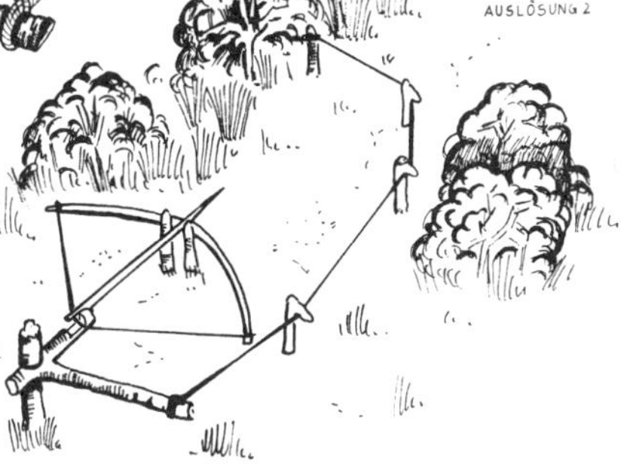

☠ Achtung: Sichern gegen unbeabsichtigte Auslösung durch Menschen! Z.B. durch Schilder.

3. Fallgrube. Varianten: tiefer, zur Hälfte mit Wasser gefüllt, konische Wände, angespitzte Pfähle im Boden.

4. Kaninchenfalle

5. Kastenfalle

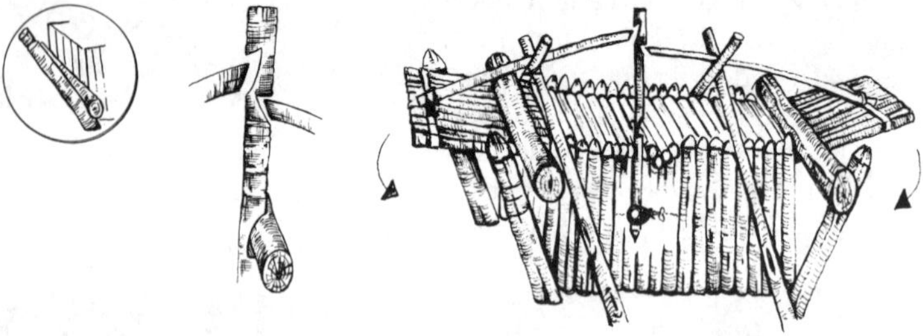

6. Netzfalle

7. Kreuzknotenfalle, manuell auszulösen

8. Schlinge, Durchgänge seitwärts blockieren mit losem Geäst

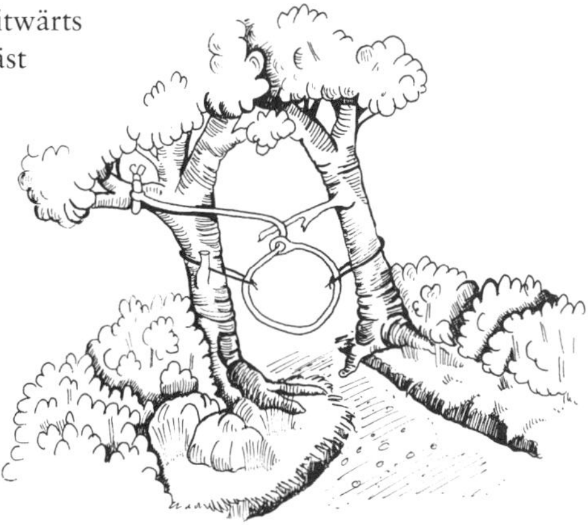

9. Springschlinge für Großvögel

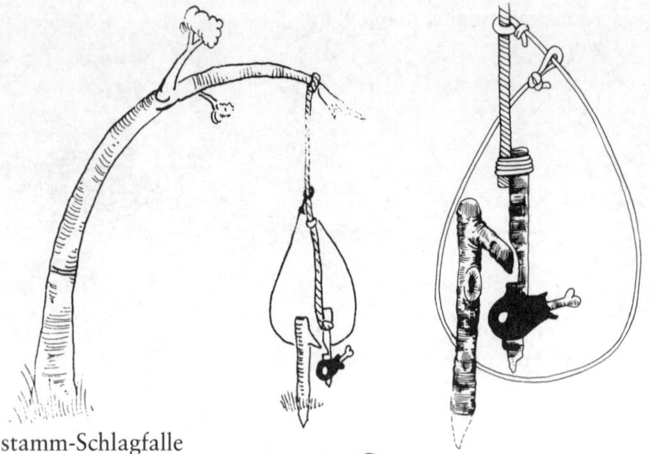

10. Baumstamm-Schlagfalle

11. Fangkorb, manuell auszulösen

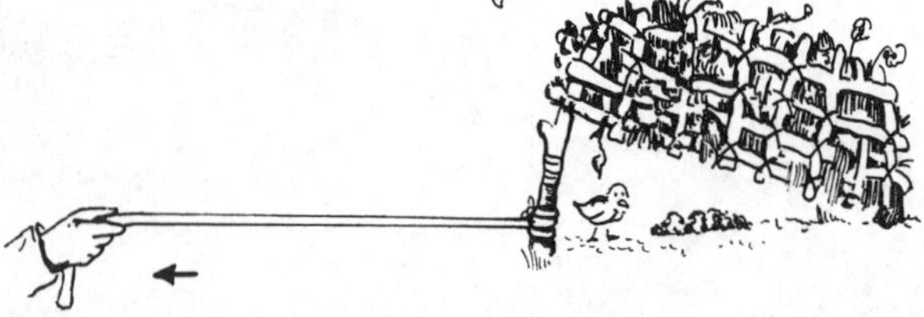

12. Krebsfalle

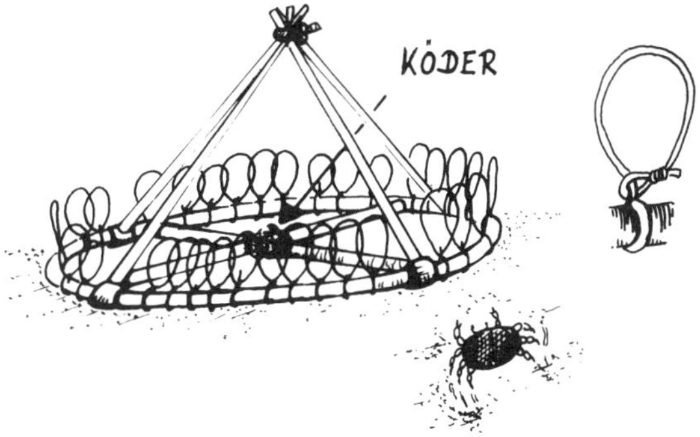

13. Rattenfalle oder Angelhaken für Wasser- und Landvögel

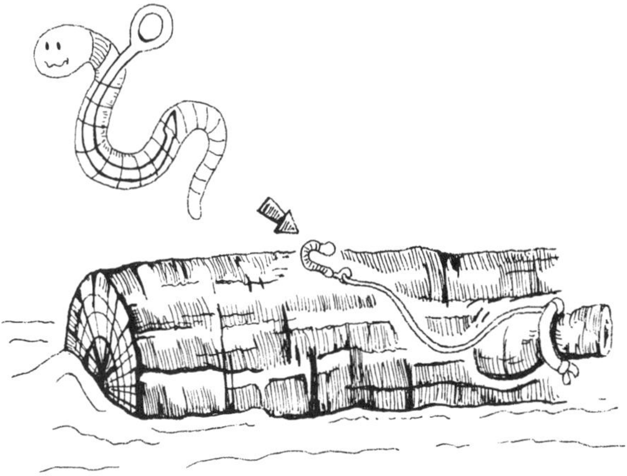

Fälschung von Dokumenten ist weltweit gesetzwidrig. Wer fälscht, muß abwägen, ob die mögliche Strafe im Verhältnis zum angestrebten Ziel steht. Aber es gibt Situationen, wo die Fälschung der schnellste und einfachste Weg ist, das Ziel zu erreichen.

Um einen bedrohten Menschen ausser diktatorischen Landes zu bringen, wäre ein neuer Paß ideal. Natürlich gibt es die auf dem Schwarzmarkt. Wenn du erste Fühler ausstreckst in Richtung Hotel-Portiers, Taxifahrer oder Rotlicht-Milieu, dann sag nie, daß der neue Paß für dich ist, sondern sag, daß du jemanden kennst, der einen kennt, der etwas derartiges sucht. Formulier es mehr gleichgültig-nebenbei, denn es kann immer sein, daß der Befragte loyal zur Regierung steht oder Zivilpolizist ist.

Einfacher ist es, wenn man Zeit hat zum Fälschen. Dann kann man den eigenen Zweitpaß geschickt ändern. Dann kann man sich den eines Verstorbenen beschaffen.

Stempel macht jeder Stempelladen innerhalb von 24 Stunden. Wenn ein Stempelabdruck nicht zu alt ist, kann man ihn mittels eines hartgekochten, heißen Eies übertragen. Stempel lassen sich auch aus Linoleum und Kunststoffen schnitzen. Natürlich gehört dazu eine Portion Geschick und entsprechendes Werkzeug (Linolschnitt-Federn). Not macht erfinderisch.

Dokumente, Zeugnisse, Presseausweise, Namensschilder, Briefpapier, Visitenkarten, alles mit wunderschönen Firmenbezeichnungen, Titeln, Logos, Codierungen und Fotos – das ist heute ein Kinderspiel über Computerausdrucke. Zusätzlich kann das Einschweißen in steife Laminierfolie viel hermachen sowie die Patina des Alters, die man mit etwas Schmutz und Kaffee kunstvoll arrangiert hat.

Wer Zeit hat, läßt sich auch Aufkleber, T-Shirts, Kugelschreiber mit dem eindruckschindenden Logo machen. Gut ist es, gleich mehrere der genannten Dinge, quasi ein Set, parat zu haben, die der Gegner garantiert nebenbei registriert. Als Journalist aufzutreten, ist heute im Zeitalter der Medien die sicherste Möglichkeit, bei höchsten Politikern Einlaß zu erhalten. Wer will schon negative Berichte über sich in der Zeitung lesen oder im TV sehen?

Natürlich muß alles stimmen: Du mußt dir das nötige Grundwissen und -gehabe und das Outfit der Branche aneignen, mußt mindestens einen Fotografen oder Kameramann dabeihaben (noch besser: eine Kamerafrau) und das Interview so aufbauen, daß es dem Befragten schmeichelt und er sich politischen Vorteil davon verspricht. Nie habe ich erlebt, daß mein Presseausweis tatsächlich richtig geprüft worden wäre. Schon gar nicht, wenn ich ihn von vornherein unaufgefordert vorzeigte. Ehe man es für möglich hält, öffnen sich Türen einflußreichster Minister. Über sie erhältst du Zugang zu Gefängnissen, wo du ein Interview mit dem deutschen Inhaftierten X führen möchtest, dem du damit Hoffnung machen kannst. Die Gefängnisbeamten werden sich dir als »TV-Journalisten« gegenüber sehr kooperativ zeigen (laß auch sie in deinem Film auftreten), und du tastet die Chance einer → Bestechung ab.

Faserpelz → Fleecebekleidung

Fasten ist das ideale, natürliche und kostenlose Heilmittel zur Selbstreinigung des Körpers.

Gleichtzeitig ist es eine Möglichkeit, die absolute Selbstdisziplin zu trainieren.

F. kann man von einem Moment auf den anderen. Der Körper lebt dann von der Eigensubstanz. Er baut zunächst das Fett ab und dann die Muskulatur. Parallel scheidet er viele Giftschlacken aus. Wenn man weiterhin seiner Tätigkeit nachgeht, verliert der Körper pro Tag 500 g Gewicht. Das hält man (bei normalem Gewicht und gemäßigter Temperatur) gut 4 Wochen aus.
Das Schlimmste sind die ersten drei Tage. Da quält der Hunger. Danach erstirbt das Hungergefühl völlig! Die ersten drei Tage kann man sich erheblich erleichtern, wenn man seine gewohnte Umgebung mit dem gefüllten Kühlschrank verläßt und sich in die Natur begibt, wo einem nichts zur Verfügung steht.

☺ Dort fällt auch niemandem auf, daß der Fastende vorübergehend einen üblen Mundgeruch ausströmt.

Ein weiterer Trick ist, bei aufkommendem Hunger zu schlafen.
Wichtig beim F. ist das ständige Trinken. Obst- und Gemüsesäfte helfen dem Organismus mit ihren Vitalstoffen beim Abbau der Gifte. Natürlich genügt auch Wasser. Fastenspezies reinigen zu Beginn den Darm noch mit Glaubersalz und trinken hin und wieder Leinsamenschleim. Er ist der Balsam für die Darmwände.
Der Fastende muß wissen, daß er während der ersten 14 Tage eine Belebung des Körpers verspürt. Er fühlt sich elastischer und wird zeitweise sogar besonders leistungsfähig sein. Dann aber lassen die Kräfte nach. Der Kreislauf wird anfälliger. Man ist gereizter. Das schnelle Denken verlangsamt sich. Man muß behutsamer mit sich umgehen.

Das Wissen um die Vorteile des Fastens haben für den Globetrotter noch eine wichtige Nebenbedeutung: Er muß nicht hysterisch werden, wenn auf Reisen die Nahrung unerwartet ausbleibt. Vor allem in der Gefangenschaft und während tagelanger Flucht kann dieses Wissen eine besondere Bedeutung erlangen.

☞ Die Kunst des F. besteht in seiner Beendigung: Auf keinen Fall darf man gleich schlemmen. Man muß behutsam, z.B. mit Haferschleim, wieder anfangen. Sonst kollabiert das geschrumpfte System.

Fata Morgana ist eine Luftspiegelung, die in heißen Gebieten Wasserflächen vortäuscht, die nicht vorhanden sind, oder die entfernte Landschaften näherrückt. Diese Erscheinungen sind fotografierbar im Gegensatz zu → Halluzinationen.

Feuer ist für den Menschen etwas so Elementares wie Gesundheit, Wasser, Nahrung, Freiheit und Liebe. Vor allem in kalten Zeiten ist F. etwas Unentbehrliches. Darum ist Feuermachen für jeden Globi das absolute MUSS in den vorbereitenden Trainings. Sowohl das Feuermachen mit Streichholz, aber ohne Papier als auch – und vor allem – ohne Streichholz: per Reibung, chemisch, elektrisch oder per Funkenschlag. Von diesen Möglichkeiten kann man gar nicht genug kennen, weil man in jeder Situation andere Hilfsmittel zur Verfügung haben wird.

Feuer bei nassem Wetter ist durchaus möglich, denn selbst bei strömendem Regen sind tote Äste, die noch an den Bäumen hängen, im Inneren trocken. Wichtig ist es auch, den ersten kleinen Flammen mit Hilfe des Ponchos oder des Körpers als Dach gegen den Regen zu Hilfe zu kommen.

Feuerbohren ist die wichtigste Art der Improvisation, weil man die erforderlichen Hilfsmittel immer zur Hand hat: Holz und ein (kräftiges Perlon-) Rundseil (3 bis 5 mm) oder Schnürband (Zeichnung).

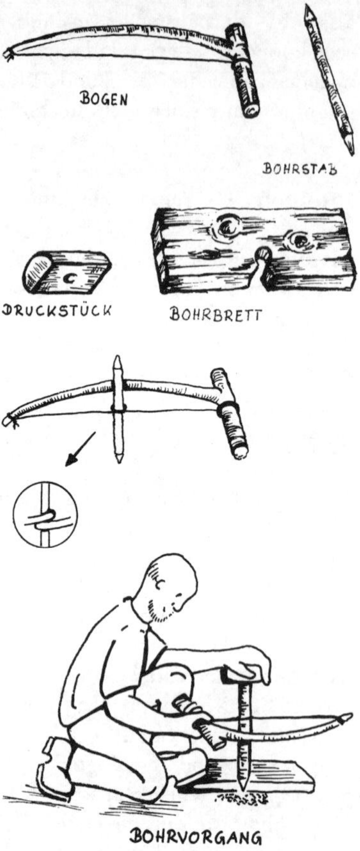

1. *Zunder* vorbereiten aus feinstem, trockenen Material (abgestorbene Gräser, Bast, abstehende Feinsthaut an Birken). Nassen Zunder zwischen Unterhemd und Pulli trocknen. Zunder verfeinern durch Reiben und Aussortieren groben Materials. Dann mischen mit trockenem Fall-

schirmsamen (Distel, Rohrkolben, Baumwollwatte, Tamponwatte). Benötigte Menge: Größe eines Ping-Pong-Balls.
2. *Vogelnest* vorbereiten mit grobem Zunder aus unverfeinertem Heu. Zusätzlich können Papierstreifen, Stroh und Holzwolle untergemischt werden. Menge: Größe eines Fußballs. Das Ganze als Kugel formen mit Loch zur Mitte. Dorthinein werden später Zunder und Glut gegeben.
3. *Bohrbrett und Bohrer* werden aus den am Baum befindlichen abgestorbenen Ästen der Pappel, Linde, Föhre, Weide, Lärche geschnitzt. Die Rinde sollte schon abgefallen sein. Ob der Ast die richtige Konsistenz hat, zeigt der Fingernagel-Test: Versuch, mit dem Fingernagel eine Kerbe in den Ast zu ritzen. Ist es unmöglich, ist das Holz zu hart. Brichst du ein, ist es zu morsch. Nimm ein etwa 25 cm langes Stück. Halbier es. Aus der einen Hälfte schnitzt du das Brettchen, aus der anderen den Bohrstab. Das Brettchen darf nur 2 cm dick sein. Nicht mehr und nicht weniger. Es muß eben auf dem Boden aufliegen und darf nicht wackeln. 2 cm vom Rand entfernt bringst du mit einer Klinge eine kleine Vertiefung an.
Der Bohrer soll ebenfalls 2 cm dick und etwa 20 cm lang sein. Er muß kreisrund und an beiden Enden angespitzt sein. Markier ein Ende als »oben« und fette es ein. Notfalls mit Ohrenschmalz. Oder mit Seife. So sparst du viel Kraft. Oben muß immer oben bleiben. Wenn das Fett nach unten gerät, erzeugst du niemals Feuer.
4. *Das Druckstück* ist aus *frischem* Hartholz. Mit ihm wird später der Bohrer aufs Brett gedrückt. Dazu nimmst du einen etwa 10 cm langen spatenstieldicken Ast. Spalte ihn in der Mitte und bohr auf der gespaltenen Seite, genau in der Mitte, eine Vertiefung, wie eben im Brettchen. Auch die Vertiefung kannst du dezent fetten.
5. *Der Bogen* wird aus steifem – also unbiegsamem – Holz gefertigt, das entweder schon bogenartig gewachsen ist, oder du nimmst eine Astgabel. Beide Enden werden eingekerbt. An einem wird die Sehne (ideal ist 3 mm starkes *rundes* Perlon-Seil) fest fixiert, am anderen so, daß man sie immer wieder nachspannen kann.
6. *Die Bohrtechnik.* Leg das Brett vor dich auf den Boden. Wähl eine Stelle mit etwas Durchzug, damit der Qualm dich nicht behindert. Stell aufs linke Ende deinen linken Fuß, möglichst nahe am kleinen Loch. Knie dich auf dein rechtes Knie. Der linke Unterschenkel *steht* auf dem Brett. Nimm den Bogen und spann den Bohrer ein; und zwar mit einer 360-Grad-Umwicklung. Den Bohrer setzt du ins Loch auf dem Brettchen. Das obere Ende des Bohrers steckst du ins Druckstück. Der Bogen zeigt nach rechts, die Sehne zum linken Bein. Die linke Hand greift von oben das waagerecht gehaltene Druckstück, der linke Arm wird vom Schienbein oder Knie und dem vor-

gebeugten Oberkörper so fixiert, daß Bohrer und Druckstück ohne zu wackeln in den Lagern laufen können. Dann beginnst du langsam zu bohren. Hin und her. Sobald der Bohrer sich an die Lager angepaßt hat, ziehst du den Bogen in langen regelmäßigen Zügen mit zunehmendem Druck durch. Nutz immer die ganze Länge des Bogens.

☞ Wenn du einen Helfer hast, bedient den Bogen zu zweit. Jeder an einem Bogenende. Das ist besonders für schwächere Leute wichtig.

Daß die Sehne nun immer schön waagerecht bleibt und nicht ständig rauf- und runterwandert, ist Übungssache. Du bohrst so lange, bis das gebohrte Loch fast dem Durchmesser deines Bohrers entspricht. Natürlich gab es jetzt bereits Qualm. Leg den Bogen beiseite.

7. *Die Kerbe.* Vom Brettchenrand bis 2 mm vors Zentrum des gebohrten Loches schnitzt du eine Kerbe. Sie soll einem Stückchen rausgeschnittener Torte ähneln und ein Achtel des Kreises ausmachen.

8. *Das Feuerbohren.* Leg einen flachen Holzspan oder ein Blatt unter die Kerbe und verschließ die Kerbe von außen mit etwas Watte oder Zunder gegen die Einwirkung der kalten Luft von außen. Die Kerbe selbst muß aber freibleiben. Sie nimmt den Abrieb auf. Dann beginn mit dem Bohren. Drück kräftig, solange du kannst, und drück etwas weniger, wenn du müde wirst. Konzentrier dich auf die linke Hand. Sie steuert das Bohren. So mußt du eine Minute durchhalten. Wenn du alles richtig gemacht hast, qualmt es bereits zum Ersticken. Dann setzt du zum Endspurt an und bohrst mit aller Kraft und Höchsttempo, bis du absolut erschöpft bist. Mindestens müßtest du nun schwarzen Abrieb von der Größe einer Haselnuß mit Schale haben. Jetzt hör auf zu bohren. Lege Bogen, Bohrer und Druckstück beiseite. Heb den Fuß vom Brettchen, ohne es zu erschüttern. Wenn das Haselnüßchen noch raucht, darfst du hoffen, alles richtig gemacht zu haben.

9. *Das Anblasen* erfolgt *ganz sanft und gleichmäßig* aus 15 cm Entfernung über das Loch hinweg nach außen, weil im Zentrum die meiste Hitze sitzt. Solange der winzige Rauchfaden hochsteigt, ist alles in Ordnung. Dann wird sich ganz urplötzlich ein Rußpartikelchen in einen Glutfunken verwandeln, und der wiederum greift dann ohne weitere Probleme um sich. Nimm dieses Häufchen Glut auf dem Span und gib ihn behutsam ins Zundernest des Heuballes. Schließ das Heu um das Glutnest und beginn zu blasen. Am besten von schräg unten nach schräg oben. Möglichst lange und gleichmäßig, nicht kurz und stoßweise. Achte darauf, daß sich immer genug Heu in Reichweite der Glut befindet. Es bildet sich schnell mehr Qualm. Dann blas heftiger, bis das Heu in Flammen steht.

☞ Diese Beschreibung basiert wesentlich auf der Arbeit des schweizerischen Experten für Steinzeit-Praktiken Jacob Hirzel. Er erteilt auch Kurse und kommt in Schulen. Niemand verläßt seinen Kursus ohne Erfolg. Seine Telefon- und Fax-Nr.: 0041-385 39 06.

Feuer in Gewässern (überschwemmte Gebiete) wird auf einem Podest aus *frischen* dicken Ästen gemacht. (Zeichnung unten)

✿ Dieses System wird auch angewendet, wenn man eine Wiese schonen muß oder hinterher keine Spuren mehr zu sehen sein sollen.

Feuer mit Batterien läßt sich machen, wenn man die beiden Pole mittels je eines Drahtes verbindet. Am Berührungspunkt der Drähte entstehen Funken, die auf → Zunder zu übertragen sind. Leicht ist das bei Autobatterien. Aber möglich ist es bereits ab 3 Volt, sofern man feinste Metalldrähte zur Verfügung hat. Ideal hierfür ist die feinste Sorte der Stahlwolle, die man in Eisenwarengeschäften und im Drogeriehandel erhält (Zeichnung).

☠ **Feuer mit Benzin** ist sehr leicht zu machen, weil ein Funke genügt, um es zu entzünden. Man darf aber nie unterschätzen, wie explosiv Benzin ist! Es genügen wenige Tropfen und nicht etwa Liter. Die Funken sollten auch aus sicherer Entfernung hinein*geworfen* und nicht direkt im Benzin entzündet werden.

☞ Benzin, das sich noch im vollen Tank befindet, ist weniger gefährdet. Zur Entzündung und Explosion bedarf es des Sauerstoffs der Luft.

Feuer mit Brennglas oder Parabolspiegel zu machen, funktioniert nur bei Sonne. Je nach Größe des Brennglases entzündet die im Brennpunkt gebündelte Hitze auch weniger sensiblen Zunder (Papier). Als Brennglas eignen sich nicht nur Lupen, sondern auch Linsen der Brillen und Ferngläser sowie die Parabolspiegel von Taschen- und Autolampen. Zwei gegeneinander geklebte, wassergefüllte Brillengläser bringen mehr als ein einfaches Brillenglas.

Feuer mit Eis sollen die kanadischen Ranger und die Eskimos beherrschen.
Sie schmelzen sich per Handwärme eine Linse aus möglichst klarem, blasenfreien Eis und benutzen sie wie ein Brennglas.
Wer schalenartige Gefäße zur Verfügung hat, kann sie mit Wasser füllen und das zur Linse gefrieren lassen.

Feuer mit Eisenpyrit. Einen Pyrit auf Zunder (Baumwolle, Distelsamen) drücken und gut festhalten. Mit einem Feuerstein kräftig von oben nach unten schlagen. Sobald ein Funke im Zunder gefaßt hat, diesen größerblasen.

Feuer mit Flint und Eisen. Wichtig sind die richtige Vorbereitung des Eisens und des Zunders. Diese Präparate hat man dann als Feuerzeug bei sich.
Nichtrostendes Metall funktioniert *nicht*! Gut sind auf Anhieb Feilen, rostende Billig-Taschenmesser und manche Eisensägeblätter-Stücke. Deren Wirkung wird jedoch erheblich verbessert, wenn man sie rechtzeitig bearbeitet hat. Sie müssen rotglühend gemacht und in Speiseöl oder Wasser abgeschreckt werden! Auf diese Weise haben sie den besten Härtegrad, um rotglühende Funken abzugeben, wenn man sie mit Wucht an einem scharfkantigen Flintstein entlangschlägt. Dieser Funken muß auf geeigneten Zunder fallen. Das wären → Zunderschwamm oder Baumwoll- oder Leinenstoff. Beide Stoffarten müssen aber ebenfalls vorbereitet sein. Man schneidet sie in handbreite Streifen und gibt sie in eine flache (Zigaretten-) Metalldose mit Deckel. Dort steckt man sie an und läßt sie bis zur Schwärze brennen. Dann klappt man den Deckel zu und erstickt die Flammen (Flammen nicht mit der Hand ausdrücken, weil sonst die filigrane Struktur zerstört wird). Ein Metallfunke, der auf den verkohlten Stoff fällt, faßt augen-

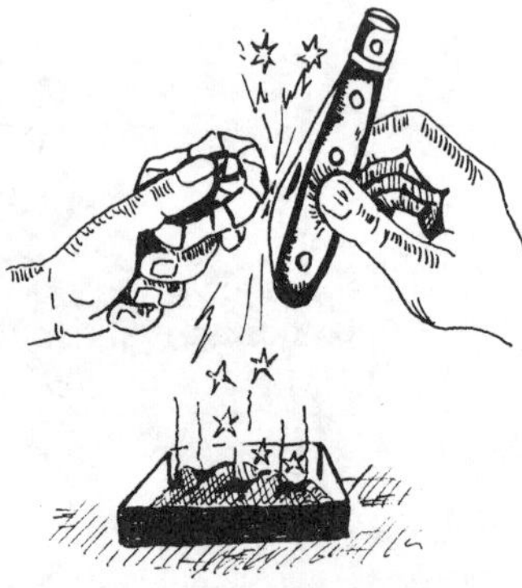

blicklich. Er geht nicht mehr von selbst aus. Er wird größer geblasen und in den nächstgröberen Zunder, ein Bündel Heu, gegeben. Bevor man weiterzieht, muß der Baumwollzunder für das nächste Feuer vorbereitet werden.

Feuer mit Markasit/Pyrit. M und P sind Mineralien, die golden aussehen und eine Eisenschwefelverbindung sind. Man erhält sie im Mineralhandel. Wenn man mit Metall an manchen Eisensägen oder Feilen (→ Feuer mit Flint und Eisen) oder Flint scharf vorbeiratscht, entstehen nachhaltig heiße Funken, die auf Distelsamen, Zunderschwamm und angebranntem Baumwollstoff fassen und dann zum Glutnest angeblasen werden können. Weiter → Feuerbohren, Punkt 8

Feuer mit Kaliumpermanganat und Glycerin. Zerknüll ein Blatt Papier und drück oben eine Mulde hinein. In diese gib einen Teelöffel voll Kaliumpermanganat und schütte etwa die gleiche Menge Glycerin (süßer Alkohol, Apotheke) darüber. Nach einigen Sekunden entzünden sich die Mischung und das Papier von selbst mit leuchtend heller Flamme.

Feuer mit Kaliumpermanganat und Zucker. K. erhält man in Drogerien. Es wird u.a. verwendet als Desinfektionsmittel. Und zum Feuermachen. Misch einen Teelöffel voll K. mit einem Teelöffel voll Kristallzucker oder Staubzucker. Leg die Mischung auf einen glatten Stein oder ein Brett. Dann nimm den Löffel oder die Messerschneide und zerquetsch mit leicht reibender Drehung und viel Druck die Zuckerkristalle. Sobald ein Funke sichtbar wird, hör auf. Der Funke greift um sich, und das Häufchen entzündet sich explosionsartig mit leuchtendheller, zischender Flamme.

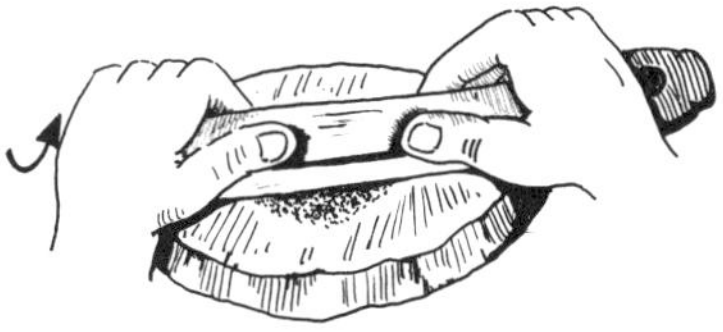

Feuer mit Magnesium. M. ist ein weiches und leicht entzündbares Metall. Man kann es im Globetrotter-Handel bekommen. Mit dem Messer schabt man feine Späne vom M. und entzündet sie mit einem Funken.

Feuer mit Plastik ist eine Möglichkeit, selbst bei sehr nassem Wetter Feuer anzubekommen. Viele Plastiktüten brennen gut. Wer dickere Kunststoffe hat (Kanister, Schläuche), schabt sie in feine Späne.

Feuer mit Streichholz ohne Papier. Im allgemeinen hat man Papier und Holz zum Feuermachen. Wenn das Papier fehlt und nur Holz vorhanden ist, muß man sich etwas Papierartiges machen. Das geschieht, indem man mit dem Messer (Flintklinge, Glasscherbe) *feinste* Spänchen vom Holz abhobelt. So fein wie mit einem Bleistiftanspitzer! Davon braucht man etwa eine Handvoll. Dann macht man dieselbe Menge gröberer Späne, schichtet das luftig übereinander und krönt dieses Häufchen mit feinsten trockenen Zweigen oder feinen Holzsplittern.

☠ **Feuer mit Wasser und Öl.** Wenn Öle brennen und sie mit Wasser gelöscht werden, gibt es eine verheerende Explosion. Das kann man sich zunutze machen, wenn kein anderer Brennstoff als Öl vorhanden ist. Die Mischung von W. und Ö. ergibt eine besonders heiße Flamme.

Man legt über drei Steine eine Metallplatte, die mit einem kleinen Holzfeuer zunächst vorerhitzt wird. Sobald sie glühend ist, läßt man über ein Rohr (auch halbiertes Bambusrohr u.ä.) aus zwei höher angebrachten Behältern Wasser und (altes Motoren-) Öl auf die Platte fließen. Und

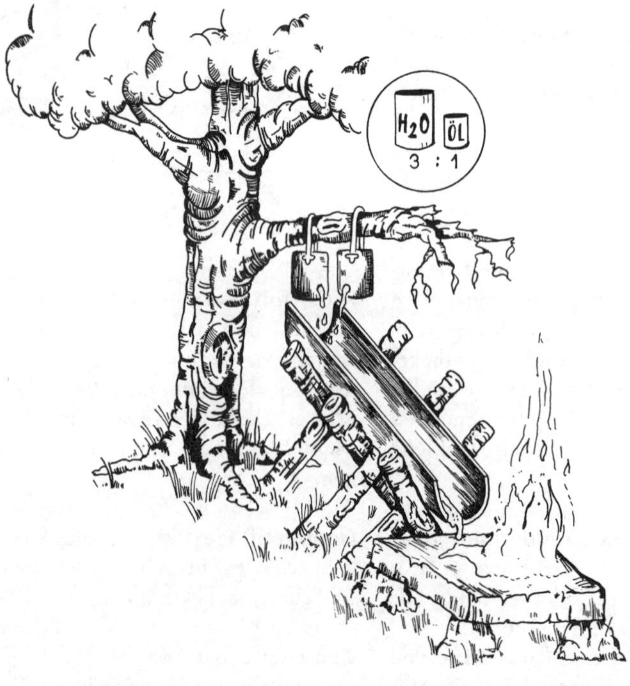

zwar drei Tropfen Wasser auf einen Tropfen Öl. Entsprechend müssen die Löcher in den Gefäßen angelegt sein. Es kann hilfreich sein, in jedes der beiden Gefäße ein größeres Bodenloch zu machen und es mit Kork zu verschließen. Bei Bedarf nimmt man zwei andere Korken mit entsprechend großen Einkerbungen, die den Strom der beiden Flüssigkeiten im Verhältnis 3:1 regeln.

Feuer mit Watte oder Tampon.

☺ Eine geniale Feuermethode, weil man die Zutaten meist dabei hat! Vor allem, wenn eine Frau in der Reisegruppe ist. Man benötigt reine Baumwollwatte oder zwei Tampons und etwas Asche oder abgeschabte Holzkohle vom letzten Feuer. Meistens funktioniert die Watte, die man heute in Drogerien kaufen kann, allerdings nicht. Sie ist glänzend-glatt und offenbar irgendwie behandelt. Solche Watte muß mit Seife ausgewaschen und getrocknet werden. Ein Tampon hingegen besteht aus genau der richtigen unbehandelten, stumpfen Baumwollwatte.

Zunächst werden die beiden Tampons aufgebröselt (oder ein entsprechend großes Stück Watte genommen), ohne die Faserstruktur zu zerstören. Die beiden Watteteile werden übereinandergelegt. Sie sollten ein Polster von etwa 5 × 10 cm Länge und 15 mm Höhe ergeben. Auf eine 5-cm-Kante wird eine Prise (Zigaretten-) Asche gestreut. Ohne Asche funktioniert die Methode nicht! Von dieser Aschekante her wird die Wattenmatte stramm aufgerollt. Wie eine Rolle Klopapier. Merk dir diese Aufroll-*Richtung*! *Nur in dieser Richtung darfst du ab jetzt Druck geben.*

Roll die Rolle unter Druck mehrfach mit der Hand über ein leicht rauhes Brett (ca. 40 × 10 cm). Immer vom Körper weg. Hast du nur ein *gehobeltes* Brett, dann zerkratz es kreuz und quer mit dem Messer. Von Mal zu Mal merkst du, daß die Rolle strammer wird. Sie ist nach wenigem Rollen so fest wie der Ur-Tampon persönlich.

Jetzt nimmst du ein zweites Brettchen von etwa 30 × 8 cm Größe. Lege es auf die Tamponrolle und neig es etwas nach vorn (Zeichnung). Leg alles auf den Boden, und knie dich diagonal dahinter. Faß das Oberbrett mit beiden Händen, verlagere dein Gewicht auf das Brett. Und nun roll den Super-Tampon mindestens 200mal mit großem Druck und Tempo hin und her. *Achtung: Oberbrett nach vorn geneigt lassen! Immer nur beim Vorwärtsrollen drükken.* Beim Zurückholen den Druck fortnehmen. Sonst öffnet sich die Rolle wieder.

Nach 100 Malen riechst du bereits den beginnenden Brand. Aber mach weiter. Wenn die Rolle seitlich ausbricht, hol sie von Hand zurück und leg sie wieder richtig hin. Aber verlier dabei nicht unnötig Zeit. Wenn du schlappmachst, laß dich ablösen.

Nach 200 Malen schneid die Rolle quer durch, wo du die größte Hitze spürst. Das ist meist im ersten und letzten Drittel der Fall. Dann zupf eine der Tamponhälften an der Schnittfläche auf. Wie eine Banane. Gleichzeitig blas aus 10 cm beständig und sanft in das schwarze Innere des sich öffnenden Tampons. Wenn du alles richtig gemacht hast, springt plötzlich der erste Funke an. Blas ihn bis zu einem größeren Glutnest und entzünde damit einen fußballgroßen Heuballen.

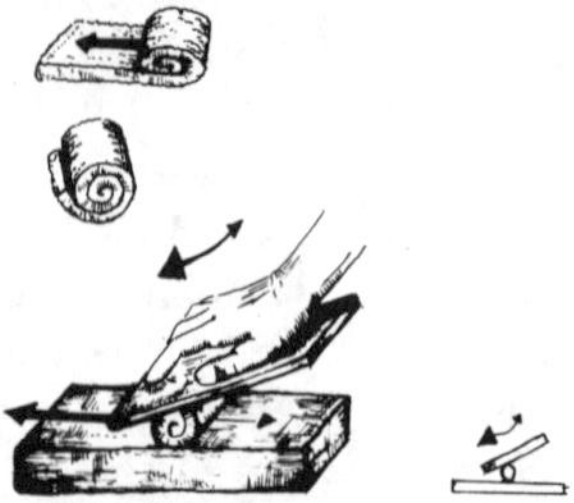

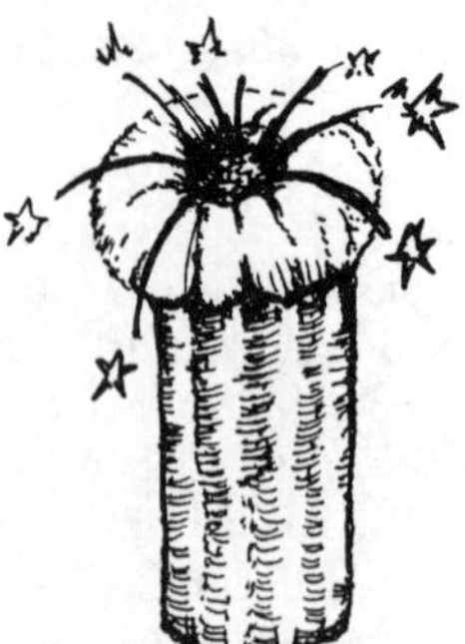

Feuer mit Zunderschwamm. → Z. wird zum Glühen gebracht mit Funken des Markasit + Flint oder Eisen + Flint.

Feuer ohne Rauch erzielt man durch Verwendung sehr trockenen und feinen Holzes, das schnell in Flammen übergeht. Rauchlose Feuer sind vor allem tagsüber und bei Verfolgung wichtig. Rauch ist bei Tage weit sichtbar.

Feuer sägen. Beim Feuersägen nimmt man leicht entzündbares Holz oder solches, das schon einmal gebrannt hat. Das untere Holz hat einen Schlitz in der Mitte. Die Säge ist keilförmig zugeschnitten. Beim Sägen muß das untere Holz festliegen. Es darf nicht wackeln. Ein Teil des heißen abgeriebenen Holzkohlenstaubs sammelt sich in der Rinne und wird durch Blasen zum Funken erglüht. Die Übung ist schwierig und deshalb wenig bekannt.

Feuer schießen kann man, wenn man eine Waffe hat. Man entfernt das Geschoß von der Patrone, reduziert das Pulver auf die Hälfte, füllt die Hülse stramm mit Baumwoll- oder Nylonstoff und schießt ihn in die Luft. Er wird brennend runterkommen.
Wegen des Lärms wird es oft empfehlenswerter sein, das Pulver über einen Zunder (Papier) zu streuen und per Funken zu entzünden.

Feuer transportieren. Wer nicht weiß, wie er das nächste Feuer anma-

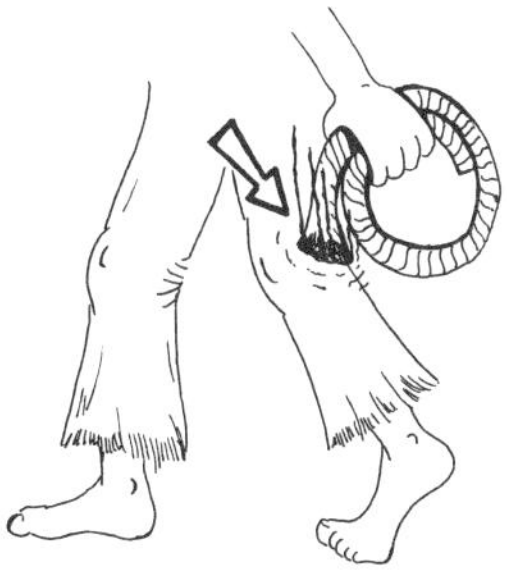

chen soll, wird abwägen, es mitzunehmen. Dazu bedarf es nur einer rundherum durchlöcherten Blechdose mit langem Draht-Tragegriff. Sie kann oben geschlossen werden. Sie wird mit Glut gefüllt und erhält ihren Sauerstoff durch den Fahrtwind.
Statt der Dose läßt sich Glut auch in einem dick mit grünen Blättern ausgelegten Korb aus frischen Ästen (→ Flechten) tragen.
Oder man nimmt einen armdicken glühenden Ast mit, der durch das Gehen am Glimmen gehalten wird.
Wer ein glimmfreudiges dickes Naturseil hat, kann es als sog. *Langsames Streichholz* mitnehmen. Glüht es zu schnell, wird es naßgemacht.
Wenn die Glut während des Marsches zu erlöschen droht, muß gerastet und ein Zwischenfeuer gemacht werden, um neue Vorräte zu schaffen.

Feuer, unsichtbar. Nachts kann man Feuer bis zum Horizont sehen. Tagsüber vor allem den Rauch. Wer nicht gesehen werden will, verzichtet auf sein Feuer oder macht es nur bei Tage und verbirgt es hinter dichten Zweigen- oder Steinwänden bzw. in einem tiefen Loch.
Man vermeidet zu *große* Flammen, im F. herumzustochern und beschränkt sich auf ein kleines Glutfeuer.
→ Feuer ohne Rauch

Feuer zum Schlafen. Darunter versteht man F., die den Schlafenden auch an der feuerabgewandten Seite wärmen, und die sich ihr Holz selbst nachlegen.

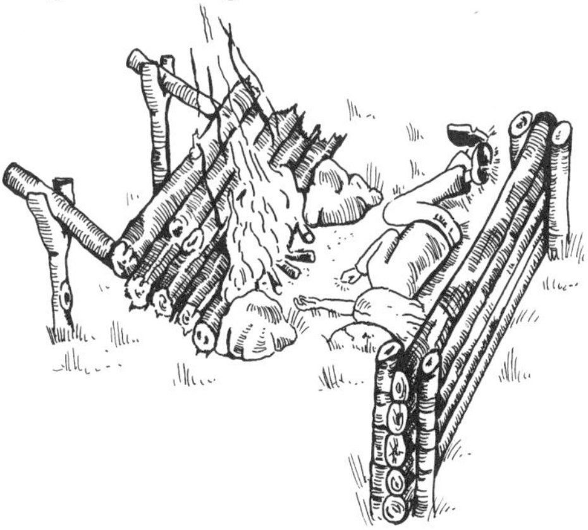

Die wärmende Wirkung erreicht man mit einer reflektierenden Wand. Der Schlafende legt sich dann zwischen sie und das länglich gestaltete Feuer. Die Wand kann aus Baumstämmen, Steinen oder Alufolie bestehen und sollte etwa 80 cm hoch sein.
Das Nachlegen des Holzes erreicht man mit der Automatischen Schütte. Das ist eine schiefe Ebene, von der die Balken nachrollen, wenn der unterste verglüht ist.

Feuerbekämpfung
→ Brandschutz

Feuer-Reflektor → Feuer zum Schlafen. Er wird nicht nur zum Schlafen gebaut, sondern auch, wenn man bei kaltem Wetter ums Feuer sitzt und die Hitze nicht nur von vorn, sondern auch von hinten genießen möchte.

Feuerschütte, Automatische
→ Feuer zum Schlafen

Feuerstein (= Flint) ist ein besonders harter Stein, der vor allem in Nordeuropa vorkommt. Man kann mit ihm Feuer (→ Feuer machen) und Steinwerkzeuge machen. Er hat den Härtegrad 7 (Diamant: 10). Der reicht aus, um von Eisen bestimmter Härte (→ Striker-Herstellung) glühende Metallfunken abzuschlagen.
Seine harten scharfen Kanten ergeben wirksame Äxte, Messer, Skalpelle, Schaber und Bohrer (→ Steinwerkzeuge).

Feuerstelle sinnvoll aufzubauen ist fast so wichtig, wie Feuer zu machen. Immer sollte ein Feuer den Erfordernissen (Kochen, Wärmen) angepaßt sein und Vorsorge dafür getroffen werden, daß es nicht um sich greifen kann. »Je größer das Feuer, desto größer der Idiot, der es macht«, sagt man in Australien. Viele Waldbrände sind durch Unachtsamkeit und Gleichgültigkeit entstanden.
Ein Feuerplatz sollte 2 m entfernt von Baumstämmen sein, frei von Humus, Blättern und Material, in dem Feuer sich weiterfressen kann. Umherstiebende Funken dürfen nichts in der Umgebung entzünden können. Wenn diese Gefahr besteht, verzichte auf das Feuer. Grenz den Feuerplatz ein mit Steinen (☠ keine nassen Steine nehmen, sie explodieren wie Geschosse!) oder scharr eine Mulde mit schmalem Graben für die Luftzufuhr.
Wichtig ist der Aufbau des Brennmaterials. Von unten nach oben ordnet man feines und gröber werdendes Material an. Alles wird locker-luftig gestapelt, damit ausreichend Luft an die Flammen kann.
Angezündet wird auf der windzugewandten (Luv-) Seite, wenn das erforderliche Erstbrennmaterial ausreichend beisammen ist. Ist der Wind zu stark, gibt man dem ersten Flämmchen Windschutz. Wichtig ist, ausreichend feines Material zu haben. Vor allem, wenn die Feuer-Bedingungen schlecht sind (Regen Kälte, Sturm, wenig Brennmaterial, letztes Streichholz). Der häufigste

Fehler ist der, darauf zu wenig Sorgfalt zu legen.

Ehe man weiterzieht, muß es unschädlich gemacht werden.

Feuer-Vorsichtsmaßnahmen → Feuerstelle und → Brandschutz

Feuerzeuge sind heute sicherer als Streichhölzer. Am besten nimmt man beides mit. Sicher ist sicher, und Feuer ist elementar wichtig. Der Globetrotter-Handel bietet eine reiche und sich ständig verändernde Palette von F. an. In der Wildnis empfehlen sich Gasfeuerzeuge mehr als die Benzinfeuerzeuge, weil Benzin sich nach längerer Lagerung verflüchtigt. Und bevor man einen Benzin-Reservetank mitnimmt, kann man lieber gleich ein paar Gas-Reservefeuerzeuge einpacken.

Fieber ist keine Krankheit, sondern ein Zeichen für eine Krankheit. Nicht das Fieber muß bekämpft werden, sondern seine Ursache. Das Fieber selbst hat heilende Wirkung. Es sorgt z.B. dafür, daß eingedrungene Bakterien durch Übertemperatur getötet werden. Die mit dem F. einhergehende Appetitlosigkeit hat ebenfalls Sinn. Der Körper will sich konzentrieren auf die Heilung. Er lebt von seiner Substanz und verlangt nur nach Getränken. Obstsäfte und Heiltees sind ideal.
Liegt F. nur knapp über 37 °C, spricht man von Überwärmung. Die kann eintreten beim Besuch einer Sauna und nach einer großen körperlichen Anstrengung. Solche Temperatur bildet sich zurück, sobald die äußeren Einflüsse beendet sind.
Erreicht Fieber 42 °C, haben die Bakterien gewonnen, und der Mensch stirbt. Dann kann vorher versucht werden, das Fieber künstlich mit Wadenwickeln und Stirnauflagen zu senken.

Fiebermessen. *Ohne* Thermometer kann man Fieber in der Weise messen, daß der Gesunde seine linke Hand an die eigene Stirn legt und die rechte an die des Patienten. Dann läßt sich der Temperaturunterschied sehr deutlich feststellen.

Filter → Wasserfilter

Filter, Salzwasser → Salzwasserfilter

Filzläuse → Läuse

First Aid, Reality → Reality First Aid

Fische ausnehmen. Es versteht sich für jeden waidgerechten Fischer von selbst, daß der Fisch, sobald er gefangen ist, schnell und schmerzlos getötet werden muß, um nicht qualvoll ersticken zu müssen.
Die fairste Art und Weise ist, den Fisch vor dem Töten zu betäuben. Das geschieht mittels eines kräftigen Schlages (Stück Holz) von oben auf seinen Kopf. An genau dieser Stelle tötet man ihn mit einem Stich in den

Kopf oder zwischen den Brustflossen ins Herz.
Das tote Tier wird auf die Seite gelegt, gut festgehalten und sein Bauch mit einem scharfen Messer vom After zum Kopf aufgeschlitzt. Die Innereien fallen fast von selbst heraus. Fisch abwaschen und zubereiten.
Bei Ködermangel können die Innereien und der Kopf für den Fang der nächsten Fische verwendet werden.

Fische, gefährliche. Man kann nicht alle Fische kennen. Als Faustregel zur Vermeidung von Verletzungen und Vergiftungen durch gefährliche Fische gilt: *Nichts anfassen, was man nicht kennt, und alles meiden, was fisch-untypisch und stachelig aussieht.*
Neben giftigen Stacheln (Rochen am Schwanzende, Rotfeuer- und Zebrafisch in den Flossen) kann auch das Fleisch giftig sein. Das ist mitunter der Fall, wenn Fische kugelig oder kofferartig aussehen (z.B. Igel-, Koffer-, Kugelfisch) oder eine harte Haut besitzen, womöglich noch mit Platten und Stacheln bestückt sind, keine Bauchflossen haben und nur winzige Kiemen. Solche Monsterchen läßt man lieber ungegessen.
Natürlich weiß man, daß Aale, Schollen und Fischstäbchen (☺) zwar auch fisch-untypisch aussehen, aber doch recht lecker sind. → Barrakuda, Haie, Rochen.

Fischereischein ist in Deutschland gesetzlich vorgeschrieben für jeden, der angeln will und über 12 Jahre alt ist. Außerdem benötigt man die Erlaubnis dessen, dem das Fischgewässer gehört. Jugendliche unter 12 Jahren müssen in Begleitung eines Fischereiberechtigten sein. Das Wissen erwirbt man in Kursen. Wo sie erteilt werden, erfragt man in Angelgeschäften oder beim zuständigen Wirtschafts- und Ordnungsamt. Die Ablegung der Fischereischein-Prüfung ist für jeden Survivor auch dann zu empfehlen, wenn er in fernen Ländern angeln möchte. Denn man erfährt Wichtiges zu den Themen Waidgerechtigkeit, Naturschutz, Arten-, Geräte- und Gesetzeskunde. Der Fischereischein muß mit Gebührenmarken gültiggemacht werden.

Fischfang von Hand ist Übungs-, also Trainingssache. Er funktioniert am besten in flachen klaren Bächen. Dazu muß man wissen, daß Fische in strömendem Wasser immer bergan schauen und sich bei Gefahr unter Steinen oder in Uferhöhlungen verstecken.
Man nähert sich dem Fisch langsam, gebückt, Schatten vermeidend und (mit Schuhen) bachaufwärts gehend. Mit beiden Händen gleitet man unter den Fisch, ohne ihn zu berühren, und wirft ihn im hohen Bogen an Land. Greifen und halten kann man ihn nur mit festem Griff in die Kiemen und das gelingt nur, wenn er sich in ein Versteck zurückgezogen hat.
Solche Verstecke späht man zunächst nach weiteren Ausgängen ab.

Sie müssen mit Steinen verschlossen werden. Dann greift man mit gespreizten Fingern, den Eingang damit quasi verschließend, ins Innere des Verstecks. Sobald man den Fisch spürt, greift man mit beiden Händen fest zu. Die Hand, die den Kiemen am nächsten ist, versucht, in die Kiemen zu gelangen. Nur dort ist der Fisch wirklich zu halten.

Fischreuse:

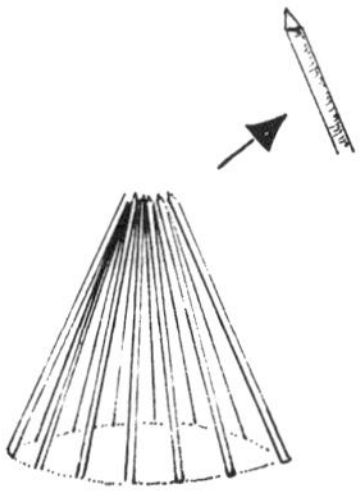

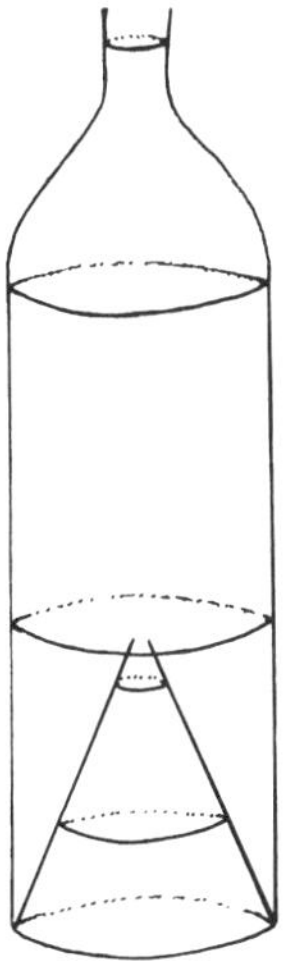

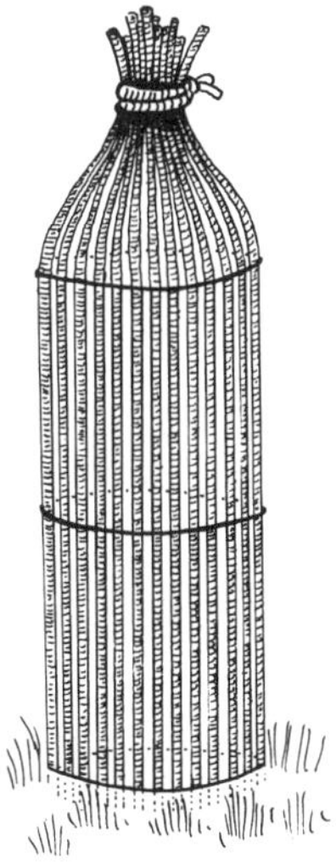

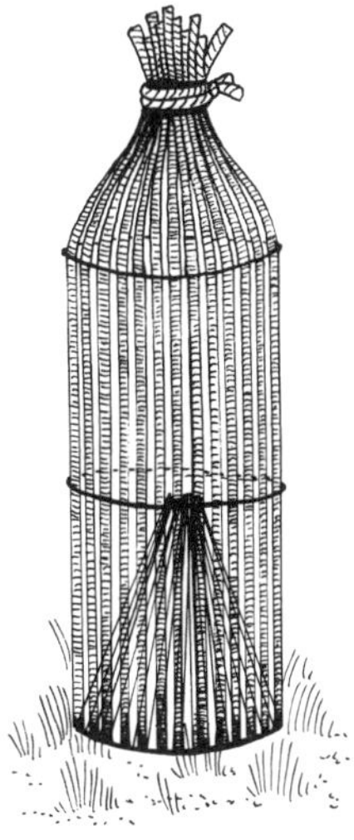

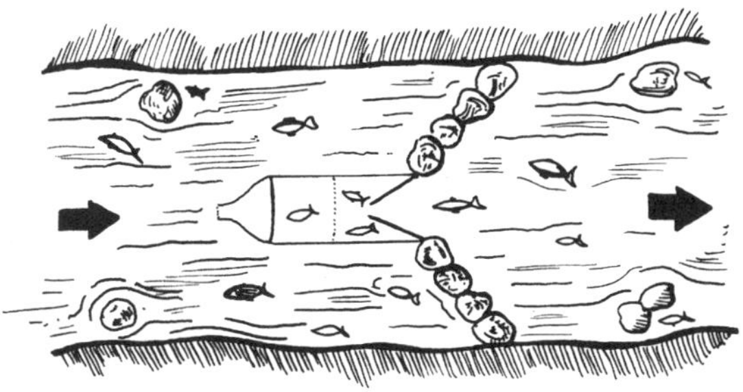

Fischspeer:

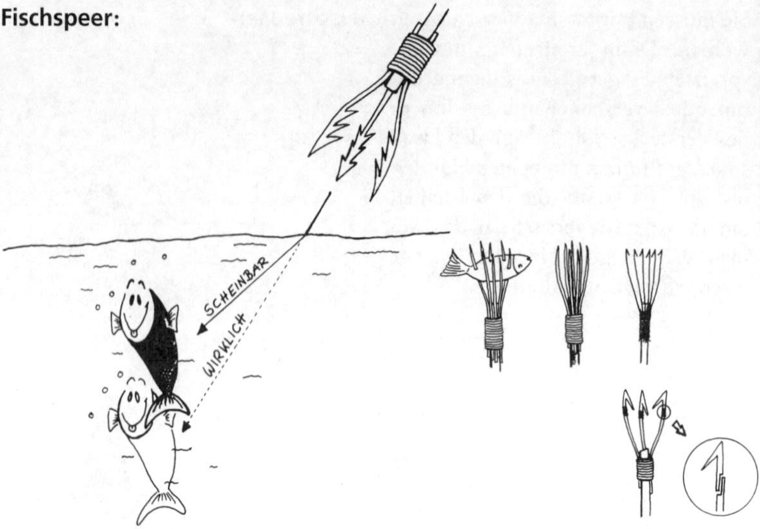

Flaschen-Reuse (→ auch Reuse). Aus einer klaren Flasche läßt sich eine Reuse machen für Kleinfische, die man als Köderfische oder für eine opulente Suppe benötigt. Sie ist auch für den Insektenfang geeignet, wenn man Lockmittel hineinfüllt: Obst, Honig, Kot, faules Fleisch etc.

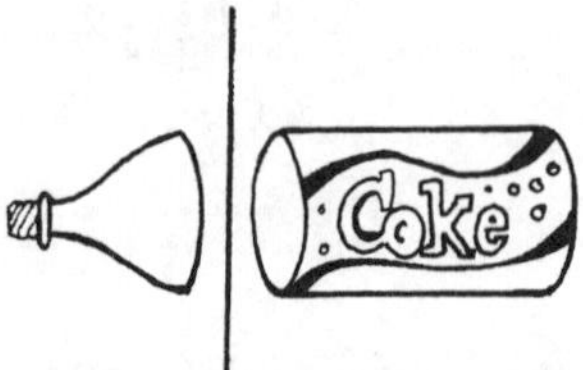

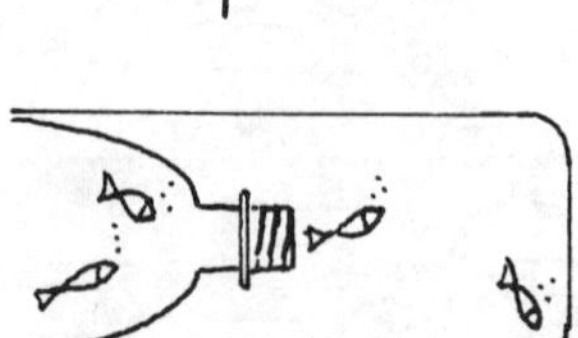

Ist es eine Kunststoff-Flasche mit ausgeprägter Wölbung im Flaschenboden, ist die Operation einfach: Man brennt mit einem glühenden Nagel in die Wölbung ein Loch.
Bei der Glasflasche tropft man ein paar Tropfen Petroleum in die Wölbung und steckt es an. Dann schreckt man die erhitzte Stelle mit kaltem Wasser ab und schlägt den runden Glas-Nippel mit einem Nagel heraus. Der Flaschenhals muß verkorkt werden.
Kunststoffflaschen mit *flachem* Boden: Flaschenhals dort abschneiden, wo der Hals in die Flasche übergeht. Dann den abgeschnittenen Hals umgekehrt in die Flasche stülpen und mit Lassoband verkleben.
Glasflaschen mit *flachem* Boden: dort, wo der Hals in den Flaschenkörper übergeht, einen dickeren glühenden Draht ums Glas spannen und

sofort in kaltem Wasser abschrekken. Den Hals abbrechen und umgekehrt in die Flasche stecken. Mit Lassoband befestigen.
Die trichterförmige Öffnung wird in Richtung stromabwärts ins *flachere* Ufergewässer gelegt, denn Kleinfische sind nicht in tiefen Wassern. Möglichst Köder (Wurm, Insekt) hineingeben und Kunststoff-Flaschen mit Stein beschweren gegen das Auftauchen und Abdrift. Die V-förmigen Schenkel des Trichters können mit Steinwällen verlängert werden. Sie leiten die stets flußaufwärts strebenden Fische in die Flasche. Nur tote Fische schwimmen flußabwärts.

Als *Insekten*falle wird die Flasche mit der Trichter-Öffnung nach unten aufgehängt.

☺ *Merke:* In der Not frißt der Teufel Fliegen.

Flaschenzug. Der F. hilft Kräfte zu sparen. Wenn man keinen gekauften zur Verfügung hat, dafür aber Rollen und Seil, kann man ihn selbst machen (Zeichnung). Auch ohne Rollen läßt er sich improvisieren, ist dann aber nicht mehr annähernd so kraftsparend wegen der Bremswirkung an den Berührungspunkten.

Flechten. Durch Verflechten mehrerer Stränge (→ Bindematerial, improvisiertes) kann man zu einem stabilen Seil gelangen. Diese Methode empfiehlt sich, wenn man allein ist und keine Hilfsmittel zum Drehen von Seilen (→ Seilherstellung) zur Verfügung stehen.

Die Stränge sollten gleich lang und gleich dick sein. Sie werden dicht nebeneinander gelegt und gegen Verrutschen abgesichert. Beim Flechten sind die Stränge straff zu halten.

Die Zeichnungen veranschaulichen den Flechtvorgang für den Zweier-, Dreier- und den Vierer-Zopf.

Zweier-Zopf: Hierbei ist darauf zu achten, daß die Stränge, die vorher im Uhrzeigersinn gedreht worden sind, nun *gegen* die Uhr miteinander verdreht werden müssen.

Dreier-Zopf: Zieh den linken Strang über den mittleren hinweg und pack ihn zwischen diesen und den rechten. Dann nimm den rechten und pack ihn nach links zwischen die beiden anderen. Und nun wieder von vorn ...

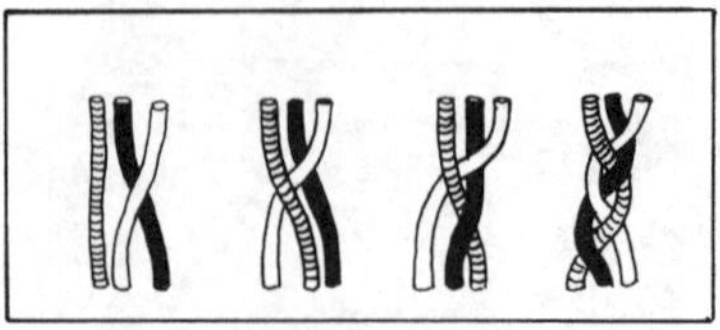

Vierer-Zopf: Lege alle Stränge parallel nebeneinander. Nimm den rechten und lege ihn über den linken neben ihm (Zeichnung a). Nimm den Linksaußen und zieh ihn unter seinem Nachbarstrang und über den hinweg, den du zuerst bewegt hast (Zeichnung b). Jetzt den Rechtsaußen über den links neben ihm führen (Zeichnung c). Jetzt den Linksaußen unter und über die anliegenden beiden Stränge legen (Zeichnung d). Danach führe den Rechtsaußen über den linken und den Linksaußen wieder unter und über die beiden rechts von ihm (Zeichnung e).

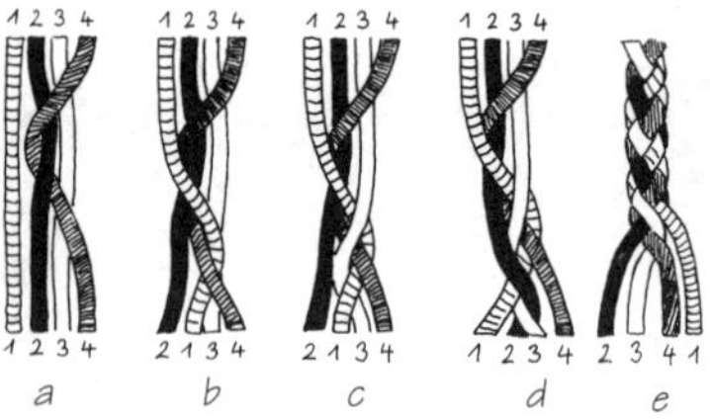

Flechten mit Ästen. Mit Astgeflechten lassen sich Körbe, Reusen, Boote, Schutzmauern, Uferbefestigungen, Kiepen und Hütten machen. Zunächst steckt man eine ungerade Anzahl biegsamer gerader Zweige in der gewünschten Form in die Erde. Und diese verflechtet man mit feineren Zweigen. Die Zeichnung veranschaulicht es am Beispiel eines halbkugeligen und eines zylindrigen Korbes (→ auch Boot aus Ästen).

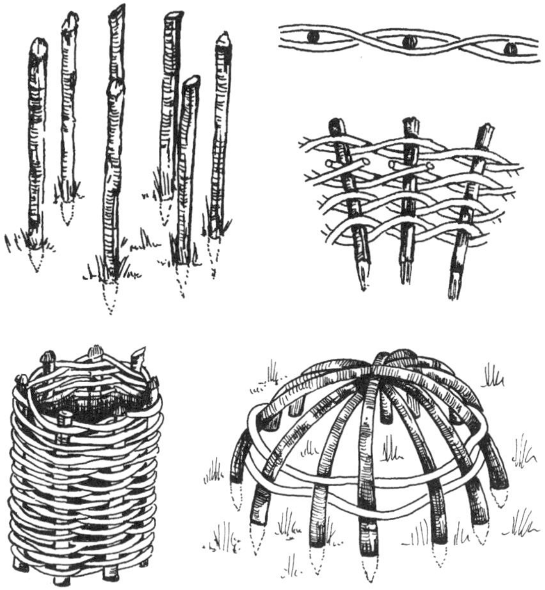

Flechten, Korb → Korb flechten

Fleecebekleidung (oder Faserpelz) gilt in der Outdoor- und Outfit-Szene als pflegeleichtes Material mit schmutz- und wasserabweisender Wirkung. Es wird vom Hersteller empfohlen für Reisende mit kleinem Gepäck, weil es bestens isoliert, leichter ist als Wolle, kaum Feuchtigkeit aufnimmt und sehr schnell wieder trocknet.

☠ Vorsicht an Lagerfeuern! Fleece ist ganz besonders funkengierig und schmilzt schnell.

Fleischwertigkeit. Fleisch ist nicht gleich Fleisch. Denn Fleisch von Tieren, die in Massenkäfig-Haltungen mit Kunstfutter und Medikamenten hochgezüchtet wurde, hat nicht annähernd die Wertigkeit des Fleisches eines freilebenden Wildtieres, das sich sein Futter aussuchen kann. Ungefähr gilt diese Reihenfolge: Insekten – Wild – Geflügel – Fisch, Rind, Schwein und Freilaufend – Käfighaltung.

Fliegenfalle. Fliegen können lästig werden. Und sie können Krankheiten übertragen. Sie zu fangen, kann eine Wohltat bedeuten. F. sind einfach zu basteln aus feinem Gardinenstoff, Fliegendraht oder aus einer klaren Plastik-Getränkeflasche nach dem Prinzip der Fischreusen. Als Köder

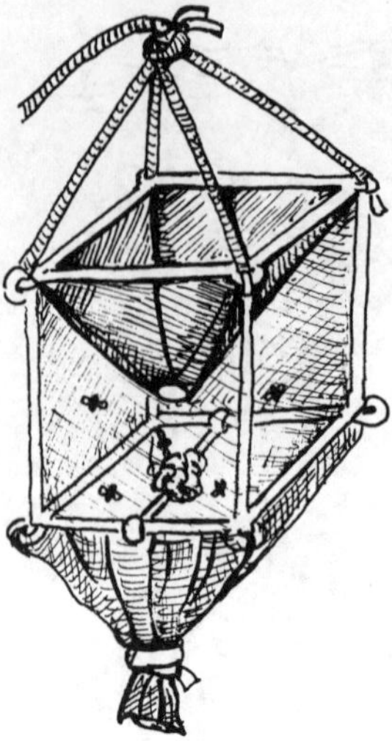

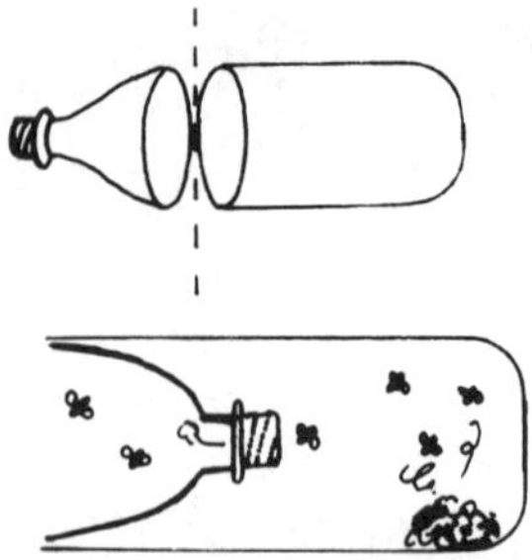

wirken Kot, Aas (Stück Fleisch, tote Maus), Bier (Wespen), Schweißgetränktes – also das, was Fliegen normalerweise auch in der Natur anlockt.

☺ Fliegen sind auch Nahrung. Sogar der Teufel frißt sie notfalls. Viele der ihnen anhaftenden Bakterien sterben im Säurebad des Magens.

Fliegennetz kann sehr wichtig sein, wenn Fliegen das Leben zur Qual machen. Sie stören vor allem am Kopf. Das läßt sich schnell beenden mit einer simplen Windel, die man sich beim Marsch oder Schlaf über den Kopf wirft.

Flint → Feuerstein

Flintsäge → Steinwerkzeug

Flintstein → Feuerstein → Steinwerkzeug

Floß aus Baumstämmen. Vorm Floßbau muß man prüfen, ob der Baum, den man fällen will, überhaupt schwimmt, denn längst nicht alles Holz bleibt an der Wasseroberfläche. Das geschieht mit einem dickeren Ast desselben Baumes. Kleine Späne oder gar Sägemehl sind kein sicherer Indikator. Sie gehen meist unter.

Das einfachste Floß ist das *Ein-Stamm-Floß*. Damit es sich nicht ständig um die eigene Achse dreht, sollte es am hinteren Ende eine Gabel haben. Gabelstämme drehen nicht.

Die seilsparendste Art, *viele Stämme* zu bändigen, ist die, an den beiden Enden der beiden Außenstämme oberhalb je eine tiefe Kerbe quer in den Stamm einzuschlagen. Diese Außenstämme sollten die dicksten sein. Nach Anbringen der Kerbe muß die Restdicke der Außenstämme so sein wie die der innen befindlichen Stämme des Floßes. Dann werden vorn und hinten, oben und unten je ein kräftiger Verbindungsbalken (durch die Kerben) über die Stämme gelegt. Der obere und der

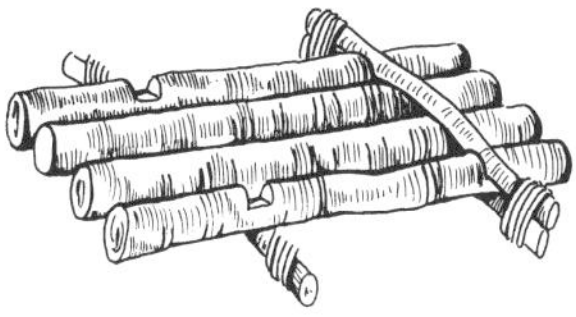

FAHRTRICHTUNG

untere Querbalken wird an den Enden jeweils mit Seil verbunden.
Ein Floß ist immer nur so schnell wie die Strömung. Um es zu steuern, benötigt man entweder zwei Ruderstämme, je einen für vorn und hinten, oder man zieht einen ausreichend schweren Schleppstein (oder nichtschwimmenden Hartholzstamm) über den Flußgrund hinter sich her. Der verlangsamt die Fahrt, hält das Fahrzeug auf Richtung und erlaubt einer einzelnen Person, das Floß mit nur einem Ruder vorn zu manövrieren.

Floß aus Ästen und Plastikfolie
(Folie oben verschließen!)

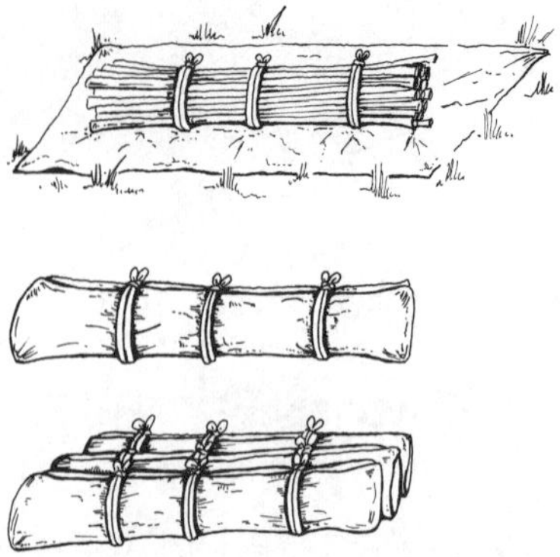

Flucht. Wer von irgendwo flieht, hat einen Grund. *Fluchtpläne* sind oft das einzige, was einen Gefangenen mit aussichtsloser Zukunft in chaotisch regiertem Land am Leben hält. Er weiß, daß er sich auf der F. nicht fangen lassen darf. Denn entweder ist sein Leben dann verwirkt, oder er wird in Zukunft strenger bewacht, und eine zweite F. wird um vieles schwieriger oder unmöglich. Also muß sie gut geplant werden. Leider gibt es keine Universalrezepte, weil jede Haft-Situation andere Pläne erfordert. Die Vorteile des Inhaftierten: er hat Zeit und den unbezwingbaren Willen zur Flucht. Die Zeit und gute Führung lassen die Wachsamkeit der Aufseher allmählich erlahmen. Gute Führung kann auch zur Folge haben, daß man bevorzugten Strafvollzug genießen darf: Arbeit und Freigang. Am besten sind Fluchten, die man ohne Helfer und Zeugen, ohne Sachbeschädigung und ohne Körperverletzung zustande bringt. Dann sind die Konsequenzen bei erneuter Gefangennahme überschaubar.
Das Simulieren einer Krankheit kann zur Folge haben, daß man ins weniger streng bewachte Hospital kommt. Die Simulierung einer Krankheit muß glaubwürdig sein.
Anderer Art sind die Fluchten, bei denen du gejagt wirst. Von Vorteil ist immer eine Geländekenntnis. Die hast du nicht immer. Aber die Angst hast du auf *deiner* Seite. Sieh sie als Positives. Sie verleiht dir Kräfte, die du normalerweise nicht aufbringen würdet. Deine Todesangst stärkt dich mehr als der Jagdeifer die Verfolger. Vergeude keine Kräfte, wenn du sie schonen kannst. Versuch, dich in die Nacht zu retten. Nutz Regen, Bäche, steinigen Untergrund und Sturm, um Spuren zu verwischen. Zwar entleeren sich Darm und Blase in solchen Situationen unkontrol-

lierbar. Aber versuch das zu vermeiden. Entleer dich in Bächen, damit Hunde deine Spur nicht so schnell finden.

Wenn du von Hunden gestellt wirst, erschlag sie mit Steinen oder einem Knüppel. Schon ein einziger Hund bringt dich zum Stehen, wenn du ihn nicht tötest. Dasselbe gilt für den Häscher, der dich greifen will. Erinnere dich der schmerzempfindlichen Stellen am menschlichen Körper und deiner Waffen in Form des Daumenstachels, der Fingerstiche, Fußtritte, Zähne und Handkanten (→ Selbstverteidigung).

Wenn die Situation es erlaubt, atme tief durch zur Klärung der Sinne (→ Atemtraining). Flieh nie in eine Richtung, die sich jeder denken kann. Versteck dich nie, wo sich jeder verstecken würde. Tauch unter im Wasser oder in die Kloakengruben und atme durch ein Röhrchen. Aber kletter nie auf einen Baum und verkriech dich nie in einem Gebüsch. Das machen schon Kinder, wenn sie Verstecken spielen. Unterschätz deine Jäger nicht. Lieber *über*schätze sie.

Trau keinem Menschen. Es sei denn, du hast Freunde in der Opposition. Alle anderen sind wahrscheinlich loyal gegenüber dem System, dem du entkommen willst, und sie kriegen nur Ärger, wenn sie dir helfen.

In Städten kann die Kanalisation einen Ausweg bieten. Die großen Rohre liegen unter den Hauptstraßen. Wenn du nur um eine Straßenecke herum willst, zähl die Schritte, um dich zu orientieren. Mitunter sind die Kanäle beschriftet wie Straßen. In manchen kannst du stehen, in anderen mußt du kriechen. Sie sind dunkel, stinken und atmen giftige Gase aus: das Kohlenmonoxid. Es lagert am Boden. Also Vorsicht in Bodennähe. Notfalls verweil im Schacht unterhalb des Asphalts. Dort ist die Luft am besten. Aber zumindest ist es in der Kanalwelt kuschelig warm. Bedenk auch die Zeiten hohen und niedrigen Wasserstandes. Nachts, wenn alle schlafen, ist das Wasser am niedrigsten.

Orientier dich in fremden Städten am Prinzip der Urwaldflüsse: Folge der Strömung. Jeder noch so kleine Bach erhält irgendwann Zuflüsse. Die Bäche werden breiter, die Rohre größer, die Strömung stärker. Geh leise, denn du bist weit zu hören. Rohre sind gute Schall-Leiter. Auch du hörst überall Geräusche – die der Verwesung und des Fließens. Eine Symphonie der Kloake.

Schwierig bei solchen Fluchten sind der Ein- und der Ausstieg. Die Gulli-Deckel sind immens schwer. Du brauchst einen Hebel oder einen Wagenheber. All das solltest du bei deinen Fluchtplänen berücksichtigen. Vielleicht kennst du jemanden, der dir helfen wird. Du weißt, wo er wohnt. Den Stadtplan kennst du auswendig. Mithäftlinge haben ihn dir aufgezeichnet. Du hast ihn dir eingeprägt und vernichtet.

☞ Als Training bieten sich die oft kostenlos angebotenen Führungen durch die Kanalisation in Großstädten an.

Steuer deine Freunde nicht direkt an. Sie werden überwacht. Kontakte sie aus der Telefonzelle, nie von privaten Apparaten aus. Sag nichts Verfängliches und sprich nie länger als zwei Minuten. Hast du mehr zu sagen, erzähl es genauso kurz von einer ganz anderen Telefonzelle aus. Ruf nie in gleichmäßigen Abständen an und bedien dich vereinbarter Codeworte (→ Nachrichtenübermittlung in diktatorisch regierten Ländern).
→ Atemtraining

Flugzeugabsturz. Von Flug zu Flug immer wieder einmal die Verhaltensanweisungen in den Bord-Infoblättern studieren.
Bei Absturz auf das Wasser: raus aus der Maschine, den Nachdrängenden Platz machen. Erst draußen Rettungsgerät aufblasen. Floß so lange am Flugzeug sichern, bis alle Personen eingestiegen sind oder es zu sinken droht. Dann Leine kappen und Abstand gewinnen. Wenn möglich, keinen Kontakt mit dem Wasser machen. Nässe verringert die Überlebenschancen.
Abgetriebene Personen in Wellen-Wanderrichtung suchen. Weiteres: → Sea Survival.
Bei Absturz an Land: Weg vom Flugzeug wegen Explosionsgefahr. Schutz schaffen gegen Unbilden des Wetters. In der Nähe der Maschine ausharren. Sie wird eher gefunden als der Einzelwanderer. Vorräte, Werkzeug, Signalmöglichkeiten chekken (→ Signalisieren).

Flußblindheit → Onchozerkose

Flußdurchquerung

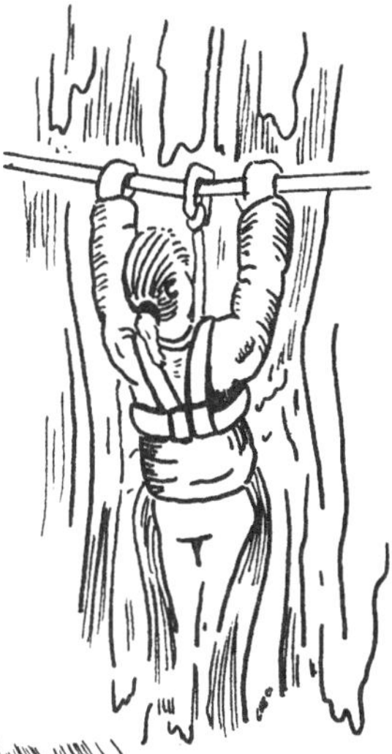

Flutwellen. Sie sind die Folge von Erd- und Seebeben, Orkanen, Deichbrüchen bei Hochwasser, Staudammbrüchen bei Krieg. Ist eine F. zu befürchten, begibt man sich rechtzeitig auf höher gelegenes Gelände. Dort verharrt man ausreichend lange, bis man sicher ist, daß keine Nachfolgewellen mehr zu erwarten sind.

Folter widersteht niemand. Sie ist durch Menschenrechtskonventionen geächtet und wird dennoch weltweit praktiziert, weil sie die wirksamste Art ist, Geständnisse zu erlangen. Wahre und unwahre. Die Palette der Folterarten ist gewaltig breit. Es gibt körperliche und seelische Folter, kurze und jahrelange. Am schlimmsten ist F. für denjenigen, der nichts zu gestehen hat. Gefolterte sagen aus, daß es das Unvorstellbarste ist, das ein Mensch erleben kann. Wer Folter überlebt, ist meist ein gebrochener Mensch. Aber sie sagen auch, daß im einfachen Akt des Denkens eine merkwürdige und ungeahnte Kraft liege. Daß man sich bis zu einem gewissen Grade vom geschundenen Körper zu lösen vermag. Daß intensives, konzentriertes Denken Schmerzen löschen und den Körper teilweise unempfindlich machen kann (→ auch das Buch »Der Totale Widerstand« von Major vom Dach, Schweiz).
Es gibt winzige Strohhalme der Hoffnung für Gefolterte. Viel hilft es, wenn man ein politischer oder religiöser Fanatiker ist und wegen dieser Überzeugung einsitzt. Es hilft der Glaube an Gott und das Weiterleben nach dem Tod. Es hilft die Liebe zu einem Menschen, den man schützen will. Es kann trösten, sich vorzustellen, daß andere Schlimmeres ertragen haben. Es hilft (leider nur Augenblicke), dem Bedürfnis des Körpers bestmöglich nachzugeben und in Ohnmacht zu fallen. Hilfreicher ist die Bewußtlosigkeit (Gehirnerschütterung, Kreislaufunterbrechung). Nach Bewußtlosigkeit folgen Koma und Tod.
Fanatismus produziert im Moment der Konfrontation mit dem gehaßten Gegner, Provokation und Folter einen erhöhten Adrenalinausstoß, und das mindert die Schmerzempfindlichkeit.
Ein wenig hilft auch das Wissen über das System der Folter: • Du wirst über den Verhaftungsgrund im unklaren gelassen. • Du wirst von der Außenwelt hermetisch abgeschlossen. • Du wirst in völliger Unkenntnis und Unsicherheit gelassen. • Du mußt immer wieder vor Verhören stundenlang warten. • Du wirst beim Verhör geblendet. Die Verhörenden sitzen im Dunkeln. • Die Verhöre beginnen meist mit einem Überrumpelungsversuch. • Du wirst abwechselnd in Furcht und Hoffnung versetzt. • Drohung und Brutalität wechseln mit Freundlichkeit. • Brutale und freundliche Verhörende wechseln sich ab: Der eine foltert, der andere bietet eine Zigarette an, der dritte appelliert an Verantwortungsbewußtsein. • Man stellt dir

scheinbar zusammenhanglose Fragen, wiederholt sich unendlich oft. Ziel: deine Verwirrung. • Man suggeriert dir unbegrenzte Machtfülle und Allwissen.

Denk immer daran, daß • auch der freundliche Verhörende dein Feind ist, • Mikrofone und Kameras alles mit beobachten, • du niemandem gegenüber Blößen geben, Namen nennen, Schwachpunkte erkennen lassen darfst, • auch deine Zellengenossen Spitzel sind, weil man ihnen Hafterleichterung in Aussicht stellt, wenn sie mit Informationen aufwarten, • sie dich nach dem Geständnis töten werden, weil du dann für sie wertlos bist und ein Zeuge gegen sie wärest.

Versuch nicht, mit Weinen Milde zu erreichen. Es wird als Trick gewertet und strenger bestraft. Wenn du deine Qual beenden möchtest, besteht die geringe Chance darin, die Folterknechte zu provozieren: Schrei sie an, spuck sie an, spring sie an, gröl ihnen verhaßte Parolen entgegen. Vielleicht lassen sie sich hinreißen, dich im Affekt schneller totzuschlagen (→ Buch »Der vietnamesische Gulag«, Verlag Kiepenheuer und Witsch).

Frauen, alleinreisende haben es erheblich schwerer als Männer. Im Gegensatz zu Männern droht ihnen nicht nur die Gefahr des Ausgeraubtwerdens, sondern auch die der Vergewaltigung – vor allem in islamischen und solchen Ländern, die von Machos beherrscht werden. Aber eine F. muß deshalb nicht aufs Alleinreisen verzichten. Wichtig sind das *vorher* angeeignete Wissen über Verhaltensweisen der Menschen der bereisten Kulturkreise. Wer in ferne Länder will, sollte erste Erfahrungen in Europa sammeln.

Viele Männer ferner Länder betrachten die Alleinreisende als Herausforderung, als Freiwild, als Provokation. Die Gefahr der Anmache, Belästigung oder gar Vergewaltigung ist in Städten größer als auf dem Lande, beim Trampen größer als beim unabhängigen Reisen im eigenen Wagen. Gegen die Zudringlichkeiten hilft, als Ausländerin nicht aufzufallen. Trag die landesübliche Kleidung bis hin zum Schleier und geh keinesfalls europäisch leger oder schlampig. Ferner helfen das Tragen eines Eheringes, verbale Hinweise auf den Ehemann, die strikte Vermeidung von Lächeln und Blickkontakt. Und es helfen zielstrebiges und nicht bummelndes Gehen.

Gefährlich sind das Übernachten allein im Freien und in Billig-Hotels. Gib lieber eine Mark mehr aus und bevorzuge Hotels, in denen bereits andere Europäer wohnen. Schließ die Türen stets ab und trag → Abwehrspray am Körper und eine Stecknadel mit dickem Kopf im Blusenkragen als letzte Waffe beim Handgemenge. Oft ist Weglaufen die bessere Waffe, weil der Angreifer dir an krimineller Energie und Skrupellosigkeit überlegen sein wird. Aus Fluchtgründen ist es praktisch, mit einem einzigen Gepäckteil zu reisen.

Keinesfalls sollten Frauen blind einem Polizisten oder Soldaten im Ausland vertrauen. Diese Staatsdiener sind nur dann eine Hilfe, wenn man sie in ihren Polizeirevieren und Kasernen um Hilfe ersucht.
Die beste Sicherheit garantiert ein männlicher Reisebegleiter, mit dem man sich unterwegs vorübergehend verbündet. *Achtung:* Nicht untergehakt gehen. In islamischen Ländern tun das nur Prostituierte.

Freundschaft ist nach Gesundheit, Freiheit und Liebe das Wertvollste, das ein Mensch besitzen, geben oder anstreben kann. Im Gegensatz zur angeborenen Verwandtschaft oder zu machtbezogenen sozialen Beziehungen sucht man sich Freunde freiwillig aus aufgrund gegenseitiger Anziehung und gemeinsamer Interessen. Gute F. überdauern Krisen und bewähren sich besonders in Notzeiten. F. macht Reisen zum doppelt schönen Erlebnis.

Frieden zu schließen und zu wahren ist eine hohe Kunst. Es gibt kein einziges Friedensmuster, das allen Menschen gerecht würde. F. ist deshalb immer ein Kompromiß. Wer F. wünscht, wird sich in die Lage des anderen versetzen können und versuchen, dessen Standpunkt zu verstehen. Zur Wahrung des F. gehören Einfühlungsvermögen, Takt, Diplomatie, Mut, Toleranz und Kompromißbereitschaft, in Familie, Nachbarschaft, Schule, Beruf, Verein und Öffentlichkeit. Viel Ärger ließe sich vermeiden, wenn man den anderen vorher um sein Einverständnis, seinen Rat, seine Mitarbeit, sein Verständnis, sein Entgegenkommen gebeten hätte. In F. miteinander zu leben, erhöht die Lebensqualität und setzt Kräfte frei, die man anderweitig besser nutzen kann als in Streit und Krieg.
Natürlich ist der F. auch davon abhängig, daß die Gegenseite ihn wünscht. Bei partout verschiedener Auffassung hilft oft die Vermittlung eines Dritten, eines Gutachters, eines Schlichtungsausschusses. Es gibt sie im Handwerk, Handel und der Politik. Wichtig ist, Sachlichkeit zu wahren. Wer schreit, hat unrecht. Der Weg zum Gericht sollte immer der letzte Ausweg sein. Vorher bleiben noch die Suche nach einem starken Verbündeten. Das können die Medien sein, das kann ein Konkurrent deines Gegners sein, das kann eine eigene Bürgerinitiative sein. Wenn du mit allen Versuchen scheiterst, überdenke deinen eigenen Standpunkt. Vielleicht bist ja tatsächlich DU es, der nachgeben muß. Zwar bist du frei zu tun, was immer du willst. Aber du mußt bereit sein, die Konsequenzen dafür zu tragen. Denn deine Freiheit hört da auf, wo die des anderen beginnt – altes Demokraten-Gesetz.

☞ Leider gibt es Menschen, die nie zum Frieden bereit sind. Dann beherzige den Rat des alten Polonius: »Nimm dich in acht, gerate nie in Streit. Doch wenn es dazu kommt, sorge dafür, daß auch dein Gegner sich vor dir in acht nimmt.«

Froster-Training → Tiefkühlraum-Training

Fuchsbandwurm → Hunde- und Fuchsbandwurm

Führungskraft. Eine Gruppe von Individuen zu führen, ist immer schwer. Vor allem in Notsituationen. Ein Führer muß kompetent, gerecht und belastbar sein. Körperlich, seelisch und geistig. Je qualifizierter er ist, desto weniger wird er angezweifelt werden. Er muß Ruhe und Zuversicht auch unter Streß ausstrahlen und fähig sein, Entscheidungen sogar *gegen* den Willen der Gruppe und – im Falle von Gefahr – sogar mit Zwang durchzusetzen. Infolgedessen muß er mit Vorwürfen und Aggressionen seiner Anvertrauten umgehen können und sich trotzdem immer ein Gefühl für die Ängste der Anvertrauten bewahren, um sie zu trösten und stabilisieren.

Führungsstil. Jede Reisegruppe wird sich einer Rangordnung unterwerfen, ob man zu zweit oder mit vielen reist. Im wesentlichen gibt es drei Stile.
Der strikteste F. ist der *autoritäre* wie beim Militär. Es existiert eine strenge Hierarchie und eine exakte Kompetenzzuweisung. Fertige Befehle müssen von den jeweils Untergebenen widerspruchslos und ohne zu hinterfragen ausgeführt werden, auch wenn sie dem einzelnen noch so unsinnig vorkommen. Das hat den Nachteil, daß der Teamgeist oft schlecht ist. Neid, Rachegelüste, Aggressionen und Günstlingswirtschaft sind einige der Folgen.
Die Vorteile des autoritären Stils sind die oft guten Leistungen infolge des massiven Drucks und die schnelle Entscheidungsfähigkeit solcher Gruppen. Reisenden ist er nur dann zu empfehlen, wenn sie mit politisch motivierten Zielen unterwegs sind, in riskanten Missionen, in Krisengebieten, nach Notfällen, auf Schiffen. Oder wenn die gesamte Unternehmung auf die führende Persönlichkeit ausgerichtet ist, weil von ihr Idee, Geld, Planung und Durchführung eingebracht wurden und sie für das Risiko haftet. Je kompetenter und gerechter eine solche Führungskraft ist, desto eher lassen sich dann auch die möglichen Nachteile reduzieren.
Der *demokratische* Stil findet sich eher bei privaten Reisegruppen, die mit weniger hochgesteckten Zielen unterwegs sind, und bei denen jeder in gleicher Weise finanziell und am Risiko beteiligt ist. Zwar gibt es einen Anführer, aber er fungiert mehr als Erster unter Gleichen denn als Big Mac. Der Vorteil solcher Konstellationen ist die gehobene Motivation eines jeden, die bessere Arbeitsmoral und das bessere Betriebsklima.
Der Nachteil solcher Gemeinschaften ist die geminderte Entscheidungskraft, wenn alles erst des lan-

gen und des breiten diskutiert werden muß.
Der am wenigsten zu empfehlende F. ist der des *Jeder-macht-was-er-für-richtig-hält.* Diese Reisen enden meist in Streit und Trennung.

Furcht (→ Angst)

Furunkel ist eine Blutgeschwür-Eiterbeule mit einem harten Kranz drumherum. Infolge der Hautschwellung ist er mehr oder weniger schmerzhaft. Ein F. braucht seine Zeit zur Reifung, platzt dann und ergießt seinen Inhalt nach außen. Ist das geschehen, muß man versuchen, mittels steriler Pinzette den Pfropf zu ziehen. Danach ist alles paletti, und die Wunde heilt schnell unter Zurücklassung einer Narbe.
F. im Gesicht sind die gefährlichsten, weil die Infektion auf kürzestem Wege zu den Gehirnblutleitern gelangen kann. Das hätte u. U. eine Gehirnhautentzündung zur Folge.
Die neben den F. oft sichtbaren roten Streifen sind keine Blutvergiftung, sondern eine Entzündung der Lymphgefäße. Aber sie könnten der Ausgangspunkt einer → *Blutvergiftung* werden, denn der Streifen zeigt die Weiterverbreitung der Erreger auf dem Lymphwege an. Eine Blutvergiftung ist dann eingetreten, wenn Fieber, Benommenheit, Schmerz und Schüttelfrost zu den lokalen Schmerzen hinzukommen.
Behandlung: so beglückend das Gefühl auch sein mag: Furunkel nicht ausdrücken! Statt dessen dick 50%ige Zugsalbe (Ichthyol, Schwefelzinksalben) auftragen und verbinden. Die Salbe weicht die Haut auf und erleichtert dem F. den Durchbruch. Weitere Hilfen: Sonne, künstliche UV/Infrarot-Bestrahlung, Heizkissen, Säckchen mit warmem Kartoffelbrei, 3× täglich ein Teelöffel frische Hefe. In hartnäckigen und gefährlichen Fällen Antibiotika einsetzen.

Fußcreme kann Fußblasen vorbeugen bei langen Wanderungen. Sie macht die Haut elastischer und widerstandsfähiger. Neben üblichen Fußsalben empfehlen sich → Hirschtalg, Vaseline, Speisefette, Speiseöle, → Ballistol.

Fußpflege vergißt man schnell, weil die Füße so weit entfernt sind vom Hirn. Dabei tragen sie uns treu und brav überallhin. Deswegen schulden wir ihnen Dank und Pflege. Das mindeste sind Waschungen. Auch zwischen den Zehen. Ermüdeten Füßen gönnt man ein warmes Bad mit anschließendem Kaltbad. Bei Zirkulationsstörungen muß die Warmwasserschüssel hoch genug sein. Denn dann sollen auch die Waden 15 Minuten angewärmt und ein paar Sekunden abgeschreckt werden. Das kann man mehrmals machen. Immer soll man mit kalt aufhören. Fußnägel müssen sehr kurzgehalten werden. Nicht zu enges Schuhwerk tragen.
Fußgymnastik ist ein weiterer Dank an die Füße: Zehen per Hand in alle

Richtungen drehen, kreisende Bewegungen im Stand auf den Ballen, Gehen auf den Zehen.

☺ Oder einfach mehr barfuß laufen.

Fußpilz kann sich nur ansiedeln, wenn ihm die gewünschten Lebensbedingungen geboten werden: Feuchtigkeit, Wärme, Miniwunden. Seine Feinde sind demnach Sauberkeit und Trockenheit in ausreichend geräumigen Schuhen und Pilzsalben (z.B. Canesten). Naturheilmittel: barfuß gehen, Sonnenbestrahlung, Meereswasser.

☺ Fußpilz ist nicht eßbar!

Fußsack. Wenn es dem Körper zu kalt wird, stellt er die Durchblutung der Extremitäten zuerst ein. Die Füße werden kalt. Man friert. Dagegen hilft der Fußsack, ein besonders warmer Schlafsack für den unteren Beinbereich. Natürlich helfen auch mehrere Paare dicker Socken und Isolation mit Zeitungspapier. Aber genauso wichtig ist es, bei Kältegefühl immer auch den Kopf gegen Wärmeverlust zu schützen. Weil der Körper den Kopf als Denkzentrale immer vorrangig mit warmem Blut temperiert und man bis zu 70% der Körperwärme über einen ungeschützten Kopf verlieren kann, hilft es auch den Füßen, wenn man den Kopf mit Mütze und Schal gegen Wärmeverlust isoliert.

G

Gallenkoliken und -steine. Wenn ein Gallenstein einen Gallenkanal der kleinen Gallenblase verstopft, entstehen kolikartige Schmerzen, die vom unteren rechten Rippenbogen in den Oberbauch ausstrahlen. Dazu gesellen sich 39 °C Fieber und Schüttelfrost. Der Bauch selbst bleibt weich. Der Schmerz entsteht, wenn die Muskulatur in den Wandungen des betroffenen Kanals durch Zusammenziehung versucht, den Stein weiterzupressen, um ihn loszuwerden. Wie Wehen bei einer Geburt. Wenn die Muskeln sich ausruhen, um Kraft für den nächsten Schub zu sammeln, läßt der Schmerz nach.
Auf Reisen hilft man sich mit Tee-Diät: Kamille ohne Zucker. Wer an Eis rankommt, kühlt die Schmerzstelle mit Eisbeuteln, um Entzündungen vorzubeugen oder sie zu hemmen. Dazu verabreicht man ein krampflösendes Mittel wie Buscopan und gibt Antibiotika gegen die Entzündungen, aber keinesfalls Morphium.

Gamaschen schützen das Bein gegen Dornen, Nässe und Schlangenbiß. Sie verlängern den Schuh zum Stiefel und bieten den Vorteil, diese Stiefel jederzeit wieder in einen Schuh zurückzuverwandeln. Wer sich damit gegen Nässe schützen will, muß auf Wasserdichtigkeit achten, und wer Dornen haßt, wählt strapazierfähiges Material.

G. kann man natürlich auch aus geeignetem Material (Plastiktüten, Handtücher, alte Jeans-Beine) improvisieren, wenn man sie nur kurzfristig benötigt.

Garen ohne Topf und Pfanne ist auf mehrerlei Weise möglich.

Ein Topfersatz sind frische Blätter, Gras, Baumrinden oder sogar nasses Papier. Das zu garende Lebensmittel wird in mehrere Lagen dieser Ersatzmaterialien eingewickelt und mit Gräsern, Wurzeln, Ranken oder Lianen zusammengebunden und dann in die Glut (nicht in die lodernde Flamme) gelegt. Solange in den Einwickelmaterialien noch Feuchtigkeit steckt, hält der Garungsprozeß an. Dann erst würde die Verbrennung beginnen.

Fleisch und Gemüse lassen sich auch gut in Lehm einwickeln und zubereiten. Kartoffeln legt man so ins Feuer. Wer ·Aluminiumfolie besitzt, kann seine Lebensmittel darin einwickeln und in die Flammen oder Glut geben. Mehrere Schichten Alu-Folie, übereinander gelegt, lassen sich sogar zu Kochgefäßen formen.
Weitere ideale Ersatz-Töpfe sind frische Bambusrohre. (Zeichnung)
Eier liefern ihren Topf in Form der Schale gleich mit. Wie immer, wenn man Eier kochen will, piekst man durchs dickere Ende der Schale ein

winziges Loch. Dort befindet sich die Luftblase für das spätere Küken. Wenn nämlich die Luft beim Kochvorgang nicht blitzschnell entweichen kann, platzt die Schale. Das so vorbereitete Ei stellt man einfach 5 Minuten und länger in die Glut.
Auch Bananen lassen sich ideal in ihrer Schale in der Glut garen. Einige Sorten entfalten beim Erhitzen ihren Säuregehalt und ihr Zucker karamelisiert.
Geeignete Bratpfannen sind flache glatte Steine. Wenn man unter ihnen ein Feuer in Gang hält, erfüllen sie recht gut ihren Zweck.
Auch eine angespitzte Astgabel, auf die Fisch oder Fleisch aufgespießt werden, kann eine Pfanne ersetzen.

✍ Grillroste kann man sehr einfach aus frischen, also saftigen Ästen improvisieren. Ehe sie verbrennen, sind das Fleisch und das Brot auf ihnen längst gar.
Wer die Y-förmige Astgabel mit Alufolie überspannt, kann sich sogar ein Spiegelei machen oder Kaffee rösten.

Für Tee oder Suppe hat sich die Methode des Kochens in einer mit Fell (Haarseite nach unten) oder Plastikfolie ausgelegten Mulde bewährt. Dazu erhitzt man viele faustgroße Steine in einem Feuer. Mit zwei handlichen Astgabeln werden sie ins Wasser praktiziert. Sobald sie ihre Hitze ans Wasser abgegeben haben, werden sie erneut erhitzt, bis die Suppe fertig ist.

☞ *Achtung:* Bei Verwendung von Plastikfolie als Topfwandung dürfen die glühenden Steine nicht mit der Folie in Berührung kommen! Das wird verhindert, wenn man die Folie mit Kieselsteinen bedeckt.
Wer Dosen als Topf einsetzen will, muß sie vorher im Feuer gut ausglühen, um mögliche Lackierungen rückstandlos zu verbrennen.

☞ Wer nur ein Täßchen Tee möchte, der kann das Getränk sogar in einem nassen Bogen Papier, schalenartig oder als Spitztüte über die Glut praktiziert, zustande bringen.

Garotte → Drahtschlinge zum Töten

Garten, naturnah. Wer einen Garten hat, kann etwas Wesentliches für Mutter Natur tun und einen Teil einfach verwildern lassen. Motto: *Taten statt warten.* Laß schattige und sonnige Plätze entstehen, gib Mischungen aus Sträuchern und Bäumen eine Chance, denk an einen ausreichend großen Komposthaufen aus gehäckselten und kurzen Ästen, und kröne dein Stück Wildnis mit einem → Teich.

☺ Bis auf den Teich kostet dich das nichts als guten Willen und Argumentationsstärke gegenüber Nachbarn, die den Rasen mit der Nagelschere schneiden.

Gastfreundschaft und Gastrecht gibt es, solange es Menschen und Handel gibt. Es ist ein zeitweiliges Schutz- und Friedensverhältnis zwischen Gast und Gastgeber, weil der Reisende in der Fremde meistens wehrlos und benachteiligt ist. Das gab es in Vorzeiten bei uns, und das gibt es in vielen Ländern auch heute noch. Sehr ausgeprägt findet man G. in islamischen Regionen, vor allem auf dem Lande. Dort hat sie einen sehr hohen Stellenwert, sie ist fast heilig.

☞ Wer sich bei Bedrohung unter den Schutz eines gläubigen Moslems stellt, wird in den meisten Fällen Glück haben. Er könnte im Extremfall erleben, daß der Gastgeber ihn mit seinem Leben verteidigt.

☞ Wer Schwierigkeiten mit Behörden hat, sollte auch dort an die landesübliche Gastfreundschaft appellieren.

Wer diese beeindruckenden Formen der Gastfreundschaft je erleben durfte, wird seine eigene Einstellung zu Gästen in Deutschland garantiert positiv ändern.

Wer Gastrecht genießt, es aber mißbraucht durch Schmarotzerei, provozierendes Benehmen oder kriminelle Handlungen, hat es verwirkt.
Ein Gastgeschenk für die Gastfamilie sollte zur selbstverständlichen Pflicht gehören. Das können so unterschiedliche Gaben sein wie Musik, Tanz, Zaubertricks, Pantomime, Zeichnungen/Fotos von den Gastgebern, Pakete aus der Heimat (Einschreiben, Rückschein!), Stipendien, Teile aus dem Reisegepäck, Süßigkeiten, Einladung zum Essen, Ticket für einen Besuch in Deutschland usw.

Gebirge vor allem in dünnbesiedelten Gebieten, erfordern spezielle Garderobe, Ausrüstung, Kondition und Wissen. Je nachdem, ob man klettern oder wandern will, wird man sich im Fachhandel mit dem Nötigen versorgt haben. Ein Charakteristikum der Gebirgswelt sind unvorhersehbare Wetterumschwünge. Wegen der fehlenden Fernsicht können sie einen überraschend schnell ereilen. Andere Gefahren sind Kälte, Lawinen, Gletscherspalten, Schnee und Steinschläge.
Vorteile der Bergwelt sind ihre Unzugänglichkeit und die damit verbundene Chance, sich im Falle einer Verfolgung gut verstecken zu können. Gebirge waren seit eh Rückzugszonen bedrohter Völker.

☞ Bei hoffnungslosem Verirren den Bächen folgen. Alle Bäche führen zu Menschen.

Geburtshilfe. Es ist eine Erscheinung unserer Zeit, daß man glaubt, Kinder müßten im Krankenhaus zur Welt kommen. Das ist aber durchaus nicht so, denn die Begründung für diese Annahme ist ziemlich unzureichend: Nur 1,2% der Kinder bereiten Komplikationen, und mit einigen davon kann ein Laie durchaus umgehen.

Grundsätzlich kann jede Mutter ihr Kind allein gebären und abnabeln. Ihre Kollegin, die Mutter Natur, hat ihr für diesen Zweck immense Kräfte und Willen mitgegeben. Wäre das anders, wäre die Spezies Mensch schon in Vorzeiten ausgestorben, als es noch keine Hospitäler gab.

Wenn du als Helfer gefordert bist, dann prüf schon Tage vor der Geburt, ob die Lage des Kindes stimmt oder ob mit einer Steißgeburt zu rechnen ist. Das kann man hören und fühlen. Beim Hören hilft dir das selbstgebastelte → Stethoskop. Hörst du die Herztöne am lautesten unmittelbar unterhalb des Nabels der Mutter, ist die Lage okay.

Beim Fühlen legt sich die Mutter auf den Rücken und atmet tief aus. Du stehst neben ihr und tastest den höchsten und tiefsten Lagepunkt des Babys ab. Dazu streckst du die Daumen und Zeigefinger beider Hände so ab, daß sie einen rechten Winkel ergeben. Neben die Zeigefinger streckst du auch die Mittelfinger. Diese Hände werden zum einen auf das Schambein der Mutter gelegt, zum andern auf den Bauch unterhalb des Brustkorbs. Durch leichten Druck lassen sich die Abgrenzungen des Kindes feststellen. Die größere der spürbaren Rundungen ist der Po, die kleinere und härtere der Kopf. Der Kopf muß zum Schambein hin liegen. Ist das nicht der Fall, ist eine Steißgeburt zu befürchten, die unbedingt ärztlicher Hilfe bedarf.

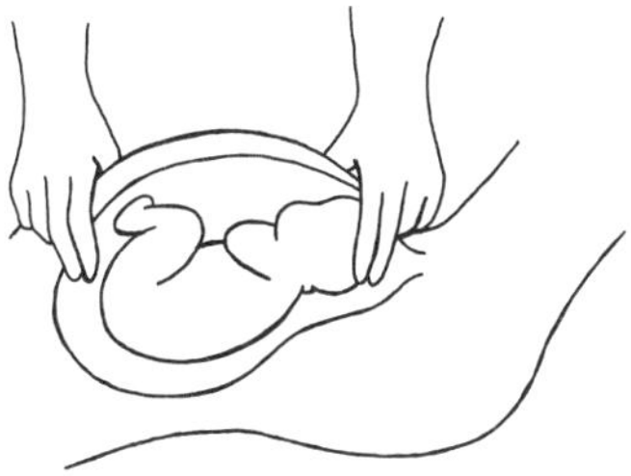

Die Geburt verläuft in drei Phasen. Sie beginnt mit der *Eröffnungsperiode*. In ihr braucht die Frau Beistand. Versichere ihr, daß sowohl Schmerz als auch Dauer normal sind. Sie soll nichts tun, um den Ablauf zu beschleunigen. Also weder drücken noch massieren. Vielmehr soll sie regelmäßig und tief durchatmen. Das Öffnen braucht seine Zeit. Reich ihr deine Hände und laß sie sich darin verkrallen.

☺ Händchenanbietende Weicheier können ja Handschuhe anziehen.

Hilf ihr mit der Steckschüssel, sowohl Darm als auch Blase ständig zu entleeren. Denn Harn und Stuhl verengen den Geburtskanal unnötig. Trotzdem soll die Mutter viel trinken. Ist der Stuhl zu fest, mach ihr

einen → Einlauf. Muß sie sich übergeben, schwitzt sie stark oder hat sie Durchfall, gib ihr Elektrolyt-Getränke, Säfte, Blättertee oder warme Brühe. Die Mutter sollte sich im Bett immer wieder in eine andere Lage bewegen und auch aufstehen und etwas auf- und abgehen.
Jetzt ist es Zeit, die Plastikunterlage oder die Zeitungen aufs Bett zu legen. Wenn sie verschmutzt sind, werden sie ausgetauscht. Die Mutter im unteren Körperbereich mit Seife gut waschen. Schere und Rasierklinge mindestens 15 Minuten kochen in einem Topf mit Deckel und in diesem Topf liegen lassen bis zum Gebrauch. Der Druck erster Wehen öffnet den Gebärmutter-Ausgang, bis der Kopf des Kindes hindurchpaßt. Jetzt platzt die Fruchtblase, und es tritt 1 Liter Fruchtwasser aus. Da die Eröffnungsphase mindestens eine Stunde dauert, hat der Helfer Zeit, die erforderlichen Hilfsmittel vorzubereiten. Das wären eine Plastikunterlage, ein Dutzend frischer Handtücher oder Zeitungen, Seife, Fingernagelbürste, Handdesinfektionsmittel, Watte, Rasierklinge oder Schere, Zellstoffmull, zwei Streifen Verbandsmull, Taschenlampe, → Katheter mit Spritze, Spritze, → Scandicain, Nadel und Faden, antibiotische Augentropfen, → Stethoskop, 2 → Aderklemmen, 1 Steckbecken, 2 Schüsseln, Eisbeutel, Nagelreiniger, warmes Wasser in mehreren Töpfen. Alles muß sauber sein, die Instrumente steril und die Wäsche heiß gebügelt.
Nach einer Wehenpause beginnt die *Austreibungsphase*. Der vorher noch über dem Schambein fühlbare Kopf verschwindet in der Tiefe. Dabei helfen die Bauchmuskeln mit beim Pressen. Die Mutter kann das nun unterstützen und empfindet die Wehen weniger schmerzhaft. Sie liegt, winkelt die Beine an und umklammert die Knie mit den Händen.

☞ Viele Naturvölker setzen sich nun auf die Fersen und gebären das Kind in der Hocke, weil hier die natürliche Schwerkraft bei der Geburt wesentliche Hilfe leistet.

Dann wölbt sich der Damm. Das ist die Stelle zwischen Scheide und After. Es ist auch die Stelle, die einreißen kann. Dieser sogenannte *Dammriß* verheilt fast nie und hat für die Mutter lebenslängliche Geruchsausströmungen zur Folge! Um den Riß zu verhindern, drückt man mit der gesäuberten flachen Hand auf diesen Damm, wobei Daumen und Zeigefinger die Scheide (Zeichnung) umfassen. Dabei soll die Mutter nicht mehr pressen, sondern *hecheln wie ein Hund*. Nach der Dammwölbung kommt der Kopf allmählich zum Vorschein. Zunächst sinkt er in den Wehenpausen immer noch zurück, aber von Mal zu Mal schiebt er sich weiter vor. Um das alles deutlich zu sehen, ist vorher für ausreichend gute Beleuchtung zu sorgen, die besonders wichtig ist beim Eintritt von Komplikationen.

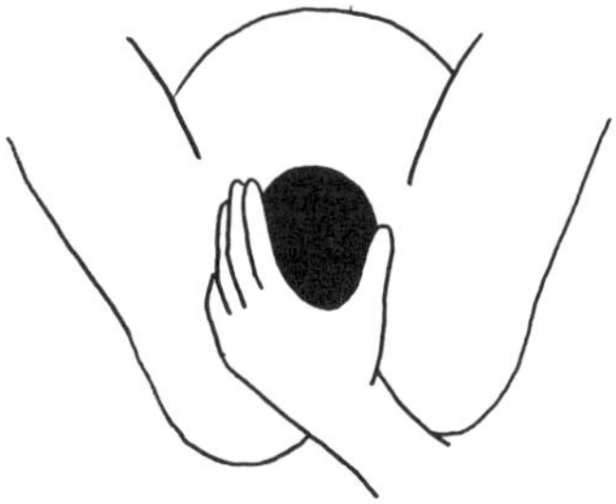

Ist der Kopf aus der Scheide herausgetreten, ist das Schwierigste überstanden. Allenfalls hakt eine Schulter. Dann umfaßt man den Kopf mit beiden Händen an Stirn und Hinterkopf, hebt und senkt ihn behutsam und zieht ohne Gewalt und ohne den Hals zu berühren.

Schließlich ist das Kind geboren. Es ist glitschig und hängt noch an der Nabelschnur. Es folgt die letzte Phase: die *Abnabelung*. Meist beginnt das Kind bereits zu schreien. Der Eigenkreislauf hat begonnen. Wenn nicht, gibt man ihm einen leichten Klaps auf den Po. Dann spuckt es eventuell auch im Mund befindliches Fruchtwasser von selbst aus. Wenn nicht, muß abgesaugt werden. Mit Katheter oder per Kuß. Die Nabelschnur darf dabei nie gespannt werden. Nach einer Minute hat das Baby eine eigenständige, regelmäßige Atmung. In dem Moment hört auch das Pulsieren in der Nabelschnur auf. Die Versorgung durch die Organe der Mutter ist beendet. Es kann abgenabelt werden. Das geht so vor sich, daß man 5 bis 8 cm vom Bauch des Kindes aus eine erste und 5 cm weiter eine zweite Abbindung mit den beiden vorbereiteten Mullstreifen macht (Zeichnung). Zwischen diesen Abbindungen wird die Nabelschnur durchgeschnitten. Sie ist völlig gefühllos. Das Kind wird in lauwarmem Wasser (nie über 37 °C! Ellenbogenprobe!) gewaschen und mit vorgewärmten Handtüchern abgetrocknet und in sein Bett gelegt, gesichert gegen das Rausfallen. Wenn Wärme nicht zur Verfügung steht, ist das nicht tragisch. Babys sind wochenlang resistent gegen Erkältungen.

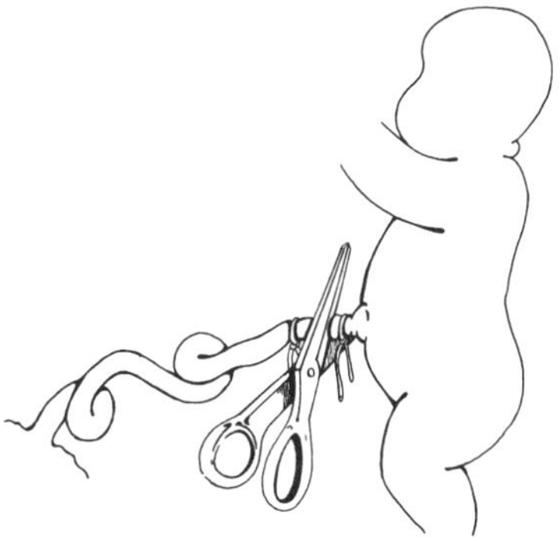

☞ Ganz wichtig ist, *jedem* Baby sofort nach dem Waschen antibiotische Augentropfen einzuträufeln, um damit einen Augentripper zu verhindern! Auch dann, wenn die Wöchnerin glaubt, garantiert tripperfrei zu sein. Augentripper ist eine Variante des Genitaltrippers und führt innerhalb von Stunden (!) zur Erblindung. Die Ansteckung erfolgt im Moment der Geburt, wenn die Augen mit den Gonokokken in der Mutterscheide in Kontakt kommen.

Weitere Vorsicht gilt dem Nabelschnurzipfel. Man lagert ihn trocken und locker zwischen Mull. Um ein Verrutschen zu vermeiden, kann man, ebenfalls locker, einen weichen Wickel um das Baby schlingen. Nach fünf Tagen fällt der Zipfel ab. Erst dann soll man ein Kind *richtig* baden.

Währenddessen löst sich der Mutterkuchen, die Nachgeburt. Er wird mit Schalen aufgefangen. Die Mutter kann drückend helfen, wie beim Stuhlgang. Dabei kann ein Schwall von einem Liter Blut hervorströmen. Das ist das sogenannte Lösungsblut und gibt keinen Anlaß zur Sorge.

Sobald die Mutter ihr Kind an der Brust spürt, sind alle vorangegangenen Ängste und Schmerzen vergessen. Es kann sein, daß die Muttermilch erst 24 Stunden nach der Geburt in die Brüste schießt. Deshalb nicht gleich die Flasche geben! Nur Muttermilch ist die 100%ig richtige Nahrung. Alles andere ist mangelhafter Ersatz. → Geburtskomplikationen

Geburtskomplikationen. In allen Fällen sollte eine Patientin mit G. in ein Krankenhaus gebracht werden. Geht das nicht, muß der Laie versuchen, das Beste aus der Situation zu machen.

1. *Nachgeburts-Blutungen.* Der Mutterkuchen will sich nicht lösen. Oder die Gebärmutter zieht sich nach Lösung nicht zusammen. Dann spritzt man das Wehenmittel Methergin, ein Mutterkorn-Präparat, unter die Haut (→ Injektionstechnik). Blutet es weiter, gibt man nach 30 Minuten eine zweite Ampulle. Wirkt auch das nicht, muß die Körperschlagader zusammengedrückt werden. Dazu legt man die flache Hand auf den Nabel der Mutter und drückt diese mit der anderen Hand und dem ganzen Körpergewicht gegen die Wirbelsäule, bis die Blutung steht. Gleichzeitig muß die Scheide mit Handtüchern ausgestopft werden. Damit dort ein regelrechter Druckverband zustande kommt, müssen die Beine der Frau angewinkelt und gespreizt werden. Damit die Handtücher halten, bandagiert man sie mit Unterhosen und Tüchern. Am besten geht das mit einem zweiten Helfer. Erst jetzt darf der Druck auf die Schlagader wieder gelöst werden. Bleiben unerträgliche Schmerzen, wird Dilaudid-Atropin gespritzt.

2. *Nachgeburt löst sich nicht.* Wenn das der Fall ist, mußt du sie von Hand rausholen. Vorher leg deinen Arm 10 Minuten in eine Desinfektionslösung.

3. Das Baby *erscheint zuerst mit dem Arm.* Hier kannst du nichts machen. Jetzt ist schnellstens eine Operation erforderlich!!!

4. Die *Nabelschnur liegt um den Hals* des Kindes: Versuch, sie vorsichtig zu lösen. Sonst kommt das Kind nicht hervor. Wenn das nicht gelingt, binde die Nabelschnur an einer greifbaren Stelle zweimal ab wie bei → Geburtshilfe unter »Abnabelung« beschrieben und schneide sie zwischen den Abbindungen durch.

5. Kommen die Pobacken zuerst, spricht man von einer *Steißgeburt*. In diesem Falle soll die Mutter sich auf die Knie und Ellenbogen stützen und die Geburt in dieser Stellung vollziehen.

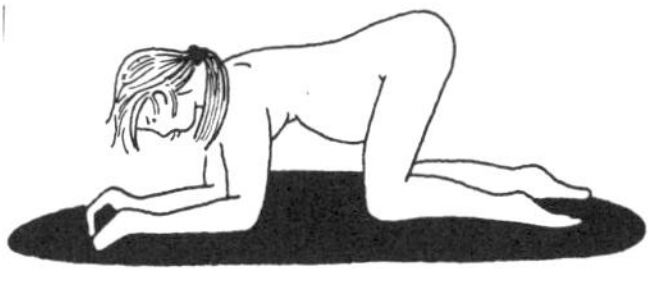

STEISSGEBURT-POSITION

6. Erscheinen die *Füße zuerst* und entsteht ein Stopp bei den Armen, muß nachgeholfen werden. Der Helfer desinfiziert die Hände oder zieht sterile Handschuhe an. Er tastet sich am Körper des Kindes entlang, bis er dessen Achselhöhle erreicht. Dort drückt er die Kindesschulter in Richtung von dessen Rücken. Gelingt das nicht, kann sich der Helfer auf den Oberarm des Kindes vortasten, um ihn aus der sperrigen Lage vorsichtig auf Längsachse des Kindes und der Scheide zu ziehen.

HILFE, WENN BEINE ZUERST ERSCHEINEN

7. Bleibt bei der Bein- oder Steißgeburt der *Kopf stecken*, muß am besten mit zwei Helfern nachgeholfen werden. Die Frau legt sich auf den Rücken. Ein Helfer tastet sich zum Mund des Kindes und steckt den Finger hinein. Während er so versucht, den kleinen Kopf auf die Kindesbrust zu ziehen, drückt die zweite Hand, die den Kopf zwischen Zeige- und Mittelfinger im Nacken gefaßt hat, ebenfalls in Richtung Kindesbrust. In dieser Kopf-auf-die-Brust-Position wird gleichzeitig herausgezogen, während der zweite Helfer vom Bauch der Mutter aus unterstützend gegen den Kopf des Kindes drückt, so daß eine Hinausschiebewirkung entsteht.

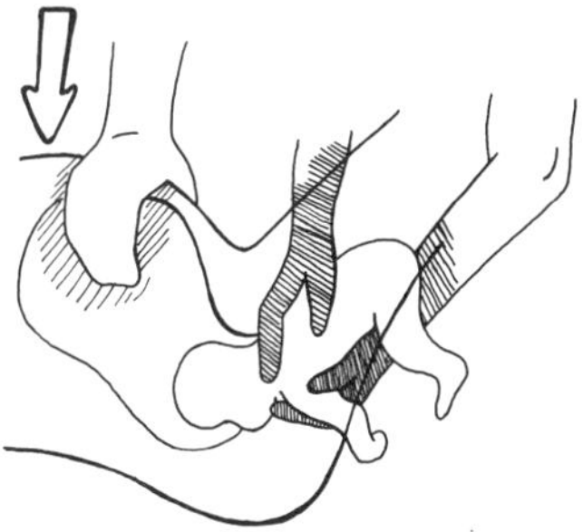

HILFE BEI STEISSGEBURT, WENN STEISS ZUERST ERSCHEINT

8. Wenn du bei auslaufendem Fruchtwasser bereits *Stuhl des Kindes erblickst*, besteht die Gefahr, daß dem Kind dabei etwas in Mund und Nase gelangt und es erstickt. Sobald der Kopf sichtbar wird, saug ihm mit der Klistierspritze, per Mund und Schlauch oder nur per Mund die Öffnungen frei.

9. Die verbreitetste Gefahr beim Gebären ist der *Dammriß*. Sobald man merkt, daß der Kopf einfach nicht weiter hervorkommen will, muß man eine *Sollriß*-Stelle anbringen. Und zwar genau bei 16:30 Uhr, wenn du die Scheidenöffnung bei der auf dem Rücken liegenden Frau als Ziffernblatt siehst (Zeichnung). Dazu spritzt du örtlich 50 ml Scandicain i.m. Wenn die Betäubung wirkt, schneidest du mit steriler Schere 2 cm weit ein, wobei man den Kopf des Kindes mit den Fingern sichert. Bei den nächsten Wehen wird die Scheide an dieser Stelle reißen. Nach der Geburt muß sie vernäht werden (→ Wunde vernähen).

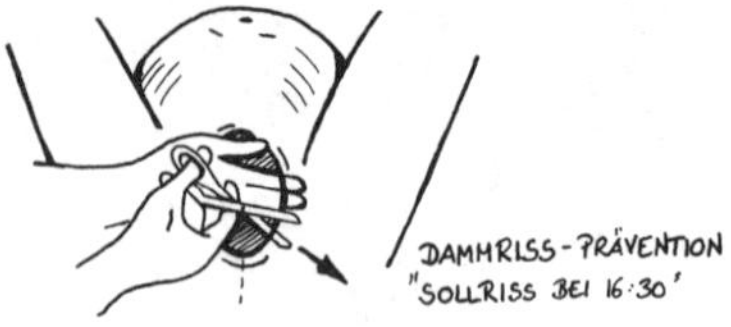

Gefangennahme bedeutet, dein Einsatz ist beendet, die Flucht war vergeblich. Der Moment der G. ist für beide Seiten ein sehr aufregender – für die Jäger wie für den Gejagten. Beide sind zum Äußersten entschlossen. Die einen wollen sich den hart erkämpften Erfolg nicht entgehen lassen, du willst auf deine Freiheit nicht verzichten, denn womöglich bedeutet die G. lange Haft und Tod. Wer je mit G. zu rechnen hat, sollte immer darauf eingestellt sein. Das könnte bedeuten, eine winzige Reserve-Waffe (→ Schießender Kugelschreiber, Gift) an günstiger Stelle versteckt zu tragen und die Regeln zu beherrschen, die unter → Geiselnahme genannt werden.

Gefangenschaft. In G. lebt man meist in Lagern, und zwar in Baracken, Zelten, Hallen oder im Freien, nicht aber in Zellen wie im → Gefängnis. Meist ist G. eine Folge von Krieg. G. hat manchen Vorteil, den sich der Gefangene zunutze machen kann. So ist es üblich, einen Vertrauensmann unter den Gefangenen zu wählen. Er steht in Verbindung mit der verfeindeten Lagerkommandantur. Der Vertrauensmann wiederum hat Obmänner in den einzelnen Baracken zur Seite. Durch dieses System interner Verwaltung lassen sich Initiativen zur Verbesserung der Lebensbedingungen schnell besprechen, entfalten und durchführen. Es lenkt die Gefangenen ab von ihrem Los und läßt sie ihre Lage besser ertragen. Sie können Neuankömmlingen Trost spenden.

Wichtig ist, die Kameradschaft zu wahren. Denunzianten, Kriminelle, Asoziale, die oft als Spitzel eingeschleust werden, sind notfalls mit Gegenterror in Schach zu halten.

Kranke und Schwache müssen mit Extrarationen Essen unterstützt werden. Man schont sie bei der Arbeit, versorgt sie mit Garderobe und weist ihnen die besten Plätze in den Baracken an. Wenn Medikamente fehlen, kann man ihnen dennoch helfen mit Trost. Was ferner oft mög-

lich ist, sind Schwitzkuren, kalte Umschläge, Massagen und Körperpflege.
Wichtig ist es, ein gutes Verhältnis zur Wache aufzubauen. Wirken Wärter anfangs in der Gruppe allesamt brutal und unnahbar, so wird man bald Sadisten von Guten unterscheiden können. Die Menschlichen sind die Hoffnung eines jeden Gefangenen. Von ihnen erfährt er die neuesten Nachrichten und ergattert Vergünstigungen. Wichtig ist, solche Menschen nur unter *vier* Augen anzusprechen. Es dürfen weder Augenzeugen noch Abhöranlagen zu befürchten sein. Revanchier dich für solches Entgegenkommen mit strikter Disziplin und Kameradschaft. Der Wärter muß feststellen, daß du nicht so bist, wie seine Regierung es ihm eingetrichtert hat.

Gefängnis. Schneller als man denkt, sitzt man im Ausland im Gefängnis. Bitter ist es, wenn man unschuldig ist, noch bitterer, wenn es zum ersten Mal passiert und man an das Leben in Unfreiheit nicht gewöhnt ist. Ins Gefängnis gebracht hat einen oft Unkenntnis fremder Gesetze, Gutgläubigkeit gegenüber Menschen, die einem Drogen ins Gepäck geschmuggelt haben, oder Polizisten, die eine Chance sehen, sich bei dir zu bereichern. Eben noch ein freier Mensch, bist du nun wehrlos und verdammt zur Einsamkeit, Ungewißheit, Untätigkeit, zum Grübeln, zu Schmutz und schlechtem Essen.

Rechne nicht mit schneller Entlassung, sonst erlebst du ein weiteres psychisches Tief, wenn es anders kommt. Hoffe mit gesunder Skepsis. Such irgendeine Beschäftigung. Schreib, lern die fremde Sprache. Aus Essensresten lassen sich Schachspiele basteln, mit Kakerlaken kann man Derbys veranstalten. Melde dich zur Arbeit. Dann vergeht der Tag schneller, und du bist abends müder. Außerdem schafft Arbeit Kontakte. Möglicherweise kannst du mit anderen einen Ausbruch planen und dir Waffen fertigen. Zukunftspläne stabilisieren dich. Brich nicht übereilt aus, wenn du vom Erfolg nicht absolut überzeugt bist.
Führe dich gut und versuch, einen dir wohlgesinnten Aufseher zu finden. Er kann dir Nachrichten von außen vermitteln, dir eine Zigarettenkippe schenken und die Botschaft deines Landes informieren. Wenn man dir keinen Anwalt zugesteht und du weißt, wann du vernommen oder abgeurteilt wirst, setz alle Hoffnung auf deine Freunde daheim. Echte Freunde lassen dich nicht hängen. Werde nicht ungeduldig und begehr nicht auf. Das kann schnell Strafverschärfung bis hin zur Dunkel-Einzelhaft mit Sprechverbot und → Folter zur Folge haben. Tröste dich mit Leuten wie Nelson Mandela, der für seine Überzeugung ein halbes Leben lang gesessen hat.

☺ Und Nehru soll gesagt haben: »Jeder Mensch sollte einmal im Gefängnis gesessen haben.« Recht hat er. Dann erst lernt man Freiheit und Demokratie schätzen.

Gefäße, kleine, zum Trinken und Kochen, macht man sich aus Kokosnüssen, Bambus und sogar Birkenrinde oder Papier. Solange Wasser in dem Papiergefäß ist und man den Tee oder die Brühe über Glut und nicht über der Flamme kocht, verbrennt das Papier nicht.

Gefesselt ins Wasser (Hände auf dem Rücken und Beine zusammengebunden) ist eine der Übungen, die bei den Kampfschwimmern praktiziert wird. Sie soll helfen, in scheinbar aussichtslosen Situationen einen klaren Kopf zu bewahren und über das Wasser zu triumphieren. Die Technik: Nach dem Eintauchen ins Wasser sofort in die Rückenlage bringen, den automatischen Auf-

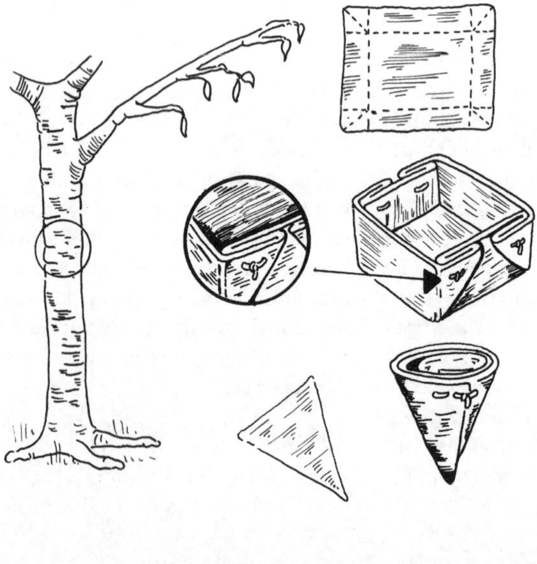

trieb ausklingen lassen, und wenn der aufhört, die gefesselten Unterschenkel auf- und abbewegen.

☞ Beim Survival-Training mit Ungeübten empfiehlt sich, nur die Füße zu fesseln und die Hände hinterm Rücken ohne Fessel zusammenzuhalten. Notfalls hat man sie dann zur Selbstrettung frei. Eine weitere Erleichterung für Anfänger ist, die Übung in flachem Wasser durchzuführen.

Gegenfeuer → Buschfeuer-Survival

Geheimwort → Kennwort

Gehirnerschütterung durch Gewalteinwirkung erkennt man am kurzdauernden Bewußtseinsschwund mit anschließender Erinnerungslücke, Übelkeit bis zum Erbrechen und Schwindel. Durch die Gewalteinwirkung kann es zu einer inneren Blutung gekommen sein, die einen Hirndruck zur Folge hat. Die blutende Arterie ergießt sich zunächst zwischen Hirnoberfläche und Schädelknochen. Das Blut verdrängt die weiche Hirnmasse und setzt sie unter Druck. Bis zu Beginn des Hirndrucks ist die Blutung im Kopf nicht wahrnehmbar. Dann schwindet das Bewußtsein erneut, und das bedeutet Lebensgefahr. Es kann zu Atemstillstand kommen.
Hilfe: Atmung feststellen, indem man mit beiden Händen den Oberbauch unter dem linken Rippenbogen umfaßt. Bei vorhandener Atmung spürt man deutlich das Heben und Senken des Brustkorbes. Bei Atemstillstand: → Atemspende. Auch den Puls kontrollieren.
Bei Wiedererlangung des Bewußtseins, zum Liegenbleiben veranlassen, weil erneuter Rückfall möglich.

Gehirnwäsche praktiziert man an politischen Widersachern. Globetrotter können in diese Situation geraten, wenn sie sich Rebellen anschließen und gefangen werden. Bei der G. erwartet den Gefangenen ein Team von Spezialisten der Branchen Knochenbrecher, Chemie, Psychologie und Biologie, das ihn seelisch mit Medikamenten vernichtet und körperlich zunächst zerstört und dann aufbaut zu einem neuen Wesen, das mit dem alten nur noch die Hülle gemeinsam hat. Gegen die G. gibt es nur ein Mittel: die rechtzeitige Selbsttötung.

Geiselnahme. Es gibt zwei Möglichkeiten, darin verwickelt zu werden: Entweder du selbst bist eine Geisel, oder du hast eine genommen. Bist du die Geisel, dann, weil man dich bewußt ausgewählt hat oder weil du zufällig im falschen Moment am falschen Ort warst und du nun als Schutzschild dienen sollst, um den Forderungen des Geiselnehmers Nachdruck zu verleihen.
Zu den bewußt ausgewählten Personen zählen meist solche mit politischem oder wirtschaftlichem Einfluß. Da ich denke, daß diese beiden

Kategorien eher nicht zum Leserkreis dieses Buches zu rechnen sind, verzichte ich auf die Ratschläge zur Verhinderung einer *gezielten* Geiselnahme. Solltest du doch dazu zählen, empfehle ich das Studium der Werkes *Das große Buch der Überlebenstechniken* von Gerhard Buzek und *Überleben als Geisel* von Bob Spear.

Verhalten bei G.: Du bist unerwartet als Schutzschild-Geisel genommen worden. Ob du lebend herauskommst, liegt wesentlich auch an dir. Zwar läuft jede G. anders ab, aber es gibt ein paar Grundregeln, die man sich einprägen sollte. • Bleib ruhig und vermeide Panik. Panik steigert die Nervosität des Geiselnehmers (GN) und kann ihn zu Kurzschlußhandlungen hinreißen. • Vermeide auch schockartige Handlungsunfähigkeit. Sonst verspielst du mögliche Fluchtchancen. • Wegen dessen skrupellosen Vorgehens ist Gegenwehr gerechtfertigt, aber die muß echte Chancen haben. Unterschätz nie die äußerste Alarmbereitschaft des GNs. • Die beste Gelegenheit zur Flucht oder Gegenwehr ist immer im ersten Moment, wenn die Situation auch für den GN neu ist. • Versetz dich aber in seine Situation: Es geht um sein Leben – warum sollte er da deins schonen? • Mach eine Blitzbestandsaufnahme: Hast du Waffen? Beherrschst du → Selbstverteidigung? Ist der Gegner ein unberechenbarer Fanatiker, oder war die G. zufallsbedingt? Wärest du hinterher ein Zeuge *gegen* ihn, oder haben längst alle sein Gesicht gesehen? • Provozier den GN nicht! Schau ihm nie in die Augen. Das wirkt herausfordernd. • Mach, was er anordnet. Aber tu es so langsam wie möglich. Laß ihn aber nicht die Absicht erkennen, sondern schütz Angst vor und Unbeholfenheit. • Während der Flucht oder Gefangenschaft präg dir ein, was immer möglich ist. Vorrang hat die Personenbeschreibung. Am wertvollsten sind besondere Merkmale (Narbe, Tätowierung, Dialekt, Spitznamen etc.). • Erfasse alles nur Erkenn- und Erkundbare während der Fahrt und der Haft: Dauer und Richtung der Fahrt, Art des Verwahrungsortes, Geräusche, Gerüche, Gewohnheiten der GN, Verpflegung. • Bring am Verwahrungsort unauffällige Zeichen an, die später ihre Identifizierung sichern. • Versuch, die GN in Gespräche zu verwickeln und achte auf sprachliche Besonderheiten. • Kann man einen der GN bestechen ? (→ Bestechung) • Kannst du dir eine Waffe fertigen? • Halt dich körperlich fit. Zumindest kannst du → Isometrische Übungen durchführen. • Halt dich geistig fit mit Fluchtplänen.

Nach Beendigung der G.: Arbeite mit der Polizei zusammen. Sag ihr alle Details, die du dir eingeprägt hast. Solange die Täter nicht gefaßt sind, äußere dich keinem Außenstehenden gegenüber, damit die Massenmedien die Fahndung nicht mit Sensationsmeldungen erschweren können.

Die Ratschläge zum Verhalten bei einer G. zeigen dir auch die Schwierigkeiten, die du selbst hättest, solltest du je in die Situation kommen, dich mit Hilfe einer Geisel aus der Haft eines diktatorischen Landes zu befreien.

Geistesgegenwart läßt sich steigern durch Training schwieriger und gefährlicher Situationen (Bergsteigen, Überfalltraining, Kampfsport) und durch Erfahrung. Bei riskanten Unternehmungen ist G. unbedingt erforderlich. Sie entscheidet in Bruchteilen von Sekunden über Erfolg und Mißerfolg, Leben und Tod.

Gelbfieber wird in wasserreichen tropischen Ländern (vor allem Lateinamerikas und Afrikas) von der G.-Mücke übertragen. Inkubationszeit: sechs Tage. Dann folgen grippeartige Symptome wie hohes Fieber, Nervosität, Schlaflosigkeit, Kopfschmerzen, Rückenschmerzen. Danach tritt entweder Heilung ein, oder es geht erst richtig los: brauner Harn, Gelbsucht, hohes Fieber, Schädigung innerer Organe wie Niere und Leber. Dann Urinstopp, Eindickung des Blutes, Erbrechen blutig-schwarzer Massen. Tod bei vollem Bewußtsein nach 6 bis 10 Tagen, begleitet von schwerem Angstgefühl und Erregungszuständen. Nur ein Drittel der Kranken überlebt das G. und ist dann zeitlebens immun.
Gegen G. hilft wirksam die Impfung. In vielen Ländern ist sie vorgeschrieben. Sie ist gut verträglich und gibt zehn Jahre anhaltenden Schutz.

Geldtaschen kann man nicht genug bei sich haben. Vor allem verschiedene und unauffällige. Dadurch verhindert man bei Überfällen und Diebstahl, daß gleich alles geraubt wird. Ob Brustbeutel, Waden- oder doppelte Hosentaschen, Geldgürtel, Taschen in Hut und Schuh – der Globetrotter-Fachhandel wartet ständig mit Neuem und Altbewährtem auf. Ein nicht zu unterschätzender Trick ist auch die simple Plastiktüte mit ein paar Lebensmitteln darin. Sie wird einem weder auf der Straße geraubt, noch vom Hoteltisch weggenommen, wenn das Portemonnaie mit 10 DM offen daneben liegt.

Genfer Konvention ist die international gültige Vereinbarung über das Verhalten gegenüber dem Kriegsgegner. Sie wurde von etwa 80 Ländern unterzeichnet. Nicht nur Soldaten, sondern auch der Reisende sollte ein paar Takte darüber wissen, falls er irgendwo in Kriegswirren gerät oder zusammen mit Rebellen gefangengenommen wird. Denn die G. gilt dann auch für ihn.
Der Soldat muß erkennbar sein durch seine Uniform. Er muß die Waffe offen tragen. Er muß Zivilisten schonen und das Sanitätswesen. Dieses und die Sanitäter müssen am Roten Kreuz oder dem Roten Halbmond erkennbar sein. Sie dürfen keine Waffen tragen, sie dürfen keine Soldaten verstecken oder transportieren. Man darf nicht auf Schiffbrüchige schießen und nicht auf Fallschirmspringer, deren Ma-

schine abgeschossen wurde und die in der Luft schweben. Sind die Fallschirmspringer jedoch eine reguläre Kampfeinheit, darf auf sie schon in der Luft geschossen werden.
Gegner, die sich ohne Waffen mit erhobenen Händen ergeben oder die ein weißes Tuch zeigen als Zeichen ihrer Aufgabe, dürfen nicht mehr beschossen und müssen gefangengenommen werden. Gefangene werden so gut behandelt wie die eigene Truppe. Sie müssen mit Nahrung, Kleidung und Unterkunft versorgt werden. Sie dürfen nicht zu kriegerischen Arbeiten herangezogen werden, die sich gegen ihr Volk richten (z.B. Schützengräben bauen). Man darf an ihnen nicht rächen, was sie nicht persönlich begangen haben. Ihre Lager sind deutlich als Kriegsgefangenen-Lager zu kennzeichnen mit den Kürzeln PW oder POW (Prisoner of war). Aus der Gefangenschaft zu fliehen, ist ausdrückliches Recht und oft Pflicht eines jeden Kriegsgefangenen. Er darf dafür sogar Lebensmittel oder Werkzeug entwenden. Wenn er jedoch Personen bei der Flucht tötet, wird das als Mord gewertet.
Kein Gefangener darf zu anderen Aussagen gezwungen werden als zur Bekanntgabe seiner Personalien und seines Dienstgrades. Er darf nicht seelisch oder körperlich gefoltert werden, nicht einmal beleidigt oder schikaniert.
Der Sieger hat Kulturbauten, Kulturgut, Kirchen und persönliches Eigentum des Besiegten und seiner Familie zu schützen. Nur Kriegsgerät darf (gegen Quittung) beschlagnahmt werden.
Zivilisten, die beim Einmarsch des Feindes ihr Hab und Gut verteidigen, sind dazu berechtigt. Sie handeln in Notwehr und genießen den Schutz der Konvention.
Personen, die sich anders verhalten, die vor allem ohne Uniform kämpfen, werden als Kriminelle oder Spione abgeurteilt.
Ein ehrbarer Soldat respektiert die Genfer Konvention. Er respektiert den sich ergebenden Gegner, erkämpft sich keine Vorteile, indem er Geiseln als Kugelfang benutzt, respektiert Unterhändler und hält mit diesen vereinbarte Abmachungen (Feuerpause, Verletzten-Abtransport) strikt ein.
Leider klaffen zwischen Konvention und Realität Welten. Von keinem Soldaten kann Fairneß erwartet werden, wenn sein Gegner die Abmachungen verhöhnt.

Genießbarkeitstest → Pflanzen-Genießbarkeitstest

Gerben soll aus verderblichen Tierfellen einen haltbaren Rohstoff machen, der als Kleidung, warme Decken oder Arbeitsmaterial Verwendung finden soll. Gewerbliche Gerbung heute ist ein langer Arbeitsprozeß und von vielen Chemikalien abhängig. Was den Globetrotter interessiert, ist die *schnelle* Präparation eines Felles mit Mitteln, die ihm überall zur Verfügung stehen.

Eine Art primitivster Haltbarmachung wäre das simple Räuchern. Es hilft, das Fell einige Tage gegen Fäulnis und Insektenbefall zu schützen. Nachdem das Fell mit stumpfem runden Schaber entfettet und entfleischt wurde, spannt man es mit der Hautseite in Richtung Feuer auf einen Rahmen und läßt den Rauch eines mit frischen Gräsern und Blättern zum Qualmen gebrachten Feuers mindestens zwei Stunden auf die Haut einwirken. Benötigt man das Rauchfell länger als geplant und ist Verderb zu befürchten, kann es immer wieder nachgeräuchert werden. Benötigt man behaarte Häute als Strumpf, Mütze, Pullover, läßt man sie, wie sie vom Körper abgezogen wurden – als Röhre.

Wirksamer und nur wenig zeitaufwendiger ist die Fettgerbung. Sie bietet sich an, weil das erlegte Tier den Gerbstoff meist mitbringt: sein Hirn. Zunächst wird das Rohfell über einen glatten runden Pfahl gelegt (Haarseite nach unten) und mit einem rundlichen *stumpfen* Schaber von allem Fleisch und Fett befreit. Entfernt werden muß auch die zwischen Fettgewebe und Lederschicht befindliche feine Haut. Wenn man das Fell zum Wärmen *mit* Haaren benötigt, bleiben die Haare dran. Braucht man hingegen das schiere Leder, müssen die Haare entfernt werden. Diese Arbeit kann man sich erleichtern, wenn man das Fell fünf Tage in Wasser einlegt und die Haare anfaulen läßt.

Dann baut man sich aus besenstieldicken Ästen einen soliden rechteckigen Rahmen, zwischen dem das Fell ausgespannt wird. Der Rahmen kann erheblich stabilisiert werden durch Einspannen eines Diagonalstockes.

Zum Spannen macht man in regelmäßigen Abständen 2 cm lange Schlitze in 2 cm Entfernung *von der* und parallel *zur* Außenkante des Felles. Mit doppeltgelegten Schnüren wird das Fell am Rahmen mit Schnürsenkelknoten befestigt. So läßt man die Haut einen Tag trocknen und erhält Pergament. Mit einem *scharfen* abgerundeten Schaber werden letzte Härchen und die glänzende Restschicht auf der Fleischseite entfernt.

Während das Hirn in einem Gefäß zerquetscht und erwärmt wird, nimmt man das Fell aus dem Rahmen und weicht es in warmem Wasser ein. Das warme Fett wird auf dem gesamten Leder verteilt und gründlich einmassiert.

Diese Arbeit kann man sich etwas erleichtern, wenn man Leder und Fett über Nacht bei lauwarmer Temperatur zusammen in einem Topf läßt, mehrfach bewegt und dann die Massage durchführt.

Abschließend wird das so vorbereitete Leder mit viel Geduld über einem runden glatten Balken hin- und hergezogen, bis man weiches Leder hat. Es kann außerdem noch geräuchert werden. Der unangenehme Anfangsgeruch verliert sich bald.

Geschlechtskrankheiten sind das große Risiko bei sexuellen Begeg-

nungen. Niemand wird dir offenbaren, daß er krank ist. Oft weiß er es sogar nicht einmal, weil sein Körper Resistenzen dagegen entwickelt hat. Bei dir als Fremdem schlägt die G. dann voll durch.
Gegen G. schützt man sich mit Kondomen. Außer Enthaltsamkeit oder Streicheln gibt es sonst kein anderes sicheres Mittel. Zwar lassen sich Tripper und Syphilis medikamentös beheben, aber viele Pilze und besonders Aids werden dir das Leben zur Hölle machen. Überleg bei jeder Begegnung, ob Freud und Leid in akzeptablem Verhältnis stehen.

Tripper läßt sich für Männer übrigens weitgehend vermeiden durch nachträgliches Einstäuben des Penis mit penicillinhaltigem Puder. Hat man sich dennoch angesteckt, ist Tripper mit Tabletten reparabel.

Geschwür, Magen- → Magengeschwür

Gesichtsmasken haben vor allem den Sinn, das Gesicht vor Kälte und Erfrierungen zu schützen. Es gibt sie im Globetrotter-Handel zu kaufen, oder man fertigt sie selbst. Improvisieren kann man sie immer aus einer Windel, einem Dreiecktuch, einer Unterhose. Auch das Schwärzen des Gesichts mit Ruß oder/und das Einreiben mit Fett kann Linderung bringen.

☺ Böse Menschen verwenden sie für Überfälle, damit niemand sieht, wie sehr sie sich schämen.

Gesundheit auf Reisen. Der sehr empfehlenswerte Ratgeber »Gesundheit auf Reisen« ist erhältlich beim Sozialministerium Baden-Württemberg, Schellingstr. 15, 70174 Stuttgart.

Gewebeband → Lassoband

Gewitter. Ihre Hauptgefahr ist der Blitzschlag. Deshalb → Blitzschlag

Gift kann für den Survivor von größerer Bedeutung sein als eine Waffe. Je wirksamer es ist, desto schwieriger ist seine Beschaffung. Wer gute Beziehungen zu Ärzten, Apothekern, Chemikern, Gerbern, Tierpräparatoren, Kammerjägern hat, kann es dort versuchen. Leichter ist es oft über Tierärzte, wenn man ihnen sagt, man möchte den Hund einschläfern. Im Ausland ist das wesentlich einfacher als in Deutschland.
Wer diese Beziehungen nicht hat, muß nicht verzweifeln. Schlaf- oder Beruhigungstabletten lassen sich selbst in mancher Gefangenschaft sammeln. Täusch als Patient Schlaflosigkeit vor. Oder Schmerzen. Bei Verabreichung einer Überdosis Beruhigungstabletten muß darauf geachtet werden, auch etwas beizumischen gegen Erbrechen. Sonst stülpt der Magen alles wieder zurück in die Freiheit.
Besonders wirksam sind Tierbekämpfungsmittel (Insektizide, Rattengift). Sie enthalten Leckerbissen wie Arsen, Thallium, Strychnin, Blausäure u.v.a. Da sie ekelerregend

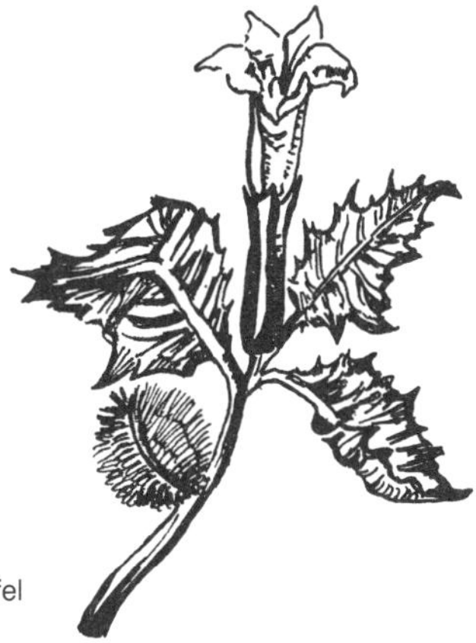

Weißer Stechapfel

Fingerhut

Bilsenkraut

Wasserschierling

Herbstzeitlose

schmecken, kann man sie nur stark gewürzten Speisen beimischen oder spurenweise verabfolgen.
Hochgiftig sind die Auspuffgase des Autos. Damit sie nicht wahrgenommen werden, muß man sich ihrer in Verbindung mit Alkohol, Schlaftabletten oder Gewalt bedienen.
In Gefängnissen gibt es mitunter für Kleiderreinigungszwecke Tetrachlor-Kohlenstoff. Er führt über einen Rauschzustand zum Tod.
Wichtig ist die Kenntnis der Giftpflanzen. In Deutschland sind das z.B. Eisenhut (alle Pflanzenteile), Roter Fingerhut (vor allem die Blätter), Maiglöckchen (Blüten und Blätter), Bilsenkraut (Wurzel, Blätter, Blüten. Samen auch, aber bitter), Stechapfel (Frucht), Tollkirsche (alles), Bittermandeln (60 Stück infolge Blausäuregehalts tödlich für Erwachsenen), Wasserschierling (Wurzel), Herbstzeitlose (Blüten) und Goldregen (Blüte, Wurzel, Samen). Manches läßt sich gut unter Gemüse und Salate mischen (einige der Pflanzen siehe Zeichnung). Nicht zu vergessen die drei Knollenblätterpilze. Sie wirken erst nach frühestens 8 Stunden. Das kann für Flucht-Vorsprung interessant sein. Der Tod tritt nach 2 bis 5 Tagen ein.
Gegen diese Gifte wirken mehr oder weniger gut: Magenspülungen, Abführmittel, Brechmittel und medizinische Kohle.
Wer genaue Rezepturen sucht, sei verwiesen auf das Buch »Giftpflanzen« von Karl Hiller und Günter Bickerich.

In warmen Ländern kann man versuchen, an Giftschlangen zu gelangen, sie zu melken und das Gift dann auf Pfeile mit Sollbruchstelle aufzutragen. Zum Melken spannt man eine Plastikfolie oder ein Präservativ über ein Glas, faßt die Schlange unmittelbar hinter dem Kopf (zwischen Daumen und Mittelfinger) und läßt sie mit dem Oberkiefer so durch die Folie beißen, daß das Gift ins Glas laufen kann (Zeichnung). Schlangengift wirkt flüssig und kristallisiert (unbegrenzt haltbar). Es muß nur in Kontakt gebracht werden mit dem Blut des Opfers.

Fisch- oder Tierfleisch, das man in Wasser verfaulen läßt, entwickelt tödliches Leichengift. Auf Messer, Nägel, Pfeile, Holzsplitter gestrichen, muß es ebenfalls in die Blutbahn praktiziert werden. Auch auf Stoff aufgetragenes Eigenblut sowie ausgediente Tampons (Blut gerinnen und dann in Wasser faulen lassen), kommen in Frage.

Giftschlangen. Ihr Biß kann tödlich sein. Aber in den meisten Fällen kann man ihn vermeiden. Denn nicht der Mensch ist der Futtertyp einer Schlange, sondern warmblütige Tiere oder Fische, Frösche etc. Die meisten Bisse ereignen sich aus Unvorsichtigkeit, in der Dämmerung oder beim Versuch, eine Schlange zu fangen. Wenn man diese drei Ursachen ausschaltet, ist das Restrisiko sehr gering.

In Australien erfolgen 90% der Bisse ins Fußgelenk und 8% in die Hände! Deshalb sollte man in Gefahrengebieten Schuhe und lange Hosen tragen und laut auftreten und schauen, wohin man tritt. Man tritt *auf* einen liegenden Baum, aber nicht *über ihn hinweg*. Zwar hören Schlangen nicht, aber sie fühlen das laute Auftreten über ihr Bauchnerven-System und ziehen die Flucht einem Biß vor. Bei Dunkelheit sollte man seinen Weg ableuchten. Nie sollte man blind in alles hineinfassen, und man sollte sich mit derben Handschuhen absichern. Schlangen lieben Schlupfwinkel als Verstecke. Keine Schlange ist in der Fortbewegung auf dem Boden schneller als der Mensch. Es genügt, eiligen Schrittes aus einem Gefahrenbereich zu gehen. Nur im Zubeißen sind sie schneller als ein Faustschlag. Im Durchschnitt können sie bis zu $^1/_3$ ihrer Körperlänge zuschlagen.

Wer nachts gebissen wird, wird das Tier oft nicht zu sehen bekommen. Sieht er an der Bißstelle einen Halbkreis vieler kleiner Einstichpunkte, war es eine harmlose Schlange. Sieht er hingegen nur zwei, dann war es eine Giftschlange. Wenn die Gelegenheit besteht, des Tieres tot oder lebendig habhaft zu werden, kann das einem Arzt helfen bei der Bestimmung des richtigen Serums. Denn Serum ist das einzige, was gegen das Schlangengift wirklich hilft. Alles, was über den Mund eingenommen wird, ist wertlos. Allenfalls hat es psychologische Bedeutung.

Nach dem Biß wird geraten, nicht an der Bißstelle herumzuschneiden, sondern sie mit einem → Druckverband zu versehen. Dadurch werden die feinen Gefäße, in denen sich das Gift befindet, abgepreßt, und das Gift kann sich nicht weiter im Körper ausbreiten.

In vielen Gifttier-Ländern gibt es *polyvalente* Seren, die gegen die am häufigsten vorkommenden Gifte gleichzeitig wirksam sind. Also auch gegen Skorpione oder Spinnen. Das hat den Grund, daß man meistens gar nicht weiß, wer einen gebissen hat. Effektiver sind *monovalente* Seren. Meist ist es am billigsten, die Seren vor Ort zu kaufen.

Die Flüssig-Seren müssen gekühlt gelagert werden. Aber auch ohne Kühlschrank sind die Seren so lange verwendbar, wie der Ampulleninhalt *klar* ist. Beginnt er milchig zu werden oder auszuflocken, ist er verdorben. Dieser Gefahr kann man mit Trokkenserum begegnen.

Es gibt vor allem zwei Arten von Schlangengiften. Das der Vipern wirkt auf Blut und Blutgefäße. Unter anderem platzen die Adern. Der Kreislauf ist im betroffenen Körperteil beendet. Ohne Serum bleibt oft

nichts als → Amputation, wenn man vermeiden möchte, daß die Gerinnsel oder das Leichengift sich im Körper weiter ausbreiten.
Das andere Gift (Kobra, Mamba) lähmt das Nervensystem. Und zwar sehr schnell. Man will um Hilfe rufen, und die Zunge formuliert das Wort nicht mehr. Schließlich erhält die Lunge keine Impulse mehr zu atmen. Man erstickt. Gegen dieses Nervengift kann die → Atemspende helfen. Mit ihr muß man den Stillstand der Lunge 15 Minuten künstlich überbrücken. Das Herz behält seine Kraft.

Gipsverband ist einfach zu machen und kann hilfreich sein bei Ruhigstellung von Brüchen oder nach Einrenkungen.

☞ In der freien Natur, wenn Gips nicht vorhanden ist, behilft man sich mit Stöcken, Stoffen und Lehm, um den Bruch festzulegen.

Zweierlei ist vorm Eingipsen zu beachten: Schmuck (Ringe) abnehmen und die betroffenen Gliedmaßen in die sogenannte Funktionsstellung bringen. Das heißt: Fuß und Ellenbogen im Winkel von 90°, alle anderen Gelenke im Winkel von 30°.
Zunächst wird das gebrochene Glied mit einem Netzschlauchverband (Meterware in Strumpfform) überzogen. Sonst tun es auch eine Windel oder ein dünner Strumpf. Damit wird über das benachbarte Gelenk hinweg eingekleidet. Der Schlauchverband wird umwickelt mit Krepp-Papier oder weichem Toilettenpapier. Darüber kommt dann 8fach das als Fertigware erhältliche Gipsband oder Verbandsmull mit selbstangerührtem Gips. Das Gipsband muß vorher kurz in *kaltem* Wasser eingeweicht werden. Wenn keine Bläschen mehr aufsteigen, streift man den gröbsten Teil des Wassers behutsam zwischen den Fingern ab. Diese Gipsbänder werden beim Bein in Längsweise auf die Wade gelegt und beim Arm auf dessen Fleischseite. Die Finger müssen freibleiben und in Greifstellung sein. Abschließend wird der Gipsverband mit Mulllbinden rund um das gegipste Glied fixiert. Die Schlauch-Enden werden umgekrempelt und miteingegipst, damit ein stumpfer Abschluß entsteht.
Muß man ein Bein völlig eingipsen (Circulär-Gips), ist folgendes wichtig: Man legt in Längsrichtung einen Ledergürtel auf das Bein. Er wird mit eingegipst. Kurz vor der endültigen Aushärtung des Gipses (5 Minuten), wird der Gips über dem Gürtel aufgeschnitten, ein 1 cm breiter Keil herausgeschnitten und der Gürtel wieder entfernt. So ist der Gips nicht völlig starr, sondern wirkt wie eine Klammer und das Bein kann atmen und anschwellen.

☺ Außerdem kannst du dich besser kratzen, wenn es juckt.

Global Positioning System → GPS

Glück ist das, was jeder Survivor – egal, über wieviel Wissen er verfügt – unbedingt braucht.
G. ist auch das, was ein Globetrotter erfährt, wenn er in bescheidener Weise durch die Welt reist, um sich andere Lebensweisen zu erschließen. Man muß nicht der große Schlaumeier sein, wenn man dabei – ganz nebenbei – noch ein drittes G. erfährt: das G., gerade in *dieser* Epoche der Menschheit im deutschsprachigen Europa leben zu können. Noch nie vorher gab es in diesen unseren Landen soviel Demokratie, Wohlstand, Menschenrecht und 50 Jahre anhaltenden Frieden. Die Nachteile dieser Vorzüge sind leider zunehmende Maßlosigkeit und Dekadenz der Nutznießer, was irgendwann zwangsläufig das System zusammenbrechen lassen wird.

Glühwürmchen-Lampe → Lichtersatz

Gore-Tex → Fleecebekleidung

GPS, Global Positioning System, ist die Navigationsmethode der Gegenwart. Sie hat den Kompaß abgelöst. Die kleinen handlichen GPS-Geräte beziehen ihre Informationen über 24 Satelliten, die in 19 km Höhe um die Erde kreisen und ständig Signale aussenden. Diese Signale werden in den GPS-Geräten umgewandelt und zeigen die Position (sowie die Marschrichtung, -geschwindigkeit und vieles andere) bis zu 50 m genau an. Empfangsschwierigkeiten gibt es nur in Gebäuden, unter Deck oder in tiefen Tälern. Sie sind jedoch nicht abhängig von Tag oder Nacht. Dennoch sollte der umsichtige Globetrotter auch den Umgang mit dem Kompaß und Sextanten beherrschen, falls die Technik ausfällt. Die Geräte bietet der Globetrotter-Ausrüstungshandel an.

Grabstock. Der Grabstock ist ein Spatenersatz und erleichtert das Graben tiefer Löcher oder das Scharren nach Würmern und Wurzeln. Es genügt ein kräftiger, gerader, angespitzter Stock. Vorzugsweise aus Hartholz (Eiche).
Effektiver kann eine Ast*gabel* sein. Astgabeln sind besonders stabil, sie sollten die Form einer 1 haben. Eine Astgabel wird wie ein Pflug benutzt. Den kürzeren Schenkel (ca. 20 cm) spitzt du an wie einen Bleistift. Mit ihm reißt du die Erde auf und scharrst das lose Erdreich von Hand beiseite.

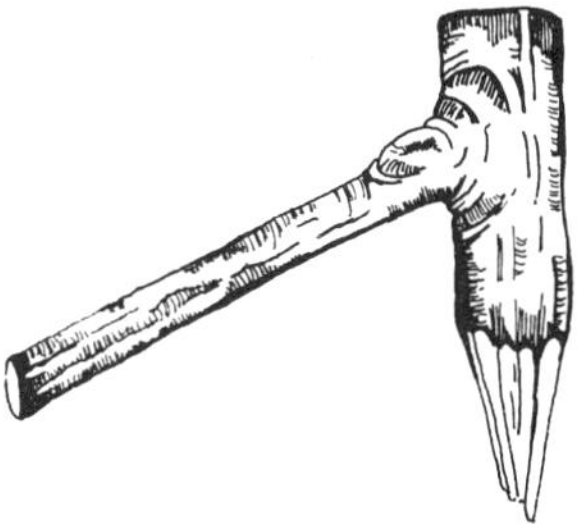

Grenzübertritt bedeutet, daß von einer Sekunde zur anderen, von einem Zentimeter zum anderen, Welten und vor allem auch Rechtslagen völlig anders sein können. In der Demokratie kannst du jederzeit deine Meinung rausposaunen (☺ egal, wie schwachsinnig oder geistreich sie ist), im Nachbarland ist es schon Majestätsbeleidigung (viele Monate Gefängnis), einen vom Winde fortgewehten Geldschein mit dem Fuß zu stoppen, wenn man dabei zufällig auf das Portrait des Landesfürsten tritt. In Deutschland mag es als Kunst gewertet werden, sich als Graffito zu outen, in Singapur wirst du dafür hart mit Stockschlägen und Gefängnis bestraft. Schon ein Stück Papier, auf die Erde geworfen, kostet dich in Singapur 200 Euro! Beim Verkehrsunfall in Saudi-Arabien hast immer *du* die Schuld. Begründung: Wärest du in Deutschland geblieben, wäre der Unfall nicht passiert. Hast du gar einen Toten verursacht, dann unterliegst du vielerorts den Gesetzen der Blutrache. Wenn man Drogen bei dir findet, kann das die Todesstrafe zur Folge haben. Oft genug muß nicht der Staat die Schuld nachweisen, sondern du mußt seine Anschuldigungen widerlegen. Mach das mal aus dem Gefängnis heraus, ohne Sprachkenntnisse und Rechtsbeistand! Denk auch an das Fotografierverbot in der Nähe all dessen, was militärisch sein könnte. Das ist oft sogar die ganz normale Brücke. Sie kann dir Jahre Haft einbringen, weil du als Spion giltst.

☞ Wer in diktatorisch regierte Länder reist, sollte sich bei den Reisebüros und Konsulaten informieren oder sich die Ratgeber des Auswärtigen Amtes über Urlaubsreisen kommen lassen. Denn: Unkenntnis schützt nicht vor Strafe. Zumindest darin sind sich alle Länder einig.

☺ Nun nicht etwa zu Hause bleiben! Es gibt auch *Vorteile* des G: Wenn du daheim rülpst, giltst du als Ferkel. Wenn du bei den Beduinen rülpst, machst du dem Gastgeber ein Kompliment (Rülpskurse bei manchen Volkshochschulen).

Grillrost improvisiert man aus frischen dicken Ästen.

Grillzange

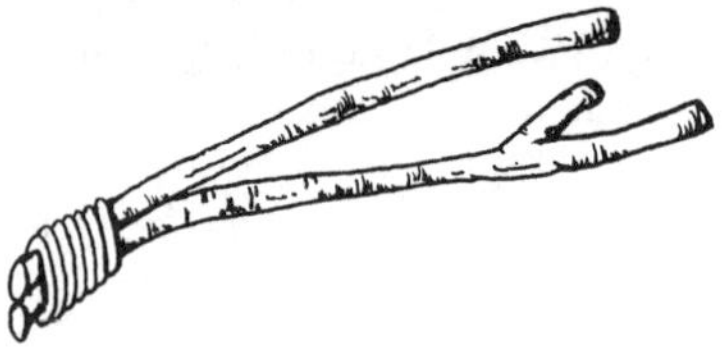

Grippe nennt man die Erkältungsepidemie, die bei uns alle kalten Jahreszeiten wieder auftritt. Es gibt viele Varianten und ständig neue. Aber meist äußern sie sich mit Fieber, Bellhusten, Schmerzen überall und Übelkeit. Dazu können sich Kreislaufschwäche, Nerven- und Gehirnentzündung sowie schwere Durchfälle gesellen. Zwar gibt es gegen einige Arten Schutzimpfungen, aber sie halten nicht lange vor.
Die Ansteckung erfolgt bereits beim Sprechen. Empfindliche Menschen

meiden öffentliche Menschenansammlungen.
G.-kranke sollten sich im Bett schonen. Zwar helfen häufig Antibiotika und Sulfonamide, aber ein Allround-Gegenmittel gibt es noch nicht.
Besser als Heilung ist die Vorbeugung mit sportlicher Fitneß, Abhärtung durch Baden im Freien zu jeder Jahreszeit (oder Sauna) und mit Vitaminsäften (vor allem Zitrusfrüchte).

☞ G., bei uns nach spätestens wenigen Wochen überstanden, kann bei Naturvölkern tödliche Folgen haben.

Grizzly → Bären

Grundbedürfnisse. Zu den elementaren Bedürfnissen aller Menschen zählen einwandfreies Trinkwasser, Nahrung, Luft. Dann folgen der Wunsch nach Gesundheit, Freiheit, Anerkennung, Würde, Selbstachtung. In der allgemeinen Erklärung der Menschenrechte, verkündet von den Vereinten Nationen, ist vieles davon ausdrücklich als Grundrecht festgeschrieben. Alle Länder haben die Charta unterschrieben. Die Praxis sieht in den meisten Ländern leider erheblich negativer aus.

Grundwortschatz. Jede Reise in ein anderes Land erfordert zumindest die Kenntnis eines weltweit gleichen Grundvokabulars und zusätzlich ein paar landestypische Wörter. Im Regenwald wären das Worte wie *Regen* und *Wald*, in der Wüste eben *Wüste* und *Kamel.* Nicht immer sprechen alle Landesbewohner dieselbe Sprache. Jede Volksgruppe hat ihre eigene, und über viele gibt es keine Lexika. Dennoch ist es wichtig, wenigstens die höflichen Floskeln wie *Guten Tag* und *Danke* zu wissen. Sie öffnen einem Tür und Tor und Herzen. Notfalls muß man sie sich selbst erarbeiten bei solchen Menschen in der Umgebung, mit denen man bereits ein paar Vokabeln gemein hat. 100 Wörter gelten als Elementar-Wortschatz, mit 100 Wörtern kann man 80% eines Normaltextes erfassen. So was macht Hoffnung. Hier ein paar unrepräsentative Vorschläge:

Arzt – auf Wiedersehen – Berg – bitte – blau – braun – Brief – Brot – Brücke – danke – Ding – dort – du – Durst – Ei – Entschuldigung – Essen – Fisch – Fleisch – Fluß – Frau – Gegenteil – geh weg – gelb – Geld – Gemüse – genug – geradeaus – gestern – gibt es (haben Sie?) – groß – gut – guten Tag – Haus – heiß – heute – hier – Hilfe – Hunger – ich – ich habe – ich möchte – ich möchte nicht – ihr – ja – kalt – Kind – klein – können – komm – krank – langsam – lernen – links – Mann – Medizin – mehr – Mensch – Mond – nach (Richtung) – nah – Nahrung – Nacht – nein, nicht – Obst – Polizei – Post – rechts – rot – sagen – Salz – schlafen – schlecht – schnell – schwarz – See – Sonne –

Stern – Tag – Tee – teuer – Tier – Toilette – trinken – und – viel – Waffe – wann? – was? – was kostet? – Wasser – warum? – Weg – weiß – wer? – wie heißt das? – wieviel? – wir – wo ist? – wollen – Wort – Zucker.
Ferner die Zahlen: 0–20, die Bildung der Zahlen zwischen den Zehnern (21, 22, 23...), die Zehner bis 100, die Hunderter bis 1 000.
Von alledem erschienen mir davon als Wichtigstes die Grußformeln, *wie teuer?*, die Zahlen und *Danke.*

Gruppendisziplin
→ Führungsstil

Gürtel, Überlebens-
→ Überlebensgürtel

H

Haie. Wer sich in Gebiete begibt, die dem H. gehören, muß dessen Rechte respektieren – wie die der Menschen eines fremden Landes. Da man als Nicht-Sporttaucher nicht alle H. kennen kann, betrachtet man sie der Einfachheit halber *alle* als gefährlich und verhält sich entsprechend respektvoll.

Die meisten H. sind *keine* Menschen-Esser. Das Auftauchen eines H. bedeutet nicht unbedingt, daß er Appetit hat. Vor allem ist er neugierig. Er hat ein unglaublich (!) gut ausgebildetes Wahrnehmungssystem und wird durch alles über Kilometer hinweg angelockt. Das sind *Geräusche* aller Art und vor allem *Blut*. Und Blut ist die Hauptgefahr. Also vermeidet eine Frau das Baden, wenn sie ihre Regel hat.

Wer sich im Wasser eine Blutung zugezogen hat, der muß höllisch aufpassen. Denn damit avanciert er zur Lieblingsspeise des H. Wichtig ist, den H. überhaupt zu sehen. Nicht alle kündigen sich bilderbuchgleich mit der Rückenflosse überm Wasser an. Um *unter* Wasser sehen zu können, ist man auf eine Taucherbrille angewiesen. Immer zieht der H. zunächst weitere, dann engere Kreise. Wenn er dann noch einen Buckel macht und aufgeregt wird, steht ein Angriff bevor. Dann wäre es hilfreich, einen simplen, etwa 130 cm langen stabilen Stock dabeizuhaben mit einer Metallspitze (Nagel). Mit ihm kann man auf den H. zuschwimmen und seine Unerschrockenheit demonstrieren. Wenn man zustoßen muß, dann auf Nase, Augen, Kiemen, Bauch. Das beeindruckt die meisten. Dazu schreit man ihn an. Beides sind Haie nicht gewöhnt, und aus ihrer Jugendzeit wissen sie, daß es Feinde gibt. Hat man keinen Stock, stößt man mit Armen und Beinen.

Hat man einen Blutenden unter gesunden Schwimmern, bilden die Gesunden einen schützenden Kreis um ihn, Gesichter nach außen und an den Händen angefaßt. Ist man als einziger Nichtblutender unter vielen Blutenden (Schiffsunglück), dann sucht man das Weite. Man schwimmt in kräftigen, aber ruhigen Zügen und mimt das knackgesunde Lebewesen. Nie aber *flieht* man vor einem H.! Durch Flucht werden alle Lebewesen ermutigt. Flucht signalisiert Unterlegenheit. Sie nutzt einem dann sowieso nichts. Statt dessen zieht man sich vornehm zurück mit Blick auf ihn, wie ein Butler von seinem Herrn.

Weitere Ratschläge: • harpunierte Fische freilassen • im Wasser Garderobe anbehalten • nicht bei Fischschwärmen aufhalten • nie Beine vom Boot ins Wasser baumeln lassen • keine Abfälle von Bord eines Floßes werfen

☺ Bei drohendem Angriff in diesem Lexikon nachschlagen.

Hakenwürmer sind eine schwere Plage in tropischen und subtropischen Gebieten. Die Larven können massenweise an Grashalmen sitzen und schaffen es, durch die unverletzte Haut des barfußgehenden Menschen in dessen Körper einzudringen. Man erkennt die Eintrittsstellen an geröteten, juckenden Papeln. Im Körper gelangen sie über die Blutbahnen in Bronchien, Speiseröhre und Magen. In der Dünndarmschleimhaut beißen sie sich fest und saugen große Mengen Blut. Je nach Menge der Tiere kommt es zu nachlassender körperlicher und seelischer Leistungsfähigkeit. Auch die Widerstandskraft wird geschwächt. Über chronisches Siechtum kann der Befall zum Tod führen.
Vorbeugung: Wo menschliche Fäkalien in die Natur entleert werden, nicht barfuß gehen. Alle zwei Jahre Wurmkuren (+ Abführmittel) durchführen. Oder Kombinationskur mit Ascaridol und Tetrachlorkohlenstoff.

☺ Trost: Wer Würmer hat, ist nie allein.

Halber Schlag → Knoten

Halluzinationen erleben Menschen, die z.B. unter anhaltendem Durst (Schiffbrüchige, Wüstenwanderer) oder Schlafentzug (Folter) leiden. Sie nehmen Dinge wahr, die nicht real sind. So kann ein Verdurstender auf See einen Getränkestand sehen und darauf losmarschieren (→ Fata Morgana).

Halstuch. Das H. hat nicht nur dekorativen Sinn. Es ist eher ein Vielzwecktuch, wie unter → Dreiecktuch nachzulesen. Darüber hinaus kann man es zu einer sehr gefährlichen Nahkampfwaffe ausbauen, wenn man in eine Seitenkante einen Stahldraht einsäumt und ihn an den Enden mit zwei dekorativen Perlen als Griff versieht (→ Drahtschlinge zum Töten).

Hammer lassen sich gut bauen aus Astgabeln. Die Schlagflächen sollten umwickelt werden.

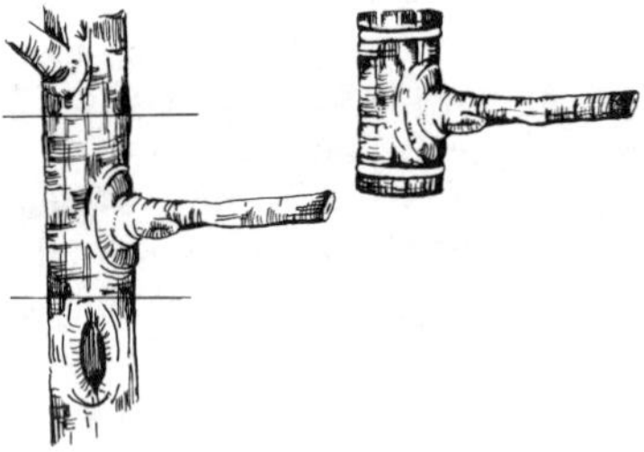

Hämorrhoiden sind sackartige Erweiterungen der Venen (Krampfadern) im Afterbereich (Mastdarm). Sie werden verursacht durch zu vieles Sitzen, harten Stuhlgang, Veranlagung, Fettsucht, Alkoholgenuß u.a. Sie können unangenehm jucken, bluten, schmerzen und sehr lästig werden. Vor allem auch bei langen Märschen. Wenn man keine speziellen schmerzlindernden H.-Zäpfchen zur Verfügung hat, versucht man, den Stuhl über Abführmittel breiig zu machen. Weiches Toilettenpa-

pier, Nikotinverzicht, Watte und Vaseline sind weitere Hilfen.
Ist ein Arzt erreichbar, kann er die H. veröden oder operativ entfernen. Bei entsprechender Veranlagung können sie sich neu bilden.
Man kann äußere H. auch als Nichtmediziner entfernen. Dazu öffnet man die H. (nach Desinfizierung mit Kodan, Alkohol, Kaliumpermanganat) mit steriler Pinzette und entfernt das Blutgerinnsel.

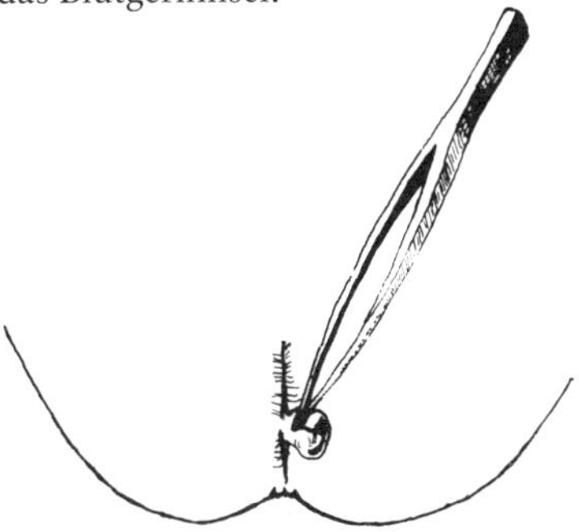

Eine andere Erleichterung kann man sich schaffen mit Hilfe eines → Blutegels. Wenn er abfällt, muß 24 Stunden lang eine Art Druckverband (Wattezäpfchen, Tampon) im Afterausgang angelegt werden, bis die Blutung zum Stillstand gekommen ist.

Handkantenschlag ist eine der wenigen Waffen, die man immer bei sich trägt. Genau wie Faust, Ellenbogen, Fuß, Knie, Kopf. Man muß nur wissen, wohin mit der harten Handkante am wirksamsten geschlagen werden muß. → Selbstverteidigung

Handkarren sind eine oft unterschätzte Möglichkeit, sich das Schleppen schweren Gepäcks in ebenem Gelände zu erleichtern. Ideal sind Fahrradanhänger, die man sich nötigenfalls schmaler macht, damit sie überall dort hindurchpassen, wo man selbst seinen Weg gewählt hat. Mountain-Bike-Reifen verhindern das Einsinken im Sand. Im H. kann man 30 kg Gepäck mühelos mit dem kleinen Finger ziehen.

Hangeln → Hindernisüberwindung

Hängematte, auch improvisierte. Die H. ist *das* Bett für den Regenwald. Mit ihr hat man jederzeit eine trockene Schlafstelle. Auch wenn der Wald in der Regenzeit unter Wasser steht.

👌 Gegen Wasser von oben schützt man sich mit einem Regendach (→ Tarps). Die H. sichert nicht nur gegen Bodenwasser, sondern vor allem gegen Bodeninsekten, die einen bei lebendigem Leibe auffressen würden. Gegen *Flug*insekten hat man ein Moskitonetz oder ein Feuer oder einen Schlafsack.

H. müssen wie eine Mondsichel gespannt sein. Keinesfalls stramm. Die H. soll keinen direkten Kontakt haben zum Baumstamm, an dem sie befestigt ist. Den Kontakt knüpft man per Seil. Man kann in H. sogar – wie in einem Bett – *waagerecht* schlafen. Dann legt man sich *diago-*

nal hinein. Das funktioniert *nicht*, wenn sie zu klein oder stramm gespannt sind.

H. kauft man am besten in den bereisten Ländern. Man hat die Wahl zwischen Stoff und Netz. Erstere sind schwerer, aber wärmer, und sie ersetzen einen leichten Schlafsack.

Netzhängematten sind viel leichter und sofort zu trocknen, wenn sie einmal naß geworden sind. Sie können im Notfall sogar als Fischnetz eingesetzt werden.

Eine H. kann man notfalls improvisieren. Im Regenwald gibt es zähe Baumrinden und besonders stabile bindfadenartige Lianen. Man findet sie durch Tests oder durch Befragen der Einheimischen.

Ein Dutzend Baumrindenstreifen oder ein dickes Bündel dünner Lianen (oder dicker Lianen, die man in Streifen reißt → Lianen spalten), werden an den Enden zusammengebunden. Gegen das Durchplumpsen knotet man einige Lianen quer.

Wer keine Lianen und ähnlich zähes Material hat, improvisiert sich die H. aus Ästen. Dazu rammt man etwa zwanzig daumenstarke frische Äste im Abstand von zehn Zentimetern in die Erde. Läßt sie 120 cm aus dem Boden herausschauen. Diese Äste werden miteinander verflochten. Das geschieht slalom-artig mit feineren biegsamen Ästen, Ranken oder Wurzeln. Wo ein biegsamer Ast das eine Mal *vor* einem dicken Ast hergeführt wurde, muß der nächste Flecht-Ast *hinter* dem dicken Ast verlaufen. Schließlich entsteht eine Äste-Matratze. Wie die Zeichnung zeigt, wird sie auf ein vorbereitete Hängevorrichtung gebunden.

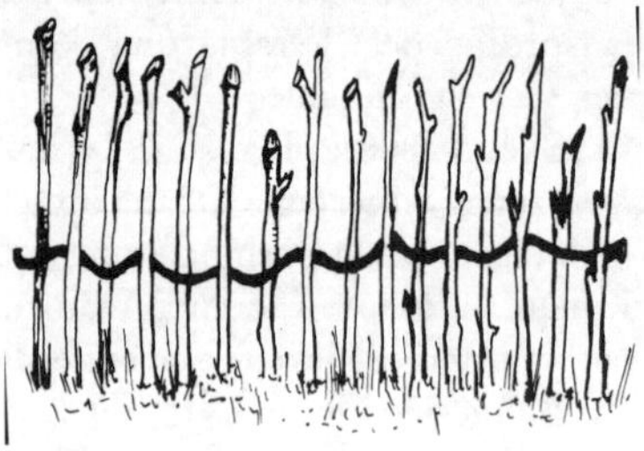

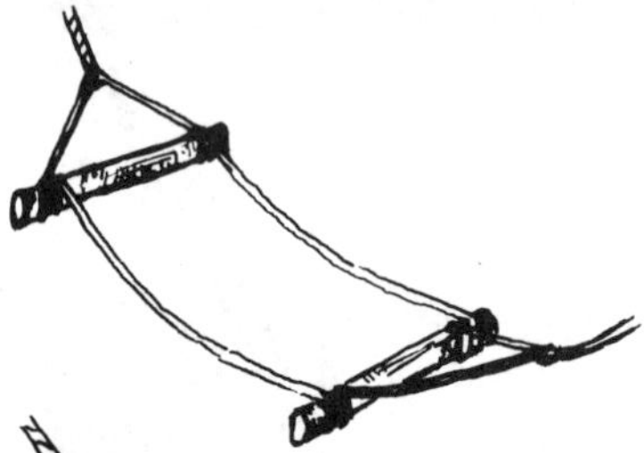

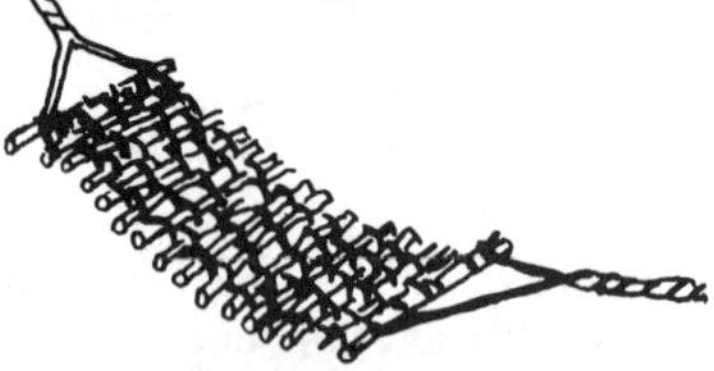

Wem diese Unterlage zu hart ist, der polstert sie mit Gras oder Laub.

Eine andere schnellgefertigte H. ist die, die man sich aus mehreren geraden Astknüppeln wie eine Parkbank fertigt. Gegen Kletterinsekten emp-

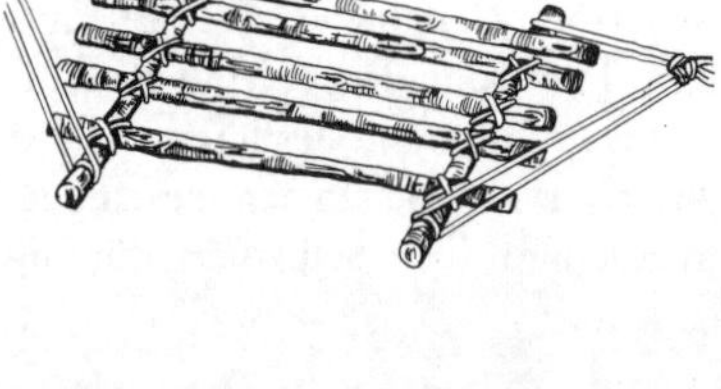

fiehlt sich, um die vier Bank-Füße Asche zu streuen oder Petroleum zu tröpfeln.

Harpune → Fischspeer

Haß ist das gegen Personen gerichtete starke Abneigungsgefühl, das bis zum Vernichtungsbedürfnis eskalieren kann. Oft entwickelt es sich aus enttäuschter Liebe. Basiert Haß auf der Skrupellosigkeit politischer Gegner, kann er Gefolterten helfen, mit den Qualen besser fertigzuwerden.

Heilpflanzen gibt es sehr viele. Das Problem ist, daß sie von Land zu Land unterschiedlich sind und man sich nicht alle Pflanzen merken kann. Dabei ist ihre Kenntnis vor allem dann wichtig, wenn man unverhofft krank wird und weder Apotheke noch Arzt weit und breit zu finden sind. Deshalb gibt es eigentlich nur einen Rat: sich vor Ort, solange Menschen anzutreffen sind, das zeigen zu lassen, was die Natur bietet.
In unserer Region kennen wir vor allem Kamille (gegen innerliche und äußerliche Entzündungen), Pfefferminz (Magenschleimhautentzündungen, Magen-Darm-Koliken, zur Erfrischung und Würze), Schafgarbe (Magenbeschwerden, appetitanregend, verdauungsfördernd), Spitzwegerich (Katarrh der oberen Atemwege, Magen-Darm-Beschwerden, als Wundauflage), Wermut (Magenkrämpfe, Blähungen), Eichenrinden-Sud (Schweißfüße), Knoblauch (appetitanregend, verdauungsfördernd, ☺ leuteabschreckend, sexwidrig, mückenverscheuchend).

☞ Wer mehr wissen will über heimische Pflanzen, dem seien die VHS-Kurse empfohlen und aktuelle Bücher, die es zu diesem Thema zuhauf gibt.

Heilpflanzenöle gibt es in vielen Apotheken und bei Globetrotter Ausrüstung (Hamburg). Das bekannteste ist das *Japanische (Pfefferminz-) Heilpflanzenöl*, ein wahres Teufelszeug. Es erfrischt nicht nur, sondern lindert Husten, Heiserkeit, Schnupfen, Hals- und Kopfschmerzen und schlechte Laune. Zum Einnehmen, Einreiben, Inhalieren und Baden. Quasi der kleine Freund in der Reiseapotheke.
Einen ähnlichen Nimbus genießt das *Australische Teebaumöl*. Es desinfiziert, tötet Fußpilz, lindert Kleinwunden und kann gegen Kopfschmerzen inhaliert werden.

Heilung, Wasser zur → Wasser zur Heilung

Heimlich-Handgriff wird angewandt, wenn sich jemand verschluckt hat und zu ersticken droht. Durch den H. wird im Brustkorb eine starke Druckwelle erzeugt, die den verschluckten Gegenstand hinausschleudern soll.
Man stellt sich hinter den Patienten, der die Arme über dem Kopf zusammenlegt und umschlingt ihn. Die Hände werden vorm Nabel des Pa-

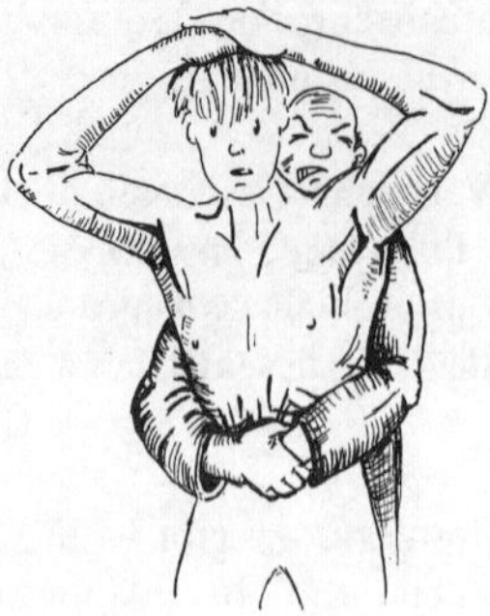

tienten übereinandergelegt. Die rechte umfaßt das linke Handgelenk, damit die Klammer hält, wenn man nun einen kräftigen Ruck zu sich, dem Helfer macht.
Wer keinen Helfer hat, kann sich mit dem Nabel auf eine Tischkante fallen lassen.

Heimweg finden. Wer sich in der Wildnis verlaufen hat, sollte eine wichtige Grundregel wissen: Wo Wasser reichlich fließt (Regenwald, Europa), fließen alle Flüsse in die Zivilisation. Man folgt also dem Wasser.
In Trockenzonen gilt das nicht: Dort verlaufen sich die Flüsse in der Wüste, und man findet die Menschen eher fluß- oder wadi-aufwärts.
Andere Grundregeln können sein: Im Süden, Osten etc. stoße ich irgendwann auf eine querverlaufende Straße oder einen See oder den Ozean – sofern man die Landkarte grob im Gedächtnis hat.
Sobald ein Menschenpfad erkennbar wird, zeigt er die Richtung zu den Menschen: wird der Pfad spärlicher, führt er von den Menschen fort. Wird der Pfad deutlicher, führt er zu ihnen hin → Orientierung.

Heirat im Ausland stellt besonders für Frauen ein erhöhtes Risiko dar gegenüber einer H. im eigenen Land. Bringen sich deutsche Männer eine ausländische Frau mit, werden sie bewundert. Bringen sich deutsche Frauen einen Ausländer nach Hause, werden sie eher beleidigt.
Solange die Frau als Touristin unterwegs ist oder Freundin eines Ausländers in dessen Heimatland, wird sie umworben sein und zu der Ansicht neigen, daß sie etwas Besonderes sei und das immer so bleibe. Heirat mit einem Ausländer *wesentlich anderer* Kultur kann nur dann gutgehen, wenn die Frau bereit ist, sich *voll* den Landessitten anzupassen. In Lateinamerika muß sie die Geliebten des Mannes tolerieren, in islamischen Ländern muß sie sich verschleiern, den Mann mit mehreren Frauen teilen und zu Hause bleiben.
Die Gefahr ist besonders groß, wenn die Frau den Mann in ihrem europäischen Heimatland kennenlernt. Dort wirkt er als aufgeschlossener, intelligenter und moderner Mensch, der außerdem noch exotisch gut aussieht. Daheim in seinem Land bleibt von alledem nur noch das attraktive Äußere. Alles andere hat er der Landes- und Familientradition unterzuordnen. Ein Iraner kann im Iran keine deutschen Sitten und Denkweisen beibehalten. Die Frau wird zur Sklavin degradiert, die Schwiegermutter hat das Sagen. Notfalls

gibt es Prügel. Wollte er in Deutschland noch zwei Töchter, will er im Iran lieber sechs Söhne. Einen Reisepaß erhält sie nur noch mit Zustimmung des Mannes.
Fast jede Frau ist davon überzeugt, daß *ihr* Mann anders sei. Sie irrt garantiert. Wer noch so viel Restgrips hat, sich *vor* der Eheschließung beraten zu lassen (z.B. von Frauenverbänden oder der Deutschen Botschaft des betreffenden Landes), sollte das dringend tun und seine Entscheidung kritisch überdenken.

☺ Wer diesen Ratschlag mißachtet: → Flucht

Hemd, Netz- → Netzhemd

Hepatitis (Leberentzündung) kann eine Folge anderer Krankheiten sein (z.B. Syphilis, Gelbfieber) oder eine Erkrankung der Leber infolge Infektion. Man unterscheidet H. A und B. Hepatitis A wird durch Unsauberkeit (Schmier-Infektion) über Urin und Stuhl verbreitet; Hepatitis B nur durch Direktkontakt mit infektiösem Blut (Bluttransfusion, unsterile Spritzen).
Symptome: Abgeschlagenheit, Übelkeit, Brechreiz, Appetitlosigkeit, Verdauungsstörungen, Gelenkbeschwerden und Schmerzen unterm rechten Rippenbogen.
Behandlung: Bettruhe, Leberdiät (Fettarme, vitamin-, kohlehydrate-, eiweißreiche Kost. Keinen Alkohol und kein Nikotin.
Vorbeugung: Impfung.

Heringe → Pflöcke

Herzinfarkt ist die Domäne älterer Herren. Ein Haargefäß im Herzen hat sich geschlossen. Man verspürt großen Schmerz und panische Lebensangst. Es bildet sich kalter Schweiß, man wird totenblaß. Eine große Gefahr des H. sind Herzrhythmusstörungen. Das Gehirn wird unzureichend durchblutet. Deshalb ist höchste Eile geboten: Sofortige Injektion eines starken Schmerzmittels (Morphium) und eines Beruhigungsmittels (Valium) unter die Haut. Bei Bedarf erneut nach zwei Stunden.
Ferner Bettruhe, Dunkelheit, Trost durch Hautkontakt und null Lärm und Aufregung.

☺ Nicht einmal eine nette Krankenschwester!

Herz-Lungen-Wiederbelebung. Wenn das Herz oder die Lunge aussetzen, mußt du wiederbeleben. Herzstillstand fühlst du am besten an der Halsschlagader. Die Notwendigkeit der HLW ergibt sich grundsätzlich auch bei Ertrunkenen und nach einem Stromschlag, wenn der Betroffene nicht mehr reagiert. Wichtig ist die *sofortige* Wiederbelebung. Selbst wenn sie unnötig wäre, schadet sie nicht, weil der Wiederbelebte dir das dann mitteilen wird. Sogar vier Minuten nach eingetretenem Herzstillstand hat Wiederbelebung noch Aussicht auf Erfolg. Vier Minuten sind die äußerste Spanne, die das Gehirn ohne Sauerstoff auskommt.

Das Prinzip der HLW ist, Sauerstoff in die Lunge zu bringen und diesen per Herz und Blut durch den Körper zu transportieren. Es nutzt dem Körper nichts, wenn nur das Herz oder nur die Lunge wiederbelebt werden. Das Wichtigste ist die Einhaltung der *Grundregel:* Sie lautet ABC!

- A = Atemwege freimachen
- B = Beatmen
- C = Circulation in Gang setzen

Atemwege freimachen bedeutet: Patienten in Rückenlage bringen. Kopf überstrecken durch Zurückbiegen in den Nacken (ggf. etwas unterlegen, um die Postion zu sichern), damit die Zunge nicht vor die Luftröhre fällt. Das ist bei Bewußtlosen immer und in jeder Lage der Fall. Dann öffnest du den Unterkiefer (Zeichnung → Atemspende), räumst Blut, Erbrochenes oder die Prothese raus und schließt den Mund wieder.

Beatmen heißt, du bläst dem Bewußtlosen deine Atemluft über dessen Nase in dessen Lunge. Und zwar *zweimal im Atem-Rhythmus.* Dabei hältst du seinen Mund geschlossen und beobachtest, ob die Luft seinen Brustkorb hebt.

Cirkulation: Nun ist Sauerstoff im Blut der Lunge, und es muß durch die Adern gejagt werden. Das besorgst du per Herzdruck. Dazu muß das Opfer auf einer *harten* Unterlage liegen! Du tastest das untere Ende des Brustbeins ab, gehst drei Fingerbreiten höher in Richtung Hals. Dorthin legst du deinen linken Handballen auf die Haut oder Garderobe, die Finger nach oben gespreizt. Auf den Handrücken der linken Hand legst du den Handballen der rechten. Dann erzeugst du den Druck durch ruckartiges Vorbeugen des Oberkörpers und Belasten der Hände. So wird das Blut aus dem Herzen herausgepreßt in die Blutbahn. Neues mit Sauerstoff aus der Lunge strömt nach. Das machst du einmal pro Sekunde, *15mal hintereinander.* Dann bläst du wieder 2× Luft in die Lunge und drückst das Herz 15 weitere Male usw.

Stehen zwei Wiederbeleber zur Verfügung, beatmet der eine 15× pro Minute, und der andere macht den Herzdruck 1× pro Sekunde.

☺ Sollte eine Rippe brechen, stopp nicht, sondern mach unbedingt weiter. Denn ein Toter wird nie mehr lebendig. Und die Rippe wächst wieder zusammen.

Herzrhythmusstörungen stellt man durch Horchen (→ Stethoskop) und Fühlen fest. Das Herz schlägt unregelmäßig, und der Patient empfindet Unruhe und Angst. Gib ihm kurzfristig Beruhigungstabletten. Langfristig ist ärztliche Hilfe nötig.

Herzschwäche auch Herzmuskelerschlaffung oder Herzinsuffizienz genannt, kann viele Ursachen haben: Ventilfehler, Herzmuskelschwäche, Folge eines Herzinfarkts u.a. Hilfe bringen Ruhe und ein Facharzt.

Hilfe, Erste-Hilfe-Ausrüstung → Erste-Hilfe-Ausrüstung

Hilfe, Erste-Hilfe-Lehrgang → Erste-Hilfe-Lehrgang

Hilfe, Letzte → Tod

Hilfeleistung, unterlassene, ist strafbar.

Hindernisüberwindung auf Seil. Die kraftsparendste Art ist die auf der Zeichnung rechts dargestellte. Mit dem am Seil eingeklinkten Fuß verhindert man mühelos das Runterkippen, mit dem pendelnden Bein hält man die Balance.

☞ Zu Übungszwecken spannt man das Seil zunächst nur einen Meter hoch.

Hinrichtung ist für Verurteilte dann besonders schlimm, wenn sie unschuldig sind und innerhalb kurzer Frist getötet werden. Verurteilte, die hingegen jahrelang auf ihre H. warten müssen, haben sich damit abgefunden und empfinden sie eher gelassen und als Erlösung.

Hirschtalg ist das bewährte harte Naturfett, das Radfahrer sich *vor* längeren Reisen in die Po-Ritze einreiben sollten. Es bewahrt sie vor Wundsitzen. H. ist auch zu empfehlen als Vorbeugung gegen Fußblasen und Schwielen und zum Behandeln spröder, rauher Haut.

Hitzeerschöpfung ist zu *erkennen* an Blässe und Schwäche, kaltem Schweiß und Frösteln, schnellem und schwachem Puls. Die *Ursache* war körperliche Anstrengung bei großer Hitze mit ungeeigneter Kleidung. Dadurch versagte der Kreislauf infolge von Wasser- und Kochsalzverlust. *Maßnahmen:* Lagerung im Schatten, Öffnen der Garderobe, Wind zufächeln, Atem kontrollieren. Bei Bewußtlosigkeit → Atemspende. Wenn der Betroffene fröstelt, zudecken.
Wenn wieder bei Bewußtsein, salziges Wasser geben (1 Teelöffel auf 1 Liter). Ruhe.

Hitzschlag. *Ursache:* Bei heißem, feucht-schwülen Wetter und körperlicher Anstrengung stellt der Körper die Schweißbildung ein. Die Folge...
Erkennen: ...hochroter Kopf und heiße, trockene Haut, stumpfer Gesichtsausdruck, taumelnder Gang. Sehr hohe Körpertemperatur. Bewußtlosigkeit möglich.
Behandlung: In den Schatten legen, Kleidung öffnen, in kaltem Wasser getränkte Tücher auflegen, immer wieder nachnässen und Luft zufächeln (Verdunstungs-Effekt). Bei Atemstillstand → Atemspende. Bei Bewußtlosigkeit Seitenlagerung. (→ Stabile Seitenlage). Lange ausruhen lassen.

Hochdruck, Blut- → Bluthochdruck

Höhlenbau. Eine Höhle kann eine warme Herberge werden. Man muß es nur den Kaninchen und Füchsen nachmachen, damit man nicht in ihr

verschüttet wird. Man wählt eine senkrechte Erdwand, die möglichst mit Sträuchern oder gar Bäumen bestanden ist. Ihre Wurzeln verhindern weitestgehend einen Einsturz. Eine weitere Sicherung ist, Höhle und Eingang röhrenartig zu bauen. Zumindest muß die Decke gewölbt sein. Bogen stürzen nicht ein (die alten Römer haben nur mit Bogen gebaut, als sie noch keine Eisenträger und keinen Beton hatten). Als dritte Vorsichtsmaßnahme kann man den Innenraum mit starken Balken abstützen. Der Eingang wird, bis auf ein Luftloch, geschlossen.

Holz hacken ohne Axt. Man kann trockene Äste über festliegende dicke Steine schlagen, um sie zu teilen, oder man legt sie mittig ins Feuer und läßt sie durchbrennen (→ Steinwerkzeuge).

Holzgefäße kann man schnitzen, brennen oder fast fertig in der Natur finden. Zum Schnitzen benötigt man Werkzeug. Wenn man das nicht hat, *brennt* man sich Schüsseln oder Teller. Dazu werden der Holzklotz oder das Brett auf den Boden gelegt und darauf ein Feuer entzündet. Mit einem Fächer wird die Glut in Gang gehalten und bei Bedarf mit neuem Holz nachgefüttert. Ideal dafür ist → Holzkohle. Mit einem Stöckchen wird die Glut ab und zu bewegt und gleichzeitig die Muldenform bestimmt. Allmählich frißt sich das Feuer tiefer. Asche wird beiseite gepustet. Das gebrannte Gefäß wird mit Sand und Stößel ausgeschmirgelt.
Man findet H. auch häufig fix und fertig in Form eines → Kallus an den meisten Bäumen. Man muß ihn nur heraussägen und von überflüssigem Holz befreien.

Holzkohle ist angebranntes Holz, dem das Wasser entzogen wurde. Es ist leicht, brennt fast ohne Flamme, hat einen guten *Heizwert* und ist ein *Medikament.*
Vereinfachte Herstellung: Ein etwa 50 cm tiefes Loch wird eng und kreuzweise mit trockenem Holz gefüllt, das besen- bis spatenstieldick sein sollte. In der Mitte unter dem Holzstoß bereitet man ein kleines Feuer aus feinerem Holz vor, das man, wenn alles gestapelt ist, entzündet. Das Zündfeuer kann auch mit einem petroleumgetränkten Lappen erfolgen, weil das einfacher ist. Von zwei gegenüberliegenden Seiten muß man über schmale Erdschlitze für *sanften* Durchzug im Loch sorgen. Dann wird alles *gut* abgedeckt. Wenn es nun gleichmäßig qualmt, ist alles richtig gemacht. Wenn nicht, stimmt etwas mit dem Durchzug nicht. Nach zwei Stunden dürfte die H. fertig sein.

☞ H.herstellung sollte man im Rahmen des Trainings üben. Übrigens: Auch angebranntes Holz im Lagerfeuer ist H. Das zu wissen, ist wichtig, wenn man H. als Medikament braucht.

Vielfältige Einsatzmöglichkeit: • Mit H. kann man sogar in kleinen durchlöcherten Dosen Feuer machen, um sich einen schnellen Tee zu bereiten. • H. ergibt ein fast unsichtbares Feuer. In Dosen oder einem Erdloch entzündet, ist es nicht sichtbar, was bei Verfolgungen von Bedeutung werden kann. • H. verströmt nur in sehr geringem Maße Rauchgase. Deshalb ist es auch in engen Räumen einsetzbar. • Holzkohle ist bei Magen-Darm-Beschwerden (Durchfall) gleichwertig mit vielen Kohletabletten aus dem Handel. • Wegen der antibakteriellen Wirkung ist zerstoßene Holzkohle ein wichtiger Wasserfilter-Bestandteil. • Pulverisiert, mit Wasser breiig gerührt und auf die Haut gerieben, schützt sie gegen Mücken und • ist so auch ein gutes Tarnmittel für Gesicht und Hände. • Im Feuer angebrannte Balken sind resistent gegen Fäulnis (Zaunpfähle, Hausfundamente, Boote).

☺ H. ergibt auch einen guten Augenbrauen-Stift!

Homöopathie ist eine anerkannte Heilkunst, bei der man Gleiches mit Gleichem behandelt (Fieber mit Hitze; Durchfall mit Abführmitteln), statt Krankheitserscheinungen mit Gegensätzlichem (Fieber mit Kälte; Durchfall mit Stopfern). Die H. versucht, mit niedrigen Dosen eines Wirkstoffes den Körper zur Gegenwehr zu veranlassen. Sie arbeitet mit Wirkstoffen, die, in größeren Mengen verabreicht, ein sehr ähnliches Krankheitsbild hervorriefen. H. kann für Menschen mit chronischen Leiden eine wirkungsvolle Alternative oder eine Therapie darstellen, mit der man andere Heilverfahren unterstützt.

Hornisse ist die größte Wespenart. Ihr Stich ist sehr schmerzhaft, aber nicht gefährlicher als der von Biene, Wespe und Hummel. Ein einziger kann nur dann töten, wenn er ein Blutgefäß oder den Kopf trifft. Vier Stiche können infolge allergischer Reaktionen töten. Hilfe: Stachel entfernen, Salmiakgeist auftupfen. Umschläge mit Alkohol und antiallergischen Salben (Soventol u.a.). Bei Herzklopfen und Schwindel Kalzium spritzen und Herzmittel geben. Starken Kaffee, aber keinen Alkohol zu trinken geben. Bettruhe.

Horoskop, die Zuflucht entscheidungsängstlicher Menschen.

Hummel(stich) → Hornissen

Hunde- und Fuchsbandwurm sind sehr gefährliche Schmarotzer.

☺ Gegen ihn ist der Rinderbandwurm ein allerliebstes Haustier!

Er ist auf der ganzen nördlichen Hemisphäre verbreitet. Endwirte sind alle Hunde und Katzen, Zwischenwirte sind die Mäuse. Der Mensch gilt als Fehlwirt und muß trotzdem bis zu lebenslänglich darunter leiden oder sogar qualvoll sterben. Denn die Eier des Wurms können an Waldobst kleben oder beim Schmusen mit infizierten Hunden und Katzen über den Mund in den Menschen gelangen. Im Magen werden die Larven freigesetzt, fräsen sich durch die Darmschleimhaut und gelangen ins Kapillarnetz vor allem der Leber. Die blasenförmigen Finnen *können anschwellen bis zur Größe eines Kinderkopfes!! und sich tumorartig ausbreiten.* Der Befallene leidet unter Appetitlosigkeit, Übelkeit, Druckgefühl, unbestimmten Oberbauchschmerzen. Die Krankheit ist leberkrebsartig und so gut wie nicht heilbar!

Hunger ist das Signal des Körpers, wenn er Nahrungsnachschub benötigt. Ohne Nahrung kann ein Durchschnittsmensch 50 Tage in gemäßigtem Klima überleben.

☺ Helmut Kohl überlebt länger. Denn...

...jedes Kilogramm Körperfett spendet 9000 cal. Nach dem Fettabbau beginnt der der Muskulatur. Bei Kälte und Arbeit werden solche Reserven schneller aufgezehrt als bei völliger Ruhe und in warmer Umgebung.
Nach drei Tagen ohne Nahrung verschwindet das Hungergefühl (→ Fasten).

☞ Hungern gilt als gutes Mittel zur Erprobung der persönlichen Willenskraft!

Hut ist ein oft unterschätztes Kleidungsstück. Es schützt den Kopf gegen das Licht (Krempe als Sonnenbrillen-Ersatz) und die Hitze der Sonne und isoliert gegen Kälte. Wem es beim Schlafen kalt ist, der fühlt sich sofort erheblich besser, wenn er sich eine Kopfbedeckung aufsetzt. Der Mensch verliert 70% seiner Körperwärme über den ungeschützten Kopf. Das zu wissen ist auch gut, wenn Nahrung knapp ist; weil der Körper die meiste Nahrung zur Erzeugung der 37 °C benötigt.

Hüttenbau für *Kurzzeiträume* ist einfach durchzuführen. Entweder nutzt man gefallene Bäume, Felswände oder Steilufer als eine Wand, an die die Hütte angelehnt wird, oder man baut sich die Hütten komplett aus Ästen, wie die Zeichnung es zeigt. Bei der Gestaltung des Daches ist wichtig, eine Neigung von 45 ° einzuhalten. Bei ausreichend schrägen Dächern läuft das Wasser auch noch unterhalb des Deckmaterials ab, ohne zu tropfen. Flachere Dächer regnen schneller durch.
Das Deckmaterial (große Blätter, Gras, Moos, Tannen- oder Blätterzweige) wird von unten nach oben angebracht und sollte jeweils ein Drittel der unterliegenden Schicht überlappen. Diese zeitraubende Arbeit kann man sich ersparen, wenn man im Standard-Gepäck immer ein ausreichend großes Stück Regenfolie dabei hat. Ggf. an eine Rundum-Furche denken, die das Regenwasser abführt.

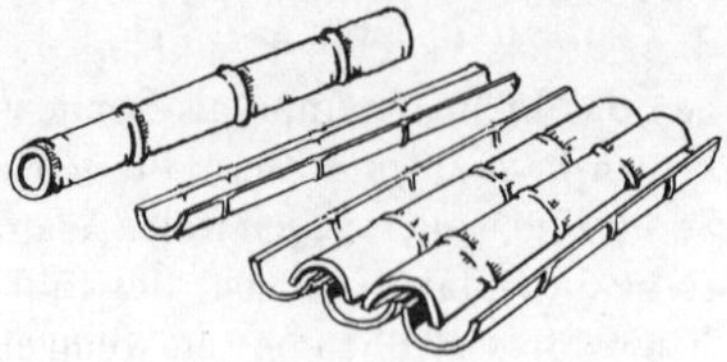

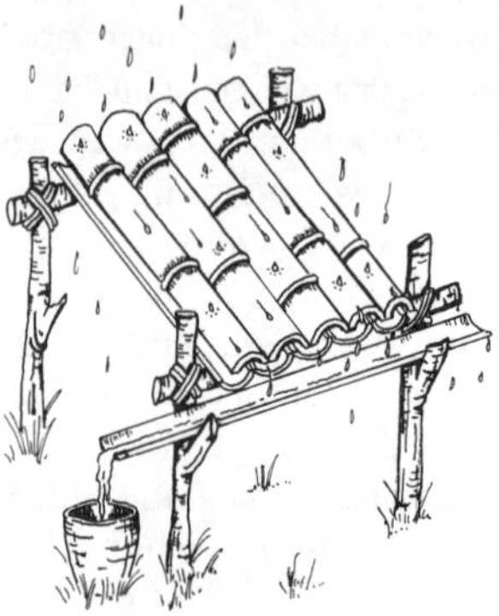

Der Boden muß dick gepolstert werden als Isomatten-Ersatz.
H. für Langzeiträume → Blockhaus.
Sturmsichere Kurzzeithütten baut man wie → Boot aus Ästen.

Hyänen werden oft als feige Aas-Esser beschrieben. Das trifft nicht zu. Sie jagen auch selbst. Allenfalls sind sie vorsichtig. Vielleicht, weil sie kurze Hinterbeine haben und deshalb keine schnellen Läufer sind. Aber sie wissen ein Opfer (krank, verletzt) sehr gut auszumachen und verfolgen es mit Ausdauer oder im Rudel, vor allem nachts. Sie verfügen über eine breite Palette von Rufen und eines der kräftigsten Gebisse unter Raubtieren.
Im Zelt ist man gut gegen sie geschützt. Im Freien legt man sich zwischen zwei Feuer. Notfalls wehrt man sich mit Knüppeln und brennenden Scheiten. Oder man baut sich einen Kral aus Dornengestrüpp.

Hygiene ist der Oberbegriff für die Lehre von der Gesundheit. Dazu zählen Kanalisation ebenso wie Lebensmittelüberwachung und Zähneputzen. Hier sei nur die persönliche Körperpflege angesprochen. Sie ist gerade für den Einzelreisenden wichtig, weil er damit Krankheiten vorbeugen und sein Wohlbefinden steigern kann. Über Schmutz an Körper und Kleidung freuen sich nur Bakterien (Eiter) und Insekten (Flöhe).

Das oberste Gesetz der Sauberkeit ist tägliches Waschen, möglichst mit → Seife und möglichst oft. Auch die Garderobe freut sich über Sauberkeit. Zumindest kann man sie ausschütteln und in die Sonne hängen. Und damit die Zähne nicht wie ein einziger durchgehender Zahnbogen wirken, putzt man sie 2× täglich. Das geht notfalls mit einem faserig gekauten Zweig, dem Finger, einem Apfel oder einem Läppchen. Für die Zwischenräume schnitzt man sich einen Zahnstocher. Die Fingernägel sollten ebenfalls täglich gereinigt werden und die Zehennägel kurzgeschnitten sein (gegen Stauchungen beim Marschieren). Wer keine Schere hat, nimmt ein Messer, schleift an geeigneten Steinen oder kaut sie ab.

☺ Scheckkarten-Träger *lassen* abkauen.

Die Politur der Hygiene sind ausreichender Schlaf und gelegentliches Sonnenbaden.

I

Ideale sind der Inbegriff der Vollkommenheit, das Vorbild, das erstrebenswerte Ziel menschlichen Handelns. Ihre Bedeutung wird vor allem denen klar, die lange auf Gedeih und Verderb miteinander auskommen müssen. Im Gegensatz zur heutigen Zivilisation, wo viele alte Tugenden scheinbar wertlos geworden sind, gelten auf Reisen vor allem Zuverlässigkeit, Bescheidenheit, Rücksichtnahme, Toleranz, Taktgefühl, Fürsorge, Mut, Zivilcourage, Belastbarkeit und gesunder Optimismus. Nach diesen Kriterien sollte man auch unbedingt seine Reisepartner-Wahl treffen.

Idole sind die oft falschen Leit- und Trugbilder (Leinwandhelden), denen man übermäßige Verehrung zuteil werden läßt. Im Gegensatz dazu steht das an Personen gebundene *Vorbild* (Jesus, Nelson Mandela, Gandhi, Gorbatschow), das Heranwachsenden bei der Verhaltensorientierung Hilfe leistet. Mit einiger Allgemeinbildung und kritischer Urteilsfähigkeit wird man das eine vom anderen gut unterscheiden können.

Igel, See- → See-Igel

Iglu. Wenn man vorhat, in kalte Gefilde zu reisen, sollte man den Bau eines I. rechtzeitig daheim erprobt haben. Da Schnee mancherorts in Deutschland Mangelware geworden ist, kann man sich so behelfen, daß man den dünnen Schnee von Eisflächen zusammenschiebt und mittels einer Holzkiste zu Quadern, zu Bausteinen preßt. Ist der Schnee zu pulverig, gieß Wasser aus der Gießkanne darüber.

Die Schnee-Steine werden spiralförmig zu einem I. aufgebaut. Der Bauende steht dabei im Innenkreis, weil er die jeweils neu aufgefügten Schneeblöcke besser mit seinem Körper abstützen und festpressen kann. Denn jede Windung wird mit zunehmender Neigung zu einer Kuppel gestaltet. Mitunter sind kleine Pausen erforderlich, ehe die nächste Spirale aufgesetzt wird, um den unteren Blöcken die Zeit zu geben, aneinanderzufrieren. Wenn es zur Verfügung steht, kann man auch hier mit etwas Wasser als Bindestoff nachhelfen. Fugen werden mit losem Schnee ausgefüllt und festgeklopft.

Der letzte Schnee-Stein ist mehr oder weniger rund. Er wird von außen angereicht, über den Kopf gehalten und dann durch Abtauchen des Bauenden wie ein Deckel auf das verbliebene Loch gesetzt. Zuletzt schneidet man von innen nach außen einen kleinen Kriech-Ausgang, den man entweder mit einem Vorhang gegen unnötig schnellen Luftaustausch schließt, oder dem man im rechten Winkel einen Ausgangstunnel anfügt.

Bei ausreichend dickem Schnee-Untergrund wird der Ausgangstunnel U-förmig durch den Schnee gegraben.

I., die zu dicht verschlossen sind, bedürfen eines oder mehrerer Atmungslöcher. Vor allem dann, wenn nicht nur die Menschen Sauerstoff verbrennen, sondern auch Kocher oder Kerzen. Durch die sich stauende Wärme vereist die Decke allmählich, und es bildet sich Tropfwasser. Deshalb ist es ratsam, sich Schlaf*podeste* aus Schnee zu bauen.

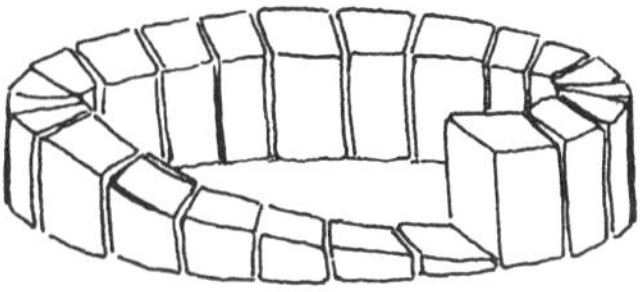

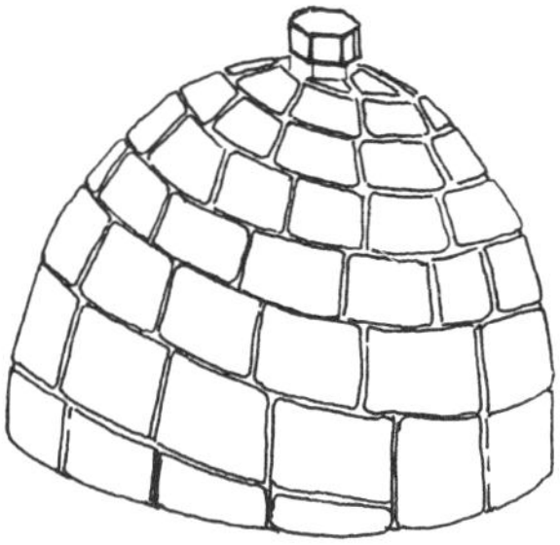

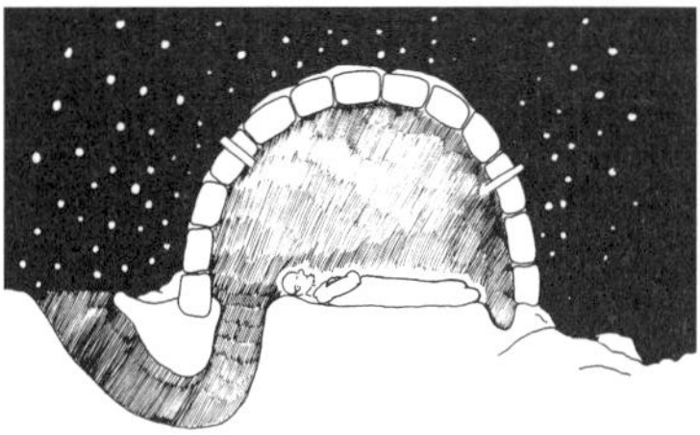

Immersionsfuß nennt man den gefühllosen und weißen Fuß, der zu lange im Wasser war (Schiffbrüchige). → Unterkühlung

Impfungen sind freiwillige oder staatlich erzwingbare Schutzmaßnahmen zur Vorbeugung gegen Krankheiten. Die Impfstoffe sind lebende Mikroorganismen, deren krankmachende Kampfkraft abgeschwächt wurde und die dem Körper die Chance zum Aufbau einer Gegenwehr lassen. Oder es sind sog. Totimpfstoffe, in dem die Erreger inaktiviert wurden.

Über Reisebüros, staatliche Impfanstalten und Tropenärzte kann man sich vor den Reisen aktuell informieren, welcher Impfschutz für welches Land zu empfehlen ist. Wenn mehrere Impfungen nötig sind, muß rechtzeitig begonnen werden.

Generell zu empfehlen sind Polio-(Kinderlähmung) Schluckimpfung und die gegen Wundstarrkrampf (Auffrischung alle 10 Jahre).

Der internationale Impfplan erfordert beim ersten Mal mindestens 24 Tage Vorlauf: 1. Tag: Gelbfieber (schützt 10 Jahre); 15. Tag: 1. Cho-

leraimpfung (schützt mehr oder weniger 6 Monate) und Beginn der wöchentlichen Malaria-Prophylaxe; 22. Tag: 2. Choleraimpfung plus Typhus und Paratyphus; 23. Tag: 2. Typhus- und Paratyphusimpfung; 24. Tag: 3. Typhus- und Paratyphusimpfung.
Die Art der Malaria-Prophylaxe hängt vom Zielgebiet ab. Sie ist Schwankungen unterworfen und muß auch noch 2 Wochen nach Rückkehr fortgeführt werden.

Imprägnieren von Garderobe mit Präparaten aus der Drogerie oder Tränken in essigsaurer Tonerde. Sie ist gleichzeitig keimtötend und entzündungshemmend.

Improvisieren, Filter → Filter improvisieren

Improvisieren, Waffen → Waffen improvisieren

Improvisierte Hängematte
→ Hängematte, auch improvisierte

Improvisiertes Bindematerial
→ Bindematerial, improvisiertes

Infusionstechnik. Unter Infusionen versteht man die Einführung größerer Mengen Flüssigkeit (Kochsalzlösung, Blut-Ersatz, Nahrung etc.) über die Blutbahn in den Körper. Das kann geschehen per Nadel und Schlauch oder – besser – mit der sog. Braunüle. Das ist eine Injektionsnadel, über der ein feiner Schlauch sitzt. Nadel mit Schlauch wird in die Vene geschoben (→ Injektionstechnik). Die Idealvene hierfür liegt an der Daumenseite des Unterarms.
Während die Nadel herausgezogen und entsorgt wird, verbleibt der feine Schlauch in der Vene. Am herausragenden Ende des Schlauches befindet sich ein Drehventil. Damit lassen sich Zufuhr der Flüssigkeit oder Ausströmen des Blutes regeln. Die Braunüle darf ein paar Tage in der Ader verbleiben. Das kann nötig sein, wenn jemand infolge hohen Blutverlustes oder Durchfalls Volumenverluste hatte, die durch → Kochsalzlösungen, → Nährlösungen oder Elektrolyte ausgeglichen werden sollen.
Während ein Ende des Schlauches in der Vene steckt, sticht man die Nadel am anderen Ende durch den Gummistöpsel der Infusionspackung. Dann betätigt man die Pumpvorrichtung am Schlauch und läßt damit die Lösung in den Schlauch einströmen. Jetzt öffnet man das zweite Ventil, das sich nahe der Packung befindet und sorgt durch Beklopfen und Hochhalten des Schlauchs für das Entweichen *aller* (!) Luftbläschen. Die Flaschen mit dem Infusionsmaterial müssen höher als der liegende Patient angebracht werden, damit es durch die Schwerkraft von selbst ins Blut gelangt und von diesem fortgespült wird.
Muß per normaler Injektionsnadel infundiert werden, ist der Ellenbogen unbedingt zu schienen! Sonst

könnte es geschehen, daß die Nadel sich durch die Vene hindurchbohrt, sobald sich der Patient bewegt. Das kann sehr schnell geschehen, weil Infusionen lange dauern und die Patienten einschlafen.
Die Zuflußmenge wird über die Rändelschraube geregelt. 1 Liter Nährlösung kann über 24 Stunden gestreckt werden; Blutersatz muß – vor allem anfangs – schneller verabreicht werden: 1 Liter in wenigen Minuten. Ob die Flüssigkeit läuft, sieht man daran, daß sie ständig tropft.
Wenn beim Patienten weder Schwellung noch Schmerz auftreten, ist die I. gut angelegt.

Injektionstechnik ist einfach zu erlernen. Gespritzt wird unter die Haut (subcutan, s.c.), in die Muskeln (intramuskulär, i.m.) oder in die Vene (intravenös, i.v.). Injektionen sind die rascheste Form der Hilfe, weil die gespritzten Mittel direkt ins Blut gehen und nicht den Umweg der Tabletten über den Magen nehmen. Wenn Tabletten die gleiche Wirkung erzielen, sind sie vorzuziehen (z.B. bei Tripper). Die Beipackzettel informieren darüber, welche Form der Injektion (i.m., s.c., i.v.) möglich ist.
Oberster Grundsatz der I.: Sauberkeit!!! Also Hände mit Seife und Bürste reinigen. Bei der Einmal-Spritze durch Drücken prüfen, ob die Verpackung noch dicht ist. Entweicht die Luft aus der Packung, ist sie undicht und unbrauchbar. Ist sie dicht, öffne die Packung halb. Und zwar an der Seite, auf die die Nadel gesteckt werden soll. Die Spritze darf nicht berührt werden. Leg sie mit Packung an sauberer Stelle ab. Dann öffne, ebenfalls zur Hälfte, die Nadelpakkung an der Aufsteckseite. Jetzt greifst du Nadel und Spritze am Papier und kuppelst sie zusammen. Nun kann das Papier entfernt und die Spritze steril abgelegt werden. Niemals die Nadel mit der Hand oder mit der Unterlage in Kontakt bringen. Nur der Kolben darf angefaßt werden.
Jetzt öffnest du die Ampulle mit der Injektionsflüssigkeit. Du greifst sie mit Daumen und Mittelfinger der linken Hand und stützt sie von hinten mit dem Mittelfinger. Zwischen Ampulle und Finger leg einen Tupfer. Dann sägst du das Glas dezent an. Die Säge liegt der Ampulle bei. Sobald die Säge im Glas gefaßt hat, hör auf zu sägen und knack den Hals nach hinten weg.
Hat die Ampulle keine Säge, aber einen roten Ring am Hals, dann ist das eine Sollbruchstelle, die du ohne zu sägen knacken kannst.
Behalt die Ampulle schräg in der linken Hand und führ die Nadel hinein, ohne den Glasrand zu berühren. Mit der rechten Hand bewegst du den Kolben hoch und ziehst die Flüssigkeit langsam (!) in die Spritze. Laß die Spritze in der Hand und desinfizier die Einstichstelle beim Patienten mit einem Alkohol-, Merfen-Orange- oder Kodantupfer.
Halt die Spritze senkrecht und spritz die Luft raus. Das ist der Fall, wenn

der erste Tropfen Flüssigkeit herausspritzt. Bei i.m. und s.c. drück die Haut ein wenig zusammen und stich schräg zu, wenn die Nadel Kontakt mit der Haut hat. Nur das Einstechen schmerzt kurz. Das Nachschieben der Nadel nicht mehr.

Jetzt mußt du vorm Spritzen aspirieren. Das ist wichtig. Das heißt, du mußt den Kolben noch einmal ein wenig anziehen, um zu schauen, ob du eine Ader getroffen hast. Das ist der Fall, wenn Blut erscheint. Kommt Blut, zieh die Nadel ein paar Millimeter zurück. Wenn du sie versehentlich ganz rausgezogen hast, muß eine neue Nadel genommen werden. Das Einspritzen muß langsam und gleichmäßig erfolgen.

In dem Moment, wo du die Nadel rausziehst, mußt du die Einstichstelle sofort fest und kreisend mit einem Tupfer abreiben und mit einem kleinen Pflaster abdecken.

Die gebrauchte Nadel abnehmen und umgedreht in den Kolben stekken. Blockier sie mit einem Pflaster gegen das Herausfallen.

☞ Die Idealstelle für i.m.-Injektion ist das Gesäß. Aber dort besteht die Gefahr, den Ischiasnerv zu treffen. Das hat fatale Folgen für den Patienten! Deshalb ist die betreffende Pobacke in vier Quadrate zu teilen. Hilf dir, indem du mit dem Kugelschreiber eine senkrechte und eine waagerechte Mittellinie auf die Pobacke zeichnest. Injiziert werden darf *nur in die Mitte des oberen äußeren Quadrates* und mit Stichrichtung nach außen (Zeichnung)!!! Es ist hilfreich, den Kolben wie einen Speer mit drei Fingern der rechten Hand zu halten, während Daumen und Zeigefinger der linken Hand einen rechten Winkel formen und um die Einstichstelle gelegt werden. Dann wird aus lockerem Handgelenk zugestochen.

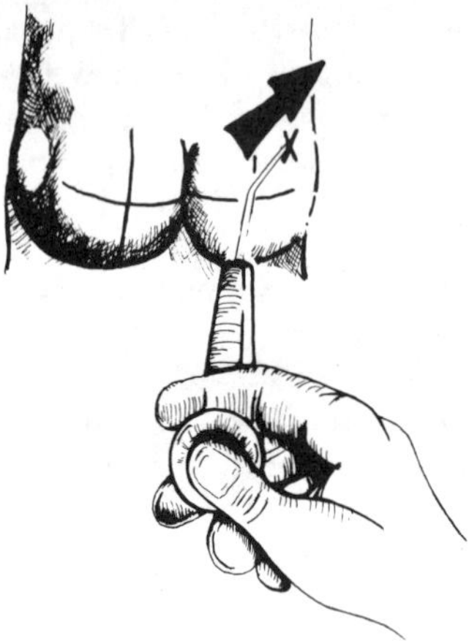

Bei der intravenösen Injektion wird das Blut am mittleren Oberarm gestaut mit Hilfe eines Tuches, Schals etc. Sofort schwillt die Vene in der Armbeuge an. Wenn nicht, muß der Patient mit der Hand pumpen. Jetzt biegst du die Nadel mit sterilem Tupfer, wie die Zeichnung es zeigt. Die Schrägung muß nach oben zeigen. Sobald du Hautkontakt hast, stich

im spitzen Winkel und gleichmäßig in die Vene. Stütz die spritzende Hand ein wenig ab. Aspirier! Wenn nun Blut erscheint, hast du es gut gemacht: Du bist in der Vene. Lockere den Stau und entleere den Kolben.
Geht es um eine *Infusion*, dann zieh nach dem Einstich den Kolben ab. Dazu legst du einen Tupfer unter die Ansatzstelle und hältst die Nadel am Ansatzstück mit dem Zeigefinger und dem Nagel des Daumens fest. Auf die Nadel steckst du den Schlauch der vorbereiteten Infusionsflüssigkeit (→ Infusionstechnik) und sicherst Nadel und Schlauch mit kreuzweise angebrachten Pflastern gegen das Herausrutschen.

☠ • Wenn du unsauber injizierst, bekommt der Patient möglicherweise einen Spritzen-Abszeß. Das ist immer die Schuld des Spritzenden! • Unsteriles Arbeiten hat zumindest Entzündungen zur Folge! • Eine Nadel für zwei Patienten kann tödliche Krankheiten übertragen! • Wenn du den Ischiasnerv triffst, kann der Patient teilgelähmt werden! • Luft in die Blutbahn gespritzt, kann zu Lungenembolie und Tod führen!

☞ Üb das Spritzen mit Wasser an Steaks oder Apfelsinen!

☺ Danach, steril, mit Kochsalzlösung an Freunden.

Insektenschutz. Es gibt Tausende von Insektenarten und Hunderte von Insektenschutzmitteln (chemische, mechanische, akustische – siehe Kataloge der Globetrotter-Ausrüster). Vorzuziehen ist immer das Mittel, das die einheimische Bevölkerung vor Ort nimmt und nicht immer das, das der Ausrüstungshandel empfiehlt. Aber es gibt auch natürliches Vorbeugen und Abwehren, das weltweit gilt. Das sind geeignete Garderobe mit langen Ärmeln und beim Marschieren zumindest ein Netz-Gesichtsschutz (dunkelfarbig, weil er sonst blendet) oder 15 Schnüre mit Perlen, die man von der Hutkrempe vorm Gesicht baumeln läßt,

☺ wie in den Türeingängen mancher Pizzeria!

Beim Schlafen kann schon eine Windel Wunder wirken, die man sich übers Gesicht legt. Besser ist ein Moskitonetz über der gesamten Liegestatt, das bis auf die Erde reicht und weit genug ist, um nicht mit einigen Körperteilen dagegenzustoßen.
Freischläfer ohne Hilfsmittel rühren sich aus abgeschabter Holzkohle von angebranntem Holz und Wasser einen Brei an, mit dem sie alle Hautpartien einreiben, die aus dem Schlafsack herausragen. Und sie locken und töten die Insekten mit einem Feuer oder hängen eine Lampe über ein Wasserbad.
In manchen Fällen kann man mit Zitronen, Zwiebeln und Knoblauch den Eigengeruch übertönen und die Insekten täuschen. Auch mit geräucherter Garberobe.

Gegen Läuse und Flöhe helfen Körperpflege mit Seife, Kochen der Wäsche, Trocknen der Wäsche in praller Sonne (auf heißen Felsen).
→ auch Zecken, Läuse, Wanzen, Hornissen

Instinkte sind angeboren und ein wertvolles Kapital, das jeder Erdenbürger (und jedes Tier) von Mutter Natur als Mitgift in die Wiege gelegt bekommt. Instinkte halten den Menschen am Leben. Sie warnen ihn vor Gefahr und sichern ihm Nahrung und Fortpflanzung. Die verhätschelnden Annehmlichkeiten der Zivilisation sorgen dann dafür, daß vieles davon nicht benötigt wird; die Instinkte verkümmern. Man degeneriert, wenn man sich gehen und vom Luxus einlullen läßt. Und im Ernstfall weiß man sich nicht einmal mehr in einfachsten Situationen zu helfen. Man gerät in Panik, wenn nicht sogar in den Sarg. Wer aber lieber als autarkes vollwertiges Lebewesen sein Leben fristen möchte, notfalls auch in Krisenzeiten oder allein im Abseits der Welt klarkommen würde, kann mühelos verlorengegangene Instinkte durch Training und Erfahrung reaktivieren und optimieren. Dieses Lexikon bietet mannigfaltige Anregungen.

☺ Lieber mit Mühen autark, als zu früh in den Sarg.

Isoliermatten kann man kaufen. Sie verhindern den nächtlichen Körperwärme-Verlust auf dem kühlen Boden. Über die unterschiedlichen Qualitäten informieren die Kataloge der Globetrotter-Ausrüster.

☞ Wichtig ist es zu wissen, daß man sich eine I. auch improvisieren kann. Ein paar Lagen Zeitungen, alte Garderobe, eine dicke Schicht Laub, Tannennadeln, Gras, Stroh – all das bewirkt, daß der Körper vom wärmesaugenden Boden isoliert bleibt. Damit Laub oder Tannennadeln beim Schlafen nicht auseinanderbröseln, kratzt man sich per → Grabstock eine flache Mulde oder baut sich mit vier Balken einen Matratzenrahmen. I., gut eingepackte Füße und Kopfbedeckung sind die ideale Abrundung zum unzureichenden Schlafsack.

Isolierung gegen Kälte und Hitze. Wenn die Körpertemperatur des Menschen länger auf 26 °C abgekühlt bleibt oder der Körper ohne Kühlungsmöglichkeit länger in über 42 °C (maximale Bluttemperatur) warmer Umgebung leben muß, stirbt er. Damit das eine wie das andere nicht eintritt, hat der Mensch gelernt, sich dagegen mit Garderobe, Nahrung, isolierten Häusern, Heizung und Klima-Anlagen zu schützen.
Hilflos ist er oft, wenn diese Annehmlichkeiten ausfallen. Der beste Isolator gegen Kälte ist Luft. Man muß sie nutzen, die noch vorhandene Körperwärme dem Körper zu erhalten. Da Luft nicht gut einzufangen ist, bedient man sich solcher Hilfsmittel, die ebenfalls schlechte Leiter sind: Zeitungen, Stroh, Heu,

altes Laub. Oder Aluminiumfolie, die Wärme zum Körper reflektiert und Kälte von außen ebenfalls zurückweist. Man steckt sie zwischen Garderobe und Haut. Je mehr Schichten, desto besser. Da die Kälte vor allem über die Extremitäten (Füße, Hände, Ohren, Nase) in den Körper dringt, weil das Blut dort am schnellsten auskühlt, umwickelt man die Füße rechtzeitig mit Zeitungen oder Alufolie und zieht die Strümpfe darüber. Außerdem stopft man sich die zugebundenen Hosen und das Hemd voll mit Isolationsmaterial. Ebenso wichtig gegen Kälte ist die Umhüllung des Kopfes.

☺ Vor allem bei Glatzköpfen! Über den Kopf verliert man deshalb viel Wärme, weil er vom Körper bis zu lebensletzt auf 37 °C gehalten wird.

Wer friert, aber Nahrung zur Verfügung hat, sollte reichlich essen. Fette ergeben die meiste Wärme, aber die Verwandlung dauert eine Weile. Zucker hat einen geringeren Heizwert, ist aber schneller, am schnellsten ist Traubenzucker. Wer die Möglichkeit hat, heizt sich mit heißen Getränken auf. Das kann auch heißes Wasser sein und nicht unbedingt Tee.
Wer hingegen mit Hitze zu tun hat, muß genauso umsichtig sein. Denn wenn der Körper die von außen einwirkende Hitze nicht runterkühlen kann, stirbt er. Zur Kühlung benötigt er zweierlei: Wasser und Luftzug. Dann kann er schwitzen. Der Schweiß hat das Bestreben zu verdunsten. Dazu benötigt er Wärme. Er nimmt alle erreichbare Wärme der Umgebung. Also auch die des Körpers, und so kommt es zum Kühleffekt. Je mehr Wind, desto schneller die Verdunstung, desto wirksamer die Kühlung. Ist kein Wind vorhanden, muß man ihn per Fächer selbst erzeugen. Man muß Schatten nutzen und Anstrengungen meiden. Auch helle und weite Baumwollgarderobe hilft schützen. Denn sie reflektiert die Hitze, und man geht im Schatten der Garderobe.

☞ Keinesfalls gut ist die Idee, sich nackt auszuziehen, wenn das Kühlwasser knapp ist.

Isolierband → Lassoband

Isometrische Übungen sind eine Möglichkeit der Körperertüchtigung, wenn die Bewegungsfreiheit eingeschränkt ist. Zum Beispiel in Einzelhaft oder als Bettlägeriger. Man belastet die Muskeln und verharrt in der Stellung. Der Kranke hebt sein Gipsbein und hält es so lange hoch, bis die Muskeln erschlaffen. Der Häftling macht einen Liegestütz, bis die Arme zittern.

☞ Spezialtip für Bayern: Eine volle Maß am ausgestreckten Arm halten, bis man Ehrenmitglied der CSU wird.

☺ Ist das dann isometrisch oder isarmetrisch?

J

Jagdschein ist der Ausweis, den man nach Ablegung der Jägerprüfung erhält. Die Jäger-Kurse werden von den Landesjagdverbänden (Telefonverzeichnis der Landeshauptstädte) angeboten. Der J. berechtigt zur Ausübung der Jagd und zum *Besitz von Waffen*. Für Survivors ist über die Möglichkeit des legalen Waffenerwerbs hinaus das vielseitige Fachwissen solcher Lehrgänge von Bedeutung.

Jagdtricks lernt man in Jägerkursen (→ Jagdschein) und von einheimischen Jägern vor Ort. Oder aus diesem Buch (→ auch Fallen und Diverses unter *Fische*). Wichtig ist, immer daran zu denken, daß Tiere viel besser ausgeprägte Sinne haben als der Mensch. Sie hören, riechen und sehen besser. Alles Ungewöhnliche löst Alarm und Flucht aus. Ob Sprechen oder das Knirschen der Schuhe. Besser, als gehend zu jagen, ist Geduld – das Abwarten, das Ansitzen. Und zwar an den Wasserstellen oder Wechseln der Tiere und lieber auf dem Baum (über dem Wind) als zu ebener Erde.
Man muß sich tarnen (mit Ästen oder einem Tierfell über den gesamten Körper), sollte sich mit der Losung der Tiere der Umgebung einreiben und die Tiere nie direkt anschleichen. Hat man sich als Tier getarnt, dann ebenfalls nie direkt auf das Wild zusteuern, sondern überall ein wenig von den Blättern knabbern,

☺ gern auch einen kleinen Seitensprung wagen.

Immer im Zickzack, eher gelangweilt, desinteressiert. Und immer nur dann, wenn das Tier gerade äst, nicht, wenn es hochblickt. Und natürlich *gegen* den Wind. Schaut das Wild auf, vermeidet man jeglichen Augenkontakt. Man achtet auch auf andere Tiere, damit deren Wahrnehmung und Reaktion sich nicht auf das angepeilte Wild überträgt.
Tierrufe nachmachen zu können (oder sich der Instrumente bedienen zu können, die Jagd-Fachhandel und -versand anbieten), ist von großem Vorteil. Und wenn man Tiere mit Ködern (altem Fleisch, frischem Gedärm) anlockt, zieht man diese vorher weit und breit durch die Landschaft, um die Duftfrequenz zu erhöhen.
Die idealen Jagdzeiten sind in den Dämmerungen. Mit kräftigen Taschenlampen zu jagen, ist unwaidmännisch und nur im Notfall zu entschuldigen. Aber es erhöht die Chancen. Taschenlampenjagd ist besonders wirkungsvoll, wenn man im Boot sitzt und nachts geräuschlos am dunklen Flußufer entlangtreibt. Die Augen der Nachttiere reflektieren unübersehbar wie Rückstrahler.
Wer ein Pferd hat, duckt und tarnt

sich auf oder hinter dem Tier und läßt es ganz langsam auf das Wild zugehen.
Ist das Wild getroffen, aber nicht tödlich verletzt, und es flieht, dann nicht sofort hinterherhasten. Sonst läuft es in seiner Todesangst unnötig weit. Unverfolgt wird es sich aber bald niederlegen.

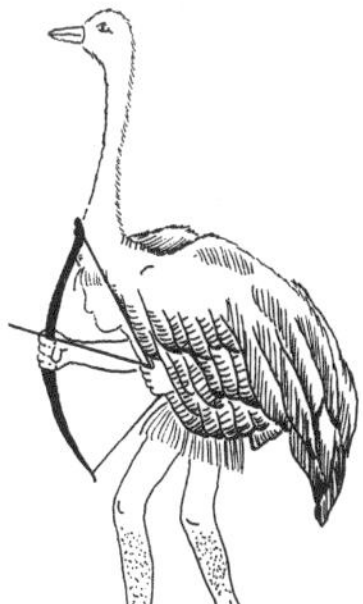

Jaguar ist die größte Katze Lateinamerikas und das Pendant zum Leoparden in Afrika. Er ist nicht nur rötlich-gelb und schwarz gefleckt, sondern auch uni-blauschwarz. Er lebt im Wald in der Nähe von Gewässern und ernährt sich von kalt- und warmblütigen Tieren. Der Mensch ist nicht sein Futtertyp. Aber der Mensch ist gefährdet, wenn er zufällig in die Nähe der Jungen gerät. Bei einem Angriff hat der unbewaffnete Mensch keine Chance. Der J. ist schneller, klettert und schwimmt besser als er.
Der Waldläufer kann sich nachts in seinem Lager jedoch mit mindestens einem großen Feuer gegen ihn schützen. Auch ein Zelt bietet relative Sicherheit, obwohl man im Regenwald in der Regel kein Zelt haben wird, sondern Hängematte und Moskitonetz. Verfügt man über eine Waffe, dann nur im äußersten Notwehrfall schießen (J. gehören zu den bedrohten Tierarten!). Oft genügt schon ein Warnschuß, und der J. flieht. Ein angeschossener J. jedoch wird völlig unberechenbar.

Japanisches Heilpflanzenöl
→ Heilpflanzenöl

Joule ist die neue Bezeichnung für Wärme, Energie und Arbeit. Joule hat die → Kalorie (cal) abgelöst. Für den Survivor ist nur von Bedeutung, daß die Nährstoffe in der Nahrung heute in Joule (J) berechnet werden. So gibt ein Gramm Fett 37,7 J = 9,1 cal. Kohlenhydrate und Eiweiß spenden nur etwa die Hälfte. Um am Leben zu bleiben, benötigt man täglich eine bestimmte Menge Joule (→ Ernährung).

Juckreiz kann einen zum Wahnsinn bringen. Meist sind die Urheber Insekten. Andere Ursachen für J.

können sein: Kosmetika, starkes Rauchen, scharfe Gewürze, gespritzte Lebensmittel, Kunststoff-Kleidung, Arzneimittel, Alkoholmißbrauch, Nervosität, Begleiterscheinung von Krankheiten, heilende Wunden.
In erster Linie muß die Ursache behoben werden, in zweiter wird behandelt. Neben juckreizstillenden Salben (z.B. Soventol) bieten sich auf Reisen an: Zitronensaft, Zwiebelsaft, Urin, Salz und Wasser, Sonne, Desinfektionsmittel, Alkohol, Essig, Hautspiritus.

☺ Wenn manchen Leuten das Fell juckt, brauchen sie eine Tracht Prügel.

K

Kaffee enthält 1,2% Koffein (wie Tee) und andere Wirkstoffe, die das Zentralnervensystem erregen sowie das Nervenzentrum der Atmung und Gefäße. Durch Steigerung der Herzmuskeltätigkeit wird Müdigkeit überwunden und die Auffassungsfähigkeit gesteigert. Auch die Darmtätigkeit wird angeregt.
Mäßiger Kaffeegenuß ist nicht schädlich. Stillende Mütter sollten K. jedoch strikt meiden, weil das Koffein mit der Muttermilch ins Baby übergeht. *Übermäßiger* Kaffeegenuß führt zu Herzbeschwerden und Nervosität.

Kaffee ohne Filterpapier scheint dem zivilisierten Bürger unmachbar. Er braucht entweder das Papier oder eine Maschine. Dabei hat es das Getränk schon weit vor der Erfindung dieser beiden Errungenschaften gegeben. Man nahm einen Strumpf oder ein Stück Baumwolltuch als Filter. Oder man machte es noch einfacher:
Die grünen Bohnen werden auf einem Stück Metall geröstet, dann zermörsert und schließlich mit Wasser einmal kurz aufgekocht. Nach einem Moment des Ziehens wird der Trunk einmal umgerührt oder ein Schuß kaltes Wasser hinzugegeben. Das bewirkt, daß sich der Kaffeesatz am Boden absetzt und oben ein lekkerer Kaffee darauf wartet, getrunken zu werden. Verfeinerungen des Kaffees: Mineralwasser, Prise Salz, Prise Kardamom. Bei sauren Kaffees eine Prise Natron.

Kaimane → Krokodile

Kaliumpermanganat hat für den Globetrotter zwei Bedeutungen. Man kann damit Feuer (→ Feuer mit K.) machen, und es ist ein sehr preiswertes Desinfektionsmittel. Zum Desinfizieren werden 2 Gramm der blauen Körnchen in 1 Liter Wasser aufgelöst, das sich dann rot färbt. Mit 1 g pro Liter kann man bakteriell verunreinigtes Wasser (plus Kochen) behelfsweise trinkbar machen. Es sollte dies aber nie als Dauerlösung betrachtet werden, weil K. die Darmflora durcheinanderbringt.

Kallus heißen die in Form einer Überwallung vernarbten Wunden an den Bäumen, wo sie einen Ast verloren haben. In vielen Fällen lassen sich aus diesen Teilen des Baumes urige Trinkgefäße, Schüsseln oder Teller arbeiten.

Kalorie Abkürzung *cal*. Heute gesetzlich nicht mehr zugelassene Bezeichnung der Wärmeenergie. Abgelöst durch → Joule, abgekürzt *J*. Umrechnung: 1 cal = 4,147 J und 1 J = 0,239 cal.

Kälteschutz → Isolierung gegen Kälte und Hitze

Kamille ist fast überall auf der Welt zu finden. Auf jeden Fall in der Apotheke. Man nimmt sie getrocknet oder frisch. Daraus entsteht ein aromatisches Teegetränk, das nicht nur erfrischt, sondern auch Heilwirkungen hat. K. ist entzündungshemmend und wundheilungsfördernd (die aufgekochten Blätter direkt auf die Wunde legen) sowie krampflösend. Der Tee ist ideal für Mundspülungen und bei Magen-Darm-Problemen, Magenschleimhautentzündungen, Magengeschwüren. Inhaliert wirkt sie gegen Schnupfen, Nebenhöhlen- und Bronchialkatarrh. Bei Verstopfungen verwendet man K. für Einläufe (→ Einlaufgefäß).

Kaninchenfalle → Fallen

Kanister, Schraub- → Schraubkanister

Kanu → Boot aus Gras, Boot aus Ästen, Rinden-Kanu

Karabiner. Im Zusammenhang mit Survival geht es um den Bergsport-Karabiner. Es gibt ihn in verschiedenster Qualität zu kaufen. Man kann ihn nicht selbst herstellen. Er ist u.a. eine Erleichterung beim → Abseilen.

Karate ist die wirksame Möglichkeit der Selbstverteidigung ohne Waffen. Blitzschnelle und knallharte

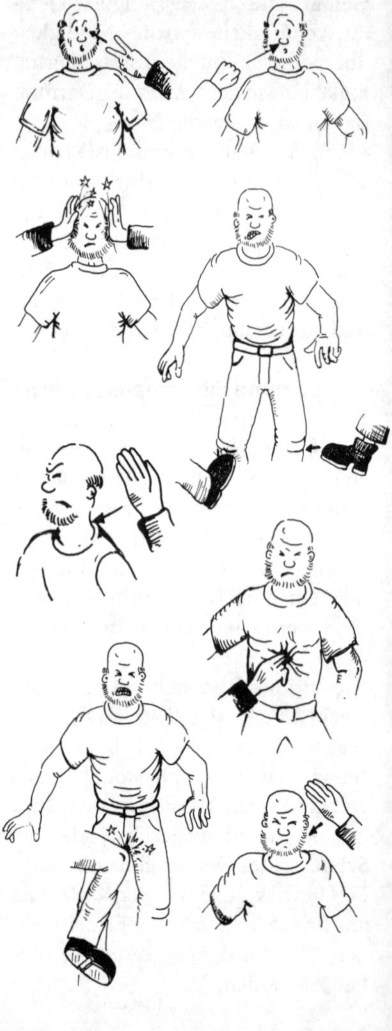

Schläge mit der Faust, der Handkante, dem Knie, dem Ellenbogen, dem Fuß und dem Kopf werden gegen die empfindlichen Körperteile des Gegners eingesetzt. Mit K. vermeidet man den Clinch, das Ringen. Man hält den Gegner auf Distanz, überrascht und überwältigt ihn mit Schnelligkeit und unter Einsatz aller genannten körperlichen Schlaginstrumente. Um ein guter Karatekämpfer zu werden, bedarf es ständigen Trainings. Da man nicht alles ständig trainieren kann, sollte der Survivor sich auf die sieben schmerzempfindlichsten Stellen konzentrieren. Sie müssen mit voller Kraft getroffen werden.
1. Hoden 2. Kehlkopf 3. Fingerstich in die Augen 4. Gleichzeitiger Schlag mit den flachen Handinnenflächen auf die Ohren 5. Fauststoß gegen die Nase 6. Solarplexus (2 fingerbreit unterm Brustbein) 7. Halsschlagadern.

Wer Karateschläge austeilt, muß wissen, welche nachhaltigen Folgen die Schläge auslösen können. Sie dürfen nur der letzte Ausweg in einer echten Notwehrsituation sein (→ Notwehr).

Kastenfalle → Fallen

Katarrh, Magen- → Magenkatarrh

Katheter sind dünne Kunststoffschläuche, deren eines Ende rund, stumpf und seitlich mit einer Öffnung versehen ist. Sie werden benötigt, wenn jemand seinen Harn nicht selbst ablassen kann und der Urin dann per Schlauch zum Abfließen aus der Blase gebracht werden soll. K. lassen sich improvisieren aus 5 mm dickem und 1 m langem Aquariumschlauch. Bei längerem Gebrauch besteht die große Gefahr von Entzündungen.

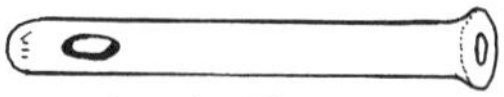

GEKAUFT

IMPROVISIERT

Kehlkopfschlag → Karate

Kennwort/Kennzeichen. Freunde sollten unverfängliche Kennworte und Kennzeichen (Kratzen an linker Wange) miteinander vereinbaren, um sich in Notfällen verständigen zu können. Das kann schon hilfreich sein bei täglichen Begegnungen, wenn man sich mitteilen will, daß man dem fremden Gesprächspartner nicht traut.
Es kann hilfreich sein bei Verhaftungen, Verhören, Protokollen, um eingeweihten Anwesenden oder Lesern zu signalisieren, ob der unterschriebene Text der Wahrheit entspricht oder unter Druck zustande kam.
Und es ist wichtig beim nächtlichen Wachestehen, um Herannahende zu identifizieren. Diese Parolen müssen im Bedarfsfalle immer wieder ge-

wechselt werden. Damit auch der Herannahende sicher sein kann, daß er nicht in eine Falle tappt, erfordern Parolen Gegenparolen. Beispiel: *Fischers Fritze...* Antwort: *fischte frische Fische...* Gegenantwort: *Aber freitags nie.*
Oder man bedient sich kurzer Zahlen, die der Herannahende und dann die Wache auf eine festgelegte Zahl hin durch Addition oder Subtraktion ergänzen muß. Beispiel: Losungszahl ist 9, Kontrollzahl 5. Wache ruft: *Sieben!* Herannahender antwortet: *Zwei!* Wache antwortet: *Vier.*

Keulen sind gefährliche Waffen, weil sie im Nahkampf relativ gut zu handhaben sind. Sie verlängern den Arm und erhöhen die angewendete Kraft. Keulen fertig man sich aus Astgabeln.

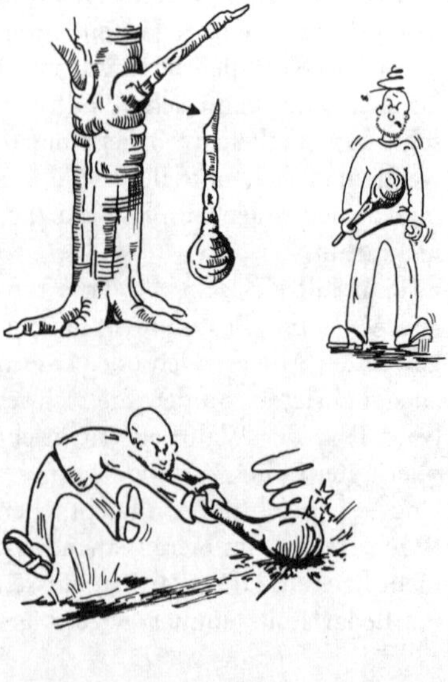

Kiepe

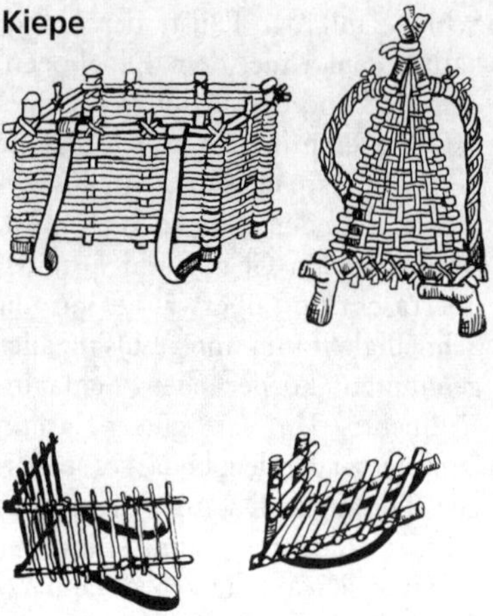

Kirche und Religion sind oft zweierlei. Ein kritischer und selbstbewußter Bürger wird zu unterscheiden wissen, ob Lehre und Leistung seiner Kleriker übereinstimmen oder ob es ihrer Kirche, wie in der Regel, vor allem um Geld- und Macht, das Geschäft mit der Angst des Menschen vor der Ungewißheit nach dem Tode geht. Dann sollte man dringend seine Mitgliedschaft überdenken und nicht Mitglied bleiben, nur weil man hineingeboren wurde. Bei der Suche nach einer geeigneten Religion sollte man u.a. achten auf Grundeinstellungen: • Sind Mann und Frau gleichberechtigt? • Ist die Religion anpassungsfähig an evolutionsbedingte Veränderungen? • Wird bei Fehlverhalten gedroht mit Fantasiestrafen wie Hölle und Fegefeuer oder Vergeltung bis ins soundsovielte Glied? • Wird bei Wohlverhalten mit einem Weiterleben nach dem Tod im »Himmel« geködert?

•Hat die Kirche Kriege angezettelt oder toleriert? • Hat sie im Laufe ihrer Geschichte gemordet und gefoltert? • Hat sie eine zeitgemäße Einstellung zum Liebesleben der Menschen? • Ist sie tolerant gegenüber Andersdenkenden?

Klarsichtbeutel können eine vielfältige Hilfe sein. Abgesehen vom Schutz der Ausrüstung gegen Wasser und der Lebensmittel gegen Insekten eignet es sich zur Trinkwassererzeugung (→ Wasserbeschaffung), als Regenumhang, als Nachrichtenübermittler (mit Nachricht drin und flußabwärts), zum Feuerentzünden statt Papier.

Kleiderbügel

Kleiderläuse → Läuse

Klettergurt. Wer einen K. besitzt, weiß auch, wie man ihn benutzt.

✍ Wer keinen hat, kann einen improvisieren.

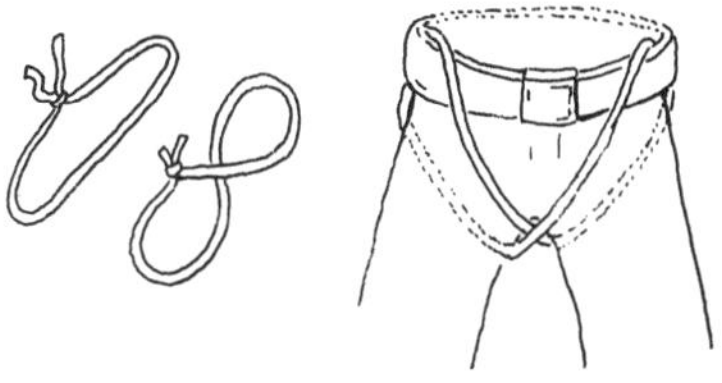

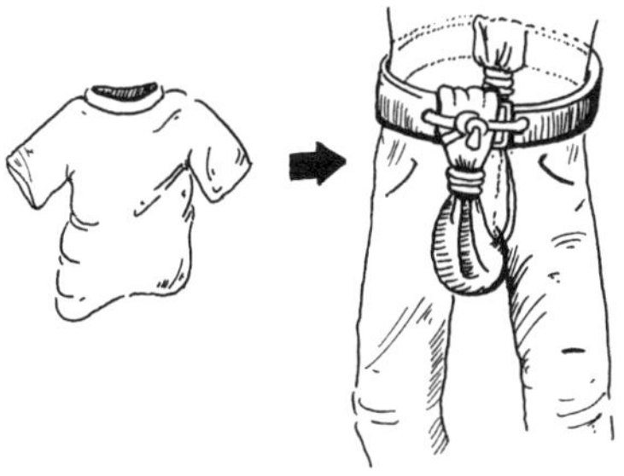

Als Notlösung läßt sich auch das Bundeswehrkoppel zu einer Klettergurthilfe umbauen. Links und rechts vom Koppelschloß wird ein ca. 10 mm großes Loch mit glühendem Nagel eingebrannt. Durch diese Löcher wird ein mindestens 5 mm starkes Perlonseil (Reepschnur) durchgezogen und per → englischem Knoten verknotet. Das hat den Zweck, den Gürtel sicher zu verschließen, weil das eigentliche Koppelschloß für Abseil-Belastung nicht ausgelegt ist.
An dieser Seilschnalle wäre dann der Karabiner oder → Abseilachter fürs → Abseilen zu befestigen.

Klettern kann man auf gut Glück versuchen oder mit Hilfe von Fachbüchern oder unter fachkundiger Anleitung in Bergsteiger-Vereinen erlernen. Im Notfall, wenn professionelle Ausrüstung nicht zur Verfü-

gung steht, sollte man aber auch Grundlegendes wissen, um mal schnell über eine hohe Mauer oder an einer Hauswand rauf- und runterzukommen.
Selbst feinste Ritzen, vor allem Spalten, Risse, Scharniere, Löcher lassen sich mit etwas Fantasie gut nutzen, wenn man neben Kraft (Zeichnungen) vielleicht auch noch über etwas Seil, einen Nagel, eine Gabel, Äste verfügt. → auch: Klettergurt, Abseilen, Wurfanker, Hindernisüberwindung.

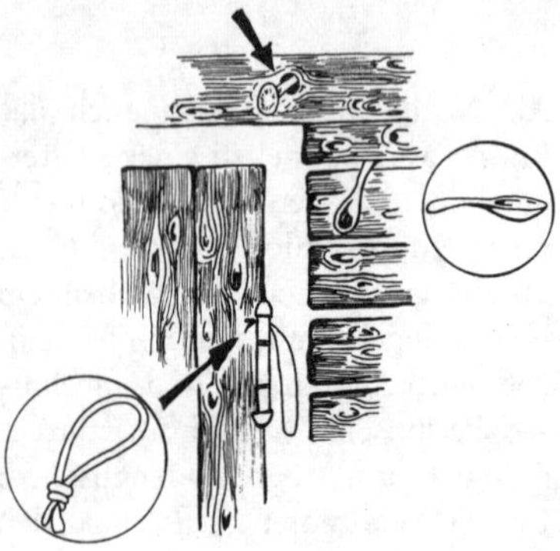

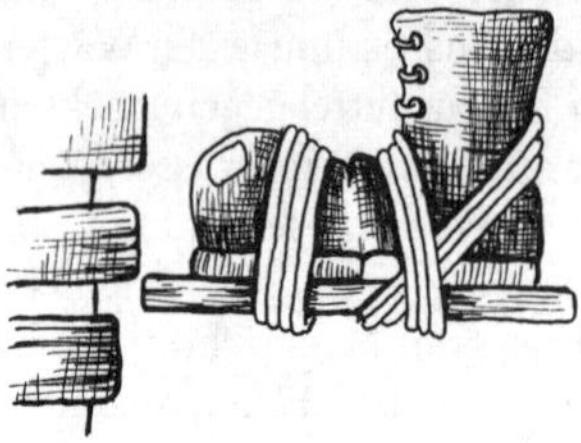

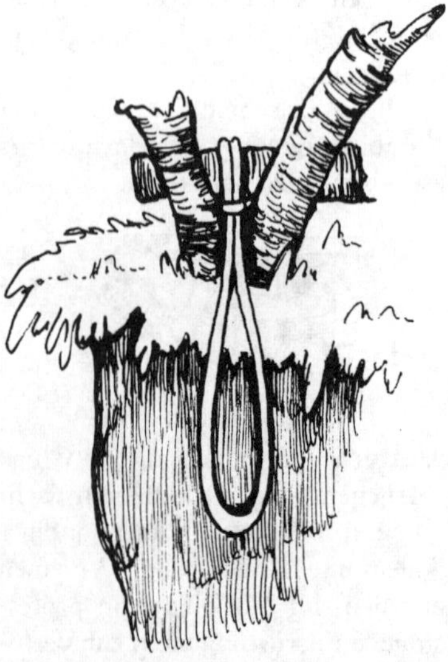

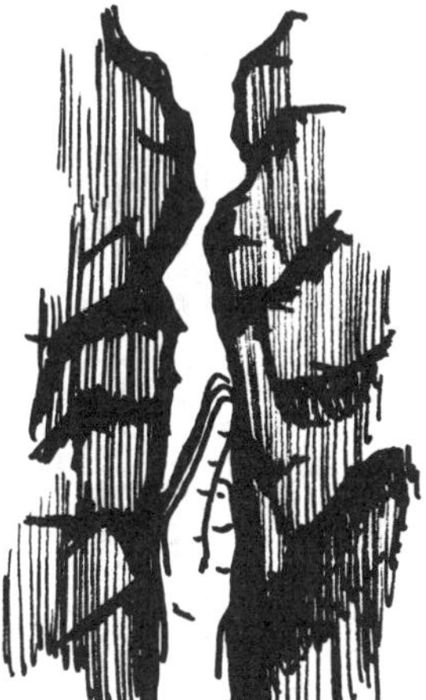

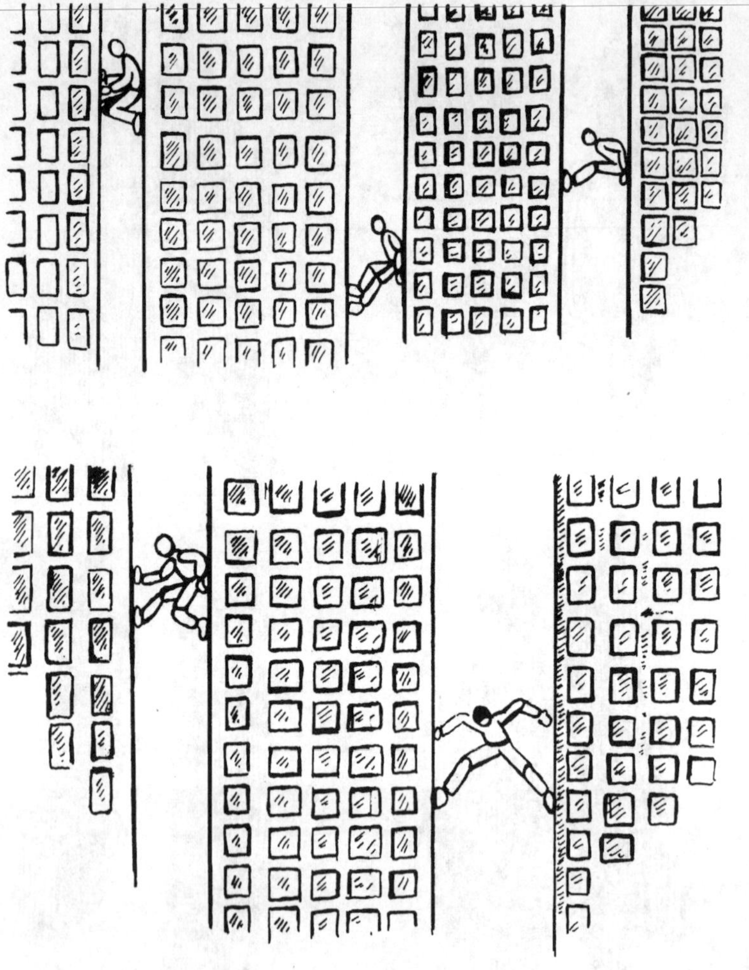

Kletterwand. Man kann sie mit geringen Mitteln selbst machen. Sie sind ideal für Training und Wettkampf, daheim oder in der Turnhalle. Entweder befestigt man die Griffe und Tritte mit Dübeln und Bolzenschrauben an stabilen Hauswänden, oder man fertigt sie sich aus soliden Brettern.

Die Griffe und Überhänge besorgt man sich beim Schrotthändler in Form nichtrostender Winkeleisen

u.ä., oder man kauft sie in vielen Varianten bei Globetrotter-Ausrüstern.

Klopfcode → Nachrichtencode

Knoblauch ist Gewürz- und Heilmittel. Er hat antibiotische Eigenschaften und findet Anwendung (ein kleines Stück der K.-Zwiebel, kleingehackt, mit Brot und heißer Milch) bei Arteriosklerose, hohem Blutdruck, Darmkatarrh sowie Leber- und Gallenleiden. Die Ausdünstungen vertreiben manche Mücken, Amöben, die Madenwürmer bei Kindern

☺ ... und viele Menschen.

Knochenbruch erkennt man an der abnormen Lage des Gliedmaßes, an Bewegungseinschränkung oder gar Bewegungslosigkeit. Hinzu kommen Schmerz und bald auch Schwellung. Um sicher zu sein, ob es sich um einen Bruch handelt, läßt man den Verletzten nach und nach verschiedene Glieder bewegen. Das gebrochene wird er instinktiv und auf Grund des Schmerzes nicht bewegen. Maßnahme: Bruch und Umfeld nicht bewegen. Polsterung und Schienung des Bruches über das nächste Gelenk hinaus. Bei offenem (blutendem) Bruch Wunde versorgen. Bei → Schock: Schocklage und Behandlung. → Trage bauen oder → Krücken.

Knöpfe kann man sich schnell machen aus Leder, Seil oder Holz.

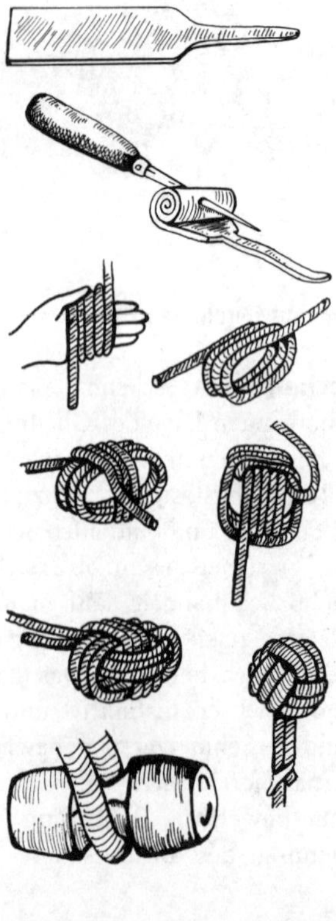

Knoten sollen passend sein für einen speziellen Zweck und sich leicht wieder öffnen lassen, auch wenn sie stark belastet wurden und das Seil naß ist.

Über K. gibt es viele ausführliche Schriften. Vor allem in der Navigations-, Angler- und Bergsteigerbranche. Ich beschränke mich auf die zehn wichtigsten.

☠ Bei extremer Belastung reduzieren K. die Haltbarkeit eines Seiles um bis zu 50%.

☞ Übe die K. immer wieder. Auch mit verbundenen Augen und hinterm Rücken.

Der *Palstek* (Zeichnung): Dies ist meines Erachtens der wichtigste Knoten überhaupt, der König aller Knoten. Er sieht nicht nur gut aus, sondern ist selbst nach dem Abschleppen eines Autos noch immer babyleicht zu lösen. Mit ihm kannst du unterschiedliche und gleiche Seile verbinden oder Schlingen machen.

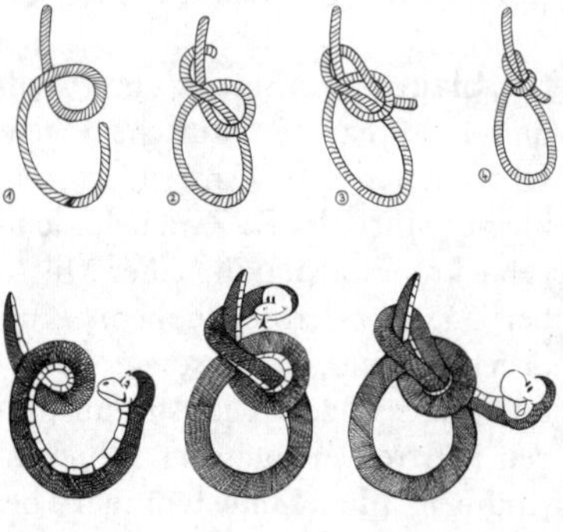

Halber Schlag: Der erste Schritt zum → Kreuzknoten.

Kreuzknoten (Zeichnung): Mit ihm verbindet man zwei gleichstarke Seile, nie aber *verschieden* dicke! Er ist *nicht* besonders zuverlässig, wenn er ständig bewegt wird!

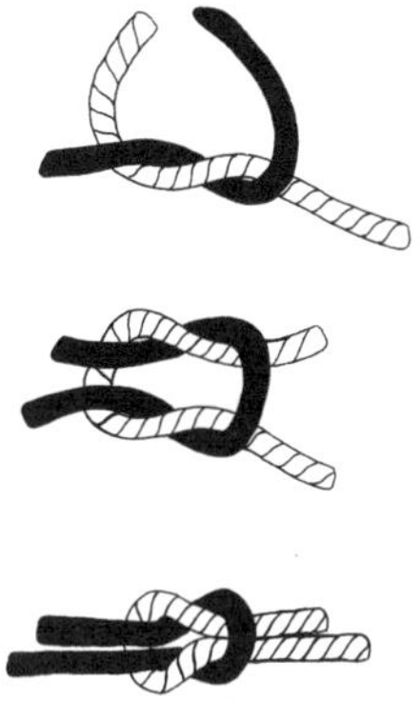

Der *Acht-Knoten* (Zeichnung): Der A. ist ebenfalls dekorativ, aber natürlich wird er nicht deshalb gemacht. Den A. schlägt man auf die schnelle in ein Seil, wenn man vermeiden möchte, daß es einem aus der Hand flutscht. Das kann erforderlich sein, wenn man damit etwas unter großem Kraftaufwand zu sich heranzieht.

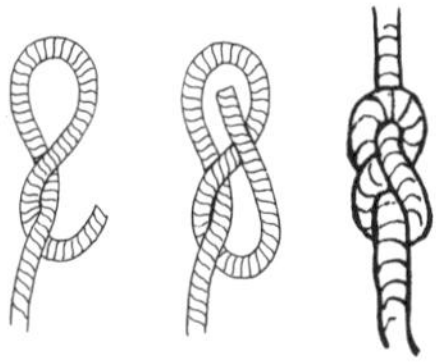

Knüpft man mehrere A. dicht hintereinander, ergibt sich ein hübscher Gürtel. Knüpft man sie in kurzen Abständen auf ein Seil, erhält man ein verbessertes Kletterseil.

Der *Prusikknoten* (Zeichnung): Der P. wird zum Erklettern von straff herabhängenden Seilen oder zum Ersteigen von Bäumen benutzt. Er ist das Steigeisen des Survivors, der Fahrstuhl des kleinen Mannes. Abwechselnd steht man in der einen und dann in der anderen Schlinge, während man sich mit den Händen am Kletterseil oder Baum festhält. Bei Belastung zieht sich die Prusikschlinge zu und hält einen sicher. Sobald man sein Gewicht auf ein Bein verlagert, läßt sich die andere Schlinge, die nun keine Belastung mehr erfährt, leicht lockern und am Kletterseil/Baum hochschieben.

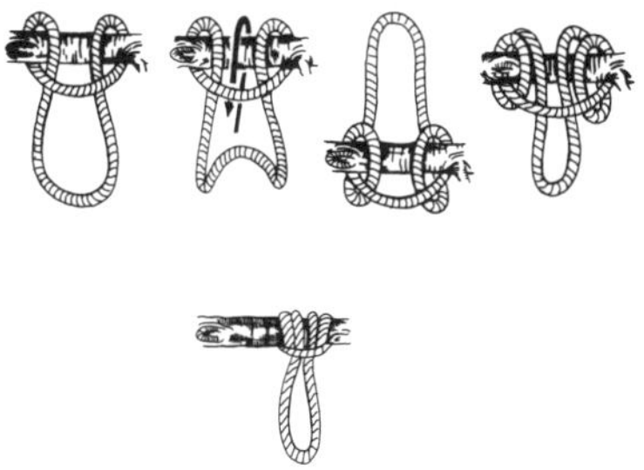

In gleicher Weise kann man auch wieder absteigen.

Der *Schotstek* (Zeichnung): Mit dem S. werden zwei Seile verbunden. Nicht nur gleiche (wie mit dem Kreuzknoten), sondern und vor allem ungleiche. Also ein dickes und ein dünnes.

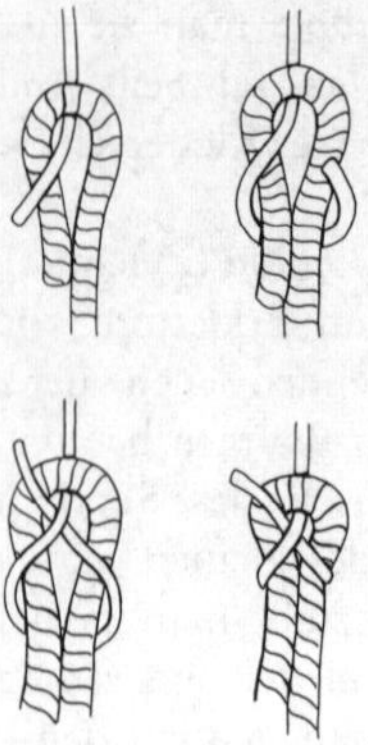

Der *Chirurgische Knoten* (Zeichnung): Der C. wird nicht nur von Chirurgen zum → Vernähen von Wunden angewendet, sondern auch von Leuten, die etwas verknoten müssen, das unter Druck steht und dazu neigt, sich immer wieder auseinanderzuziehen. Es sei denn, man hielte einen Daumen drauf (Paket).

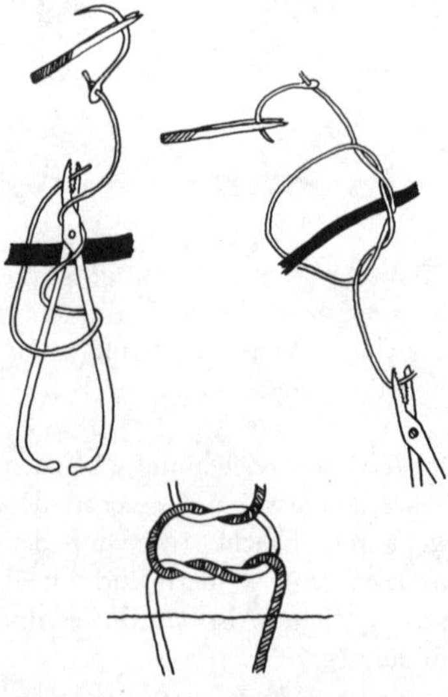

Der *Webeleinstek* (Zeichnung): Der W. sichert alles, was an der Leine zerrt. Er ist notfalls mit einer Hand zu machen. Je fester daran gezerrt wird, desto fester zieht er sich zu. Mit diesem Knoten kann man sein Boot an einem anderen festmachen, Gegenstände anbinden, die hochgezogen werden sollen oder Strickleitern bauen.

Der *Anglerknoten* (Zeichnung): Den Anglerknoten verwendet man, um Angelhaken an der widerborstigen Angelsehne zu befestigen. Versucht man es mit anderen Hauruck- und Zerrknoten, büßt das Seil oft seine Höchstbelastungsfähigkeit ein. Oder der Knoten öffnet sich wegen des spröden Sehnenmaterials.

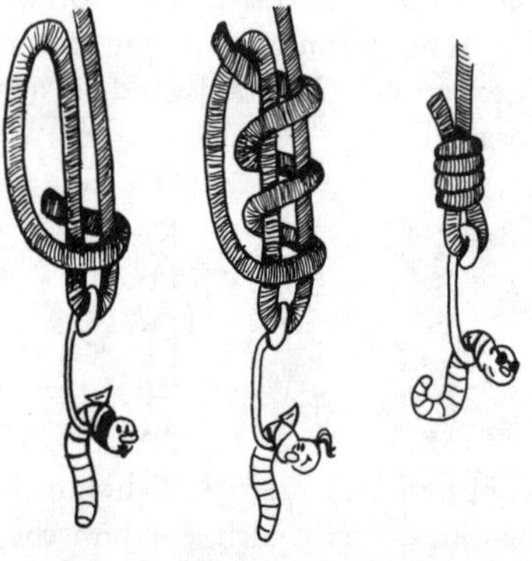

Englischer Knoten (Zeichnung): zum Verbinden zweier Seile

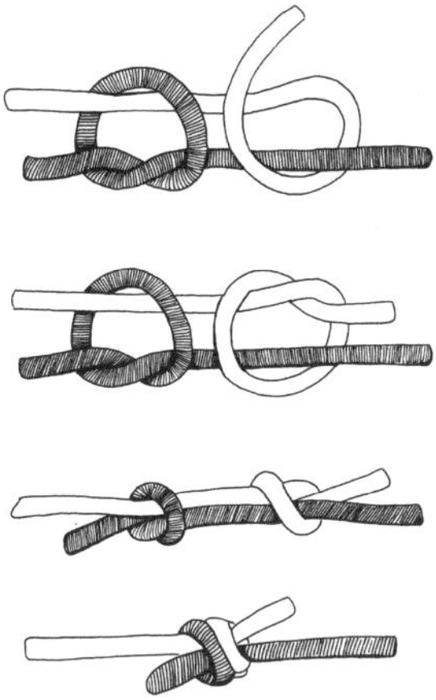

Kochen ohne Topf. Halbkugelartige Erdmulde mit Plastikfolie, Zeltplane, Ledertuch etc. auskleiden und mit sauberen Kieselsteinen belegen. Sie verhindern das Durchschmelzen der Folie. Wasser und Zutaten einfüllen (Tee, Brühe ...). Faustgroße, erhitzte Steine aus dem Feuer mit Hilfe kleiner Astgabeln hineinpraktizieren, bis das Wasser siedet.

Kochsalzlösung, medizinisch:
1 Liter Wasser und 9 g (0,9%) Kochsalz werden 10 Minuten mit Deckel (Verdunstung vermeiden) gekocht. Zugedeckt lassen! In dieser Zusammensetzung ist die Lösung isotonisch mit dem menschlichen Blutserum. D. h. sie hat den gleichen osmotischen Druck. Wenn die Lösung blutwarm oder kälter ist, kann sie bei Blutverlust als Blutersatz per Infusion (→ Infusionstechnik) verabreicht werden. Oder sie wird getrunken und über den Magen zugeführt.

Köder. Der richtige Köder ist der halbe Fang. Man unterscheidet 5 Köderhauptgruppen. Für

1. baumbewohnende Tiere: duftende Früchte (Banane, Mango, Äpfel, lokale Früchte).
2. erdgrabende Tiere: Mohrrüben, Süßkartoffeln, Pastinake, Löwenzahnwurzeln, Zwiebeln, Gewürm, Insekten.
3. Fleischesser: Fleisch.
4. grasende Tiere: Kräuter, Gemüse (Salat, Sellerie, Mohrrübengrün) und Mais.
5. Fische: kleine Fische, Insekten, Krabben, Gewürm etc.

Wenn man nicht weiß, welche Tiere es in der Umgebung gibt, legt man ein Testfeld an. Es werden numerierte Stöcke in die Erde gesteckt, und neben jedem wird ein Köder ausgelegt. Was wo ausgelegt wurde, notiert man und weiß sehr bald, mit welchen Ködern man am ehesten Erfolg haben wird.

☞ Stehen keine Köder zur Verfügung, denke man auch daran, es mit dem eigenen Blut zu versuchen. Eitrige Pflaster oder ausgediente Tampons können ebenfalls Beute bringen. Für Fische kann man es mit Alufolie, bunten Fäden, roten Beeren und künstlichen Insekten (aus Haaren, Gräsern, Stoff) versuchen.

→ auch Fallenstellen, Jagdtricks

Kohle, Holz- → Holzkohle

Kollaps → Schock

Kompaß Ein Kompaß wird gekauft oder improvisiert. Ein einfacher guter Kompaß ist der *Silva*-Kompaß (Zeichnung). Er – wie alle – hat eine magnetische Nadel, die mittig eine Aufhängung hat. Sie reagiert sehr sensibel auf die Magnetfelder in der Nähe des Nordpols. Diese Felder sind aber nicht konstant, sondern wandern. Der magnetische Nordpol und der geographische sind also zweierlei. Wie viele Grade der eine vom anderen abweicht, ist auf guten Karten verzeichnet. Das ist überall auf der Welt verschieden. Bei uns im deutschsprachigen Raum ist die Differenz oder *Mißweisung* gering, woanders kann sie bis zu 180° (!) ausmachen.

Zur *Mißweisung* kommt manchmal (bei Schiffen, Autos) eine *Deviation*, d.h. eine weitere Mißweisung hinzu. Das sind magnetische Störfelder, bedingt durch das Metall oder durch Stromkreise des unmittelbaren Umfeldes. Man muß sie vorher selbst ermitteln, weil sie von Fahrzeug zu Fahrzeug unterschiedlich sind. Um sie festzustellen, macht man eine Messung im Freien und eine dort, wo der Kompaß immer angebracht sein wird. Den Wanderer interessiert das nicht. Er legt nur sein Messer beiseite. Aber immer ist darauf zu achten, daß beim Messen kein Metall in Kompaßnähe ist.

Heißt es also auf der Karte »Mißweisung (Deklination) –15°«, dann zeigt der Kompaß 15° *zu wenig* an. Mit anderen Worten: Zeigt die Nadel auf z.B. 200°, liegt der Punkt, auf den sie zeigt, in Wirklichkeit auf 215°.

Richtungsfindung, wenn man eine Karte hat und weiß, wo man sich befindet (angelehnt an die Gebrauchsanweisung der *Silva*-Kompasse) 1. Leg den Kompaß mit einer langen Kante entlang der gewünschten Kursrichtung mit dem Richtungspfeil vom Standort (A) zum Ziel (B) hin (Skizze 1). 2. Laß den Kompaß

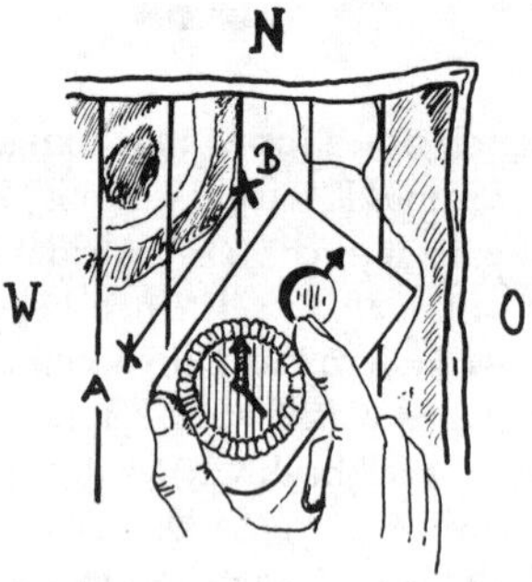

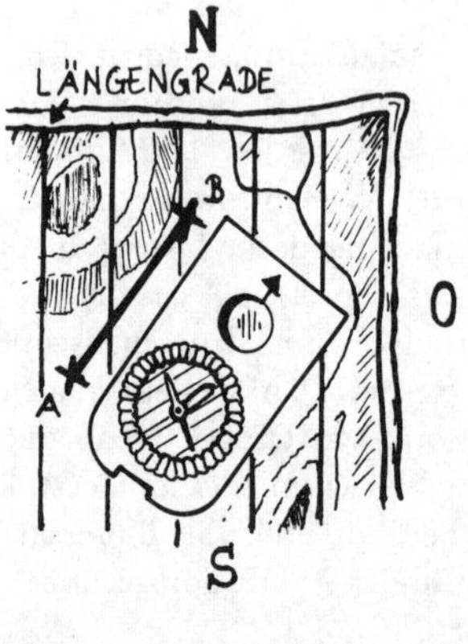

so liegen und dreh den Graduierungsring (mit der Gradeinteilung von 0–360°), bis »N« auf dem Ring nach Norden auf der Karte zeigt. Das ist der Fall, wenn die Nord-Süd-Linien in der Kompaßkapsel mit den Längengraden der Karte parallel verlaufen (Skizze 2). **3.** Nimm den Kompaß von der Karte und halt ihn waagerecht vor dich hin. Dann dreh dich, bis die rote Magnetnadelspitze mit dem »N« des Kompaßgehäuses übereinstimmt. Der Richtungspfeil zeigt nun in die Ziel-Richtung. Dort merkst du dir einen bestimmten Punkt und marschierst auf ihn zu. Am Punkt angekommen, wiederholst du den gleichen Vorgang bis zum Ziel hin.

Standort bestimmen, wenn man mindestens zwei Punkte im Gelände sieht, die auf der Karte verzeichnet sind: Peil den 1. Punkt an und dreh das Kompaßgehäuse, bis sich die Nordmarkierung »N« des Graduierungsringes mit der roten Nadelspitze deckt. Leg den Kompaß nun auf die Karte mit der langen Anlegekante an den angepeilten Punkt und dem Richtungspfeil auf dem Gehäuse zum Peilpunkt hin. Dreh den ganzen Kompaß, bis der Nordpfeil des Gehäuses nach Norden auf der Karte zeigt. Das ist der Fall, wenn die parallelen Linien der Kompaßkapsel parallel mit den Längengraden verlaufen. Deine Position befindet sich nun irgendwo entlang der Kompaßkante. Zeichne mit Bleistift eine Linie vom Peilpunkt zum Lineal-Ende. Wiederhole das mit Peilpunkt Nr. 2.

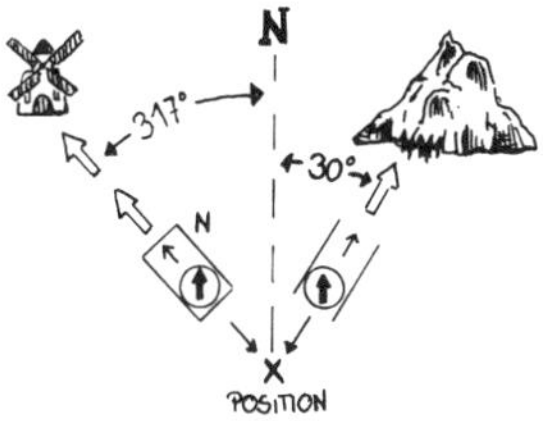

An der Schnittstelle beider Linien ist dein Standort.

Hat man keinen Kompaß, kann man ihn sich improvisieren mit einer

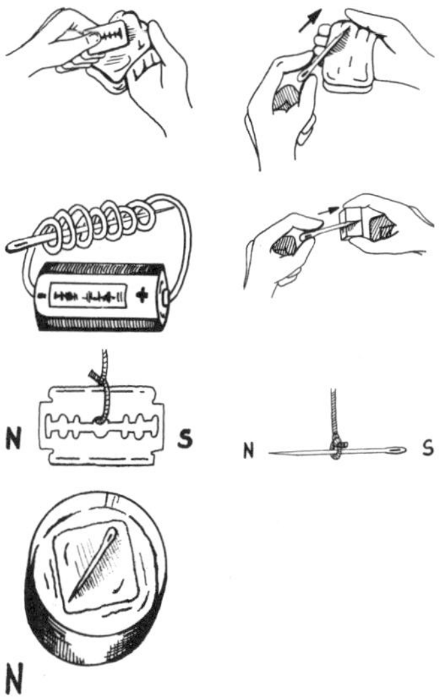

Stopfnadel oder Rasierklinge, die kräftig über Seide gerieben oder kurz an einem Magneten aufgeladen wird. Entweder hängt man sie dann waagerecht an einem Faden auf, oder man läßt sie schwimmen. Schwimmfähig macht man sie mit einem Stück Papier oder einem feinen Span.
Genauso kann man eine alte *Kompaßnadel aus Billigkompassen* verwenden; → auch Orientierung, Kreuz des Südens.
Ein *grobes* Hilfsmittel ist die Orientierung mit der *Uhr*. Der kleine Zeiger wird zur Sonne gerichtet. Die Halbierungslinie zwischen kleinem Zeiger und der 12 weist nach Süden. (Zeichnung).
Auf der südlichen Halbkugel halt die 12 zur Sonne. Halbiert wird immer der spitzere Winkel zwischen Zeiger und 12.

☞ Wer eine Digitaluhr besitzt, zeichnet sich die Zeigerstellung auf ein Blatt Papier.

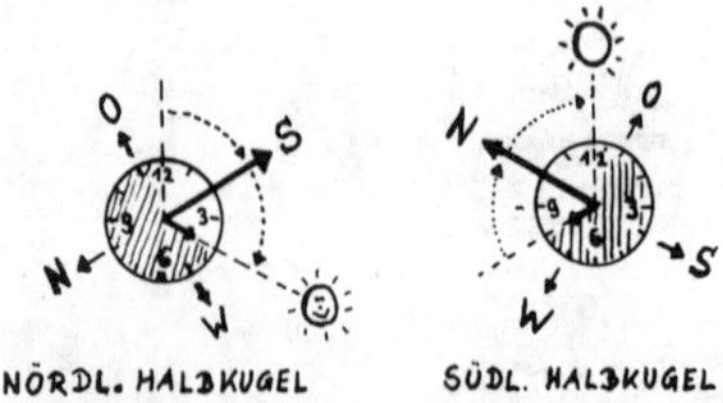

NÖRDL. HALBKUGEL (STUNDENZEIGER AUF SONNE) SÜDL. HALBKUGEL ('12 AUF SONNE')

Wer mehr über Navigation lernen will, kauft sich die Handbücher in den Nautik-Handlungen oder belegt die Sportbootschein-Lehrgänge.

Kompetenz drückt die Qualifikation und Befugnis eines Menschen aus, die er aufgrund besonderer Fähigkeiten oder per Zuordnung erworben hat. Mangelnde K. eines Anführers kann für Reisegruppen schlimme Folgen haben. Sie ist manchmal erkennbar an Arroganz oder/und scheindemokratischem Großzügigkeitsverhalten, die Unentschlossenheit überspielen sollen (→ Führungsstil).

Kondenswasser
→ Wassergewinnung

Kondome sind die einzige relative Sicherheit gegen Ansteckung mit Geschlechtskrankheiten und gegen ungewollte Schwangerschaft.

☺ Nur Enthaltsamkeit ist sicherer.

Die Minderung der Gefühle beim Geschlechtsverkehr läßt sich ein wenig ausgleichen durch Einbeziehung der Anwendung in das Vorspiel. Um bei Erstanwendung mit einem neuen Liebespartner kein Mißtrauen gegen dessen mögliche Krankheit auszudrücken, wird empfohlen, die Verwendung eines Kondoms als *Verantwortungs*beweis wegen der Gefahr einer möglichen Schwängerung zu formulieren.
K. sind aber auch vielseitiger verwendbar. Sie können Wasserbehälter abgeben, wenn man sie mit maximal 5 Litern füllt und einem schützenden Stoffbeutel umgibt.

Man kann Schmuggelgut in sie einknoten und verschlucken. Auch als Darmportemonnaie leistet das K. gute Dienste (besonders Wichtiges in K. einknoten, einfetten und im Darm verstecken).
Man kann sie als Schutz gegen Feuchtigkeit über empfindliche Geräte spannen (GPS; Fotoapparate, Filmdosen).
Mit einer Nachricht versehen, aufgeblasen und zugebunden, kann man K. zur Nachrichtenübertragung Flüssen oder dem Wind anvertrauen.

☺ Schreib mal wieder!

K. sind überdies der Feind aller unbelehrbaren Überbevölkerungsfanatiker.

Konservieren, Streichhölzer → Streichhölzer konservieren

Konservierung von Lebensmitteln ist dann wichtig, wenn man Vorräte anlegen muß für knappe Zeiten.
Die einfachsten Arten, manche L. vorübergehend haltbar zu machen, sind Kochen und Braten. Manche L. kann man erneut aufkochen und den Verderb hinauszögern. Aber Vorsicht ist angebracht bei Gemüsen, Fleisch und Fisch.
Zwei weitere K.-Arten kommen für den Reisenden im allgemeinen nicht in Betracht: das Einfrieren (allenfalls in arktischen Regionen) und das Einkochen.
Eher kommt das Trocknen in Frage. Die Früchte, das Gemüse oder das Fleisch werden in dünne Scheiben geschnitten und auf Steinen oder Schnüren mehrere Tage zum Trocknen in die Sonne oder den Wind gehängt. Fleisch mit einer zarten Salzschicht oder Fliegennetzen gegen Fliegen schützen (→ Biltong).
Eine sehr bewährte und überall durchführbare Methode der K. ist das → Räuchern. Geräuchertes hält lange und schmeckt gut.
Steht genügend Salz zur Verfügung, kann man Fisch auch salzen (pökeln). Salziges wird von Bakterien und Insekten gemieden. Beim Pökeln werden abwechselnd Fisch und Salz übereinandergeschichtet. Vor dem Verzehr muß derart Gesalzenes mehrfach in frisches Wasser gelegt werden, bis es entsalzen und genießbar ist.
Eine weitere Konservierung geschieht chemisch: Wasser und Säfte werden mit → Micropur haltbar gemacht, anderes mit Konservierungstoffen aus der Apotheke (Ameisensäure).

Konsulate sind Vertretungen deines Staates im Ausland ohne vollen diplomatischen Status. Im Notfall können sie Anlaufstelle für Ratsuchende sein. Vollen diplomatischen Status haben *Botschaften*, die sich meist in den Hauptstädten befinden.

Konsumrausch ist Ausdruck von Gedankenlosigkeit, Geltungsdrang und persönlicher Schwäche. Er beherrscht Menschen, die sich von Werbung und Statussymbolen einlullen lassen und die mit dem unnötigen Anhäufen von Besitztum geistige Defizite ausgleichen möchten. Da unnötiger Konsum und Luxus umweltschädlich sind und rücksichtslos gegenüber den Armen der Welt, sollten Globetrotter mit völkerverbindender Einstellung und Verantwortungsgefühl sich davon kritisch distanzieren.

Kopfbedeckung schützt gegen Hitze und Kälte. Bei Hitze sollte sie dem Kopf Schatten und Durchzug bieten, den Augen und dem Nacken Schutz gegen die Sonne, dem Gesicht Schutz gegen Fliegen (Netz, Schnüre mit Perlen).
Bei Kälte sollte sie den ganzen Kopf umgeben und vor allem auch die Ohren und Nase gegen Erfrierungen schützen. Ein unbedeckter Kopf verliert bei Kälte 70% der Körperwärme. Wem nachts beim Schlafen kalt ist, dem kann eine warme Mütze viel helfen.

Kopfläuse → Läuse

Kopfschmerz ist die wohl häufigste Schmerzform. Ursachen können sein: Übermüdung, Streß, geistige Überarbeitung, Sorgen, seelische Belastungen, Alkohol, Nikotin, schlechte Luft, Menstruation, Wetterumschwünge, Augenüberlastung usw.
Natürliche Abhilfe schafft die Behebung der Ursachen, wenn man sie kennt. Ferner *starker* Kaffee mit Zitrone, kalte Umschläge, Bettruhe mit Nackenrolle, heißes Sitzbad, sportliche Aktivität, Obstdiät, Tees von Weidenrinden. Zur Erfrischung auch Kamillen- und Pfefferminztee sowie → Japanisches Heilpflanzenöl.
Künstliche Abhilfe schaffen Tabletten verschiedenen Wirkungsgrades. Braucht man sie nur gelegentlich, sind sie zu verantworten. Werden sie zur Gewohnheit, können sie Nieren- und Blutschäden auslösen. → Akupunktur → Akupressur

Korb flechten, behelfsmäßig, wie → Boot aus Ästen.

Kork ist wegen seines geringen Gewichts und seiner schlechten Wärmeleitung ideal für Schwimmgürtel und Isolierung gegen Hitze und Kälte. Für den Survivor hat K. Bedeutung als einfaches Mittel zur Tarnung: Mittels Kerze oder Streichholz wird er angerußt und dann zur Schwärzung von Gesicht und Händen verwendet, wenn man sich nachts unsichtbar machen muß.

Körper-Check sollte man als junger Mensch alle fünf Jahre machen lassen, als älterer häufiger. Da geht es um Herz und Kreislauf oder die Krebsvorsorge.
Vor Reisen sollte man vor allem die Zähne durchprüfen lassen und sich wappnen gegen zu erwartende Krankheiten des Reiselandes (→ Impfungen, Malariaprophylaxe).
Man sollte konditionell dem Klima des Reiselandes gewachsen sein oder sich durch sportliches Training darauf einstimmen.

Körperpflege ist die halbe Gesundheit. Ein schmutziger Körper ist ein kranker Körper. K. bedeutet Wohlbefinden und Selbstachtung. Vor allem wichtig ist die Reinigung mit Seife und Wasser, das Putzen der Zähne, die Pflege der Nägel und Haare. Fingernägel sollten nicht über die Kuppen hinwegstehen, weil sie dann abbrechen und ihre Pinzetten-Funktion nicht mehr erfüllen. Fußnägel hält man kurz, damit sie beim Wandern und Treten gegen ein Hindernis nicht stauchen.

Wer sich immer rasiert, sollte das auch während der Reise tun. Es verleiht ein Gefühl von Frische, Selbstbewußtsein und Spannkraft. Ein unrasiertes und ungepflegtes Gesicht erweckt beim Fremden Mißtrauen wie eine Sonnenbrille, weil sie das Gesicht – die Visitenkarte – verbirgt.

Gepflegte Bärte hingegen können Reife und Vertrauenswürdigkeit ausstrahlen.

Frauen, die sich mit Make-up wohler fühlen, sollten auch während extremer Reisen nicht darauf verzichten. Daß überlange und rot lackierte Nägel im Busch unpraktisch sind, wird sich bald zeigen.

☺ Oder die Reise ist nicht extrem.

Auch maßvolles Sonnenbaden ist ein wesentlicher Bestandteil der Hygiene. Über das Optische hinaus hat Sonne Einfluß auf die Gesundheit. Sie killt Eiterbakterien und manche Flechten und Pilze. Mit Sonnenschutzmitteln und Kleidung schützt man sich gegen ein Zuviel.

Kot → Stuhl

Krampfadern sind ein Defekt in den Venen der Unterschenkel und im Gesäß (→ Hämorrhoiden). Sie sind eine Folge von Bindegewebsschwäche. Diese kann angeboren sein oder sich durch ständiges Stehen und Überlastung der Beine (Korpulenz, Schwangerschaft) bilden. Das zum Herzen zurückfließende Blut staut sich und erzeugt Müdigkeit, Jucken und Schwellungen. Gefährlicher als diese Symptome sind mögliche Folgen:

1. Krampfaderblutung bei Stoß auf die dünne Haut. Es blutet stark. Bein fest verbinden und hochlegen.
2. Blutungen *unter* der Haut infolge der Verletzbarkeit der dünnen Gefäßwandungen. Die Umgebung der Platzstelle färbt sich von rotbraun bis gelblich-grün.
3. Venenentzündungen, Stauungen, Geschwüre sowie
4. Pfropfbildungen. Man erkennt sie leicht am knotenartigen Stau.

Vorbeugend vermeidet man langes Stehen und ringförmig abschnürende Gummibänder. Sanfte Unterschenkel(selbst)massagen vom Fuß zum Oberschenkel hin beleben den ermüdeten Kreislauf. Stärkung der Beinmuskulatur durch Sport, wippende Bewegungen beim Stehen, Fußgymnastik, Hochlagern der Beine bei sitzender Betätigung.

Behandlung: bei leichten Schäden Roßkastanien-Präparate oder/und (tagsüber) Tragen von Unterschenkel-Gummistrümpfen, die das Blut zwingen, durch tiefer gelegene gesundere Venen zurückzuströmen. Diese unteren Venen bilden sich dadurch besser aus, und man kann bei zunehmenden Problemen leichter die Verödung der K. mit Kochsalz- oder Zuckerlösung durch einen Arzt vornehmen lassen. Eine sehr gute Hilfe ist die operative *Entfernung* der K. Auch dann fließt das Blut durch die tieferen Venen. Das Jucken hört auf, das Stehen ermüdet nicht mehr.
Pfropfe kann man auf Reisen selbst entfernen. Die K. wird mit kleinem Schnitt geöffnet und der Pfropf herausgedrückt. Eine weitere Hilfe kann das Ansetzen von → Blutegeln sein. Sie sondern ein blutgerinnungshemmendes Mittel (Hirudin) ab, das die Dickflüssigkeit des Staublutes vermindert.

Krankheit, See- → Seekrankheit

Krankheit, Simulation einer → Simulation einer Krankheit

Kreislauf (Blutkreislauf). Darunter versteht man den Umlauf des Blutes durch das Adersystem, wobei der Transport von Sauerstoff, Nahrung und Schlacken erfolgt. Motor für diesen K. ist das Herz. Es pumpt bis zu 6 Liter Blut in ca. einer Minute mit 60 bis 80 Stößen über Arterien bis in die feinste Kapillare des Körpers, von wo es über Venen zum Herzen zurückfließt. Eine gigantische Leistung also, die man dem Herzen danken sollte. Zum Beispiel mit Sport, mit fett- und kohlenhydratarmer Kost, mit Verzicht auf Nikotin. Sonst entstehen Defekte im Rhythmus, an den Ventilen und am Druck. → Bluthochdruck, Herzrhythmusstörungen, Herzschwäche, Herzmuskelerschlaffung, Ödeme, Kreislaufstörung, Schock, Krampfadern, Thrombose, Hämorrhoiden.

Kreislaufstörung liegt vor, wenn ein komisches Gefühl unter der Zunge entsteht, die Selbstkontrolle verlorengeht, man wankt und sich zwar halten will, das aber nicht ganz gelingt und man hinschlägt. Das kann die Folge sein von Arterienverkalkung, Schreck, langem Stehen in großer Hitze, Hocken und schnellem Aufstehen in dünner Luft. Entweder war der Kreislauf dadurch unterbrochen, oder das Blut sackte vor Schreck in die schlagartig erweiterten Bauchgefäße.
Behandlung: Patienten in die → Schocklage legen. Wenn sie nicht ausreicht, spritzt man Kreislaufmittel Noradrenalin, Arterenol, Effortil, Novadral (→ Injektionstechnik).

Kreuz des Südens ist die Sterngruppe, an der man auf der südlichen Halbkugel die Südrichtung abliest. Die Längsachse der vier Sterne wird in Richtung Erde viereinhalbmal verlängert. Senkrecht unter dem Endpunkt liegt der Südpol.

Kreuzknoten → Knoten

Krokodile. Es gibt für den Menschen harmlose und gefährliche. Zu den harmlosen zählen die Kaimane Amerikas und die Süßwasser-K. in Australien. Sie lieben den Menschen und fliehen und beißen nur, wenn man sie direkt bedroht. In ihren Gewässern kann man schwimmen.
Die Salzwasserk. Australiens hingegen oder die Nilk. Afrikas lieben den Menschen auf andere Weise: englisch. Roh. Blutig. 200 Millionen Jahre Erfahrung. Kampfmaschinen bis zu 7 m Länge. Sie sind in der Lage, mit 18 km/h aus dem Wasser aufzutauchen und einem bis zu 50 m an Land zu folgen. Schon auf 100 m fühlen sie mit ihrem sensiblen Wahrnehmungssystem, wenn ein Mensch am Ufer entlanggeht. Sie folgen ihm unter Wasser, ohne eine Welle zu erzeugen. Es gibt Artisten unter ihnen, die senkrecht 3 m aus dem Wasser in die Höhe springen können. Das sollte man wissen und den nötigen Respekt aufbringen.
Wer sich solcherart bewohnten Gewässern nähert oder per Boot anvertraut, muß Spielregeln einhalten. Er sollte ein Boot haben, das nicht zu leicht kentert. Nilk. greifen sowohl von unten als auch auf der Wasserfläche an. Da sie keine Schneidezähne zum Abbeißen haben, beißen sie bei größeren Opfern vorzugsweise in die Gliedmaßen, die sie mit Hilfe blitzschneller Körperumdrehungen ausreißen. Anderes Großgetier wird unter Wasser versteckt und mit Hilfe der Fäulnis weichgemacht. Kleinere Opfer werden auf Längsrichtung gebracht und runtergeschluckt.
K. verfügen über eine gewaltige Kraft im Zuschlagen der Kiefer, aber über nur sehr wenig Kraft im Öffnen. Mit einfachem Seil kann man ihre Kiefer zusammenbinden.
Wer in K.gewässern schwimmt, dem ist nicht zu helfen. Gebadet wird nur in sehr flachen und übersichtlichen Zonen. Wer im Boot sitzt und ein K. herannahen sieht, gibt einen Warnschuß auf den harten Panzer oder daneben ins Wasser ab. Oder er patscht dem K. vorm Zuschnappen ins Boot eins mit dem Paddel auf die Nase. Meist tauchen sie dann weg. Wenn sie trotzdem zuschnappen, ist das kein Grund zur Unruhe. Die Tiere merken schnell, daß das Boot nicht aus Fleisch gemacht ist und verschwinden. Es sei denn, man hat ein Schlauchboot.
Wer vom Boot angelt, werfe keine Fischabfälle ins Wasser oder lehne sich über die Bordkante. Wer Wasser holen muß, tue das nie zweimal an denselben Stellen. K. sind schlau und haben viel Geduld.

Kinder und Haustiere sind unbedingt vom Wasser fernzuhalten.
Wer an k.verdächtigen Wassern angelt, sollte 3 m Abstand zum Wasser wahren und außer der Angel einen dicken 3-Meter-Knüppel vor sich hinhalten. Die auftauchenden Tiere schnappen stets in das, was ihnen am nächsten ist. Niemals angelt man stehend vom Wasser aus.
Camps legt man nicht neben der Wasserkante an, sondern 100 m landeinwärts. Um das Camp herum wird ein lockerer Wall aus Ästen ausgelegt, damit man die Annäherung rechtzeitig wahrnimmt.
Wer wissen möchte, wie viele K. es im betreffenden Gewässer gibt, der leuchte nachts mit starker Taschenlampe die Ufer ab. Die Augen leuchten paarweise und rot.

Krücken sind dann überlebenswichtig, wenn man ein Bein gebrochen, verstaucht oder verrenkt hat und die Freunde einen nicht nach Hause *tragen* können. Oder wenn man in dieser Situation allein ist. (→ Boot aus Ästen, falls Gewässer vorhanden)

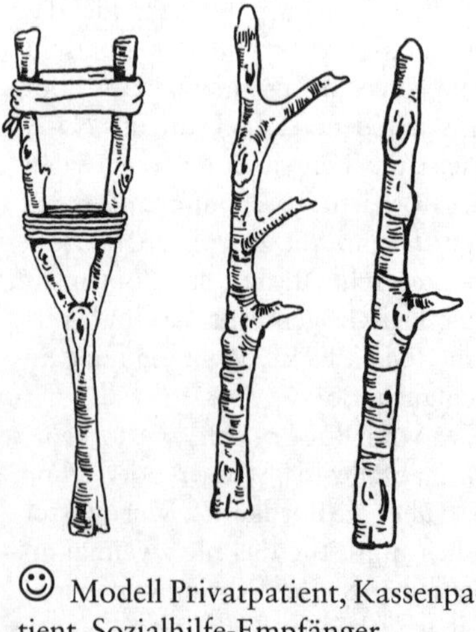

☺ Modell Privatpatient, Kassenpatient, Sozialhilfe-Empfänger

Kugelschreiber, schießender → Schießender Kugelschreiber

Kugelsichere Westen schützen vor allem den Rumpf, weil im schnellen Nahgefecht nicht auf den Kopf oder die Beine, sondern auf das sichere Ziel, den Rumpf, geschossen wird. Erhältlich sind die Westen im Jagd-Handel.

Kühlschrank ohne Strom. Beim Busch-Kühlschrank macht man sich die Verdunstungskälte zunutze. Er empfiehlt sich, wenn man länger an einem Ort bleiben möchte.

An einer schattig-zugigen Stelle errichtet man ein Podest auf Astgabeln (Zeichnung). Auf dieser Art Tisch (die Höhe soll die Krabbeltiere fernhalten) improvisiert man eine Kiste aus Geäst, die dicht mit Zweigen und Blättern abgedeckt wird. Das Ganze schlägt man rundherum mit einer dicken nassen Decke ein. Auf den Kühlschrank wird ein Eimer mit Wasser gestellt. Aus dem Wasser heraus läßt man ein paar Stoff- oder Sacklappen hängen, die Kontakt haben zur Decke und sie ständig feucht halten. Die stete Verdunstung des Wassers entzieht der Umgebung, also auch dem Inneren des Kühl-

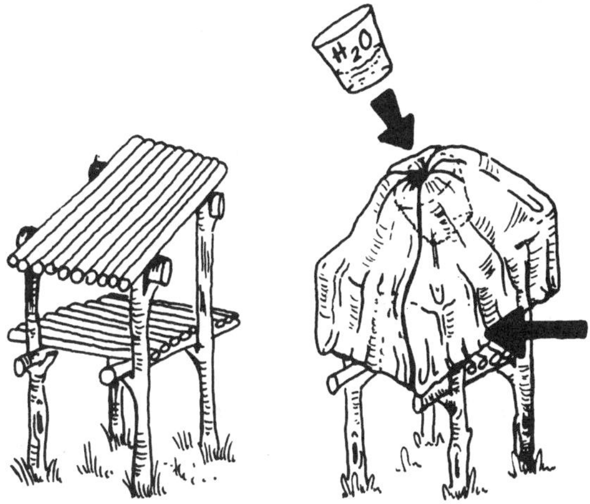

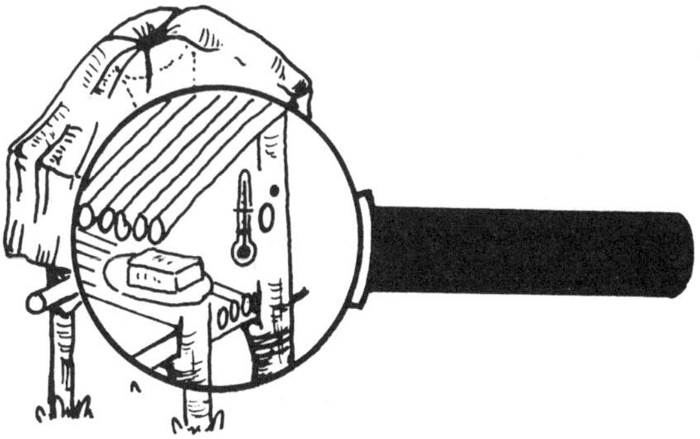

schranks, viel Wärme und läßt es dort auf diese Weise immer ein paar Grade kühler sein. Je nasser und windiger, desto kühler (→ Chill-Faktor).

☞ Wer auch während der Weiterfahrt auf Gekühltes nicht verzichten möchte, der packt seine Leckereien einfach in einen nassen Sack und hängt ihn in den Fahrtwind außen an sein Fahrzeug. Achtung: ständig nachnässen!

☞ Ein weiterer verblüffender Mini-Kühlschrank ist ein satt in Wasser getränkter umgedrehter Blumentopf aus Ton. Auch ihn kann man mit nassem Tuch noch effektiver gestalten.

L

Lagerplatz-Auswahl soll vor allem rechtzeitig am Nachmittag erfolgen. Denn das Lager muß aufgebaut, Holz- und Nahrungsvorräte herbeigeschafft sein, bevor es dunkel ist. Ausnahme: Lager während der Flucht, wo man nicht gesehen werden darf.

Wohnen Menschen im Umfeld, sollte man sich nicht zu sehr präsentieren, sondern lieber versteckt lagern, wenn es die Landschaft erlaubt, an Stellen, die nur von einer Seite zugänglich sind. Ist mit einem Angriff zu rechnen, werden Wachen eingeteilt, und man hat zumindest Pfefferspray, Gaspistole oder Elektroschocker bei sich und eine starke Taschenlampe.

Ein Lager sollte erhöht liegen, damit Regenmassen nicht ins Zelt laufen können. Geht das nicht, wird ein kleiner Graben um das Zelt gezogen mit Ablauf zur tiefsten Stelle hin.

✿ Bei größeren Reise-Gruppen legt man ein Plumpsklo an. Einzelreisende stuhlen in den Busch und lassen durch Bakterien entsorgen. Nicht kompostierbarer Müll wird mitgenommen.

Wo Gefahr durch große freilaufende Tiere besteht (Flußpferde, Rinder), muß auf deren Wechsel (Trampelpfade) Rücksicht genommen werden.

An Krokodilgewässern wahrt man einen Abstand von 100 m zum Wasser.

Bei Gefahr der Begegnung mit gefährlichen Tieren legt man einen Wall aus Ästen ums Lager, schützt sich per → Alarmanlage oder/und unterhält ein Feuer.

In Bärenregionen sind alle Lebensmittel 500 m vom Lager entfernt an Seilen zwischen zwei Bäumen in ausreichender Höhe aufzuhängen (→ Bären).

Bei Gefahr durch Menschen wird das Gepäck zusammengehalten und fluchtbereit gelegt.

✿ Verantwortungsbewußt reisende Survivors verlassen das Camp, ohne Spuren zu hinterlassen.

Landanzeichen auf See sind die Hoffnung für alle Schiffbrüchigen, die orientierungslos auf dem Meer treiben.

Da wären die kleineren Wolken, die über Atollen festhängen und nicht weiterwandern, oder Wolkenkämme, die an Gebirgszügen verharren. In den Tropen sollen auch morgendliche Blitze, die nicht weiterziehen, ein Hinweis sein auf gebirgiges Land.

Wenn die Vogelvielfalt zunimmt (vor allem Vögel, die nicht auf dem Meer schwimmen können, um sich auszuruhen) und Insekten auftauchen, sind das ebenfalls Landanzeichen. Ferner: schwimmender See-

tang, der sich in den Flachgewässern vor der Küste losgerissen hat; zunehmend schwimmender Müll, eine hellere Wasserfarbe und das Zurückbleiben der begleitenden Fische.
Mitunter läßt sich Land sogar riechen: Es riecht erdig.
→ Sea Survival

Langeweile haben nur fantasielose und orientierungslose Menschen. Wer neugierig ist auf die Vielfalt der Welt und des Lebens, wer ausreichend Interessen in sich geweckt hat, wird das Problem nur als Vokabel kennen. Trotzdem ist es Sache des einzelnen, ob er sein Leben dahinstreichen läßt oder es aktiv selbst gestaltet.
Schlimm aber ist Langeweile in Gefangenschaft oder wenn man längere Zeit an einen Ort gebunden ist. Sie ist ein erster Schritt in Richtung Resignation, Selbstaufgabe, Verderben. Selbst in ereignislosesten Zeiten läßt sich immer etwas tun: Lager ausbessern, Betreuung weniger motivierter Begleiter, Nahrungssuche, Spiel und Sport, Tagebuch, Sprache lernen ...

☠ **Laserstrahlpointer.** Es genügt *eine Viertelsekunde* des Laserstrahls auf das menschliche Auge, um irreparable Schäden hervorzurufen.
Bastler können L. umfunktionieren in Pistolen und damit Deutschießen auf das TV-Programm trainieren.

Lassoband (auch Isolierband, Tape, Gewebeband) sollte man in jedem Überlebensgürtel haben. Man kann es für viele Zwecke verwenden: als Pflaster, zum Reparieren, Zusammenbinden, Abdichten kleiner Risse und Schraubgefäße (Filmdosen), zum Beschriften etc.

Lasttiere. Wer lange Wanderungen unternimmt und viel Gepäck transportieren muß, sollte an die Möglichkeit denken, sich der Hilfe eines L. zu versichern. Das können Lama, Esel, Maultier, Pferd, Rentier, Kamel sein. Lasttiere machen die Wanderung zu einem besonderen Erlebnis – wie die mit einem guten Freund. Wer sich mit den Tieren nicht auskennt, sollte sie nebst einheimischem Führer mieten oder sich unter seiner Anleitung vertraut machen lassen mit dem Charakter der Tiere.
Wer die Wahl hat zwischen Pferd, Esel oder Maultier, dem sei zum Maultier (Muli) geraten. Maultiere sind weniger furchtsam als Pferde, sie scheuen selbst Feuer nicht und reagieren weniger empfindlich bei harter Behandlung durch Dauerbelastung. Sie lassen sich leicht beladen und sind auch im Gebirge sicher im Schritt. Maultiere sind genügsame Esser und vertragen große Kälte und hohe Hitze. Mit einer Last von 75 kg legt ein Maultier täglich bis zu 30 km zurück.
Wichtig bei allen Lasttieren ist, das Gepäck gut gepolstert, ausbalanciert und rutschsicher aufzulegen. Wenn trotzdem Scheuerstellen auftreten, sind sie sofort zu behandeln wie eigene Wunden. Die Tiere sollten nicht überladen und unnötig strapaziert

werden. Sie sind während der Rast mit ausreichend Nahrung und Wasser zu versorgen, bevor man sein eigenes Lager bereitet. Damit sie nicht fliehen können, müssen sie nachts und in den Pausen angebunden werden. Gibt es Raubtiere in der Nähe, sind die Tiere mit Lagerfeuern, Zaun oder/und Wache zu schützen.

Läuse können einem das Leben schwer machen. Sie saugen Blut, rufen Juckreiz hervor, veranlassen zum Kratzen, das wiederum kann Ekzem- und Geschwürbildung zur Folge haben. Die Kleiderl. können außerdem Fleckfieber, Rückfallfieber und Fünftagefieber übertragen.
Gegenmittel gegen die L. sind vor allem Sauberkeit. Ferner helfen Kochen der Wäsche, chemische Mittel wie DDT und Kontaktgifte (Insektensprays). Apotheken bieten weitere Mittel an. Kleine Hilfen sind das Abschneiden der Haare oder das Auskämmen mit speziellem (engen) L.kamm.
L. in der Kleidung kann man auch austrocknen. Dazu muß die Kleidung mindestens 40 Tage ohne Kontakt zum Menschen sein. Schneller geht es, wenn man die Kleidung in einen Ameisenhaufen legt. Die Ameisen befreien sie von allem, auch von Eiern. Anschließend die Tiere ausschütteln.
Die genannten Fieber müssen gesondert bekämpft werden.

Lawinen sind Schneemassen, die sich plötzlich am Hang lösen und mit ihrem Tonnengewicht alles in die Tiefe reißen. Sie entstehen durch anhaltenden Schneefall und Aufbau einer immer dickeren Schneeschicht, die irgendwann Übergewicht in Richtung Tal bekommt. Auslöser können sein: Tauwetter, ein Wanderer, ein einfacher Ruf oder jene Schneeflocke, die das Maß zum Überlaufen bringt. In touristisch organisierten Gebieten werden von den Bergwachten L.warnungen bekanntgegeben. In der unbewohnten Natur ist es eine Frage des Gespürs, ob man Lawinengefahr erkennt. Im Zweifelsfalle lohnt jeder Umweg.

Lebensmittelschutz gegen Tiere und Menschen. Gegen *Insekten* schützen Netze, Plastiktüten, Folien, Zeitungen, verschließbare Gefäße.
Gegen *Mäuse* und andere *Nager* und Nascher helfen vor allem die Weithals-Schraubkanister und Aluminiumkisten.
Gegen *Bären* (und als *Vorratslager* für die Rückkehr) hilft das Aufhängen der Lebensmittel in mindestens 3 m Höhe und 2 m Abstand zum nächsten Baumstamm.
Wer Vorräte über *längere Zeit* für seine Rückkehr lagern will, vergräbt sie an trockener und regengeschützter Stelle in einem mindestens 60 cm tiefen Loch, das gut ausgepolstert werden muß mit mehreren Lagen trockener Blätter. Die Abdeckung erfolgt auch mit Blättern oder Baumrinden, Kunststoff, Alufolie und schließlich mit einer dicken Erdschicht. Über alles werden kräftige frische Äste gelegt

und diese mit Steinen beschwert gegen Scharrversuche der Tiere.
Wer Lebensmittel gegen *Beraubung durch Menschen* schützen will, muß das Versteck außerdem sorgfältig tarnen.

Ein sehr sicheres Versteck ist unter dem erloschenen Lagerfeuer! D.h. man legt das Versteck vorher an, packt die Vorräte in stabile Behälter, sichert die Grube nach oben mit (Alufolie und) dicken Ästen und viel Erdreich ab und entzündet dann das Lagerfeuer. Neugierige Menschen, die das verlassene Lager nach Brauchbarem durchstöbern, betreten komischerweise nie die Asche.

☺ Es sei denn, sie kennen dieses Buch.

Leberentzündung (Hepatitis) → Hepatitis

Lederriemen. Selbst aus kleinen Stücken lassen sich lange (!) und knotenfreie Riemen schneiden, wenn man mit dem Schneiden *von der Mitte her beginnt* und sich dann spiralförmig nach außen arbeitet. Eine zusätzliche Stabilität erzielt man durch Verflechten mehrerer Schnüre (→ Flechten).

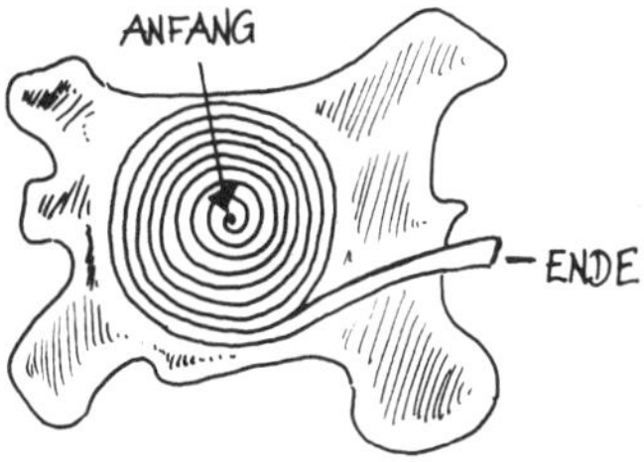

Lehrgang, Erste-Hilfe- → Erste-Hilfe-Lehrgang

Leinen-Wassersäcke sind ideal in warmen Gebieten, wo man nach kühlem Getränk lechzt. Sie sind porös und verlieren Wasser. Dieses austretende Wasser verdunstet. Dafür benötigt es Wärme, die es z.T. aus dem Inneren des Beutels bezieht und so die Kühlung bewirkt. Den besten Erfolg hat man in zugigem Schatten oder an der Schattenseite des fahrenden Autos.
Die L. sind *nicht* zu empfehlen, wenn Wasser knapp und jeder Tropfen von Bedeutung ist.

Leistenbruch ist das Austreten des Darms oder eines Bruchsacks durch das Bauchfell in der Leistengegend. Dort sieht und fühlt man eine Schwellung. Das kann die Folge einer angeborenen Gewebsschwäche oder zu schweren Hebens sein. Er kann zurückgedrückt und mit einem Druckverband gegen erneutes Rausfallen gesichert werden. Das muß vorsichtig geschehen, weil die Gefahr einer → Darmverschlingung besteht.
Langfristig muß die Schwachstelle vom Arzt vernäht werden. (→ Bruchband)

Leitern lassen sich schnell improvisieren.

1. *Einseil-Leiter:* Ein ausreichend stabiles mehrstrangiges Seil wird mittels angespitzten Stockes geöffnet, bis man kreuzweise besen-

stieldicke Stöcke hindurchschieben kann.

Zu beachten ist zweierlei: Die Stöcke müssen am Seil gegen das Rausrutschen mit Bindfaden gesichert und das Seil oberhalb und unterhalb muß rundherum mit Bindfaden oder Tape gegen weiteres Öffnen umwickelt werden.

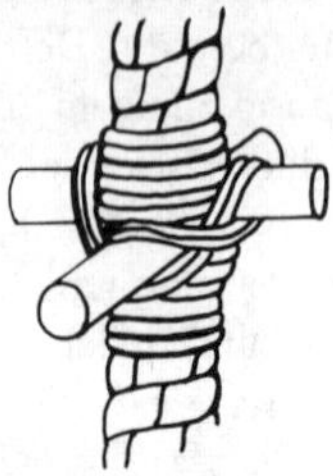

2. *Strickleiter:* Ausreichend kräftige Holzstangen werden durchbohrt oder mit glühendem Metall durchbrannt. Die Seile werden durch die Löcher geführt und mit → Acht-Knoten abgesichert (Zeichnung).

Kann man keine Löcher machen, weil es an Glühwerkzeug fehlt, kerbt man sie ein und befestigt die Sprossen per → Webeleinstek.

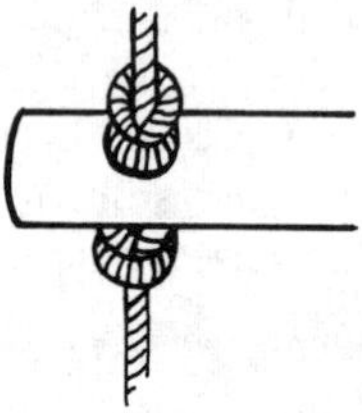

3. *Weitere Leitern* zeigen die Zeichnungen.

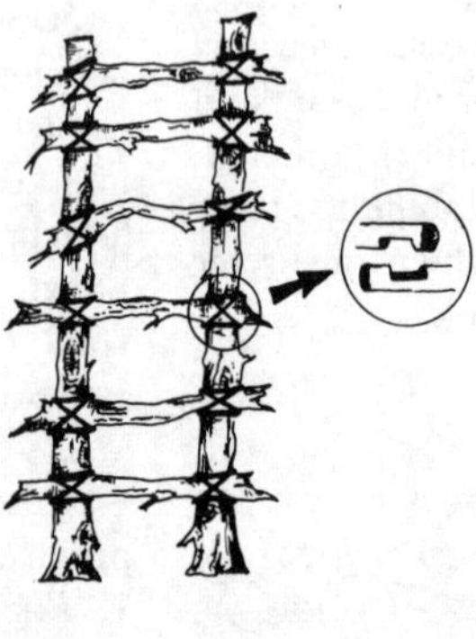

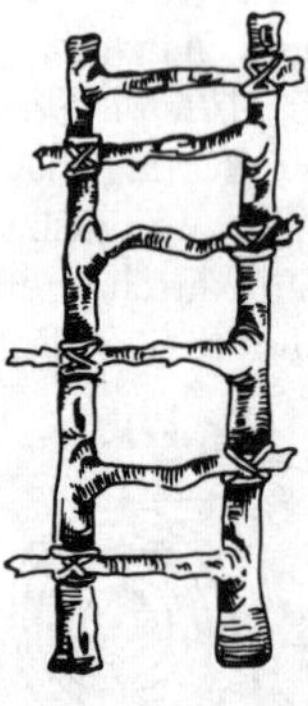

Leiter, Reise- → Führungsstil

Leopard, Gefahren durch
→ Jaguar

Lernen und zwar ein Leben lang, ist die beste Garantie für das Überleben auf Erden. Sowohl in der unkalkulierbaren Zivilisation wie in der kalkulierbaren Wildnis. Wissen ist Macht.

☺ »Nichts wissen macht nichts.«

Wissen verschafft Vielseitigkeit und Unangreifbarkeit in allen erdenklichen Situationen. Wer meint, er brauche nichts mehr zu lernen, sitzt auf dem sterbenden Ast und wird irgendwann von den Gebildeteren untergebuttert.

Letzte Hilfe → Tod

Leuchtstäbe sind chemische Leuchtquellen, in denen zwei Flüssigkeiten miteinander vermischt werden, die dann 12 Stunden lang Licht erzeugen. Es gibt L. für die Signalgebung auch farbig (Globetrotter-Handel). Die kleinsten sind streichholzgroß und dienen Anglern zum Signalisieren eines Bisses (Angelhandel). Diese kleinen sind auch hilfreich bei nächtlichen Gruppen-Wanderungen, wenn man sie als Rückstrahler an der Kleidung trägt. Ökonomischer für Wanderer sind jedoch → Reflexstreifen.

Lianen spalten. Es gibt feine Lianen, die kaum zerreißbar sind und die guten Seilen in kaum etwas nachstehen. Es sind vor allem Seile, die man nicht mitzuschleppen braucht, weil sie immer in erreichbarer Nähe im Regenwald wachsen.
Ist man knapp an Bindematerial, oder sind die Lianen für deinen Zweck zu dick, kann man sie spalten. Der Luxusabenteurer kann sie auch vorher schälen. Dann sehen sie hübscher aus. Aber das jeweilige Halbieren und eventuelle nochmalige Halbieren, also Vierteln, erfordert die Kenntnis eines kleinen Tricks.
Man spaltet die Liane an ihrem Ende per Messer, Fingernagel oder Biß möglichst in der Mitte. Die untere Hälfte hält man fest und die obere zieht man mit der rechten Hand langsam hoch. Wie eine Banane, die du waagerecht in der Hand hältst, wenn du ihre Schale abziehst. Hat man etwa 20 cm so aufgespalten, greift man nach und setzt die Spaltung fort.

☞ Aber nun kommt der eigentliche Trick: Sobald man merkt, daß eine Hälfte dünner wird, dreht man diese dünnere Hälfte sofort nach unten, hält sie mehr oder weniger waagerecht und biegt die dickere Hälfte nach oben (Zeichnung). Das wiederholt man immer wieder, sobald die Hälften sich verändern. Stets muß die dickere oben liegen und hochgebogen werden.

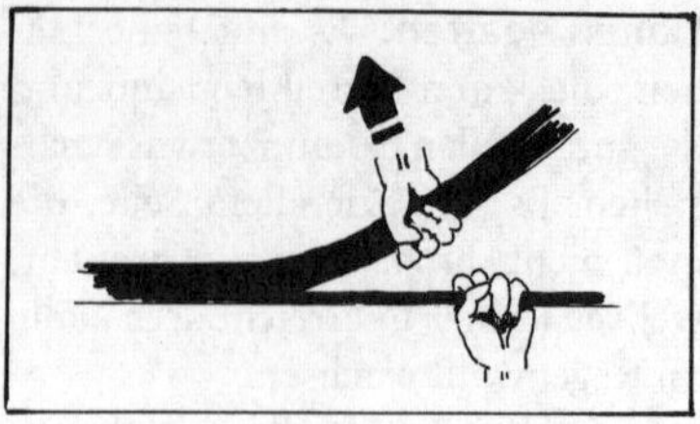

Gespaltene Lianen können meistens erneut halbiert werden.

Lianen verknoten. So zäh und stabil Lianen oft sind – verknoten lassen sie sich schlecht. Deshalb werden sie nicht mit zwei → Halben Schlägen verknotet, sondern per → Kreuzknoten.

Licht-Ersatz. Irgendein Gefäß, und sei es ein Schneckenhaus, eine Muschel, ein ausgehöhltes Stück Holz oder ein Bambusrohr, wird mit brennbarem Material gefüllt. Aber nicht etwa mit explosivem Benzin, sondern mit Öl, Fett, Wachs oder Petroleum. Etwa daumendick wird der Boden der Gefäße mit Lehm oder Sand gefüllt. Sie sollen ein feines, frischgebrochenes Ästchen halten, das man mitten in das Gefäß hineinsteckt. Das Ästchen hat man vorher im Zickzack durch einen Baumwoll-Lappen gestochen. Auch feinfaserige Bastfasern (→ Bastrinde) lassen sich als Docht verwenden (Zeichnung). Die Größe der Flamme hängt ab von der Größe des Dochts.
In großen Streifen abgeschälte Birkenrinde, auch von frischen Bäumen, läßt sich spiralförmig aufdrehen und fackelartig als Lampe nutzen (Zeichnung).

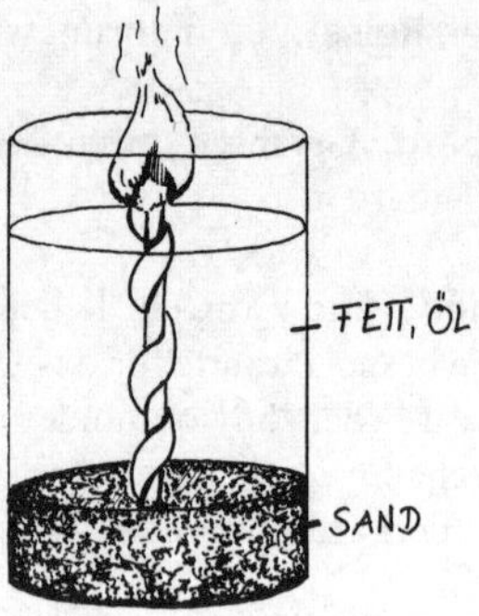

Beim Brennen sondert Birkenrinde jedoch einen intensiven dunklen Rauch ab, der gesundheitsschädlich ist. Deshalb und aus *Naturschutz*gründen kommt diese Methode mit frischen Rinden nur im Notfall in Betracht.

Zum Lesen in dunkler Tropennacht läßt sich eine Lampe mit Hilfe von Glühwürmchen machen. Man fängt so viele wie möglich und gibt sie in ein verschlossenes Glas. Denk an die Luftlöcher im Deckel!

Logbuch ist ein Tagebuch, das bei der Seefahrt gesetzlich vorgeschrieben ist. In ihm werden alle wichtigen Ereignisse und Beobachtungen notiert.
Ein L. empfiehlt sich auch für den Langstreckenwanderer, der sich nach Karte und Kompaß orientiert. Für alles Wichtige richtet man Spalten ein, die in bestimmten Zeitabschnitten ausgefüllt werden. Zum Beispiel: Datum, Tageszeit, Position, → Marschzahl, Dauer des Marsches, geschätzte Kilometer, Landschaftsbeschreibung, Schwierigkeitsgrad, Kondition (psychisch und physisch), verbrauchte Wassermenge, sonstiges.

Losung → Kennwort

Löwen jagen selten allein. Sie verstehen es meisterlich, das auserwählte Opfer weit zu umgehen, es von vorn anzugreifen und auf das versteckt liegende Rudel zuzutreiben. Sie töten schnell, und man empfindet (nach Grzimek) weder Schmerz noch Schrecken noch Todesangst.
Unbewaffnet hat man als Wanderer gegen L. keine Chance. Guten Schutz bieten Zelte, Lagerfeuer und – bei Angriff – flammenstarke Grasbündel-Fackeln. Obwohl L. gute Kletterer sind, kann rechtzeitiges Verstekken auf hohen Bäumen oder Flucht durch tiefe Gewässer die rettende Hilfe sein. In grauer Vorzeit soll man sich auch mit kräftigen verästelten Akazienzweigen gewehrt haben. Möglicherweise scheuen L. die entzündungsverursachenden Dornen.

Luftröhrenschnitt muß *sofort* gemacht werden, wenn jemand zu ersticken droht und man die Ursache des Erstickens nicht beheben kann (Insektenstich in den Mund; verschluckter Gegenstand → Heimlich-Handgriff). Dazu wird mit feinem Messer (ohne Betäubung wegen der gebotenen Eile) zwischen Kehlkopf und Brustbein max. 3 cm tief in den Hals gestochen und die Luftröhre waagerecht durchgeschnitten.

Man erkennt sie mit den Fingern an ihrer Ringelung. Diese schnelle kleine Operation ist kaum blutig. Anschließend muß der Schnitt mit einem kleinen Röhrchen (Kugelschreiberhülse, Holzspan) offengehalten werden.

Lungenentzündung holt man sich als Folge verschleppter → Bronchitis oder infolge zu starker Auskühlung. Man hat 39 ° Fieber und trotzdem Schüttelfrost. Bei Abhorchen (→ Stethoskop) des Brustkorbs ist an einer Stelle (also nicht überall) ein feines Knistern zu hören, der Atem kommt mit feuchtem Geräusch.
Es helfen Antibiotika und absolutes Rauchverbot.

Lupe kann hilfreich sein bei Verlust der Brille, als Brennglas, zum Vergrößern des Kleingedruckten, zur Untersuchung von Wunden. Auf Reisen empfehlen sich bruchsichere L. aus Kunststoff.

M

Macht basiert auf der Angst der anderen.

Magendurchbruch. Wenn das passiert, spürt der Patient es in derselben Sekunde. Der Bauch ist knallhart und scheint zu explodieren, denn der Magen hat ein Loch in der Wandung (Folge von → Magengeschwür u.a.), und die Säure ergießt sich in die Bauchhöhle. Der Patient ist in akuter Lebensgefahr und muß operiert werden.
Ist kein Krankenhaus zu erreichen, gibt es mehrere Möglichkeiten, die Überlebenschancen zu erhöhen. Man verabreicht Morphium, um den Schmerz zu betäuben. Dann steckt man ihm über den Mund und die Speiseröhre einen feinen (Aquarien-) Schlauch in den Magen. Das geschieht langsam, und man achtet darauf, die Speiseröhre und nicht die Luftröhre zu treffen. Die Speiseröhre liegt hinter der Luftröhre. Verspürt der Patient Brechreiz, soll er Trinkbewegungen machen und immer durch die Nase atmen.
Der Schlauch ist abgerundet und eingefettet zum sanfteren Gleiten und hat auf den unteren 10 Zentimetern rundum einige erbsengroße Löcher. 50 cm tief muß der Schlauch eingeführt werden (vorher dort eine Markierung anbringen) und möglichst bis unter die Gürtellinie des Patienten heraushängen. Dann saugt man den Mageninhalt an. Die Vielzahl der Löcher sichert den Auslauf auch dann, wenn ein Loch verstopft ist. Kommt nichts mehr, sind entweder alle Löcher verstopft, oder der Magen ist leer. Um das festzustellen, pustet man einmal kräftig hinein, um die Löcher freizublasen.

Magengeschwür. Es kündigt sich an mit Schmerzen in der oberen Bauchmitte und mit Sodbrennen. Und zwar nach dem Essen und des Nachts. Ein M. kann die Folge sein von anhaltendem Ärger und Sorgen. Lebensgefährlich wird es, wenn das M. platzt (→ Magendurchbruch). Deshalb muß vorgebeugt werden: Essen nur in *kleinen* Mengen. Nichts Saures, Gewürztes, stark Gebratenes! Bei heftigen Schmerzen keinesfalls Aspirin, sondern schmerzstillendes Mittel wie *Novalgin,* das intravenös verabreicht wird (→ Injektionstechnik). Eisbeutel auf den Magen legen. Eis hemmt Entzündungen.

Magenkatarrh nennt man die Magenverstimmung (auch Schleimhautentzündung, Gastritis), bei der man übel aus dem Mund riecht, sauer aufstößt, Brechreiz verspürt oder tatsächlich bricht. M. ist die Folge von verdorbener Speise, zu vielem Alkohol oder Nikotin, zu heißer oder zu kalter Nahrung oder als Begleiterscheinung einer Infektionskrankheit. Solcherart M. verschwindet mit der Ursache.

Magenschleimhautentzündung → Magenkatarrh

Malaria (-Prophylaxe). M. ist noch immer eine der ganz großen Tropenkrankheiten und ein Regulativ der Natur gegen das hemmungslose Vordringen des Menschen in die Regenwälder. Vor Reisen in M.-gefährdete Gebiete sollte man sich bei den örtlichen Impfanstalten oder Tropenärzten *aktuell beraten* lassen. Denn infolge der weltweiten Tablettenschluckerei werden die Erreger resistent, und es bedarf immer stärkerer Medikamente, um ihrer Herr zu werden. Bei der Vorbeugung ist es wichtig, rechtzeitig mit dem Einnehmen der Tabletten (z.B. Fansidar, Resochin) zu beginnen, sie regelmäßig zu nehmen (gut wäre eine Uhr mit Wochentag-Anzeige) und nach der Rückkehr weiterzumachen. Es gibt andere Mittel (Lariam), die man erst dann nimmt, wenn die Krankheit ausgebrochen ist.
Neben der Prophylaxe ist die Umsicht wichtig. Nur dort, wo es M. schon gibt, kann man sich anstekken. Die Übertragung der Erreger erfolgt durch verschiedene Stechmükken vom Kranken zum Gesunden. Wer sich vor der Abenddämmerung rechtzeitig unter ein dichtes Moskitonetz flüchtet, ist sicher. Tagsüber steckt man sich nicht an. Wer im Zimmer schläft, sprüht das Zimmer mit Insektizid aus und spannt Netze vor die Fenster.
Ist man infiziert, spürt man plötzlich hohes Fieber bis 41 °. Parallel dazu Schüttelfrost. Dann verschwindet das Fieber und weicht Schweißausbrüchen. Das wiederholt sich alle paar Tage und kann begleitet werden von starken Kopf- und Gelenkschmerzen, Appetitlosigkeit, Durchfall, Milz- und Leberschmerzen, Herzmuskelschäden, tiefgelbem Urin, blaß-gelber Gesichtsfarbe, Gewichtsabnahme und Menstruationsstörungen. Bei fehlender Behandlung, vor allem der M. falciparum (auch tropica), kann M. über Koma schnell zum Tod führen.

Übergewichtige, die gern schlank wären, sollten sich absichtlich eine Malaria zulegen.

Um welche der drei M.formen plus Mischformen es sich handelt, konnte bisher nur durch die mikroskopische Untersuchung des Blutes festgestellt werden. Am ergiebigsten ist das Blut, das während der Fieberanfälle abgenommen wird (→ Dicker Tropfen).

Neuerdings gibt es *Malaquick,* das auch dem Laien ohne Mikroskop per Teststreifen eine *sofortige* Analyse liefert.

Empfohlene Diät: Papayas, Milch, plus ein Medikament zum Aufbau der geschädigten Leber.
Wer in M.-verseuchten Gebieten gewesen ist, sollte auch lange Zeit *nach* seiner Rückkehr bei Wahrnehmung der genannten Symptome an die Möglichkeit eines M.-Ausbruchs denken.

Männer, alleinreisende. Normalerweise haben M. Vorteile gegenüber alleinreisenden → Frauen, weil die meisten Kulturen männerfixiert sind und Frauen eher als untergeordnet, schwach und als Freiwild betrachtet werden. Der Mann hat jedoch den *Nachteil*, oft erst einmal als potentieller Feind gewertet zu werden. Das gilt vor allem in Militär-Staaten und Rebellionsgebieten mit Spionage-Komplexen. Solche Probleme lassen sich erheblich mindern, wenn man in Begleitung einer Frau reist. Paare werden weltweit eher als freundlich und friedliebend eingeordnet.

Reine Männergruppen, die sich einsam lebenden Einheimischen am Zivilisationsrand nähern, werden ebenfalls grundsätzlich zunächst auf Mißtrauen oder Vorsicht stoßen. Man kann das Mißtrauen abbauen durch rechtzeitiges Sich-zu-Erkennen-Geben, bescheidenes Stehenbleiben, mit Lächeln, Musik, einem Lied, Ablegen des Gepäcks, Deponieren des Passes als Sicherheit u.ä. Darüber hinaus muß man sich das Vertrauen erarbeiten und sich seiner würdig erweisen.

In islamischen Ländern ist strikt das Gebot einzuhalten, Alkohol zu meiden und niemals (!) Frauen anzusprechen. Auch nicht, um sie nach dem Weg zu fragen. Es könnte als Anmache ausgelegt werden, und die könnte deren Tod zur Folge haben.

Männliche Sexualität → Sexualität, männliche

Marschieren über lange Distanzen erfordert Training und die Kenntnis wichtiger Voraussetzungen. Die Schuhe müssen ausreichend groß sein, Strümpfe aus Baumwolle ohne Falten. Wenn die Füße schwellen, müssen sie immer noch Platz finden. Druck, Strumpffalten, Stauwärme und Feuchtigkeit erzeugen → Blasen.

Wichtig sind: gleichmäßiges Tempo, jede Stunde 10 Minuten Pause, beim Liegen Füße hochlegen, bei Blasengefahr Schuhe ausziehen, Füße trocknen und evtl. eincremen (Hirschtalg), Strümpfe wechseln. Nur während längerer Pausen trinken. Statt dessen Kieselstein lutschen gegen das trockene Gefühl im Mund. Oder an Zitrone lutschen. Bei Wassermangel auch Lippen eincremen.

Bei Hitzemärschen: breitkrempiger, luftiger Hut und feuchtes Halstuch überm Nacken. Beim Marsch auf Straßen: Links gehen mit Reflexstreifen an Gepäck und Kleidung.

Bergan: kleine Schritte, Weg im Zickzack. Bergab: kleine Schritte, slalomartig, Gewicht auf vorderen Fuß, bei Abrutschen sofort in Bauchlage bringen und mit Fußspitzen bremsen.

Bei Eilmärschen: 50 Schritte laufen, 50 gehen.

Gute Entlastung bei Märschen mit Gepäck und in schwierigem Gelände: zwei Wanderstöcke.

Marschtempo: in Ebene 5 km/h, in Urwäldern 2 km/h, an Steilhängen noch weniger. Sein Marschtempo zu kennen ist wichtig zur Kilometerberechnung. Der Ungeübte trainiert zunächst Kurzdistanzen.

Marschverpflegung muß an Volumen und Gewicht so gering wie möglich gehalten werden. Denk immer daran, daß man auch sehr lange *ohne* Lebensmittel auskommt (→ Fasten), und berücksichtige, daß sich evtl. unterwegs Nahrung beschaffen läßt.

Man nimmt also kein Obst mit, wenn man statt dessen Trockenfrüchte hätte. Das ideale Lebensmittel für mich war immer Müsli (Haferflocken, Zucker, Milchpulver, Rosinen; evtl. Kakao und gehackte Nüsse). Es hat den Vorteil, daß man es trocken essen kann, mit Wasser angerührt, gekocht als Pampe oder Suppe, und man kann variieren mit Kakao. Das sind acht Varianten, und es ist außerdem nahrhaft, preiswert und mindestens genauso gut wie die teuren im Handel angepriesenen Kraft- und Wunderriegel.

Marschzahl ist die Zahl (= Winkel) auf dem Kompaß, in deren Richtung man gehen muß, wenn die Nadel und Nordmarkierung am Kompaß deckungsgleich sind. Ermittlung der M. → Kompaß

Masken, Gesichts- → Gesichtsmasken

Massage ist das Allheilmittel gegen viele kleine Wehwehchen. Sie erhöht das Glücksgefühl, bringt Entspannung und Wohlbefinden, weil durch Streicheln, Kneten, Klopfen und Klatschen mit den Händen oder sanftes Bürsten die Durchblutung verbessert wird und die Freisetzung bestimmter Wirkstoffe durch den Körper erfolgt. Nach anstrengenden Wandertagen ist M. eins der kostenlosen Heilmittel, das viel zu selten Anwendung findet. Es ist für den Massierenden leichter, wenn sein Patient in Tischhöhe liegt und er selbst stehen kann. Ein abgedeckter Kopf, Ruhe oder leichte Musik erhöhen das Wohlbefinden (→ Akupressur).

Matten, Isolier- → Isoliermatten

Maultiere → Lasttiere

Medikamentenbeschaffung. In diesem Lexikon werden Medikamente genannt, die oft nicht ohne Rezept erhältlich sind. Wenn man seinem Arzt erklärt, daß man sie benötigt für die Reiseapotheke in ferne Länder, wo mitunter kein Arzt erreichbar ist, wird er das Rezept ausstellen. Wenn nicht, kann es angebracht sein, den Arzt zu wechseln oder diese Dinge im Ausland zu beschaffen. Dort ist fast alles frei erhältlich. Eine weitere Möglichkeit besteht darin, es über Bekannte zu versuchen, die aufgrund ihrer Krankheit das Gewünschte eher verordnet erhalten.

Medikamenten-Risiken. Es gibt kein Medikament ohne Nebenwirkungen. Denn alle rufen sie eine Reaktion des Körpers hervor, die er ohne sie nicht gezeigt hätte. Dafür mobilisiert er Kräfte, die womöglich woanders fehlen. Von Mensch zu Mensch sind die Nebenwirkungen verschieden. Der eine spürt nichts, der andere kriegt einen Kollaps. Deshalb ist es wichtig, seinen Körper und dessen Empfindlichkeiten und Grenzen gut zu kennen und die auf den Beipackzetten aufgeführten Nebenwirkungen sorgfältig zu studieren. Es wird dann eine Nutzen-Schaden-Kalkulation geben, die über Einnahme oder Verzicht entscheiden.

Genauso wichtig wie die Beachtung der Nebenwirkungen ist die der Verfalldaten. Sie drücken die garantierte Unbedenklichkeitszeit aus. Natürlich sind die Mittel auch darüber hinaus verwendbar. Wie lange, das muß jeder von Fall zu Fall selbst entscheiden. Oder mit kleinen Dosen im Eigenversuch abtasten.

Medizin-Verabreichung. Kein Medikament ist absolut ohne Nebenwirkungen. Immer ist es besser, die Ursachen zu beheben als die Folgen zu bekämpfen. 1. Deshalb muß vorher abgewogen werden, ob nicht ein natürlicheres Verfahren genauso geeignet wäre. Beispiel: Nichts essen statt Abmagerungspillen; Frischobst statt Vitamintabletten. 2. Gebrauchsanweisung durchlesen bezüglich Menge, Tageszeit, Häufigkeit, Nebenwirkungen. 3. Bevorzuge Tabletten statt Spritzen, wenn die Heilwirkung gleich ist (Tripper, Typhus). 4. Beim Spritzen von Antibiotika und Seren rechne mit allergischer Reaktion. Frag den Patienten, ob er damit Erfahrung hat. Sonst leg dir das Gegenmittel Adrenalin bereit. Oder nimm ein anderes Antibiotikum. 5. Gib Antibiotika nicht für jedes Wehwehchen. Das Mittel tötet auch andere, nützliche Bakterien. 6. Meide Konservierungsstoffe. Auch sie können nicht zwischen Freund und Feind deiner Magen-Flora unterscheiden. 7. Setz ein Mittel nicht ab, wenn die Symptome abklingen, sondern nimm es so lange, wie es die Anweisung vorschreibt. Sonst entwickeln die verbliebenen Erreger Resistenzen, und dann kriegst du sie gar nicht mehr weg.

Wenn du Fremde behandelst, sind Verabreichungstricks wichtig. Beobachte deinen Arzt daheim und setz seine Tricks um, wenn er dich röntgt, deinen Urin und das Blut untersucht. Du bedienst dich der praktikablen Survivor-Methoden:

1. Wenn Menschen in Not sind und feststellen, daß dein Medikament Wunder wirkt, kann es geschehen, daß sie dir alles mit Gewalt abnehmen. Also laß es zur Nebensache werden und laß es dein Wissen sein, das die Heilung bringt. Das kann man demonstrieren mit: in die Augen schauen, Puls und Schlagader fühlen, Bauch abhorchen, Krankheitsgeschichte erfragen, Fotoapparat und Kompaß wie medizinisches Gerät einsetzen, Kniereflex testen, ein- und ausatmen lassen, massieren usw. Arbeite mit Duftstoffen und Kerze.

2. Viele Menschen in armen Ländern sind es nicht gewöhnt, daß man ihnen etwas schenkt. Verschenkt wird nach ihrer Einschätzung nur Wertloses. Also fordere immer eine kleine Gegengabe: einen Liter Milch, einen Wegbegleiter zum nächsten Dorf, eine Übernachtung, Dinge, die ihnen nicht weh tun und die dir eine kleine Freude bereiten.

3. Die Verabreichung des Medikaments gerät zur Krönung, wenn du es mit einem Tröpfchen roter Farbe mischst (wirkt blutbildend) und mit einem Gebet begleitest.

4. Leg einen Verband an. Auch wenn er nicht nötig ist. Er wird oft stolz und glücklich wie eine Uniform getragen.

5. Verabreiche aber nie etwas, das Schaden anrichten könnte. Wenn du unsicher bist, gib lieber ein Scheinmedikament (Placebo). Das kann ein Krümel Zucker sein oder eine Prise Salz.

Meeresüberquerungen. Wer absichtlich über einen Ozean mit scheinbar ungeeignetem Fahrzeug fahren will, sollte sich bestmöglich vorbereiten. Dazu zählt mindestens ein Kursus in Navigation. Dazu kommt die Analyse und Lösung aller denkbaren Probleme. Beispiele: Seekrankheit: Medikamente; Piraten: Waffe oder Umfahrung; Einsamkeit und Dauer: sinnvolle Arbeit; Kälte und Nässe: windfeste, wärmende Garderobe; Hitze: Schatten; Durst: Entsalzungsgerät; Seenot: UKW-Handsprechgerät; Angst vorm Wasser: Kampfschwimmer-Training (→ Überlebenstraining).
Es sind vor allem fünf Grundsätze zu beachten: 1. Das Fahrzeug muß unsinkbar sein. 2. Es muß unzerstörbar sein. 3. Es muß, wenn es voll mit Wasser ist, mindestens noch einen Millimeter aus dem Wasser ragen. 4. Man muß ausreichend Trinkwasser, Fischfanggerät und Feuer haben. 5. Man muß ausreichend gegen Nässe und Hitze geschützt sein.

☞ Da kein Meer der Erde stillsteht, sondern alles von irgendwo nach irgendwohin strömt, kommt unter solchen Voraussetzungen sogar der Dümmste irgendwann irgendwo an.

Meereswasser-Entsalzung. Das Gerät für die M. gibt es im Yachthandel. Improvisationsmöglichkeit per Kochen und Handtuch → Wasserbeschaffung

Menstruations-Gefahren. In Hoheitsgebieten der Bären, Haie, Hyänen und Wölfe sollten Frauen (und andere Personen in deren Begleitung) während der Blutung besonders vorsichtig sein. Das Wahrnehmungssystem dieser Tiere ist z.T. extrem gut ausgeprägt.

Mentaltraining (→ Überlebenstraining)

Messer. Viele Globetrotter scheinen ihre Abenteuer-Potenz mit dem Messer beweisen zu wollen nach dem Motto: Je größer und teurer das Messer, desto größer der Held.
Es gibt gute Messer bereits ab 50 DM (österreichisches Heeresmesser). Ein Messer dieser Preislage ist oft auch ein praktisches Geschenk für Dienste, die Fremde einem erwiesen haben.
Weniger geeignet sind *rostfreie* Messer, weil sie schlecht zu schärfen sind.

Messer kann man sich auch selbst machen: ein Stück Eisensägeblatt, den Griff umwickelt oder aufgestielt; ein flachgeklopfter (oder von der Eisenbahn flachgefahrener) Nagel; eine Klinge, aus einem Stück Eisen herausgesägt und geschliffen; ein Bambussplitter, geschärft und glutgehärtet; eine Flintsteinklinge (→ Steinzeitwerkzeug).

Messer schärfen. Manche schärfen die M. *gegen* den Strich, andere *mit* ihm. Wichtig ist das Endergebnis. Rostfreie Messer lassen sich viel schlechter schärfen als rostende. Rost läßt sich mit Asche entfernen. Zum Schärfen benötigt man einen geeigneten (Sand-)Stein oder eine Feile, Schmirgelpapier, Wetzstahl oder ein zweites Messer. Darüber hinaus bietet der Handel Taschen-Schleifsteine verschiedener Art an.
Steine sollten möglichst naßgehalten werden, damit das Metall nicht ins Glühen kommt. Die Klinge wird im Winkel von 11 bis 17, maximal 25 Grad gehalten. Je spitzer der Winkel, desto schärfer das Messer, aber auch desto eher wieder stumpf. Kreisend, den Winkel immer konstant haltend, wird es mal von der einen, mal von der anderen Seite mit sanftem Druck gegen den Strich über den Stein gezogen. So, als wolle man die oberste Steinschicht abschneiden.
Schärft man Messer gegeneinander oder am Wetzstahl, ist es wichtig, *gegen* den Strich zu arbeiten.

Micropur entkeimt Wasser innerhalb von zwei Stunden durch Silberionen, die weder gesundheitsschädlich noch geschmacksbeeinträchtigend sind. M. ist gut dosierbar und jahrelang haltbar. Wer sein Wasser sofort braucht, → Certisil.

Migräne ist ein einseitig und mitunter beidseitig auftretender Kopfschmerz, der meist Stirn, Augen, Schläfen befällt: hämmernd, pulsierend, klopfend, pochend, explosiv. Sie ist bereits seit 4000 Jahren bekannt und ist weder eine Zivilisations-, noch eine Wohlstands- oder eingebildete Krankheit. Sie beeinträchtigt die Lebensqualität und die Leistung. Man leidet zusätzlich an der Hilflosigkeit, weil Schmerzmittel versagen, und unter der ständigen Angst vorm nächsten Anfall. Die Attacken dauern 4–72 Stunden und werden oft begleitet von Übelkeit, Brechreiz, Erbrechen sowie Licht- und Lärmempfindlichkeit. Zwei

Drittel der Patienten sind Frauen. Laut »Kopfschmerzen und Migräne«, einem wertvollen Buch der *Stiftung Warentest*, mag das zusammenhängen mit hormonellen Faktoren und mit der besonderen Belastung der Frau durch Familie und Beruf. Weitere Auslöser können kreislaufwirksame und appetitzügelnde Medikamente sein.
Vorbeugend muß man die Störfaktoren ausschalten: Dauerstreß, Ärger, Nikotin, Alkohol, Schokolade (!), Sauna, zu wenig Bewegung an frischer Luft. (Geh joggen, radfahren, schwimmen, spazieren!)
Behandlung: *Reines* Schmerzmittel (ohne Beimischungen von Koffein, Antihistaminika) und – wegen besserer Resorption – Mittel gegen Übelkeit. Letzteres zuerst einnehmen, nach 30 Minuten das Schmerzmittel. Mittel schon einnehmen, wenn bestimmte Symptome den M.-Anfall ankündigen: Unruhe, Reizbarkeit, Heißhunger, Müdigkeit, Hyperaktivität, Wasseransammlung in den Beinen, Seh- und Empfindungsstörungen. Kein Koffein, kein Kodein.
Ausführlichere Behandlungstabelle in »Kopfschmerzen und Migräne«, *Ratgeber Gesundheit,* Stiftung Warentest.
Migräne-Kranke sollten auch Kontakt aufnehmen zur Deutschen SchmerzLiga e.V., Roßmarkt 23, 60311 Frankfurt.

Minitraining (→ Überlebenstraining)

Mohrrüben sind ein besonders gesundes Gemüse, das man fast weltweit preiswert kaufen kann. Es enthält das Provitamin A, das, zusammen mit einer Prise Pflanzenfett gegessen, besonders wirksam für den Erhalt der Sehkraft sein soll.

☺ Außerdem kann man damit Kaninchen anlocken.

Molotow-Cocktail. Darunter versteht man Brandbomben, die einfach herzustellen und wirksam in der Anwendung sind. Benzin wird in eine Flasche gefüllt und diese gut verschlossen. Um die Flasche wird ein Lappen gebunden, der bei Bedarf mit etwas Benzin getränkt, angezündet und auf das zu entzündende Objekt geworfen wird. Beim Zerspringen der Flasche entzündet sich das gesamte Benzin. Der M. ist die Notwehrwaffe unterdrückter Menschen gegen Unrechtsregime.

Morsealphabet

a• -	j• - - -	s•••	2•• - - -
b- •••	k-• -	t-	3••• - -
c- •- •	l• - ••	u•• -	4•••• -
d- ••	m- -	v••• -	5•••••
e•	n- •	w• - -	6- ••••
f•• - •	o- - -	x-•• -	7- - •••
g- - •	p• - - •	y-• - -	8- - - ••
h••••	q- - •-	z- - ••	9- - - - •
i••	r• - •	1• - - -	0- - - - -

Verstanden ••• - •
Irrung ••••••••

Moskitonetze sind der wichtigste Schutz gegen Belästigung durch Insekten und gegen die Gefahr, von Malariamücken, Piumfliegen (→ Onchozerkose) oder Tsetsefliegen (→ Schlafkrankheit) gestochen zu werden und sich eine Krankheit zuzuziehen. Wichtig ist, daß man sich rechtzeitig vor der Dämmerung (Tsetsefliegen und Piumfliegen tagsüber) in den Schutz des Netzes begibt und daß es geräumig genug ist, um nicht mit den Ellenbogen oder Knien dagegenzustoßen. Es muß ausreichend feinmaschig sein und reichlich auf der Erde aufliegen. Selbst kleinste Löcher müssen sofort repariert werden.
Für Wanderer sind in insektenreichen Gegenden auch Kopf-Netze zu empfehlen, die über den Hut gehängt werden. M. kauft man praktischerweise vor Ort.

Mückenabwehr → Insektenschutz

Müdigkeit. Das beste Mittel gegen M. ist Schlaf. Dann folgen heiße und kalte Wechselduschen. Bei manchen Menschen hilft es, einige Minuten lang den Akupressurpunkt gegen Seekrankheit zu drücken oder das → Wristband anzulegen, das diesen Punkt automatisch preßt. Auch starker Kaffee mit Zitrone ist ein Wachmacher. Am wenigsten zu empfehlen sind Tabletten.

Muräne → Fische, gefährliche

Murphy's Gesetze sind jene, die von der Berechenbarkeit des Unmöglichen verkünden. Beispiel: Das Ausrüstungsteil, das du am dringendsten in deinem Rucksack suchst, liegt immer an tiefster Stelle (Logische Konsequenz für Survivors: Keine Zeit verplempern mit der Suche oben im Rucksack, sondern gleich unten nachschauen).

☺ Leider liegt es dann doch garantiert oben.

Müsli → Marschverpflegung

Mut ist eine wichtige Voraussetzung für Partnerschaften auf Reisen und das Leben daheim: M. zur Entscheidung, zum Handeln, zur Kritik und Selbstkritik, zum Risiko und M., sich Feinde zu machen, wenn man seinen Standpunkt für gerecht und ethisch vertretbar hält. Schnelle und sichere Entschlußkraft beweisen auch Geistesgegenwart und Zivilcourage. Das Schlimmste auf Reisen sind Großmaulhelden, die in entscheidenden Momenten beweisen, daß sie statt Rückgrat nur eine hohle Röhre besitzen.

Myxomatose ist eine Epidemie, die nur Kaninchen befällt. Augen, Nase, Mund vereitern. Die Tiere verhungern qualvoll. In dieser Zeit sitzen sie oft hilflos in der Landschaft und lassen sich mühelos mit der Hand fangen. Der nahrungssuchende Mensch muß wissen, daß sich die Krankheit nicht auf ihn überträgt. Den Ekel vor Eiter wird man überwinden, wenn man nach dem Kochen oder Braten des Tieres feststellt, daß der Eiter seinen üblen Geruch eingebüßt hat.

☺ Eiter besteht aus weißen Blutkörperchen, und Blut ist Kraftnahrung. Gebratener Eiter ist ein Protein-Krafthappen.

N

Nachrichtencode wird verwendet in Gefangenschaft. Er muß kurz und unauffällig sein. Oft werden Nachrichten durch einfaches Klopfen an Mauerwände gegeben, manchmal über Leitungsrohre, woanders per Augenaufschlag, mit den Füßen, per Handzeichen. Ein bewährtes, schnell einprägsames System der Nachrichtenübermittlung ist die Verwendung des nachstehenden Zahlencode-Systems. Bei gewieften Gegnern werden sie alle paar Tage z.B. um ein Quadrat nach rechts verschoben.

		SPALTE				
		1	2	3	4	5
REIHE	1	A	B	C	D	E
	2	F	G	H	IJ	K
	3	L	M	N	O	P
	4	Q	R	S	T	U
	5	V	W	X	Y	Z

Um den Buchstaben W zu übermitteln, würde man klopfen: 5× für *Reihe 5* und dann 2× für *Spalte 2*. Zusatzzeichen signalisieren »verstanden« oder »wiederholen«.

Nachrichtenübermittlung in Gefangenschaft oder Unrechtsregimen (→ auch Nachrichtencode) muß besonders umsichtig durchgeführt werden. Der sicherste Weg ist der von Mensch zu Mensch. Wegen der Möglichkeit des Abhörens mit Richtmikrofonen meidet man das Gespräch in der Nähe von Wänden. Darüber hinaus mißtraut man jedem Unbekannten. Gespräche werden mit Lärm (Radio, Auto) übertönt. Wesentliches wird leise, Banales laut gesprochen.

Schriftliches wird nur im Notfall weitergereicht. Es ist Beweismaterial. Und wenn es unumgänglich notwendig ist, muß die Nachricht auf Papier stehen, das nicht identifizierbar ist: kein Wasserzeichen, nichts, was man in deiner Wohnung vorfände, nichts Handschriftliches, nichts mit der Schreibmaschine, sondern alles in sauberer Blockschrift. Der Text muß unverfänglich sein. Nur der Empfänger darf ihn deuten können. Geheimnisse werden auswendig gelernt.

Eine weitere Möglichkeit ist die Mitteilung mit Bleistift in den schwarzen Blockbuchstaben einer Zeitung. Hält man sie später gegen das Licht, werden sie lesbar.

Oder man schneidet eine Anzeige aus einer Zeitung und klebt sie haargenau über dieselbe Anzeige eines zweiten Exemplares derselben Zeitung. So hat man eine Tasche, in der sich etwas verstecken läßt.

Braucht man zur N. weitere Personen, dürfen die Nachrichtenträger

nie Absender und Empfänger kennen. Jede unnötige Person erhöht das Risiko der Entdeckung.
Eine weitere Art der N. ist der *Tote Briefkasten*. Das sind kleine Verstecke an unproblematischen Örtlichkeiten: Telefonzellen, Toiletten, Treppenhäuser. Wichtig: Weit vor jedem Toten Briefkasten muß man ein *Sicherheitszeichen* passieren. Das kann eine zurückgezogene Gardine sein, ein parkendes Auto, ein Besen neben der Tür. Sie alle signalisieren: die Luft ist rein.
Direkt am Versteck befindet sich das *Bedienungszeichen*. Das ist ein winziges Signal. Zum Beispiel eine Heftzwecke. Es muß etwas sein, daß nicht per Zufall weggenommen wird. Das Bedienungszeichen verrät dem Boten, ob der Briefkasten überhaupt eine Nachricht enthält. Bei langen Lagerzeiten ist die Nachricht wetterfest zu verpacken.
Wichtig bei diesen Briefkästen ist die Möglichkeit der schnellen und unauffälligen Entnahme. Außerdem muß man einen triftigen Grund dafür vortäuschen, warum man z.B. die Toilette oder Telefonzelle betreten hat. Wenn man sie betritt, muß man sie benutzen. Egal, ob jemand zuschaut oder nicht.
Weitere N.: Spiegel, Lichtsignale, Handzeichen, Augenzeichen, → Signalcode, international; Flaschenpost, Körperzeichen, Brieftauben.
→ Verfolger irritieren

Nadel, Steck- → Stecknadel

Nadeln. Die gute Stopfnadel ist nicht nur zum Reparieren wichtig, sondern vor allem zur Entfernung von in die Haut eingedrungenen Holzsplittern. Sie gehört in jeden Überlebensgürtel.

Nähreinlauf (= künstliche Ernährung) → Einlaufgefäß

Nährlösung für Infusionen kann man selbst kochen: 1 Liter Wasser, 54 g Traubenzucker, 10 Minuten kochen und in steriler Flasche abkühlen lassen. Flasche mit Gummi- oder Plastikkorken verschließen, möglichst *nicht* mit Kork (→ Infusionstechnik).

Nährstoffe. Lebensmittel bestehen aus einem oder mehreren der fünf Nährstoffe: Kohlenhydrate (Zucker, Stärke), Protein oder Eiweiß (Fleisch, Eier, Erbsen), Fette (Öl, Milchprodukte, Nüsse), Salze und Wasser. N. enthalten mehr oder weniger → Kalorien, die (neben Vitaminen, Spurenelementen usw.) dem Körper Wachstum, Wärme, Kraft und Gesundheit geben. Ein Übermaß an Fetten und Kohlenhydraten sorgen für Verfettung des Körpers. Eiweiße hingegen machen nicht dick. Wichtig ist eine ausgewogene und abwechslungsreiche Mischung der Nahrung. Der Hunger reguliert die Mengen, die ein Körper benötigt.

Nahrung → Ernährung

Nahrung, unkonventionelle → Ekelüberwindung → Pflanzen-Genießbarkeitstest → Tierische Notnahrung

Nahrungsgefahren bestehen bei verschmutzter, giftiger, verdorbener und chemisch zu stark behandelter Nahrung. Und im Zuviel. In Zweifelsfällen helfen Waschen, Kochen oder Verzicht. Oder → Pflanzen-Genießbarkeitstest. → auch Tierische Notnahrung

Nahrungskonservierung → Konservierung von Lebensmitteln

Nähzeug, medizinisches → Vernähen einer Wunde

Namensschild an/in der Garderobe kann wichtig sein für die Identifizierung im Falle eines Unglücks. Es ist auch hilfreich, wenn man in großen Gruppen reist und jeder eines jeden Namen wissen sollte. Es ist aber auch Einzelreisenden zu empfehlen, weil der Namenszug an Hemd oder Jacke den Träger aus der Anonymität hebt und dem Gesprächspartner mehr Vertrauen vermittelt. Er wirkt wie ein vorgezeigter Ausweis. Man kann den Namen und Adresse mit Kugelschreiber ins Hemd schreiben oder ein professionelles N. kaufen.
N. sind in verschiedenen Farben erhältlich und preiswert (z.B. bei Kalka, Fax 0821-52 91 39, Bürgermeister-Bohl-Str. 21, 86157 Augsburg).

Narkose, örtliche Betäubung. Wer Operationen durchführen muß, wird seinen Patienten möglichst örtlich betäuben (→ Injektionstechnik).

☞ Wenn Betäubungsmittel nicht vorhanden sind, kann man möglicherweise improvisieren. Steht Eis zur Verfügung, oder sind die Gewässer kalt, empfiehlt sich die Vereisung. Das betroffene Körperteil wird so lange gekühlt, bis das Gefühl erstorben ist.

☞ Eine andere preiswerte Methode ist die der Alkoholisierung. Zumal es Alkohol weltweit zu kaufen gibt. Der Patient trinkt soviel Alkohol, bis sein Schmerzempfinden ausgeschaltet ist.

Nase. Sie ist unsere Alarmanlage, wenn Gerüche Gefahr für den Körper verraten.

☺ Manchmal sieht sie auch noch gut aus. Deshalb sollten wir ihr das danken und sie schützen gegen Sonne (Fettcreme, Sonnenschutzöl, Schatten) und gegen Frost.

Nasenbluten kann mehrere Ursachen haben. Oft ist es der kratzende Fingernagel, der die Nasenscheidewand verletzt hat, aber auch hoher Blutdruck und anderes kann dazu führen. Fast jedes N. hört von selbst auf.
Behandlung: Hinsetzen, Ruhe bewahren, nicht schneuzen, nicht spre-

chen, Kopf leicht vorbeugen, betroffene Nasenseite mit einem Finger am Nasenflügel abdrücken, ggf. nasses kaltes Tuch in den Nacken legen. Keinesfalls soll man den Kopf nach hinten legen oder sich hinlegen, weil das Blut dann unkontrolliert in den Nasen-Rachenraum abfließt und man sich verschlucken kann.

Naturnaher Garten → Garten, naturnah

Nelkenöl in Apotheken erhältlich, ist antibakterizid und schmerzlindernd. Man kann es auf entzündete Wunden geben und zur provisorischen Zahnfüllung einsetzen (→ Zähne füllen).

☺ Dem einsamen und/oder geizigen Menschen ersetzt es mit seinem Weihnachtsgebäck-Duft die kostspielige heimatliche Weihnacht. Ein zusätzliches Teelicht steigert die Duftorgie zu einem unvergeßlichen Erlebnis.

Neo-Ballistol → Ballistol

Netze, Moskito- → Moskitonetze

Netzfalle → Fallen

Netzhemd ist praktisch bei Kälte, weil es eine wärmeregulierene Luftschicht zwischen Körper und Garderobe bilden hilft.

☞ Ein N. kann aus Bindfaden, Wollfäden oder Stoffstreifen improvisiert werden, die man netzartig verknotet.

Nierensteine. Die Nieren liegen in der Lendengegend des Rückens. Sie sind Blutfilter und Urinproduzent. Über die Harnkanäle fließt der Urin zur Harnblase und von dort ins Freie. Diese Kanäle können verstopfen durch Nierensteine. Dann staut sich der Urin in der Niere.
Es entsteht ein zunehmend schmerzhaftes Druckgefühl in der Lende. Dann entstehen kolikartige Schmerzen, die bis in die Hoden und Oberschenkel ausstrahlen können. Der Patient muß sich erbrechen und hat keinen Stuhlgang. Er schwitzt und preßt seine Hände auf die Lenden. Der Urin enthält Blut und Eiweiß. Die kleinsten Steine verursachen die größten Schmerzen. Sie führen zu Vereiterungen der Harnwege.
Behandlung: 1 ccm Dolontin s.c. gegen den Schmerz und Buscopan i.v. gegen den Krampf (→ Injektionstechnik).
Nach 15 Minuten tritt Linderung ein. Die nutzt man zur Austreibung des Steines mit treibenden Getränken ohne Kohlensäure (Kaffee und Bier). Alles soll in vielen kleinen Schlucken genommen werden. Die dadurch neu einsetzenden Koliken sind erträglicher wegen des Schmerzmittels. Sie pressen den Stein aus. Unterstützen kann man den Ausstoß durch Springen vom Tisch oder Treppen-Runterhüpfen, mit warmen Kompressen und Sitzbädern. Das erweitert die Gefäße und gibt dem Stein Platz zum Wandern.

☠ **Nikotin** ist das Tabak-Gift, das so wirksam ist wie Blausäure!!! 60 mg, über den Magen konsumiert, sind für den Menschen tödlich. Daß Menschen beim Rauchen nur *langsam* daran sterben, liegt daran, daß die Lungen es entgiften. Je nach Grad der Belastung verteeren sie jedoch im Laufe der Zeit, und der Raucher stirbt langsam. Da der Körper mit der Abwehr des Nikotins arg belastet wird, wird er automatisch anfälliger gegen andere Krankheiten, für die er dann nur eingeschränkt zur Verfügung steht.

☠ Man kann Menschen töten, wenn man ihnen Tabakblätter um den Körper bindet und der Körper das Gift durch die Haut aufnimmt!

☠ Säuglinge können sterben, wenn die Mutter kurz vorm Stillen raucht!

☠ Kinder können sterben, wenn sie Zigaretten *essen* und das Nikotin durch den Darm aufgenommen wird!

Symptome einer N.-Vergiftung: Blässe, Schwindel, Übelkeit, Erbrechen, Schwächegefühl in den Beinen mit Zittern der Knie, Leibschmerzen, Durchfälle, Blutdrucksteigerung mit nachfolgender Senkung, Krämpfe, Herzversagen, Tod (Quelle: Gesundheits-Brockhaus).

Behandlung: Magenspülungen unter Zusatz von medizinischer Tierkohle, Wärmezufuhr und Trinken von heißem starken Kaffee.
→ Tabak

Nordpol-Phänomen nennt man die fehlende Fähigkeit, die Gefahr der Besteigung einer Steilwand richtig einzuschätzen, solange man unten auf sicherem Boden steht (→ Südpol-Phänomen).

☺ Von unten sehen Steilwände niedriger aus als von oben.

Notnahrung, Tierische → Tierische Notnahrung

Notvorrat → Eiserne Ration

Notwehr ist die zur Abwehr erforderliche Maßnahme eines bevorstehenden oder gegenwärtigen Angriffs auf sich oder andere. Dabei muß die Verhältnismäßigkeit gewahrt werden. Für die Abwehr eines *bevorstehenden* Angriffs ist die richtige Strategie von ausschlaggebender Bedeutung. Laß unbedingt den Gegner im unklaren vom Umfang der dir zur Verfügung stehenden Abwehrmittel. Ein Angegriffener muß für den Angreifer unberechenbar bleiben.

O

Ödeme sind krankhafte Flüssigkeitsansammlungen u.a. unter der Haut. Handelt es sich um ein *Hungerödem* infolge Unterernährung oder einseitiger Kost, ist der Bauch dick aufgedunsen. Das gesamte Stoffwechselsystem ist zusammengebrochen. Der Kranke sieht blaß aus, auch das Gesicht ist aufgedunsen. Drückt man die Schwellungen mit dem Finger, bleiben die Dellen und federn nicht zurück.
Behandlung ist schwierig und dauert lange. Vor allem muß der Kranke mit ausgewogener Kost und reichlich Vitaminen versorgt werden. Der Heilprozeß kann bis zu drei Jahren dauern.
Ein anderes Ödem ist die *Wassersucht*. Sie entsteht mitunter auf Reisen als Folge langandauernder Reizungen (Beispiel: Hannes Lindemann bei seiner Atlantiküberquerung im Faltboot, wobei er monatelang im Salzwasser saß und weder Bewegung hatte noch ausreichend Trinkwasser).
Behandlung: Beseitigung der Ursachen, Anregung der Nierentätigkeit mit harntreibenden Mitteln (Kaffee, Bier), Anregung der Darmfunktion (Abführmittel), Steigerung der Schweißbildung (Sauna, Wannenbad) und Hochlagerung der betroffenen Körperteile.

Öl, Waffen- → Waffenöl

Öle, Heilpflanzen- → Heilpflanzenöle

Örtliche Betäubung → Narkose

Ofen. Er läßt sich einfach improvisieren.

1. Den mitnehmbaren O. fertigt man aus Metalltonne (Zeichnung 1), Metalleimer, Metallplatte (Zeichnung 2). Sie werden möglichst in die Erde eingegraben (vor allem, wenn das Metall dünn ist) und ordentlich vorgeheizt. Das umgebende Erdreich speichert die Wärme. Während des Backens muß ein kleines Glutfeuer unterhalten werden. Deckel o.ä. wird wie ein Segel so gestellt, daß Sauerstoff in die Tonne gelangt.

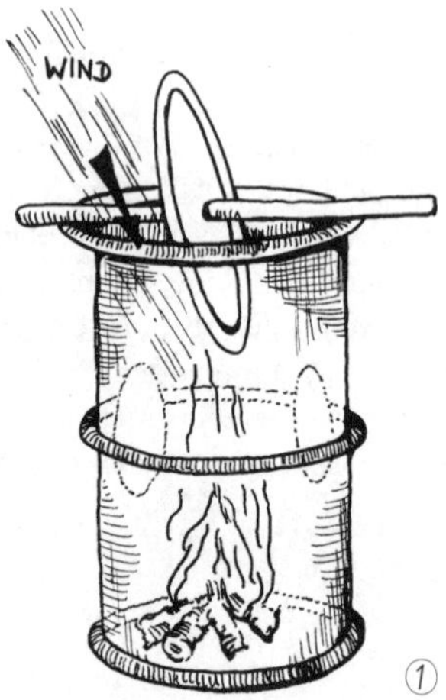

①

(2)

Alternativ wird bei Tonne und Eimer unten eine Luftzufuhr geschaffen.

2. Ofen in senkrechter Wand (Zeichnung 3): er wird *halbkugelig* in der Wand gestaltet und ist damit weitgehend einsturzsicher. Öffnung nicht unnötig groß machen und beim Backen locker verschließen. Kleinen Abzug nicht vergessen.

(3)

3. Ofen aus Lehm (Zeichnung 4)

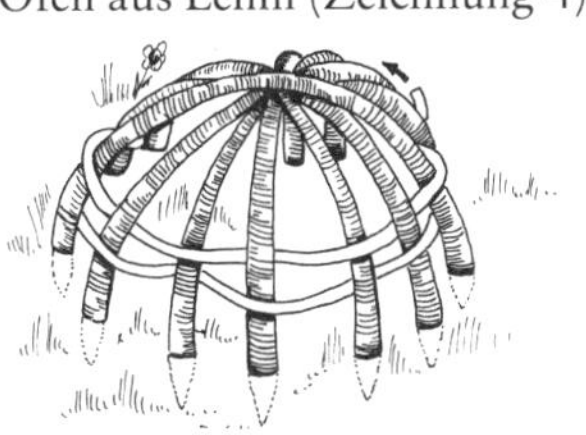

(4)

Offiziersmesser, Schweizer
→ Schweizer Offiziersmesser

Ohnmacht. Wenn jemand überraschend zusammensackt, blaß und nicht ansprechbar ist, dann ist er ohnmächtig geworden. Das ist eine kurzzeitige Störung der Sauerstoffversorgung des Gehirns.
Behandlung: Patienten flach- und Beine hochlegen. Dadurch wird der Kopf wieder besser durchblutet und mit Sauerstoff versorgt. Kragen öffnen, Luft zufächeln. Nach Wiedererlangen des Bewußtseins zum Liegenbleiben veranlassen.
Bei anhaltender Ohnmacht liegt → Bewußtlosigkeit vor.

Ohr. Es ist vor allem bei Kälte empfindlich. Unbedingt warm verpakken.

Ohrstöpsel sind angebracht, wenn jemand seine Ruhe haben möchte. Oder bei scharfem Wind oder Ohrentzündungen. Es genügt ein geölter Wattebausch. Gefährlich sind O. beim Tauchen.

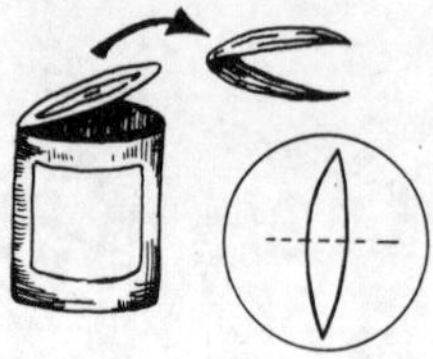

Onchozerkose (Flußblindheit) kann man sich an bestimmten Orten in Südamerika holen, wo *tagsüber* Myriaden der kleinen Pium-Mücken einem das Leben zur Hölle machen. Die Krankheit führt nach langer Inkubationszeit zur Erblindung.

☞ Wenn man mit dem Boot schnell fährt und wenn man das Dunkel eines Hauses und des Waldes aufsucht, bleibt man von den Stichen verschont.

Operationsinstrumente muß man notfalls improvisieren. Hier einige Beispiele:

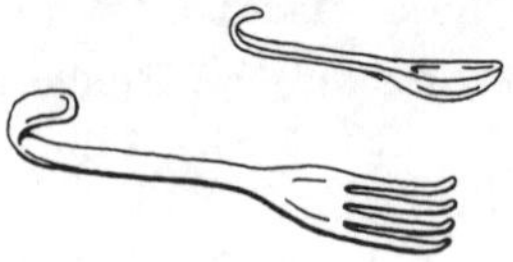

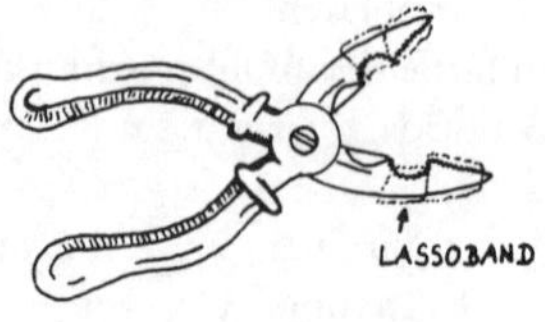

Löffel und Gabel zum Offenhalten von Wunden. Pinzette aus Dosenblech oder flachgeklopften Nägeln. Rasierklinge, Flintklinge, Glasscherbe als Skalpell. Nähnadel zum Splitterauspulen. Zahnbesteck aus Büroklammer, Stecknadel, Nagel, abgestumpftem Angelhaken oder Injektionsnadel. Kombizange: Backen mit → Lassoband umwickelt. Schraubenzieher zum Lösen des Zahnes aus dem Zahnfleisch

Orientierung (→ auch Heimweg finden) ist die Ermittlung des Standortes und die Wegfindung.
Die *Sonne* geht im Osten auf und im Westen unter. Mittags steht sie auf Süd. Und gegenüber von Süd ist Nord.
Auf der südlichen Halbkugel steht die Sonne mittags in Nord.
Wenn die Sonne um 6 Uhr auf- und um 18 Uhr untergeht, sind das genau 12 Stunden. In dieser Zeit beschreibt sie einen Halbkreis, und man kann sich ausrechnen, wo man sich befindet, wenn man die Uhrzeit weiß. Die Zeichnung 1 mag das veranschaulichen. Beispiel: Wenn sie um 6 Uhr im Osten aufgeht, fällt dein Schatten nach Westen. Mittags steht sie im Süden, und dein Schatten fällt nach Norden.

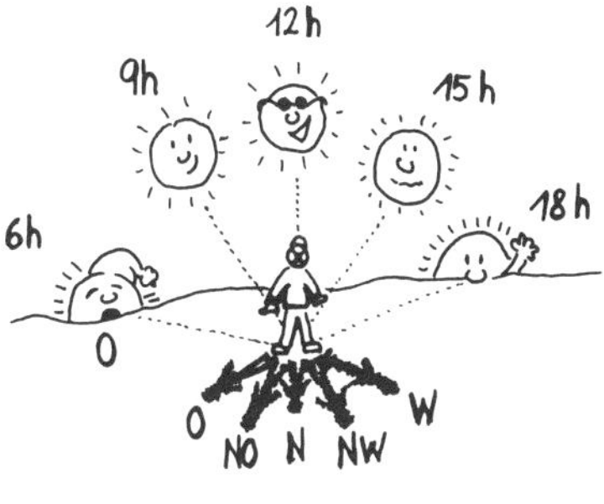

Auch mit Hilfe einer *Uhr* und der Sonne läßt sich die Richtung ermitteln: → Kompaß.
Nachts besteht die Möglichkeit, sich am *Polarstern* zu orientieren. Von allen nächtlichen Gestirnen bietet er – ohne auf Tabellen zurückgreifen zu müssen – den besten Hinweis: Er steht genau im Norden. Man findet ihn, wenn man die Hinterachse des Großen Wagens um das 5fache verlängert; und zwar in der Richtung, in der seine Deichsel gebogen ist (Zeichnung 2). Der Polarstern verrät auch die geographische Breite, auf der man sich befindet: Sieht man ihn im Winkel von 45 °, befindet man sich auf dem 45 ° Nord.

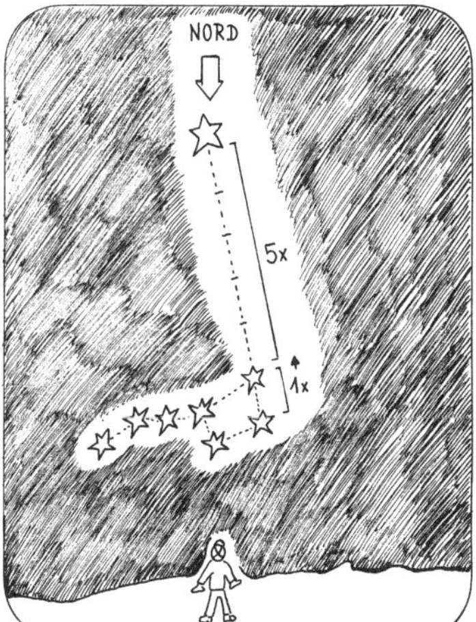

Auf der südlichen Halbkugel orientiert man sich am → *Kreuz des Südens.*
Außerdem gibt es in der Natur Hinweise auf die Himmelsrichtungen. Sie sind aber von Region zu Region verschieden. In Deutschland, wo Nordwestwinde vorherrschen, kommt von dort (= Wetterseite) viel feuchte Meeresluft. Deshalb sitzen

an der NW-Seite Moose, und *freistehende Bäume* haben eine Neigung nach Südost.

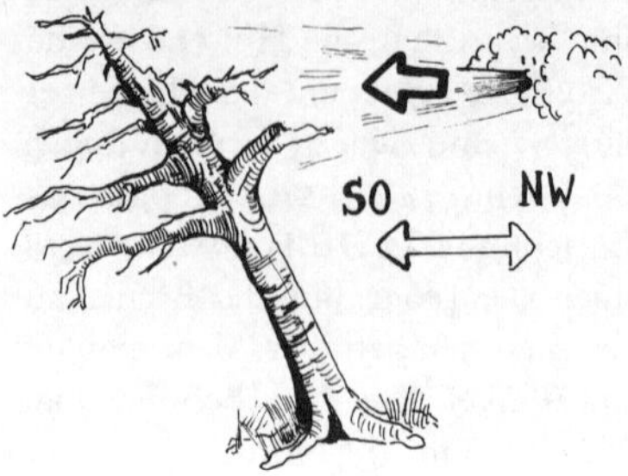

Auf der Wetterseite sind Äste solcher Bäume weniger gut entwickelt, und die Jahresringe enger. Die Rinde ist an der Wetterseite gröber und läßt sich weniger gut abschälen als an der gegenüberliegenden Seite.

Die Himmelsrichtungen lassen sich bei Sonnenschein auch mit der Schattenstock-Methode schnell ermitteln.

Steck einen Stock senkrecht in den Boden und markier das Schattenende mit einem Stein. Dann warte eine halbe Stunde und leg einen zweiten Stein an die Stelle, wo das Schattenende jetzt ist. Die Linie von Stein 1 und 2 ist die West-Ost-Linie. (Zeichnung)

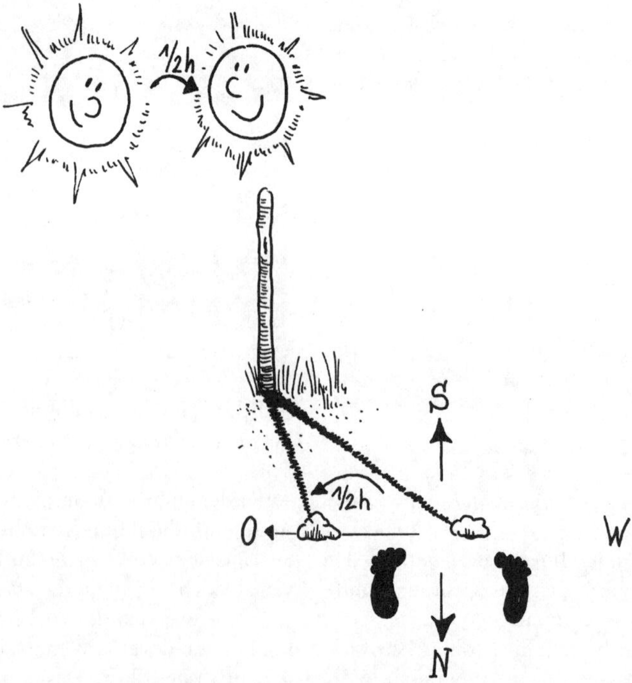

P

Packtechnik ist das halbe Tragen. Nie sollte ein Rucksack kugelrund gepackt werden, weil er einen schnell aus dem Gleichgewicht bringt. Der Schwerpunkt sollte sich dicht am Körper und in Schulterhöhe befinden. Zum Körper hin legt man etwas Weiches. Es sei denn, man hat Rucksäcke mit Tragegestell (→ Rucksäcke). Der Schlafsack gehört ins Bodenfach; Küche, Zelt, Futter und Bekleidung ins Hauptfach; oft Benötigtes (Kamera, Nascherei) ins Deckelfach und die Außentaschen. Oder in Gürteltaschen. Isomatte außen. Zeltgestänge außen seitlich und senkrecht mit Spannriemen befestigen. Extra Packbeutel (beschriftet) schaffen innen Ordnung. Packbeutel nie stramm füllen. Sonst entstehen zu viele tote Winkel. Scharfkantiges und Empfindliches wird mit Stoff umwickelt und senkrecht gestellt. Irgendwo ist mit Filzstift deine Adresse vermerkt.
Spätestens nach dem ersten Tag wirst du merken, daß du zu viel mitgenommen hast. Dann sortier radikal aus. Am besten machst du drei Haufen: Unentbehrliches, manchmal Benötigtes und Firlefanz. Und dann trennst du sich von den beiden letztgenannten Haufen.
Für lange Märsche wird ein Gewicht von 12 kg empfohlen; es können 15 kg sein, wenn es sich um einen Tagesmarsch handelt und 20 kg, wenn es nur um Stunden geht. Natürlich ist das Gewicht immer auch eine Frage des Alters und der Kondition.
Muß mit einer plötzlichen Flucht gerechnet werden, sollte man – unabhängig vom Rucksack – das Allernotwendigste *immer* in einem → Überlebensgürtel am Leib tragen.

Palmzweige halbieren zum Dachdecken: Vom dünnen Ende her den Zweig auseinanderziehen und immer waagerecht zur Erde halten. Werden die Hälften ungleich, sofort die dickere nach oben drehen und senkrecht nach oben hin weiterziehen. → Lianen spalten.

Palstek → Knoten

Panik entsteht, wenn man unerwartet mit lebensbedrohenden Ereignissen konfrontiert wird, denen man physisch oder/und psychisch nicht gewachsen ist. Jeder Mensch reagiert unterschiedlich auf solche Ereignisse. Erfahrung und Training verlagern die Panikschwelle.
Man kann Panikern helfen, wenn man sie gegen die Gefahr abschirmt, sie in Sicherheit bringt, sie fest in den Arm nimmt, tröstet, streichelt, zum tiefen Durchatmen veranlaßt.
Von Fall zu Fall kann es erforderlich werden, sie kräftig zu ohrfeigen. Vor allem, wenn ihre Panik in Hysterie ausartet und die Gefahr der Ansteckung anderer Menschen besteht.
→ Atemtraining

Paratyphus ist eine salmonellenartige Infektionskrankheit, die man sich über menschliche Ausscheidungen holt. Verlauf ähnlich dem des → Typhus. Vorbeugung per Tabletten.

Parole → Kennwort

Partnersuche. Es gibt Reisen, die möchte man allein machen. Aber meistens möchte man einen oder mehrere zuverlässige Partner haben, Mann oder Frau. Devise: geteiltes Leid ist halbes Leid; geteilte Freude ist doppelte Freude. Ist man zu zweit, kommt der höhere Grad an Sicherheit dazu. Werden es zu viele Partner, reduziert sich die Sicherheit durch erhöhte Gefahr des Unfalls, der Krankheit, des Streits.
Ein bewährter Weg der P. ist die Kleinanzeige an Wochenenden in großen Tageszeitungen. Im »Hamburger Abendblatt« bringt die Rubrik »Verschiedenes« die meisten Erfolge. Wichtig bei den Inseraten: Telefonnummer angeben. Noch mehr bringt es, wenn man aufgrund eines besonderen Vorhabens die Unterstützung der Medien hat und diese die Suche redaktionell unterstützen.
Zettel an den Schwarzen Brettern der Unis und Kaufläden bringen so gut wie nichts ein. Eher sucht man per Internet oder Aushang im nächsten Globetrotter-Laden.
Einen sehr wichtigen Eindruck vom Bewerber erhältst du bereits beim ersten Gespräch. Vor allem sollte er/sie dir menschlich liegen. Dann check die Qualifikationen, die du erwartest, und kläre: Ist er wirklich unabhängig; kann er die Kosten aufbringen; ist er abhängig von Alkohol, Drogen, Nikotin, Sex und Luxus; kann er improvisieren; spricht er Fremdsprachen; ist er vertragsbereit; ist er diplomatisch, körperlich und geistig fit, friedliebend; habt ihr an ein Testament gedacht? Das und mehr wäre zu klären. Vieles wird sich erst im Laufe des näheren Kennenlernens herausstellen. Zum Beispiel die Zuverlässigkeit.
Festzulegen ist auch, ob die Partner gleichberechtigt sind oder nicht. Vermeide, in Dreier-Gruppen zu fahren. Schnell bilden sich Parteien. Dann stehen immer zwei gegen einen. Der eine kannst du sein.
Legt auch fest, wie eine Reise ausgewertet werden soll, was im Falle von Trennung geschieht, ob ein Testament nötig ist.

Pausen. Wer zielstrebig vorankommen möchte, muß sich von Anfang an auf ein System von Anstrengung und Pause festlegen. Ist ein Marsch (Gebirge) sehr anstrengend, wird man 50 Minuten gehen und 10 Minuten Rast einlegen. Mit leichtem Gepäck und in der Ebene können die Strecken einiges länger sein.
Wenn Pause, sollte man sie als solche nutzen und sich im Schatten und im Liegen entspannen, die Füße hoch, das Gesicht gegen Insekten geschützt. Der Körper muß Gelegenheit haben, den Leistungsabfall wie-

der zu regenerieren. Nicht unnötig viel trinken und wenn, dann stets in kleinen Schlückchen.
Wer ganztags marschiert, legt 60% vormittags zurück und den Rest am Nachmittag. Dazwischen liegt eine einstündige Mittagsrast, wo ausgiebig gegessen und getrunken wird.

Pemmikan ist die Eiserne Ration für Nordlandläufer. Sie ist haltbar und nahrhaft. Über den Geschmack kann/muß man streiten. P. schmeckt vor allem, wenn es kalt ist und der Körper nach Kalorien schreit. Pardon, nach Joule.
Zubereitung: 1 kg mageres Fleisch wird überm Feuer oder auf heißer Platte schnellgetrocknet und mit einer Reibe oder zwischen Steinen zu Fleischpulver zerrieben. Dieses Pulver rührt man in 800 g ausgelassenen (= auf dem Feuer flüssiggemachten) Speck und gibt etwa 100 g Rosinen, 100 g Zucker und eine Prise Salz dazu. Nach dem Erstarren wird die Masse in Stücke geschnitten und in Alufolie verpackt.
P. kann man roh oder aufgewärmt essen.

☺ Brrh!

Pfannen kann man ersetzen durch flache Steine und einfache Bleche (aufgeschnittene Dose).

☞ Ganz schlecht sind Aluminiumpfannen. Die Backzeit darin ist ca. sechsmal so lang wie in den idealen dickwandigen Eisenpfannen. Wichtig bei allen Pfannen ist, sie vor dem ersten Benutzen mit etwas Fett stark zu erhitzen und dann mit Papier auszuputzen.

☞ Nie soll man Pfannen auswaschen, weil das Gebratene dann darin klebenbleibt.

Pfefferminze wächst fast weltweit und fast immer an feuchten Plätzen. Man kann P. roh essen oder mit heißem Wasser zu Tee aufkochen. Ideal ist Schwarzer Tee mit frischer Pfefferminze, gesüßt mit Honig. Man kann P. auch trocknen und auf Vorrat halten.
Sie gilt als erfrischend und magenschleimhautbetäubend. Daher ist sie ideal bei Magenverstimmungen (Übelkeit, Erbrechen). Ferner hilft P. bei Gallenleiden. Sie gilt als Diät-Tee.

Pfeile und Bogen → Bogen und Pfeile

Pfeilgift (= tödliche Dosis für 80 kg Lebendgewicht)
1. *Eibe:* 50 Zweigspitzen und 100 Samenkerne zerquetschen, als „Tee" aufbrühen und Wasser wieder ganz langsam verdunsten lassen, bis eine sirupartige Giftsubstanz übrig ist.
2. *Schlangengift* Giftschlange melken, flüssiges Gift auf Pfeilspitze auftragen, trocknen lassen und erneut auftragen.
3. *Tabak* von fünf Zigaretten (entsprechend Zigarren, Tabak) zu „Tee" aufkochen, Wasser wieder

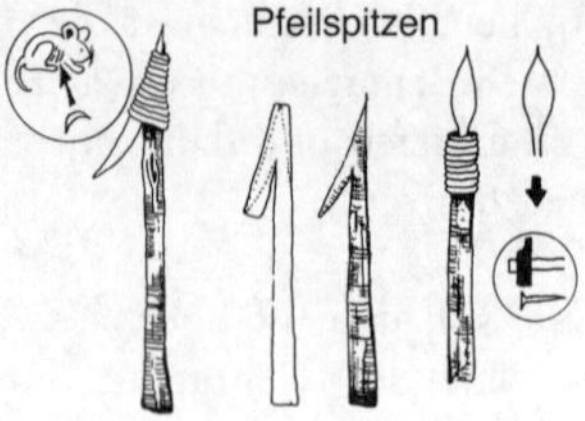

ganz langsam verdunsten lassen. Sirupartige Substanz auf Pfeilspitze auftragen.

4. *Schädlingsbekämpfungsmittel* (Pestizide mit Phosphorverbindungen): Feste Substanzen mit Wasser zu Brei verrühren und auftragen.

Pfeilspitzen lassen sich herstellen aus Nägeln, Schrauben, Angelhaken, Flintstein, Glasscherben, Zweigen, Knochen. Drei Beispiele werden durch die Zeichnungen oben erklärt.

Pflanzen, Heil- → Heilpflanzen

Pflanzen-Genießbarkeitstests führt man durch, wenn man wissen möchte, ob unbekannte Pflanzen für den Menschen eßbar sind ohne nachteilige Folgen.

☺ Oberregel: *Alle Pflanzen sind eßbar. Manche jedoch nur einmal.*

Meide grundsätzlich solche, die *klebrig* sind und/oder *milchige Säfte* haben. Zwar ist der Löwenzahn milchig und trotzdem eßbar, aber hier geht es um Faustregeln mit *weltweiter* Gültigkeit.
Meide alle Früchte, die in *fünf* Teile gegliedert sind (so, wie die Mandarine in *viele* Teile gegliedert ist). Auch das ist eine grobe Generalisierung. Aber sie ist besser, als leichtsinnig zu sein.
Ferner meide alles, was die *Warnfarbe Rot* hat (Fliegenpilz, Tollkirsche). Es sei denn, du *weißt*, daß der rote Apfel und die Tomate eßbar sind. Auch der Rhabarber ist rot und eßbar, jedoch sind seine Blätter giftig.
Eine weitere Welt-Faustregel sagt: Beobachte Spatzen und Tauben, Affen und Nasenbären – was ihnen schmeckt, wird auch dir bekommen. Sogar ohne langen Test.
Und nun der eigentliche Test: Zunächst schaut man unter der Pflanze nach, ob dort tote Insekten am Boden liegen. Wenn ja, vergiß die Pflanze.
Wenn nein, zerreibe eine kleine Probe dessen, das du essen möchtest, zwischen den Fingern und rieche daran. Widert dich der Geruch an, verzichte auf den Genuß. Riecht es angenehm, taste eine erste Miniprobe mit der Zunge ab. Ist das okay und weder ätzend noch bitter, mach die erste Schluckprobe. Jetzt warte eine halbe Stunde. Spürst du keinerlei unangenehme Nebenwirkungen (Schluckauf, Magenschmerzen, Speiseröhrenkrampf, Würgereiz), iß eine größere Menge. Laß dir aber jeweils mindestens eine Stunde Zeit, ehe du die nächstgrößere Dosis probierst. Nach einem Tag, nicht schneller!, wirst du wissen, ob die Pflanze in Ordnung ist.

☞ *Gefahr:* Falls du nach geraumer Zeit doch noch Übelkeit verspüren

solltest, versuch, den Magen zu leeren. Steck deinen Finger tief in den Hals. Das wirkt noch besser, wenn du vorher Salzwasser getrunken hast.
Leider sind die meisten wilden Pflanzen für den Menschen zwar eßbar, aber nicht nahrhaft. Sie enthalten an Wertvollem nur Vitamine und Ballaststoffe. Zumindest jedoch geben sie dem Magen Arbeit und die Illusion, etwas für seinen Körper getan zu haben.
Beispiele für eßbare Wildpflanzen in Deutschland, die als Nahrung nicht so bekannt sind: Entengrütze, Algen, Brennesseln, junge Rohrkolben-Stiele, Queckenwurzeln, junge Buchen- und Lindenblätter, Teichrosen, Farnsprößlinge, Klee, alle Grasspitzen, alle Grassamen.
Da die Tests zeitaufwendig sind, ist es oft ratsam, sich zu erinnern, daß man auch lange Zeit ohne Nahrung leben kann.

Pflaster sind eine Ersatzhaut. Sie haben die Aufgabe, Wunden solange vor mechanischen oder bakteriellen Einwirkungen zu schützen, bis der Körper die Wunde mit einer neuen eigenen Haut geschlossen hat.
Das beste Pflaster ist der Blutschorf. Eine Wunde blutet zunächst und schwemmt damit krankheitserregende Bakterien heraus, die bei der Verletzung (Schürfung, Schnitt) in den Körper gedrungen sein könnten. Und durch die Fähigkeit des Blutes, bei Kontakt mit Luft sofort zu gerinnen, entsteht das Schorfpflaster. Schorf soll nicht abgepult werden. Man wartet, bis er von selbst abfällt.
Darüber hinaus gibt es die allbekannten Wundpflaster, von denen man immer ein paar bei sich haben sollte. Auch im Zivilleben.
Als künstliches Pflaster bietet sich vor allem → Lassoband an. Spitzwegerichblätter, Kamilleblüten u.a. könnten als wundheilende Direktauflage genutzt werden.

Pflege, Körper- → Körperpflege

Pflöcke, die halten sollen, müssen *gerade* sein. Sie werden oben abgerundet und unten angespitzt. Und zwar wie ein Bleistift und nicht per

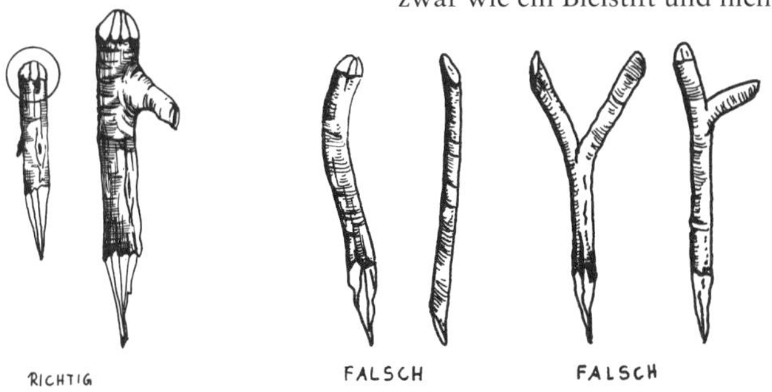

Schrägschnitt wie eine Wurst. Wenn sie in die Erde geschlagen werden, muß der Schlag senkrecht auf den geraden Teil des Pflockes erfolgen.
Gegen das Abrutschen der Seile, die an diesen P. befestigt werden, bringt man entweder nachträglich eine Kerbe an, oder man wählt P. mit einer 1-förmigen Astgabel. Y-förmige Gabelungen sind ungeeignet, weil solche P. beim Einschlagen spalten.

☺ **Pilze.** Alle Pilze sind eßbar. Manche nur einmal. Ausnahme: Atompilz, Fußpilz.

Da man nicht alle Pilze der Erde kennen kann, sollten sich Survivors an eine Faustregel halten: Verzichte auf Pilze, da sie ohnehin keine Nährstoffe enthalten.
→ Fußpilz

Pinzetten gehören in jede Reiseapotheke. Sie sind wichtig zur Entfernung von Splittern, einem der häufigen kleinen Reise-Übel. Sie sind auch schnell selbst gemacht → Operationsinstrumente.

Piranhas (Pirañas, Karibenfische) stehen in dem Ruf, das Schwimmen in südamerikanischen Flüssen zum lebensgefährlichen Roulette werden zu lassen. Das ist Sensationsheische unseriöser Abenteuererzähler. Piranhas skelettieren zwar Menschen in Minutenschnelle – aber nur, wenn diese Fehler begehen. Ein normaler Schwimmer ist nicht gefährdet. P. greifen an, wenn sie zuständig sind. Und das sind sie, wenn die Reinheit des Wassers durch Krankes und Totes gefährdet ist. Sie greifen also an, wenn • man frisch blutet, • man Rotes (= Blut) am Körper trägt (Badehose, Kette), • man hektisch schwimmt und dadurch verletzt wirkt, • man sich längere Strecken wie eine Leiche treiben läßt.

☺ Dreh den Spieß lieber um und vernasch die P.! Beim Angeln sind als Vorfach unbedingt Draht oder Kette erforderlich. Sehne und Seil werden sofort zerfetzt. P. schmecken sehr gut. Allerdings sind sie voller Gräten, die man unschädlich machen kann, wenn man die Fische vor dem Zubereiten seitlich mit dichten Kreuz- und Querschnitten versieht.

Piraten gibt es heute wie eh und je. Sie sind auch so skrupellos wie eh und je. Wer sich mit einem Boot auf Weltreise begibt, sollte immer darüber informiert sein, wo mit P. zu rechnen ist. Es gibt sie auf Flüssen (Orinoco an der kolumbianischen Grenze) und vor allem auf den Meeren (Westafrika, Fernost, Karibik). Sie geben sich schiffbrüchig und signalisieren, daß sie Hilfe benötigen. Wenn du dich ihnen näherst, eröffnen sie das Feuer aus Maschinenpistolen. Oder sie verfügen über derart schnelle Boote, daß sie direkt auf dich zurasen. Oder sie kommen nachts, wenn du vor Anker liegst. Oft kommen sie barfuß. P. töten und versenken das Schiff, um Zeugen und Beweise zu vernichten.
Wer ein eigenes Schiff hat, ist berechtigt, eine Waffe zu führen. Das sollte er auch unbedingt tun. Notfalls sind sogar die Signalgeräte gefährliche Waffen, weil die Leuchtkugeln 2000 °C entwickeln und beim Aufprall aus Banditen Bratfleisch zaubern.
Gegen Barfußräuber haben sich (neben Alarmanlagen, Tellereisen, Hund) Heftzwecken bewährt, die man haufenweise an Deck ausstreut.

☺ Am Bootsrand läßt man einen halben Meter des Decks unbestreut, damit die Räuber den Gag nicht gleich bemerken und du in den Genuß der Schadenfreude gelangst! Morgens werden die Heftzwecken zusammengefegt und aufbewahrt.

Havaristen, denen man nicht traut, nähert man sich nicht. Man verholt in sicherer Entfernung und läßt die Havaristen mit dem Ruderboot zu sich heranrudern.
Oder man organisiert Hilfe für sie über Funk.
Kommt es trotzdem zu einem Überfall, haben sich → Molotow-Cocktails sehr bewährt. Du mußt nur bis zu dem Moment der Annäherung an dein Schiff ruhig und in Deckung bleiben.

Pistole oder Revolver – für viele ist diese Frage eine Religion. Die P. hat den Vorteil, daß sie mehr Patronen aufnimmt als der → Revolver und schneller nachzuladen ist, wenn man über Reservemagazine verfügt. Außerdem ist sie flacher und dadurch besser zu tragen. Im unerwarteten Notwehrfall hat sie jedoch den Nachteil, daß man sie noch entsichern und die erste Patrone in den Lauf repetieren muß. Das sind entscheidende Zeitverluste. Dazu kommt die etwas höhere Anfälligkeit einer Pistole gegen Schmutz.

Pistolen, Soft-Air- → Soft-Air-Pistolen

Planung eines Vorhabens ist das halbe Gelingen. Da ist die Idee, und da sind die möglichen Schwierigkei-

ten bei der Realisierung. Also beginnt man, sämtliche denkbaren Probleme aufzulisten und eine Lösung dagegenzusetzen.
Vorhaben: Du willst per Passatwind auf einer Klobrille über den Atlantik.

Vorherrschende Meinung in Fachkreisen: Idiot.
Deine Meinung: Nichts ist unmöglich. Zumindest kann man es ausprobieren.
Probleme: Die Klobrille allein trägt dich nicht, es dauert Monate, du bist einsam, es ist naß, es ist heiß, du brauchst Trinkwasser und Nahrung, es gibt an den Küsten Piraten, es besteht die (geringe) Gefahr einer Kollision, du kannst kentern, es gibt Stürme, du hast keine Ahnung von Navigation, du wirst seekrank, du hast Angst vor tiefen Wassern.
Lösung: In Kursen lernst du Navigation und Funken. Dann weißt du, daß du garantiert irgendwann irgendwo ankommen wirst, weil alle Meere ständig strömen. Alle Meere sind Flüsse. Keines steht still. Und du weißt dann, von wo nach wo und wie schnell die Strömungen verlaufen. Darüber hinaus lernst du Positionen und Kurse zu bestimmen. Du lernst, daß du etwas schneller sein mußt als die Strömung, damit du navigieren kannst. Wer gleichschnell fährt, dessen Ziel bestimmt der Strom. Du lernst funken und hast zumindest ein UKW-Handsprechgerät mit. Damit erreichst du alle Schiffe in deinem Sichtkreis. Die Batterien füllst du mit Solarstrom.
Im Navigationshandel erwirbst du Karten und Entsalzungs-Utensilien. Außerdem nimmst du Trinkwasser mit. Was man hat, das hat man. Rechne drei Liter pro Tag und kal-

kuliere, daß es viel länger dauert, als du an Fahrzeit ausgerechnet hast. Das Wasser darf nicht verfaulen. Also kommt → Micropur hinein.
An Lebensmitteln hast du das obligatorische Müsli (→ Marschverpflegung), Vitamintabletten und Angelhaken in Mengen. Vor allem auch sehr stabile Haken. Seefische sind stärker als alles, was du an Land kennengelernt hast.
Die Angst vorm Wasser relativierst du mit → Sea-Survival-Training.
Gegen → Piraten gibt es Waffen, und gegen Kollisionen Radarreflektoren. Das Kentern verhindert man durch ein Fahrzeug, das flach und großflächig auf dem Wasser liegt. Denn ein Pfannkuchen ist schwerer zu kentern als ein Besenstiel, der sich von selbst um die eigene Achse dreht. Natürlich werden dich deine Klobrillen mit aller Ausrüstung nicht mehr tragen. Du mußt ihnen zusätzlichen Auftrieb geben mit ein paar Metern Abflußrohr. Das Ganze muß sturmfest sein, du brauchst Schutz gegen Wasser und Sonne. Aber sehr schnell hast du aus Klobrillen ein seetüchtiges Fahrzeug und aus dir einen Seemann gemacht.

☺ Und du hast dem Restrisiko eine Chance gelassen. Das schuldet man dem Meeresgott. Und der wird sich dafür revanchieren und dir ein unvergeßliches Abenteuer bescheren. Ahoi.

Pökeln → Konservierung von Lebensmitteln

Polarstern → Orientierung

Poncho ist der ideale Regenschutz. Gut ist es, wenn er weit ist, damit auch der Rucksack darunter Platz findet und damit er in Notzeiten ein Zelt abgibt. Ein Poncho ist auch einfach selbst zu machen aus einer regenfesten Plastik- oder Alufolie.

Pöttern → Aale

Pressefreiheit. Sie ist das, was eine Demokratie auszeichnet und stabilisiert. Ohne P. würden Machtstreben und Größenwahn der politischen Führungskräfte ins Gigantische ausufern und Demokratie wieder zu Fall bringen. Die P. ist deshalb im Grundgesetz, in der Europäischen Menschenrechtskonvention und in der Allgemeinen Erklärung der Menschenrechte der UN verankert als ein Grundrecht der Menschheit. Sie gewährt Informanten Schutz und dem Verlag die Garantie, daß sein Erzeugnis den Konsumenten unbehindert erreicht. P. beinhaltet sogar eine Auskunfts*pflicht* der Behörden gegenüber Journalisten.
Grenzen werden der P. gesetzt, wenn sie als Instrument der Verleger oder einzelner machtberauschter Journalisten zum Schaden der Demokratie mißbraucht wird. Grenzen in der Berichterstattung sind auch dort vorgegeben, wo es um ungerechtfertigte Ehrabschneidungen geht oder um den Schutz der Jugendlichen. Für solche Fälle bleibt den Geschädigten die Möglichkeit der Gegendarstellung

und das Einklagen eines Schadensersatzes.
Die P. ist die große Möglichkeit des Kleinen Mannes, Ungerechtigkeiten und behördliche Willkür publik zu machen und zu bremsen. Erst wer Länder erlebt hat, in denen die P. nicht existiert, weiß um ihre Bedeutung für die menschliche Freiheit.

Prophylaxe, Malaria- → Malaria (Prophylaxe)

Proviant → Ernährung

Provokation auf Reisen kann sehr schnell und unbeabsichtigt erfolgen. Von jemandem, der verantwortungsbewußt reist, ist zu erwarten, daß er fremde Kulturen, Religionen, Lebensgewohnheiten respektiert und nicht besserwisserisch diskriminiert. In Ländern, wo Frauen verhüllt gehen, wird man sie niemals ansprechen. Und Touristinnen werden dort keinesfalls ihre Reize zur Schau stellen, um ihren Grad an Emanzipation zu demonstrieren. Dazu gehört nämlich kein Mut, sondern ausschließlich Dummheit.
Genauso wichtig ist es, in armen Ländern niemals seinen Reichtum zur Schau zu stellen. Wer mit offenen Augen und wachem Verstand reist, wird die Armut sehen und sich taktvoll hüten, mehr als das Allernotwendigste zu zeigen. Er wird sich weder mit Schmuck behängen, noch seine Fotoapparate auf seinem Bauch zur Schau stellen. Beim Bezahlen vor armen Zeugen wird er nicht seine dickgefüllte Geldbörse präsentieren, sondern das Geld dezent entrichten. Am besten ist es, die zu erwartende Summe bereits abgezählt parat zu haben. Für Arme ist es bereits P. genug, daß es Touristen vergönnt ist, überhaupt reisen zu können.
Die Folge von Provokation (Küssen in der Öffentlichkeit) können offiziellerseits höchste Strafen (bis hin zur Todesstrafe) sein und inoffiziellerseits Beraubung und Ermordung.

Prusikknoten → Knoten

Pulsschlag ist der an den Arterien (Schlagadern) gefühlte Herzschlag. Man fühlt ihn durch sanften Druck und am besten, wenn die Ader gegen einen Knochen gedrückt wird. Ein gesundes Erwachsenen-Herz schlägt 60 bis 80mal in der Minute (Säuglinge 130mal!). Bei Aufregung schlägt es mehr und heftiger.
Der Puls wird gefühlt mit dem Zeige- und Mittelfinger einer Hand an der Daumenseite des Handgelenkes. Man mißt – mit Uhr – 20 sec. und multipliziert das mit 3. Denn bei Angabe der Pulsschlag-Häufigkeit wird immer in vollen Minuten gerechnet.
Bei schwachem Puls wird ausnahmsweise an der Halsschlagader gefühlt. Dort ist bis zum Ableben der intensivste Puls zu spüren. Für einen Kranken ist das Fühlen an dieser Stelle jedoch unangenehm.

☺ Am unangenehmsten ist es für den Betroffenen, wenn sein Puls gar nicht mehr fühlbar ist.

Q

Quallen sind schirmförmige Meerestiere, die aussehen wie Blüten in Gelee. Leider schmecken sie nicht wie Gelee und können auch nicht als Gelatine verwertet werden. Da es sehr viele Sorten gibt, die man als Nichtqualluloge gar nicht alle kennen kann, hält man sich strikt an die Faustregel, jeglichen Hautkontakt mit den Tieren zu vermeiden. Einige von ihnen verursachen nur leichte Rötungen und Jucken, andere Verbrennungen und Quaddeln und einige sogar schwere Brandwunden und Tod (Würfelquallenart bei Australien).

Quark gewinnt man aus Dickmilch. Dickmilch wiederum erzeugt man durch einfaches Stehenlassen *unbehandelter* Milch an einem 25 bis 30 °C warmen Ort (nur abdecken gegen Staub und Insekten). Die Säurebakterien kommen von selbst aus der Luft und bewirken die Gerinnung der Milch. Die dicke Milch (schmeckt lecker mit Zucker und Zimt) läßt man durch ein Tuch laufen, wodurch sich Quark und Molke trennen. Die Molke kann als erfrischendes Getränk ebenfalls verwertet werden.

R

Rache ist die menschlich verständliche Neigung, tatsächlich oder vermeintlich erlittenes Unrecht (unter Umgehung der gesetzlichen Möglichkeiten) in Selbstjustiz zu vergelten. In vielen Ländern ist R. noch gang und gäbe, in manchen von Fall zu Fall sogar legal. *Blutrache* wird praktiziert, wenn die Ehre eines Menschen oder einer Sippe verletzt oder ein Angehöriger getötet wurde.

☠ Achtung! Blutrache wird auch geübt, wenn du schuldlos jemanden überfahren hast! Mitunter kann man sich jedoch durch ein Blutgeld freikaufen.

Rassismus ist die anscheinend unausrottbare Geisteshaltung einer Sorte von Menschen, die da meinen, andere Völker, Rassen oder Religionen seien minderwertiger und man könne diese Menschen deshalb ausrotten oder zumindest ausbeuten. Die Ursache dieser Denkweise ist u.a. das Leiden unter der eigenen Bedeutungslosigkeit und der Drang, sich durch Diskriminierung anderer (meist Minderheiten) aufzuwerten und zu profilieren. Man findet R. bei Spießbürgern und Kleingeistern und bei solchen, die das Phänomen skrupellos nutzen, um sich wirtschaftlich und politisch Vorteile zu verschaffen. R. ist kaum vorstellbar unter Menschen, die weitgereist sind und die die hohe Kultur der Gastfreundschaft fremder Völker erfahren durften.

Ration, eiserne → Eiserne Ration

Rattenfalle als Entenfalle → Fallen

Rauchen → Nikotin, → Tabak

Raucherbein ist eine infolge starken Nikotingenusses selbstverschuldete Arterienverschlußkrankheit. Die Anfangssymptome werden oft verkannt als Folge von Senkfuß oder Ischias. Erst wenn man nach spätestens 300 m anfängt zu hinken und schließlich gezwungen ist stehenzubleiben, ist es sicher, daß man R. hat. Behandlung: striktes Nikotinverbot, durchblutungsfördernde Maßnahmen (Kaffee, → Blutegel) und Operation im Krankenhaus.

Räuchern ist eine sympathische Art der Konservierung von Fleisch. Und vor allem ist R. ohne Technik überall durchführbar. Zwei Methoden für Globetrotter seien hier genannt. Zum einen das einfache Aufhängen dünngeschnittenen Fleisches oder ausgenommener Fische im Rauch über dem Lagerfeuer. Oder die schnelle Anfertigung eines simplen Räucherofens.
Das ist weiter nichts als ein Loch (60 × 60 cm, 40 cm Tiefe) in der

Erde. In ihm wird ein starkes Feuer entfacht. Wenn es zu 80% heruntergebrannt ist, sind die Erdwandungen gut vorgeheizt.
Die Rest-Glut wird überschüttet mit Sägemehl von harzfreiem Holz.

☠ Das Holz darf keinerlei Kunststoffbeschichtungen haben!

Ersatzweise qualmen auch Gras, Humus, altes, feuchtes Laub. Sie müssen einen beißenden Qualm erzeugen.
Über das Sägemehl werden auf einen Rost (notfalls aus frischen besenstieldicken Ästen) die Fische gelegt, und alles wird abgedeckt mit einem Deckel (Behelf: Holzgeflecht und Laub).
Irgendwo sollte eine winzige Luftzufuhr zur Glut aufrechterhalten werden.

Nach 30 bis 45 Minuten sind die Fische gar und geräuchert. Vor Genuß evtl. salzen.

☞ Geräuchertes schmeckt gut, ist aber als Dauergenußmittel nicht zu empfehlen. Es soll der Gesundheit schaden (→ Ernährung).

Raupen als Nahrung muß man mit Vorsicht genießen. Die Faustregel lautet: R. mit Haaren werden gemieden. Sie könnten mit Nesseln besetzt sein.
Glatthäutige R. à la Engerling kann man meistens essen. Auf jeden Fall aber kostet man vorher kleinste Proben.
Der Pracht-Leckerbissen unter den Raupen ist die 8 cm lange Whitchetty-R. in Australien. Sie schmeckt fettig-süßlich, und sechs Stück davon, roh, sind eine runde Mahlzeit.

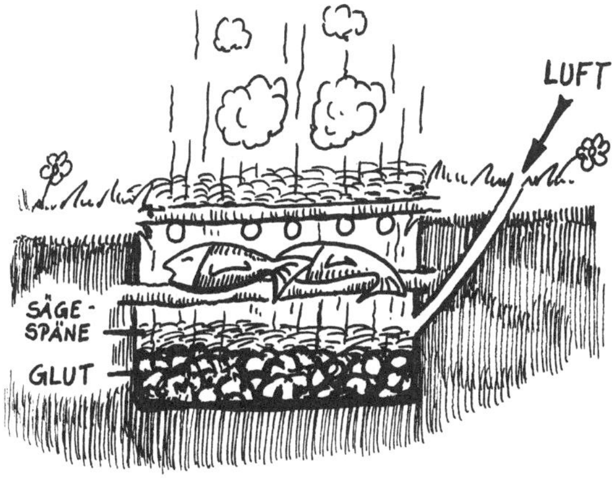

Rautek-Griff lernt man in der *Ersten Hilfe*. Er dient dazu, als einzelner Verletzte aus Gefahrenzonen zu bergen.

☞ **Reality First Aid.** Es gibt *Reality TV*, also mußte *Reality First Aid* folgen. Es ist die Möglichkeit, beim Survival-Training das Erste-Hilfe-Leisten unter schockierend realistischen Bedingungen zu trainieren. Beispiel: Beim Überwinden einer Schlucht auf dem Seil entdekken die Kursusteilnehmer völlig unvorbereitet unter sich im Gestrüpp einen Schwerverletzten, dessen Bein gebrochen ist. Man sieht das nicht an der unanatomischen Knochenstellung, sondern daran, daß der gebrochene Knochen des Schienbeins durch die Hose hindurchgestoßen ist und fleischig-blutend herausragt. Der Verletzte ist offenbar abgestürzt

und krümmt sich nun vor Schmerzen im eigenen Blut.
Den Knochenbruch simuliert man mit einem Schweineknochen vom Schlachter und reichlich Ketchup (für irgendwas muß das Zeug ja gut sein). (Idee: Martin Schult, Rettungssanitäter, Oldenburg)

Rebellen. Immer wieder kommt es weltweit zu Aufständen. Unterdrückte gegen Herrschende, Herrschende gegen Unterdrückte, R. gegen R., jeder gegen jeden. Die Kriege sind erbarmungslos: Minen, Folter, Fallen, Intrigen, Komplotte. Vorsicht also beim Durchqueren solcher Kriegsgebiete. Und auch anderswo beachte die wichtigsten Regeln, um lebend hindurchzukommen. Sie lauten: Rechtzeitig informieren über die Gründe und politischen Ziele der Aufständischen (wie hehr oder wirr sie auch sein mögen). Und nie ohne Führer gehen!
Wo Führer zu finden sind, erfährt man im gegnerischen Gebiet, wo der jeweils andere herrscht. Man erkundigt sich bei Taxifahrern, Journalisten, Prostituierten und Schwarzhändlern. Wer sich abfällig über die Regierung äußert, wird wissen, wie man an R. rankommt. Sei aber vorsichtig: Polemik kann eine Falle der politischen Polizei sein.
Es kann dir dienen, die Aufständischen wissen zu lassen, du wollest eine Reportage über ihren Kampf machen. Es kann auch sein, daß du eine Art Wegzoll entrichten mußt. Es kann sein, daß sie Medizin als Zahlungsmittel akzeptieren.
Wenn dir ein Führer zugeteilt wurde, vertrau ihm mit wachem Verstand. Meist wird er dich sicher ans Ziel bringen. Er kennt Freund und Feind und weiß, wo Sperren und Fallen des bekämpften Gegners zu finden sind.
Wenn du auf die R. stößt, respektiere unter allen Umständen ihre Autorität. Bitte sie um Gastfreundschaft, Schutz, Visum, Durchreiseerlaubnis, Asyl, um weiteren Begleitschutz.
Führe kein Verdacht erregendes Gepäck mit. Schon ein grün-gelber Kugelschreiber kann bei Türken den Verdacht erregen, du seist ein Sympathisant der Kurden. Und eine Briefmarke mit dem Bildnis des Staatsmannes Atatürk wiederum kann bei den Kurden Indiz für deine Türken-Sympathie sein.
Sei dir auch im klaren darüber, daß es schlecht um dich bestellt ist, wenn du zusammen mit den R. gefangengenommen wirst. Mitgefangen, mitgehangen. Im Risikofalle umgeh das Gebiet.

Rechtwinkliges Dreieck ohne Winkelmesser kann man behelfsmäßig nach der Methode Drei-vier-fünf machen. Dazu benötigt man entweder

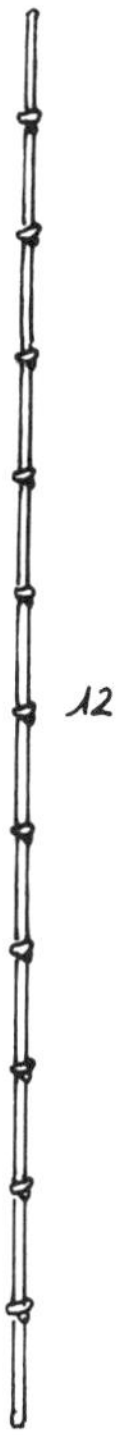

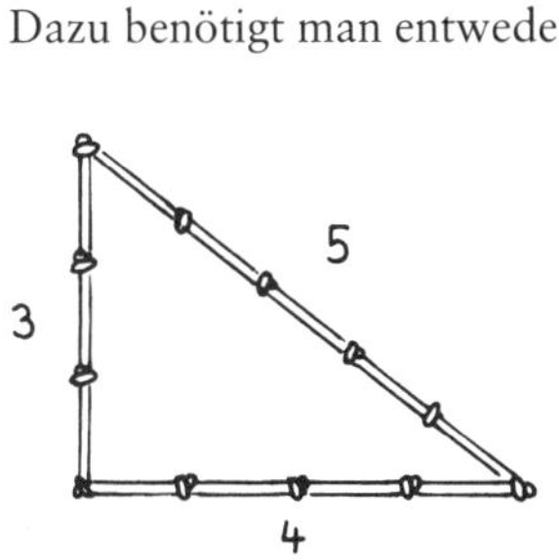

12 gleich lange Stöckchen oder ein Stück Seil, in das man 12 exakt gleich lange Abschnitte knüpft, die sogenannte 12-er Schnur. Die 3 + 4 + 5 = 12 Einheiten werden dann so zu einem rechtwinkligen Dreieck gelegt, wie die Zeichnung es erklärt.

Reepschnüre sind Seile für den Bergsport mit hoher Reißfestigkeit von 2 bis 9 mm Durchmesser. Die eigentlichen Kletterseile sind dicker, belastbarer und elastischer. Die genauen Angaben stehen in den *Globetrotter Ausrüstung*-Katalogen.

Reflektorwand (→ Schlaf-Feuer)

Reflexstreifen sind Sicherheitssignale für alle, die in der Dunkelheit gesehen werden möchten: Jogger, Wanderer, Radfahrer, Reiter, Bootsfahrer. Es gibt sie in verschiedenen Farben und als Bänder, Gurte, Aufkleber.

Regendach. Wer in den Urwald reist, braucht ein R. aus dichten Planen. Um eine Hängematte zu schützen, sollte es mind. 3 × 3 m groß sein und viele Ösen am Rande besitzen, um es in vielfältiger Form aufspannen zu können. Es schützt genauso gut gegen Sonne und Wind und läßt sich nutzen zum Auffangen von Regen, Improvisieren eines Rucksacks oder zum Bau eines Bootes (→ Boot aus Ästen, → Boot aus Gras). Es ist leicht und hat wenig Volumen. Das R. gehört in jedes Survivor-Gepäck.

Regenschutz. Dazu dienen Regendächer, Tarps, einfache Plastik-Säcke, Rettungsfolien, Schirme und Ponchos.

Reinigung, Wasser- → Wasserreinigung

Reiseleiter → Führungsstil

Reisewecker. Nicht immer sind Hotels zuverlässig im Wecken. Deshalb sind R. unentbehrlich für Reisende, die sich an feste Zeiten halten müssen (Abflug).

Reizgas → Abwehrspray

Religion und Kirche sind meist zweierlei. Eigentlich ist R. die Verbindung des Menschen zu Gott. Lehrt R. noch Ideale, die von vielen Menschen nachvollzogen und getragen werden können, haben sich Kirchen meist uneinholbar davon entfernt (→ Kirche). Deshalb sollte sich jeder emanzipierte Bürger kritisch fragen, ob Lehre und Leistung von R. und Kirche noch übereinstimmen, oder ob sie auseinanderklaffen und als Instrument der Bereicherung und Machterhaltung mißbraucht werden. Dann sollte man von seinem Recht der R.freiheit Gebrauch machen und austreten. Um an Gott zu glauben und ein vor Gott verantwortbares Leben zu führen, braucht man keine Kirche.

Reportage. Man kann seine Reisekosten decken mit guten R. Bei den

Medien, per Buch oder mit Vorträgen. Doch dazu muß man die Gesetze der Nachrichten- und der Unterhaltungswelt kennen und sich mit ihnen arrangieren. Ein normales Abenteuer, das schon tausend andere bestanden haben, ist wertlos. Du mußt versuchen, etwas Einmaliges zu leisten, das möglichst noch mit Sinnvollem gepaart ist. Studier die Nachrichten der Welt und analysiere, was daran berichtenswert war. Lerne, Überflüssiges von Wesentlichem zu trennen. Schaff es, deine Geschichte auf eine Seite zu komprimieren, wenn du sie irgendwo anbietest. Schon die Überschrift muß zum Lesen verlocken. Für den ausführlichen Bericht entwickle aber auch ein Gespür für die kleinen Episoden am Rande.
Nimm Lehrgänge für angehende Autoren wahr, oder beschaff dir Fachbücher. Sprich mit Leuten, die Vergleichbares gemacht haben.

Rettungsdecke ist eine Alu- oder Polyesterfolie, ohne oder mit stabilisierenden Kunststoff-Fasern, manchmal einseitig goldbeschichtet. Die Alu-Seite reflektiert die Wärme, die Goldseite zieht sie an. Sie soll lose um den Patienten gewickelt werden, nicht stramm. Sie gehört ins Reisegepäck des Trotters, weil sie fast nichts wiegt (ab 55 g) und ein effektives Kälte- oder Wärmeschutzmittel ist. Darüber hinaus ist sie ein weit sichtbares Signalmittel und auch geeignet als Radarreflektor.

Rettungsschwimmen ist das MUSS für jeden Survivor. Kurse werden angeboten von jeder Deutschen Lebensrettungsgesellschaft (DLRG, Telefonbuch der nächsten Großstadt). Man lernt nicht nur Retten, sondern gewinnt Vertrauen zum Element Wasser und erfährt wichtige Rettungs- und Verteidigungsgriffe, die auch an Land von Nutzen sein können.

Rettungswesten sind jedem anzuraten, der sich Booten und wilden oder großen Wassern anvertraut. Sie sollten immer getragen werden, weil Unfälle meist mit derartiger Plötzlichkeit geschehen, daß es dann zu spät ist, die Westen anzulegen. Es gibt die R. heute in verschiedensten Variationen: schlicht und oder mit vielen Taschen für Signalgeräte (Bootshandel, Globetrotter-Ausrüster).

Revolver oder Pistole – das ist für viele eine Lebenseinstellung. Der R. hat den Vorteil der schnelleren Schußbereitschaft, weil man ihn – im Gegensatz zur → Pistole – nicht entsichern muß und die erste Patrone bereits schußfertig in der Trommel steckt. Dazu kommt eine etwas größere Robustheit des R.
Nachteile eines R. sind seine Unförmigkeit im Vergleich zur Pistole und die begrenzte Anzahl von Patronen (meist sechs) sowie das aufwendigere Nachladen. Da im Notwehrfalle jedoch der erste Schuß der entscheidende ist, habe ich den R. immer vorgezogen.

Rinden-Kanu. *Der Bau dieses Bootes darf nur im Notfall erfolgen oder wenn das Töten des Baumes verantwortbar ist.*

Für den Bau des Kanus benötigt man einen dicken und makellosen Stamm. Er darf weder Äste noch Knotenlöcher haben. Seine Rinde muß glatt, faserig und elastisch sein und sich leicht vom Stamm lösen. Ob sie das tut, weiß man aus Erfahrung, oder man testet das Ablösen an einem *älteren* Ast (junge Äste haben eine andere Konsistenz). Ist der Versuch zufriedenstellend, macht man am Fuße des Stammes einen Rundum-Schnitt durch die Rinde. Aber nicht glatt wie beim Skalp, sondern in Zickzack-Manier. Dasselbe wiederholt man in 3 bis 5 Metern Höhe. Je höher, desto besser. Dann wird vom oberen zum unteren Schnitt ein *senkrechter* Zickzack-Schnitt angebracht.

Mit einer 5 Meter langen Stange (bei zwei Personen zwei Stangen), die meißelartig abgeflacht ist, wird die Rinde Stück für Stück gelöst. Damit sie nach dem Ablösen nicht zu Boden stürzt und Schaden nimmt, stütz sie mit stabilen Astgabeln ab. Oder bau ein quadratisches Gestell um den Baum herum.
Leg die gelöste Rinde mit der Öffnung nach unten über mehrere dicke Astrollen. Dann entzünde ein loderndes Strohfeuer auf ganzer Länge unter dem Inneren der Rinde. Dadurch wird sie saftig und viel biegsamer. Wenn es geht, krempel das Innere nach außen. Denn je glatter die Außenwand, desto schneller dein Boot. Wenn das nicht geht oder die Gefahr des Brechens besteht, laß sie, wie sie ist. Aber nutz die gesteigerte Elastizität, um das Boot in der Mitte zu spreizen und mit einem H-ähnlichen starken Gebilde aus Knüppeln offenzuhalten. Die beiden senkrechten Linien des H werden waagerecht oben an den gegenüberliegenden Bootskanten mit Ranken oder anderem Bindematerial festgezurrt. Der Querbalken des H verläuft dann wie eine Sitzbank quer durchs Boot.
An den Enden wird die Rinde zusammengebracht und mit kräftigem Rankenmaterial vernäht. Löcher und Nahtmaterial sollten von gleicher Stärke sein. Nach dem Vernähen wird die Innenseite der Naht mit Lehm, Papier, Stoff usw. abgedichtet. Die Zickzack-Bootskante wird zum Schluß glattgeschnitten. Als Paddel fertigt man sich abgeflachte Stangen.

☞ Das Rindenboot kann man ideal üben als *Klein*modell mit der Rinde eines kräftigen Weiden- oder Birkenastes.

Rinderbandwurm
→ Bandwurm

Risiko. Wer eine riskante Unternehmung plant, wird das kalkulierbare Risiko mit guten Vorbereitungen minimieren. Wie weit man jegliches Risiko ausschaltet, ist eine Frage der unternehmenden Persönlichkeit und deren Freude am und Bereitschaft zum Risiko. Erst das Restrisiko macht aus einem zugeplanten Urlaub ein Abenteuer. Das Restrisiko ist die Würze. Dann wird man erfahren, wie gut man sich auf Reaktionsschnelle, Vielseitigkeit und Improvisationstalent verlassen kann.

Rochen zählen zu den gefährlichen Fischen. Am Schwanzende verfügen sie über einen Giftstachel, der schlimme Wunden verursacht. Wenn man einen schwimmenden R. von unten streichelt, läßt er sich das gefallen. Tritt man jedoch auf ihn, peitscht sein Schwanz wie eine Stahlfeder vor und verursacht die Wunde. Die Gefahr, auf einen R. zu treten, ist in Flüssen und an den Küsten warmer Länder groß, weil sich die Tiere flach in den Sand einwühlen und man sie nicht sieht.
Man vermeidet den Stich, wenn man in solchen Flüssen nicht *geht*, sondern *schlürft*. Dann gerät man *unter* die R., und sie fliehen.

Rötung (Auge) → Augenleiden

Rucksack. Beim vielfältigen Angebot an Rucksäcken soll man nicht vergessen, daß es auch manche an-

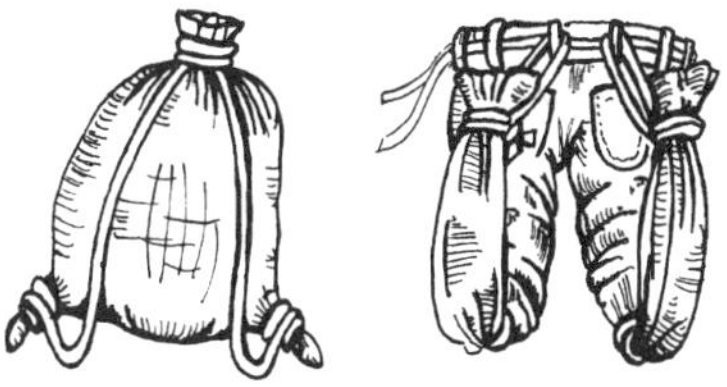

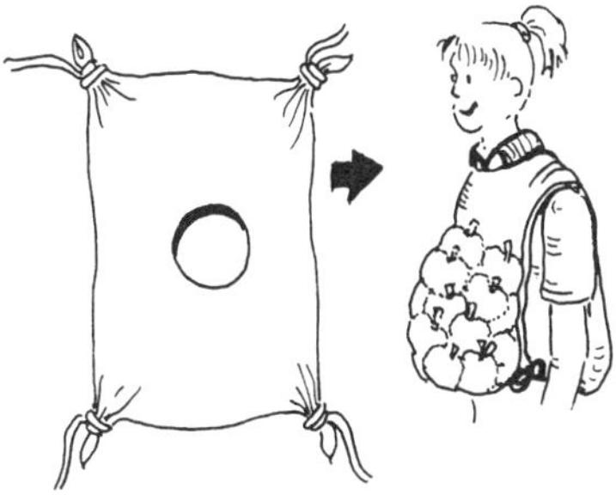

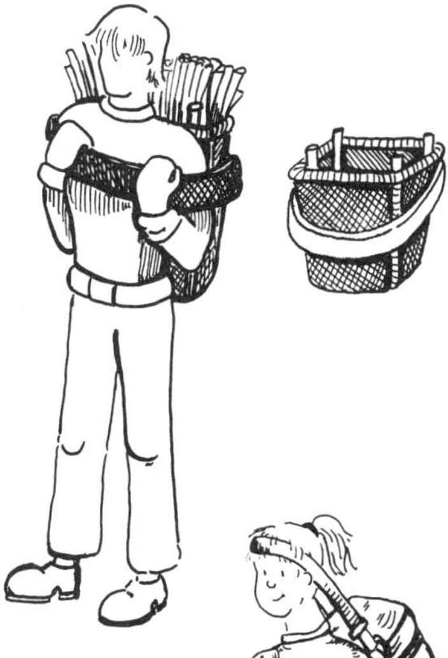

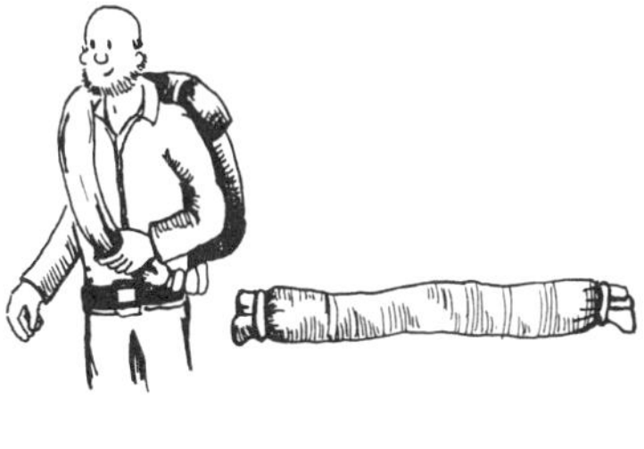

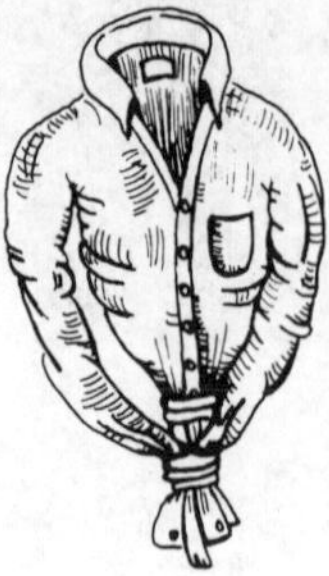

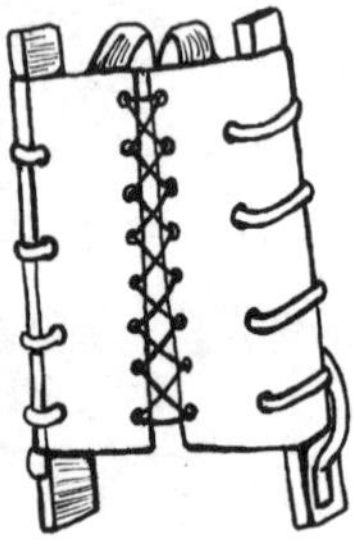

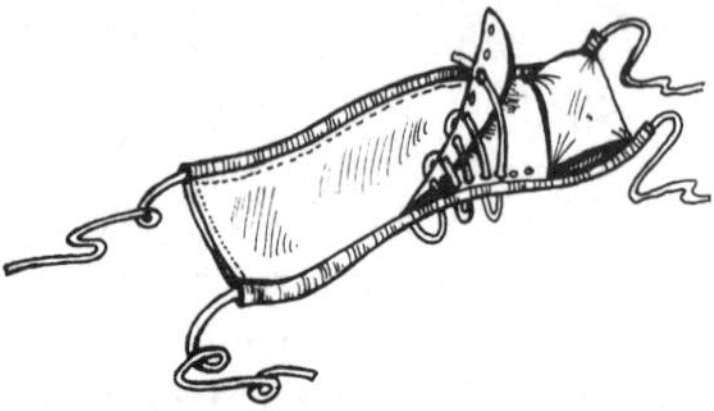

dere und billigere Möglichkeiten gibt, sein Gepäck zu tragen. (div. Zeichnungen)

Darüber hinaus bietet der Handel mannigfaltige High-Tech-Rucksäcke an. Von praktischen über stilvolle bis hin zu schnallen- und taschenübersäten Designer-Outfit-Statussymbolen, die den Träger als Top-Abenteurer ausweisen sollen. Es gibt Außengestell- (für schwere Lasten) und Innengestell-Rucksäcke (marktführend). Es gibt die große Verstellbarkeit, die Wirbelsäulenangepaßtheit, die Rückenventilationsfreudigkeit, den menschenfreundlich-konischen Hüftgurt (um die Schultern zu entlasten), 20 Lieblingsfarben, 50 Sonstwastaschen,

☺ den automatischen Deosprayer im Rückenbereich, den Schweißventilator und den helikopterintegrierten, der das Gewicht annulliert und den Wanderer vorantreibt.

Beim Kauf sollte man u.a. achten auf Strapazierfähigkeit des Materials, auf Volumen (Liter), schnelle Abwurfmöglichkeit im Notfall. Sehr ausführliche Rucksack-Infos finden sich im Katalog von Globetrotter-Ausrüstern. → Packtechnik

Ruhr nennt man jede mit blutigem Durchfall einhergehende Erkrankung. Zum Beispiel die *Bakterienruhr* und die tropische *Amöbenruhr*. Sie wird übertragen durch Berührung mit bakterienhaltigem frischem Stuhl, auch indirekt über Fliegen. Außerhalb des Körpers sterben die Bakterien schnell.

Die Inkubationszeit beträgt 2 bis 8 Tage, die Krankheitsdauer einige Tage bis wenige Wochen. Die R. beginnt mit Verdauungsstörungen, Leibschmerzen und leichtem Durchfall, die bald heftiger und häufiger (über 1× pro Stunde) werden. Die Ausscheidungen können grau-eitrig sein oder blutig-schleimig. Begleiterscheinungen: Fieber, Benommenheit, Entkräftung. Im weiteren Verlauf bilden sich Darmgeschwüre. Sie zerstören die Schleimhaut und können die Darmwand durchbrechen und eine Bauchfellentzündung auslösen. Ruhr kann tödlich verlaufen oder chronisch werden.
Als Vorbeugung empfiehlt sich Sauberkeit, Vernichtung der Fliegen, Waschen von Obst und die Vernichtung von Stuhl und Urin (Vergraben, Feuer) der Kranken.
Zur wirksamen Behandlung nimmt man Sulfonamide und Antibiotika. Wer das nicht hat, kann Holzkohle essen und lindert den Bauchschmerz mit Heizkissen oder feuchtwarmen Wickeln. Als Erstnahrung empfehlen sich süßer Tee und Haferschleim.

Ruß, genau wie Holzkohlepulver, mit Wasser angemischt, auf die Haut aufgetragen, ist ein wirksames Mükkenabwehrmittel. Darüber hinaus ist er sehr geeignet zum Tarnen des Gesichts und zum Erschrecken böser Menschen.

S

☺ **Sadistic Arctic Training (SAT)** ist ein Nehberg-Speschel für Leute, denen nichts hart genug ist: • mit Winzlingsfloß aus frischen Ästen und einem Feuer darauf ein Loch ins winterliche Eis schmelzen und • Fische fangen mit automatischer Fahnenanzeige (→ Angeln, automatische), • → Eisloch-Tauchen, • Hütte bauen aus Eisschollen, • → Iglu bauen, • Eisschollen-Springen von Scholle zu Scholle, • nasse Garderobe trockenlaufen, • Eisscholle als Floß benutzen, • Feuer machen mit Brennglas aus Eis, • 1 qm Robbenfell gerben durch Kauen, • gefrorenes rohes Fleisch essen und es anschließend überzeugend loben, • dasselbe Fleisch dann wieder ausspucken (Salzwasser trinken) und den Hunden als Futter geben, • 100-Meter-Wettlauf mit einem Eisbären. Humane Variante: Läufer erhält Schlittschuhe.

Sägen. Man kann sie improvisieren aus Flintstein (→ Steinzeitwerkzeug). Praktisch für die Reise sind die Drahtsägen (ineinander verschlungene, gezahnte Drähte, die in beiden Richtungen wirken), weil sie nichts wiegen und keinen Platz beanspruchen. Ihre Haltbarkeit ist begrenzt, obwohl sie lt. Hersteller auch Gips, Kalkstein und Eisen sägen.
Besser, allerdings auch schwerer, sind die Ketten-Handsägen. Sie sind sehr wirkungsvoll und schärfen sich selbst nach. Beides im Globetrotter-Handel.
Ebenfalls praktisch ist es, ein Sägeblatt aufgerollt mitzunehmen und es sich bei Bedarf in einen Holzbügel einzuspannen.

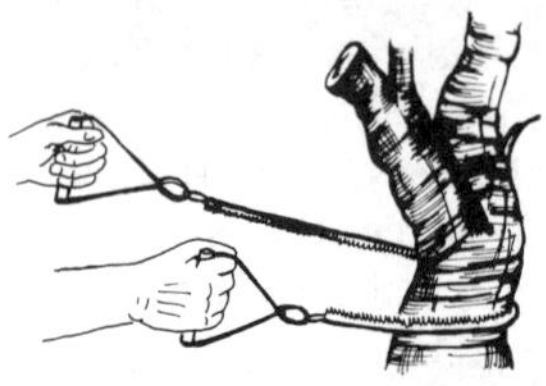

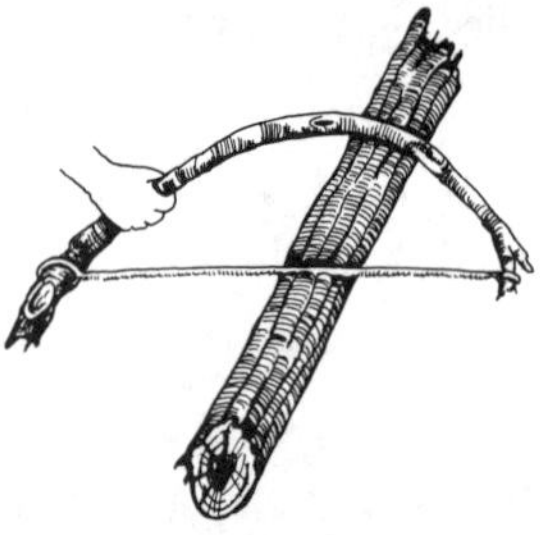

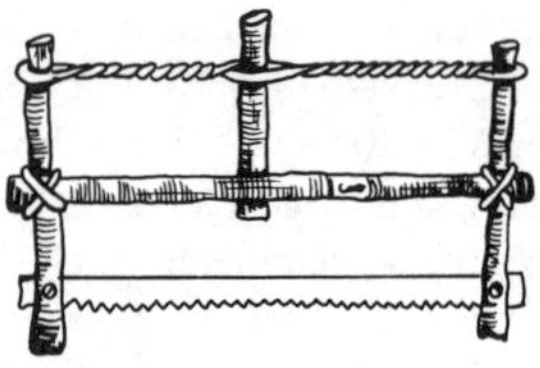

☞ Je nach zu erwartendem Reiseproblem ist die Mitnahme eines handelsüblichen Eisensägeblattes zu erwägen, ggf. eingenäht in die Hosennaht. Es könnte der Schlüssel zur Freiheit oder eine gefährliche Waffe sein.

Salztabletten – oder einfach Salz – benötigt man, wenn man viel schwitzt und viel trinken muß.

Salzwasser-Filter (Seewasser-Filter) ist eine handbetriebene Entsalzungsanlage auf der Basis der Umkehr-Osmose. Er bereitet aus Salz-, Brack- und verdorbenem Wasser 1 Liter Trinkwasser pro Stunde. Die Erfindung gilt als revolutionär, das Gerät ist noch teuer.

☺ Aber lieber ein armer Lebender als ein reicher Verdursteter.

Sandbleche sind das Muß für Wüstendurchquerer. Sie verwandeln undurchquerbaren Sand auf 3 Meter Länge in eine solide Rollbahn. Wenn Gewicht eine Rolle spielt: Es gibt sie auch aus Aluminium. Man benötigt mindestens zwei. Besser sind vier.

Sandsturm. In s.gefährdeten Gebieten Wetterberichte und Warnungen der Einheimischen beachten. Wanderer bleiben im Freien. Ausharren in kleinem Zelt kann gefährlich werden, wenn das Zelt unter der Sandlast zusammenbricht. Schon bei ersten Anzeichen in Sicherheit bringen, zum Beispiel hinter Felsen oder unter den liegenden Kamelen. Körper dicht einpacken mit Planen. Ggf. rundum verschlossene Brille aufsetzen, Tuch als Atemschutz umbinden, Trinkwasser am Körper halten. Falls der Treibsand sich um dich anhäuft, von Zeit zu Zeit freibuddeln und erneut oben aufsetzen.
Wenn Auto vorhanden, im Auto bleiben. Aber schon rechtzeitig alle Wasservorräte und Schaufel und Sandbleche klarmachen.

SAT → Sadistic Arctic Training

Sauerteig ist einfach selbst herzustellen. Man nimmt ihn zur Herstellung von Roggen-Weizen-Mischteigen. $^1/_3$ des benötigten Roggenmehles wird mit lauwarmem Wasser zu einem suppigen Teig angerührt und abgedeckt (Topf mit Deckel oder zugebundener Ledersack) und warm (25 bis 30 °C) stehengelassen. Beim ersten Mal mag es 48 Stunden dauern, ehe die Säuerung und damit die Lockerung einsetzt. Beim nächsten Mal geht es schneller (24 Std.), wenn du eine Handvoll Sauerteig übrigläßt und ihn zum nächsten Sauerteig-Ansatz hinzugibst. Den übrigen S. verarbeitest du dann mit den restlichen $^2/_3$ des Mehles zu einem Brotteig.
Der S. verbessert den Geschmack, gibt dem Roggen mehr Halt und lokkert das Brot wie Hefe (von der du auch zum Teig hinzugeben kannst).

Sauna. Die S. zählt zu den einfachen und bewährten natürlichen Vorbeugungs- und Heilmethoden. Der Wechsel von großer Hitze und Kälte stählt das Herz und den Körper und macht ihn widerstandsfähig gegen Erkältungen.

Scandicain ist ein Anästhetikum zur örtlichen Betäubung. Man verwendet es beim Vernähen von Wunden und Ziehen von Zähnen. Strikt an die Gebrauchsanweisung halten.

Schalter, Wäscheklammer- → Wäscheklammer-Schalter

Schanker. Es gibt den weichen und den harten Schanker. Beides sind Geschlechtskrankheiten, bei denen sich auf den Schleimhäuten der Geschlechtsteile ein Geschwür bildet. Der harte Sch. ist die Erst-Erscheinung der → Syphilis. Sie wird sichtbar in Form eines zackigen kleinen Geschwürs, das schmerz*los* ist und 14 Tage still vor sich hinschwürt, ehe es sich verkapselt und weiterentwickelt.
Der weiche S. ist ebenfalls von zackigem Aussehen, aber schmerz*haft* mit zunehmender Tendenz in Größe und Schmerz. Das Geschwür wirkt spekkig-schmierig. Oft entstehen weitere Geschwüre durch Selbstübertragung. Sogar die Lymphknoten in den Leisten können anschwellen, sich entzünden und eitern. Gefährlich wird diese Krankheit in Verbindung mit anderen Infektionsherden, z.B. der Mandelentzündung. Dann kann es zu einer Häufung von Geschwüren kommen mit hohem Fieber bis hin zur Blutvergiftung.
Behandlung: genaue med. Untersuchungen. Dann ggf. Sulfonamide, Antibiotika.
Vorbeugung: Kondome

Schienen eines Bruchs → Knochenbruch

Schießen. Es gibt Gegner, die keinerlei Skrupel kennen. Gegen sie helfen weder Fairneß noch Kampfsportarten. Wenn ein lebensbedrohender Angriff unmittelbar bevorsteht, hat man das Recht, sich in → Notwehr zu verteidigen.
Die wirksamste Nahkampfwaffe ist die Schrotflinte. Durch ihre Streuwirkung ist sie treffsicher wie eine Maschinenpistole und durch die Masse der Ladung ist sie garantiert mannstoppend. Allerdings ist sie unhandlich. Selbst mit gekürztem Lauf bleibt sie auffällig, und der Gegner kann sich mit Heimtücke und Vorsicht darauf einstellen.
Deshalb sind Faustfeuerwaffen das meistgebrauchte und wirksamste Nahkampfmittel. Da Notwehrsituationen urplötzlich entstehen, kommt es darauf an, die Waffe schnellstmöglich zur Hand und schußbereit zu haben (→ Revolver, → Pistole). Wer lange ziehen und zielen muß, hat schon verloren, weil der Gegner meist einen Vorsprung hat infolge seiner kriminellen Energie und weil uns die Bedrohung oft erst klarwird, wenn er bereits gezogen hat. Deshalb sollte man rechtzeitig das sog. Combat- oder → Deutschießen und den → Stoßgriff trainieren.
In der Regel spielen sich solche Szenen in max. 5 m Distanz ab. Man zielt im allgemeinen auf den Rumpf, weil er Fläche bietet, und man dort immer ein vitales Organ trifft.

Die wirksamsten Kaliber (Geschoß-Durchmesser) sind die großen (44 Magnum, .357 Magnum). Aber die dazugehörigen Waffen sind wahre Monster und auf Dauer unbequem zu tragen.
Deshalb sind die Kaliber .38 special für Revolver und 9 mm für Pistolen die empfohlenen Größen.
Um Durchschüsse zu vermeiden und Steckschüsse zu erzielen, spielt auch die Geschoßform eine Rolle. Es sollte ein sog. Hohlspitzgeschoß sein, das beim Aufprall breitschlägt und seine gesamte Energie auf den Körper ausübt. Durchschüsse tun das nicht. Notfalls kann man ein Geschoß auch selbst anbohren.
Wichtig zu wissen ist, daß ein Getroffener noch weiterschießen kann(!), weil er keinen Schmerz verspürt und der Treffer die Adrenalinausschüttung explodieren läßt. Der Körper gerät in Allerhöchstform.

☞ Jeder *fünfte* tödlich Getroffene schießt noch weiter!

Schießender Kugelschreiber. Im Globetrotter- und Bergsteigerhandel gibt es die sog. Signalstifte. Manche sind aus Metall und sehen aus wie Kugelschreiber. Aus ihnen werden Leuchtkugeln abgeschossen, die per Kleinkaliber-Platzpatrone gezündet werden.
Man kann diese Signalgeber umfunktionieren in ein 1-Schuß-Gerät. Das Nachladen ist zeitaufwendig. *In Deutschland sind diese Waffen verboten*, in manchen außereuropäischen Ländern kann man sie machen lassen. In Unrechtsstaaten sind sie mitunter die letzte Hoffnung eines Verfolgten.
Man benötigt ein etwa 6 cm langes Stück 6-mm-Lauf von einem verschrotteten KK-Gewehr. An einem Ende versieht man den Lauf mit einem Gewinde, das dem der Leuchtraketen gleicht. Zum Schießen wird eine KK-Patrone in den Lauf gesteckt und der Lauf auf den Signalstift geschraubt.
Diese Waffe hat den Vorteil der Unauffälligkeit. Um sie unauffällig tragen zu können, muß man (wegen der Überlänge) innen ein Loch in die Hemdtasche machen. Vorsichtshalber steckt man einen echten Schreiber daneben, falls ihn sich jemand zum Schreiben ausleihen möchte.

Schießstand. Das Trainieren mit der Waffe soll grundsätzlich nur auf vorschriftsmäßigem Schießstand erfolgen. Die Kraft und die Unberechenbarkeit der Geschosse ist unvorstellbar, und bei improvisierten Ständen kommt es schnell zu tödlichen Unglücken. Ordentliche S. bieten die regionalen Schützenvereine an.
Wenn es unumgänglich ist und du bereit bist, das Risiko zu tragen, kann man sich z.B. für Faustfeuerwaffen einen S. im Keller improvisieren. Der Kugelfang muß aus 8 mm starkem Eisen und ausreichend groß für den Auffang der Fehlschüsse sein. Vor den Kugelfang hängt man mehrere Schichten Teppiche gegen zurückprallende Splitter.

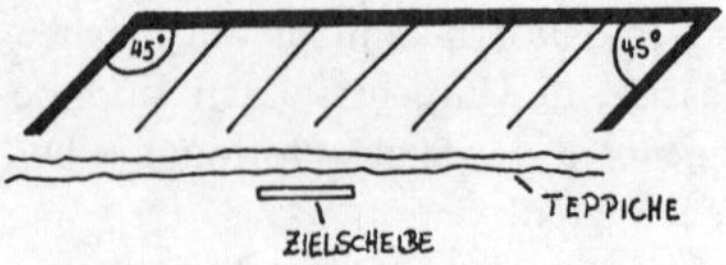

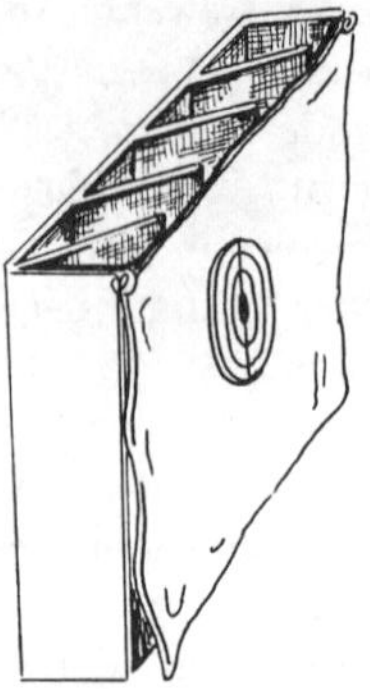

Besser wäre ein Schießstand im Freien, der rundum geschlossen ist und das Geschoß in einen Sandwall verpuffen läßt. Dazu benötigt man in jedem Falle die Erlaubnis der zuständigen Behörde.

Ideal und anzuraten für den Eigenbau sind S., bei denen mit Luftdruck- oder Ersatzwaffen geschossen wird: → Laserstrahl-Pointer, → Soft-Air-Pistolen. Sie haben den Nachteil, daß sie keinen Rückstoß haben und weit entfernt sind von echtem Schießen. Aber um ein Gefühl für die Schießtechnik (→ Schießen) zu bekommen, sind sie geeignet.

Ein anderer selbstzumachender S. ist das ***Schießkino*** mit Dias. Aus einem Projektor werden in unregelmäßiger Folge Dias auf eine Papierleinwand geworfen. Diese Dias zeigen Situationen, in denen ein Krimineller dich, den Schützen, bedroht. Mal direkt und lebensbedrohlich, mal lebensbedrohlich, aber inmitten unschuldiger Passanten. Oder das Bild zeigt eine Situation, in der ein Schuß gar nicht erlaubt ist. Du hast die Waffe im Holster und mußt schnellstmöglich reagieren. Jemand stoppt die Zeit. Die Papierleinwand zeigt deutlich die Treffer.

Beispiele für Fotos: 1. Der Täter ist nur andeutungsweise hinter einer geöffneten Tür zu sehen und zielt auf dich. Deine Reaktion müßte sein: in die Hocke gehen, gezielten → Deutschuß abgeben und in Deckung werfen. 2. Der Täter hält eine Geisel vor sich hin als Kugelfang. Reaktion: Du siehst zwar seinen Kopf und die Beine, dürftest aber nicht schießen, weil die Gefahr bestünde, die Geisel zu treffen. Statt dessen in Deckung werfen. 3. Der Täter steht unmittelbar vor dir und will dir gerade den Stuhl über den Kopf schlagen. Reaktion: Hier wäre ein Schuß unangemessene Notwehr. Du könntest den Stuhl leicht beiseite schlagen.

☞ ☠ **Grundregel**: Den Lauf der Waffe beim Training nie (!!!) auf Menschen richten. Auch nicht Bruchteile von Sekunden im Schwenk oder mit ungeladener Waffe.

Schießtraining. Jede Waffe sollte vorher ausreichend oft erprobt werden, damit man mit ihr vertraut wird. Dann weiß man, wie stark der

Rückstoß ist, welche Mucken sie hat, ob die Zielvorrichtung stimmt. Da im Rahmen dieses Buches vor allem das Verteidigungsschießen mit der Faustfeuerwaffe auf Nahdistanz wichtig ist, siehe auch → Deutschießen, → Stoßgriff, → Schießstand.

Schiffbruch → Sea Survival

Schlachten. Häng das tote Tier mit gespreizten Hinterbeinen auf, sein Bauch zu dir hingewendet.
Um die Fesseln der Hinterbeine mach einen Rundum-Schnitt durch das Fell. Schneide nie ins Fleisch! Dann führ das (scharfe) Messer quasi unter dem Fell an den Innenschenkeln der Beine bis zum Geschlechtsteil und schneide es auf. Löse das Fell von den Fesseln bis zum Oberschenkel, als wolltest du ein Päckchen Butter aufmachen. Die beiden ›Strümpfe‹ treffen an Geschlechtsteil und Schwanz zusammen. Schneide das Fell an dieser Stelle durch.
Ab jetzt kannst du das gesamte Fell, strumpf- oder overallmäßig, vom Körper abziehen (Zeichnung).
An den Ohren nimm das Messer oder die Finger zu Hilfe.
Wenn Nahrung knapp ist, zieh auch den Kopf ab. Er ergibt wegen seines Fettgehalts eine solide Brühe. Wenn es dir nur ums Fleisch geht, schneide den Kopf ab, nimm ihn als Hundefutter, als Köder (auch für Fische) oder vergrab ihn. Wenn du das Fell benötigst: → Gerben.
Jetzt hängt das ausgezogene Tier vor dir. Schneide vom Geschlechtsteil her die Bauchdecke bis zum Brustkorb auf. Was dann an Innereien rausfällt, ist zumindest ein weiterer Köder für fleischfressende Tiere. Was dem Menschen schmeckt, sind die Nieren. Sie sehen aus wie zwei dicke braune Bohnen. Ebenso verwertbar ist alles Fett. Es umgibt häufig die Eingeweide wie eine schmalzartige Hülle.

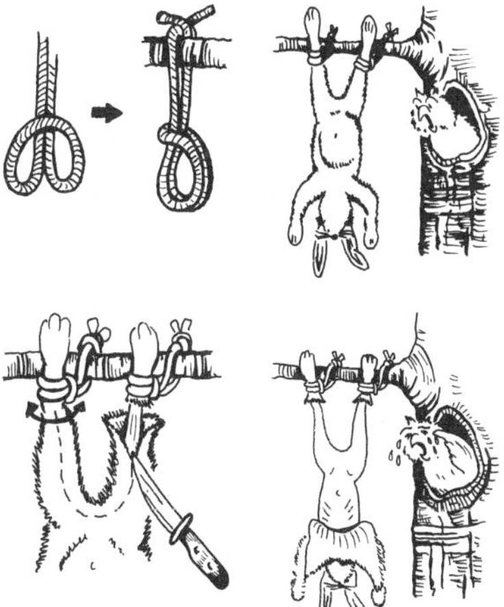

Dann öffne den Brustkorb. Dort befinden sich die helle Lunge, die Leber und das Herz. Die beiden Letztgenannten schmecken ausgezeichnet.
Ist das Fleisch schmutzig geworden, wasch es ab und bereite es zu.
Möchtest du eine leckere Brühe zaubern, zerschlag die Knochen und setz sie mit *kaltem* Wasser auf. Nur dann strömt das gesamte Fett im wärmer werdenden Wasser heraus. Wirfst du sie in heißes Wasser, gerinnt das Ei-

weiß und verschließt die Knochenöffnungen.
Hast du ein großes Tier vor dir, leg es mit dem Rücken auf den Boden und zieh es nach dem eben beschriebenen Prinzip auf der eigenen Decke aus.
Federvieh kann man mit Haut und Federn ausziehen, oder man taucht den ganzen Vogel in heißes Wasser. So abgebrüht läßt er sich leicht rupfen, und man gewinnt die Haut für den Genuß.

Schlafgrube. Darunter versteht man ein sargähnliches Loch von etwa 60 cm Breite, 200 cm Länge, 50 cm Tiefe; bei Kälte von allem mehr. Es wird dick mit Laub, Stroh, Gras oder Blättern gefüllt, in die man sich dann so einkuschelt, daß man rundum mit Füllmaterial umgeben ist.

Schlaf-Krankheit. Sie wird in Afrika tagsüber und bei Sonnenschein durch die Tsetsefliege übertragen; sie ähnelt der Stubenfliege.
Verlauf: Wenn das Blut befallen ist, spürt der Kranke noch nichts. Dann folgen Fieberanfälle mit juckenden, geröteten Flecken. An den Augenlidern bilden sich → Ödeme. Die Hals- und Nackenlymphknoten schwellen an. In diesem Stadium können die Erreger nachgewiesen und eine Behandlung begonnen werden.
Sonst folgen: Augenstörungen, Abmagerung und ein Verfall der Kräfte, Schlafsucht. Danach dringen die Erreger ins Zentralnervensystem ein, was Lähmungen, Krämpfe, Empfindungsstörungen und unkoordinierte Bewegungen zur Folge hat. Der Kranke schläft durchgehend, verweigert Nahrung und stirbt in tiefer Bewußtlosigkeit. Das Ganze zieht sich von eineinhalb bis zu vier Jahren hin.
Vorbeugung: Tagsüber alle Hautpartien bedecken. Fliegennetze tragen. Insektenspray. Impfung.
Behandlung: bei rechtzeitigem Erkennen Germanin; bei fortgeschrittenem Verlauf Tryparsamid.

Schlafsäcke. Es gibt im wesentlichen zwei Sorten von S. Da wären zunächst die Klassiker: die *Daunen-Schlafsäcke.* Sie haben wegen ihres natürlichen Füllmaterials einen guten Ruf. Oft sind sie der S. der Wahl für Leute mit Allergien gegen Kunstfasern. D. sind kuschelig und warm, solange die Daunen nicht naß geworden und verklumpt sind. Wegen dieser Verklumpungsgefahr müssen sie besonders schonend behandelt und manchmal spezialgereinigt werden. Wer diese Eigenschaften nicht braucht, wer risikolosere und trotzdem wärmende S. wünscht, wählt den Kunstfaser-S.
Der *Kunstfaser-S.* hat den guten alten Daunen-S. überholt, weil er robuster, oft wärmer, atmungsaktiver und pflegeleichter ist. Da es inzwischen sehr viele verschiedene und immer neue Produkte auf diesem Gebiet gibt, empfiehlt sich das Studium der aktuellen Kataloge von z.B. *Globetrotter-Ausrüstung*, Hamburg.

Sie vermitteln ein sehr gutes Fachwissen. Man muß wissen, bis wieviel Grad Außentemperatur er wärmen soll und muß bei der Anschaffung darauf achten, daß der Körper-Wasserdampf entweichen kann, aber die kalte Außenluft nicht hineinkann. Das Füllmaterial soll gut komprimierbar für den Transport sein, aber bauschig, wenn es ausgepackt und gebraucht wird. Möglichst viele Kammern müssen dafür sorgen, daß die Füllung nicht verrutscht, und mehrere Lagen übereinander sowie Hohlfasern bewirken die optimale Isolation. Der Reißverschluß muß für den Notfall jederzeit zügig zu handhaben sein, von innen und außen, von unten und oben. Nur in Kaltzonen sollte man auf den Reißverschluß verzichten, weil er eine Kältebrücke darstellt.

Im Notfall lassen sich *S. improvisieren* durch Zusammennähen und -kleben von entsprechend vielen Industrie-Papiersäcken (Mehlsäcke). Sie sind aus reißfestem und mehrlagigem Papier hergestellt und helfen gut, wenn es nicht allzu kalt wird. Wenn Papiersäcke knapp und Zeitungen reichlich vorhanden sind, wird die Isolation mit Zeitungspapier verstärkt.

Des weiteren kann man Hosen und Hemden zubinden und mit Laub, Papier usw. ausstopfen.

Schlag, elektrischer → Elektrischer Schlag

Schlag, Halber → Knoten

Schlagring aus Astgabeln

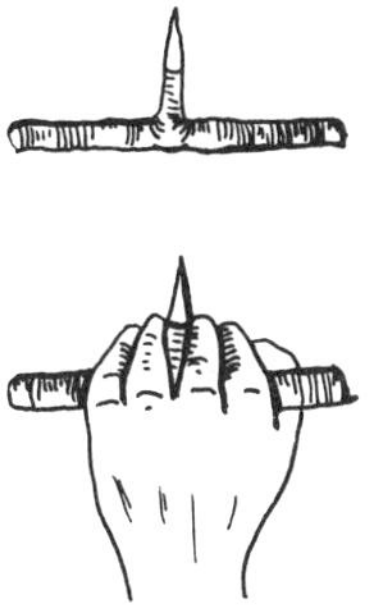

Schlagschlinge → Fallen

Schlagsteinfallen → Fallen

Schlangen → Giftschlangen, Würgeschlangen

Schleimhautentzündung, Magen- → Magenkatarrh

Schlepp-Anker sind Anker von Steinen am langen Seil, die man hinterm Floß über den Flußgrund zieht, um das Floß in Längsrichtung zu halten. (Für die Seefahrt: → Treibanker). Sie sind wichtig, wenn man das Floß allein manövrieren muß.

Schleuder, Speer- → Speerschleuder

Schleuder, Stein- → Steinschleuder

Schlingen → Fallen

Schlitten-Ersatz benötigt man, um schwere Lasten oder gar einen Verletzten zu transportieren.

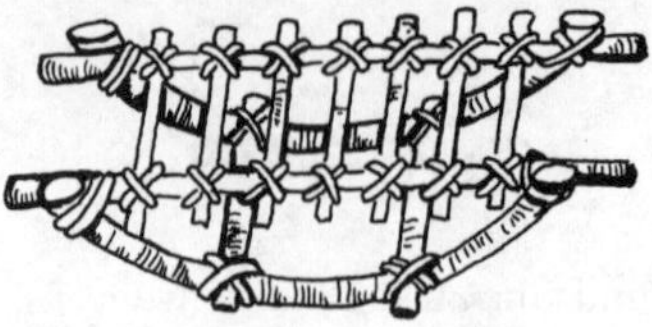

Der einfachste S. ist eine Astgabel. Das zweiteinfachste wäre die verbesserte Astgabel. Sie ist befreit von unnötigem Geäst und hat Querstreben.

Schmetterlingspflaster sind X-förmig zugeschnittene Pflaster, die bei kleinen Schnittwunden das Vernähen erübrigen, weil sie in gleicher Weise wirken. (Zeichnung)

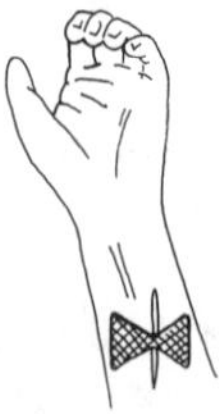

Schmuggel ist manchmal unumgänglich. Aber wenn du schmuggelst, mußt du dir über die Konsequenzen im klaren sein. Waffen- und Drogen-Schmuggel – das sind in manchen Ländern todeswürdige Verbrechen. Wäg also sorgfältig Nutzen und Schaden ab. Halt dich nicht für so clever, daß ausgerechnet du dir das absolute Versteck ausgedacht hättest, das niemand fände. Ein solches Versteck gibt es nicht. Wenn du Glück hast und es nicht entdeckt wird, ist es mehr ein Folge der fehlenden Zeit für die gründliche Untersuchung. Oder weil man keine Durchleuchtungsgeräte besitzt.
Und wenn du schon meinst, schmuggeln zu müssen, dann verbirg das Gut an Stellen, wo man bei Routine-Schnelluntersuchungen nicht nachschauen wird (→ Versteck).

Schneeblindheit ist eine akute Bindehautentzündung infolge zu großer Helligkeit (Schneefelder, Sandwüsten) bei ungeschützten Augen. Vorbeugend trägt man eine starke Sonnenbrille, hängt sich ein dunkles Tuch vor die Augen oder bastelt sich eine Schneebrille.

Schneebrille → Schneeblindheit
Die einfachste Version ist, ein dünnes, dunkles Tuch über die Augen zu hängen. Die Zeichnung zeigt das Luxusmodell aus Plastik, Pappe, Holz ...

Schneeschuhe braucht man, um nicht im Schnee zu versinken. Dazu geeignet ist alles, was die Schuhsohle vergrößert: ein simples Brett oder ein Geflecht.

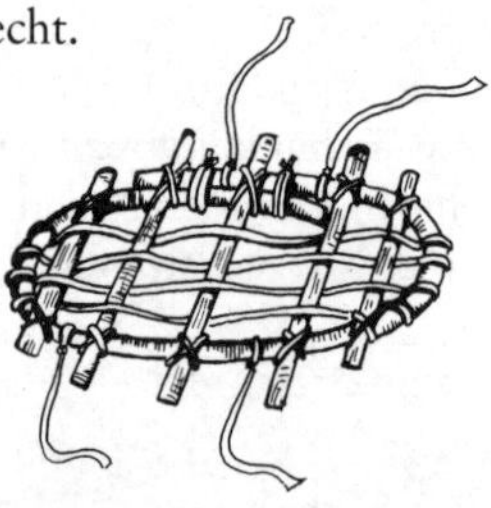

Schneeschutzbauten. *Mit* Schnee lassen sich gut Schutzhütten bauen *gegen* den Schnee und die Kälte. Eine Schnellmethode ist das Einwälzen in den Schnee zum Formen einer Schlafhöhle (Zeichnung). Eine andere Möglichkeit bietet die Natur von selbst an: unter herabhängenden Tannenzweigen (Zeichnung).
→ Iglu

Schnupfen ist eine Nasenschleimhaut-Entzündung. Erreger sind Viren, die besonders aktiv werden können, wenn Kälte die Durchblutung und Abwehr beeinträchtigt.
Behandlung: Vitamin C und Wärme (feuchte heiße Umschläge mit Menthol oder Japanischem Heilpflanzenöl; Kopfdampfbad, Sauna, Vollbad). Schwitzkur mit schweißtreibenden Tees (Flieder, Kamille, Lindenblüten).

Vorbeugung: Abhärtung durch Joggen mit anschließendem Bad zu jeder Jahreszeit.

Schock. Erkennt man am zunehmend schwächer werdenden Puls, fahler Blässe, kalter Haut und Frieren. Dazu kommen Schweiß auf der Stirn und eine auffallende Unruhe.
Ursache: Blutverlust nach außen oder innen sowie Blutabsacken in den Unterleib infolge Schrecks (→ Schock- (= Schreck)überwindung). Durch den Blutverlust wird das Herz gezwungen, seine Arbeit und Leistung diesem Umstand anzugleichen. Kann die Blutung nicht gestoppt werden, wird der Puls schwächer. Der Körper schaltet auf Sparflamme und versorgt nur noch das Lebensnotwendigste: Herz, Lunge, Hirn. Arme, Beine und Haut werden nicht mehr versorgt. Daher die Blässe und das Friergefühl.
Behandlung: Blutung stoppen → Schocklage. Reicht das nicht aus, Blutverlust intravenös (→ Injektionstechnik) ausgleichen mit → Kochsalzlösung.

Schocklage. Der Verletzte wird auf den Rücken gelegt, seine Beine werden gestreckt und bis zu 90 ° hochgehoben. Das hat zur Folge, daß das Blut zurückströmt in den Rumpf. Danach Beine in Schräglage bringen und abstützen (Stuhl, Koffer).

Schocküberwindung in großen Streß-Situationen:

1. Hol tief Luft, zähl bis 3 und atme langsam aus.
2. Hol tief Luft, zähl bis 4 und atme langsam aus.
3. Hol tief Luft, zähl bis 5 und atme langsam aus.

Das ist eine kurze Übung, die den Adrenalinspiegel senkt.

Schotstek → Knoten

Schraubkanister (aus Kunststoff, mit Weithals) entwickeln sich immer mehr zur Ideal-Verpackung für viele Reiseunternehmen und zur Konkurrenz für Alu-Kisten, weil sie absolut wasserdicht sind, sehr robust und preiswert. S. sind Anschaffungen fürs Leben. Man kann sie sogar in praktische Rucksäcke verwandeln. Bei Flußdurchquerungen bewähren sie sich wegen der Wasserdichtigkeit und als Auftriebskörper. Aus mehreren S. läßt sich im Handumdrehen ein Floß bauen.

Schrecksekunde. Reaktionsunfähigkeit infolge Denk- und Willenshemmung bei unerwartetem Schreck. Sie ist von Mensch zu Mensch verschieden und wird durch Alkohol, Müdigkeit, Medikamente, seelische Belastung etc. verstärkt. Erfahrung und Fitneß sind Mittel, die S. auf ein Minimum zu reduzieren.

Schuhe sind ein entscheidender Fußschutz. Sie sollen nicht zu eng und nicht unnötig weit sein, dem Fuß einen festen Halt geben, ihn schützen gegen Verletzungen, Wasser, Kälte und Hitze. Die Anschaffung richtet sich nach dem Einsatzbereich (Bergsteigen, Wandern, Wüste, Dschungel) und sollte sorgfältig vorgenommen werden. S. müssen so geräumig sein, daß eine dicke Socke und ein dünner Unterstrumpf darin Platz haben. Auch beim Bergabgehen sollen die Zehen das Oberleder nicht berühren. Da Füße nach langem Wandern aufquellen, muß der S. entsprechend größer gewählt werden. Deshalb sollen S. rechtzeitig gekauft und eingelaufen werden.

Wandersandalen haben eine weiche bis feste Sohle. Sie sollen mit Fleece-Socken kombiniert werden und sind geeignet für Märsche in warmen Gebieten und in Gewässern.

Wanderschuhe/-stiefel haben eine feste Sohle und geben dem Fuß ein sicheres Gefühl. Je höher der Schaft, desto größer die Trittsicherheit. Das kann wichtig werden, wenn man viel Gepäck hat und ein Abrutschen in schwierigem, steinigem Gelände den Fuß besonders strapaziert.

Bergstiefel sind aus extra starkem Material. Die Sohle ist nicht elastisch, damit Steigeisen nicht herausbrechen können. Kunststoffvariationen sind wasserdicht, aber ohne Atmung. Dafür haben sie einen kuscheligen Innenschuh.

Lederschuhe können durch Imprägnierung weitgehend wasserdicht gemacht werden. Zur Pflege kein Fett nehmen. Es macht Leder schwammig. Statt dessen soll der trockene, gesäuberte Schuh einge*wachst* und das Wachs mit Hilfe eines Föns er-

wärmt und mit Bürste und Lappen in das Leder eingerieben werden.
Obwohl Leder ein wenig atmet, kann der Schweiß des Fußes nicht ausreichend abziehen. Das reguliert man mit entsprechenden (z.B. Coolmax-) Socken. Nasse Schuhe sollen nie an Feuern getrocknet werden. Sonst werden sie spröde. Statt dessen werden sie mit Zeitungen ausgestopft, die den Großteil des Wassers aufsaugen.
Wenn Schuhe abhanden gekommen sind, muß man sich behelfen. Der einfachste Behelf ist das um den Fuß gewickelte Tuch. Als Sohle nimmt man Autoreifen.
Sandalen kann man basteln im Stil asiatischer Badelatschen (Zeichnung).
Und steht Leder zur Verfügung, fertigt man sich Mokassins (Zeichnung).

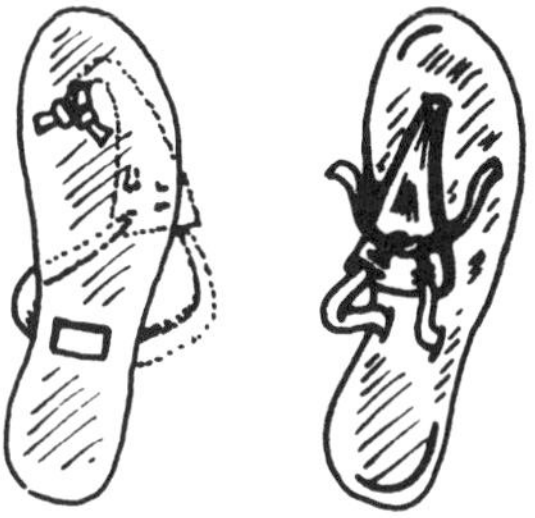

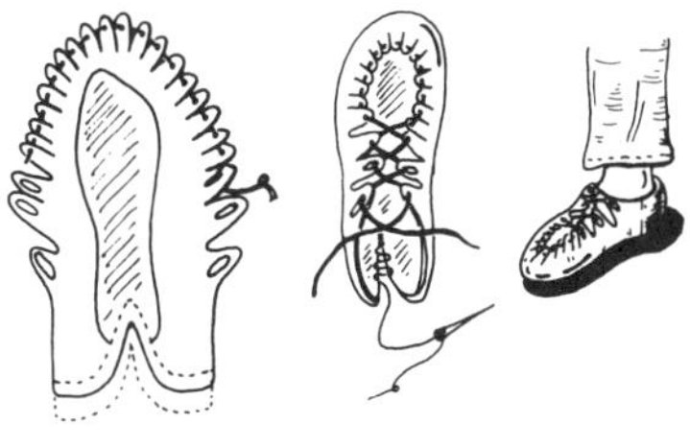

Schußwaffen → Waffen

Schwamm, Zunder- → Zunderschwamm

Schweizer Offiziersmesser ist ein praktisches Qualitäts-Survival-Werkzeug, das es inzwischen in mannigfacher Ausstattung gibt: von fünf Gebrauchsmöglichkeiten bis zu 29. Von der Nadel über die Messerklinge bis hin zum Kompaß bietet es in kleinstem Volumen einen ganzen Miniatur-Werkzeugkoffer.

Schwimmhilfe ist alles, was dich ohne Muskelkraft an der Wasseroberfläche hält. Das sind die leere Flasche, das Stück Holz, die grasgefüllte Plastiktüte, der rettende Strohhalm, die zugeknoteten und aufgeblasenen Hosenbeine oder Hemdsärmel, das aufgeblasene Präservativ (möglichst in schützendem Beutel) oder der wasserdichte Weithalskanister, der zum Rucksack umfunktioniert wurde und der der ideale Partner ist für Leute, deren Reise viel mit Wassern aller Art zu tun hat.

☞ Es kann schon eine große Hilfe sein, seinen Hemdkragen mit beiden Händen nackenabdichtend nach vorn zu ziehen und dann unter Wasser, vornübergeneigt, und unterm Arm hindurch Luft unters Hemd in die Rückenpartie zu blasen. Dadurch bildet sich ein Luftpolster auf den Schulterblättern, das erstaunlich gut trägt. Bis nachgeblasen werden muß.

☞ Oder: Overall ausziehen. Beine zuknoten. Mit Luft füllen.

Schwimmtraining. Der, dessen Reise viel mit Gewässern zu tun haben wird, sollte sich einem S. unterziehen. Das muß nicht so sehr konditionell ausgerichtet sein als vielmehr vertrauenbildend: Vertrauen zu sich und seiner Improvisationsvielfalt und Vertrauen zum Element Wasser. Die Kampfschwimmer haben mir gezeigt, daß man aus Menschen Fische machen kann (aus mir haben sie allerdings nicht einmal eine Kaulquappe gezaubert).
Beispiele: • Sich in warmem Wasser (28 °C) mit Garderobe eine Stunde kräftesparend an der Oberfläche halten: mit aufgeblasenem Overall oder Nackenluftblase oder mit ökonomischem → Überlebensschwimmen, Rückenschwimmen, in »Toter Mann«-Lage.
• ***Tauchen ohne Arbeitsleistung:*** Zehnmal tief ein- und ausatmen. Dann Lunge normal füllen und ganz ruhig im Hallenschwimmbecken mit warmem Wasser an der Leiter unter Wasser gehen, festhalten und so lange wie möglich unten bleiben. Anfangszeit von mind. 45 sec allmählich steigern auf 60 sec. Ideales Endziel: 3 Minuten. Wenn die Luft knapp wird, mehrfach schlucken (Kampfschwimmer bleiben 3 Minuten unten *und* leisten dabei schwere Arbeit!). Wenn man diese Übung beherrscht, weiß man, wie lange man unter Wasser bleiben kann und vermeidet im Ernstfall vorzeitige Panik.

• Gefesselt ins Wasser: Hände sind auf dem Rücken und die Beine fest zusammengebunden. Dann laß dich von jemandem ohne Ankündigung aus 1 m Höhe ins Wasser stoßen und versuche, dich ins flache Wasser zu retten.

☞ Sofort nach Hineinfallen in die Rückenlage bringen. Den Ablauf des natürlichen Auftriebs abwarten. Dann die Unterschenkel auf- und abbewegen und so versuchen, ins Flache zu gelangen.

☠ Diese Übung nur im Beisein eines Rettungsschwimmers trainieren!

Wenn der nicht zur Verfügung steht, übe die unvergleichlich leichtere Version: fessle nur die Füße und halt die Hände *ohne Seil* zusammen, um sie notfalls gleich öffnen und zu Hilfe nehmen zu können, und praktizier die Übung in flachem Gewässer, wo du stehen kannst.

• Bleigürtel (oder Steine) umbinden, Schwimmbrille aufsetzen, voratmen, Hände auf den Rücken legen, auf drei bis fünf Meter absinken und dann versuchen, so weit wie möglich zu *gehen*.

☞ Körper auf 45 ° neigen und das Vornüberfallen mit entsprechenden Tippelschritten auffangen. Also nicht versuchen, gegen den Wasserwiderstand anzugehen, sondern sich vom Eigengewicht vorwärtsziehen lassen.

• Mit Schlauchboot oder Kajak kentern und es wieder aufrichten. Von der schmalen Seite her einsteigen.
• Vom schnellfahrenden Boot (60 km/h) ins Wasser springen, ohne sich etwas zu verrenken oder in die Schraube zu geraten.

☞ Mit Rücken zur Fahrtrichtung auf den Bootsrand setzen. Dann hoch und weit abspringen und mit Rücken aufs Wasser fallen lassen.

• Du bist im Wasser. Man hat dir eine Leine zugeworfen, um dich zu retten. Das rettende Fahrzeug hat aber noch zu viel Tempo. Oder die Strömung ist stark und gegen dich. Das Seil zieht mit gewaltiger Kraft an dir. Du unterschneidest die Wasseroberfläche und drohst zu ertrinken.

☞ Sofort in die Rückenlage bringen, Kopf auf die Brust legen. Dadurch bildet der Nacken – wie ein Schlitten – einen abgerundeten Bug, der dich aus dem Wasser heraushebt.

Diese Übung läßt sich improvisieren, wenn dich mehrere Leute vom anderen Flußufer (anderen Beckenrand) zu sich hinüberziehen, indem sie schnellstmöglich laufen. Oder indem sie dich mit einem Auto und etwa 20 km/h ziehen.

👌 Grundübungen, die mit dem Wasser vertraut machen, lernt man in allen Kursen der DLRG.

Schwindel (im Rahmen dieses Buches) ist die aufkommende Gleichgewichtsstörung beim Hinaufblicken in große Höhen und vor allem beim Hinabblicken in gähnende Tiefen. Gefährlich wird S., wenn man gezwungen ist, über schmale Stege in großer Höhe zu balancieren. Hilfsmittel: nicht in die Tiefe blicken, kriechen, anseilen oder – zu Hause bleiben und

☺ alles Reinhold Messner überlassen.

Indianischen Völkern sagt man nach, schwindelfrei zu sein.

☺ Andere Menschen schwindeln sogar bei *jeder* Gelegenheit, unabhängig von Höhen und Tiefen.

Schwitzen. Schweiß ist Wasser, das dem Blut entzogen wird. Dieses wird dadurch dickflüssiger, und der Körper signalisiert dir per Durst, daß du Wasser nachfüllen mußt. Selbst bei Nichtstun und gemäßigter Temperatur verlierst du pro Tag ½ Liter Wasser. Je wärmer die Umgebung ist, je mehr du arbeitest (oder bei Fieber), desto mehr steigt die Schweißabsonderung. Das können 2 Liter pro Stunde sein. Sie haben den Sinn, über die Verdunstungskälte den überhitzten Körper auf 37 ° herunterzukühlen. Aber auch durch Angst, Aufregung und Krankheiten wird S. gesteigert.
Man verliert aber nicht nur Wasser, sondern auch 2% Salze. Deshalb ist

bei andauerndem S. die Einnahme von Kochsalz wichtig.
Man reduziert das S. durch luftig-lockere Naturfaser-Garderobe, häufigen Wäschewechsel und Baden sowie die Vermeidung direkter Sonneneinstrahlung.
Absichtlich herbeigeführtes, vorübergehendes Schwitzen (Sauna, Joggen usw.) mit anschließendem Kaltwasserbaden wirkt abhärtend und gesundheitsfördernd.

Scientology. Eine von vielen Sekten und Weltkirchen, die mit dem lieben Gott das große Geld und den großen Einfluß erringen möchten. Im Falle S. handelt es sich nach Einschätzung einer Bonner Sektenkommission um eine »der gefährlichsten international tätigen politisch-extremistischen Sekten ..., die vor Verleumdung, Nötigung, Psychoterror, Erpressung und anderen Straftaten nicht zurückschrecken«.

Sea-Survival. Schiffbrüchig zu sein, im Rettungsboot zu sitzen oder ohne alles im Wasser zu treiben – das kann jeden treffen, der mit dem Flugzeug fliegt oder sich einem Schiff anvertraut. Diese Situation ist für den am schlimmsten, den es unverhofft trifft und der keinerlei nautische Erfahrung hat. Hier ein paar wichtige Regeln.
Das Boot oder Flugzeug sinkt. Du hattest Glück und bist im Wasser. Droht das Wrack zu sinken, entferne dich schnell, um nicht in den Sog zu geraten. Schwimmt das Wrack noch, dann bleib in seiner Nähe. Binde dich ggf. an, um Kräfte zu sparen. Behalte die Garderobe an. Sie zieht dich nicht unter Wasser, wie manchmal behauptet wird. Du bist damit lediglich langsamer beim Schwimmen (→ Haie). Nackt kühlst du zu schnell aus. Wenn die Kräfte nachlassen, zieh die Hose aus und blas Luft in die zugeknoteten Hosenbeine oder Hemdsärmel. Praktizier das kräfteschonende Rückenschwimmen oder das → Überlebensschwimmen. Versuch, ein möglichst großes Wrackteil zu fassen. Wenn die Situation es zuläßt, sichere Trinkwasser, Funk, Notsignale und Nahrung. Bau dir Schatten, Windschutz, schütze dich gegen Nässe. Je nachdem.
Gibt es viele Überlebende und zuwenig Rettungsmaterial, laß die Schwachen ins Boot. Die übrigen bleiben im Wasser und halten sich am Bootsrand fest. Dann wiegt jede Person nur 2 Kilo und das Boot trägt ein Vielfaches.
Mehrere Boote werden zusammengebunden. Geteiltes Leid ist halbes Leid. Treibt der Wind dich in die vermutlich falsche Richtung, wirf einen → Treibanker aus. Er muß an ausreichend langem Seil befestigt sein, damit er im nächsten oder übernächsten Wellental schwimmt, wenn du auf einem Wellenberg thronst. Duckt euch, denn alles, was über die Wasseroberfläche ragt, wirkt wie ein Segel.
Bläst der Wind in die richtige Richtung, stellt euch hin, breitet die Arme aus. Spannt irgendwelchen Stoff als

Segel aus. Aber bindet niemals beide unteren Segel-Enden am Boot fest. Einen behaltet lose in der Hand, damit ihr ihn beim Auftauchen einer Bö loslassen könnt. Wenn nicht, kann das Boot kentern.

Improvisiert ein Steuer. Nur wenn ihr schneller seid als die unsichtbare Strömung, macht Steuern Sinn.

Wisse, daß kein Meer der Welt stillsteht. Alles ist in ständigem Fluß. Du siehst es nur nicht, weil Wasser und du dasselbe Tempo haben. Zwischen 5 und 12 km pro Tag kommst du im Durchschnitt voran.

Wenn das Boot gekentert ist, stell dich auf eine Längsseite und wende es mit Hilfe eines Seiles, wie in der Zeichnung erklärt. Steig von der schmalsten Seite aus ein und halte das Boot trocken.

Bei mehreren Personen muß eine immer Wache und Ausschau halten nach Land, Schiffen, Leckagen.

Wichtig sind Disziplin und Wasserversorgung. Viel Trinkwasser kann man sparen, wenn man in warmen Zonen seinen Körper mit Salzwasser kühlt (nasse Garderobe) statt mit Schweiß. Halte beides strikt aufrecht. Tröste die psychisch Schwächeren. Gib ihnen einfache Arbeit und lobe sie.

Fessele Seekranke, wenn du merkst, daß sie infolge von Durst, Angst, Schwäche, Hoffnungslosigkeit und Schaukeln Halluzinationen bekommen und über Bord wollen. Trink in der Not nie (!) Seewasser! Dann kollabieren die Nieren und mit ihnen der gesamte Körper. Iß nichts, wenn du Durst hast. Und erst recht keinen Fisch. Das steigert Durst immens.

Bei Trinkwassermangel organisiert rechtzeitig Regenauffänge. Wenn nur kleine Gefäße vorhanden sind, zieht euch nackt aus, stellt euch in die Gefäße und nutzt den Körper als Auffangfläche. Alles, was an Regen auf den Körper trifft, läuft an ihm ab in die Gefäße. So füllt man einen

Topf mit der mehrfachen Schnelligkeit.
Wenn du ein Signalgerät hast, denk daran, daß Leuchtkugeln tagsüber kaum sichtbar sind. Tagsüber wirken orangefarbener Rauch, bunte Stoffe an hohem Mast, Blinkzeichen mit Spiegeln.
→ Landanzeichen auf See

See-Igel verursachen Vereiterungen, wenn man auf sie tritt, ihre spitzen Stachel in die Haut eindringen und dort zerbröseln. Es ist kaum möglich, sie mit Hilfe einer Nadel herauszupulen wie Holzsplitter.

Seekrankheit ist keine Einbildung, sondern eine Krankheit, die den einen mehr, den anderen weniger erwischt. Mich mehr. Deshalb kann ich aus Erfahrung sprechen und sagen, daß ich damit immer gut fertiggeworden bin, obwohl ich über Wochen seekrank war. Die S. erwischt die Opfer auch in Autos, Flugzeugen und in der Eisenbahn. Je nach Sensibilität. Auslöser ist die Irritation des Gleichgewichtsorgans hinterm Ohr durch den schwankenden Boden, auf dem man steht. Verstärkend wirken üble Gerüche, Angst und Leidensgefährten, die sich übergeben.
Symptome: Müdigkeit, nachlassendes Interesse, Apathie, Schlafbedürfnis, Unwohlsein im Magen. Dann plötzlich erhöhte Speichelbildung und heftiges Erbrechen. Danach kurzes Aufatmen und Wohlfühlen, bis es erneut losgeht.
Vorbeugung: Kaugummi „Superpep“; Reisetabletten; frische Luft; Ingwer essen; heftiges Kopfschütteln vor Beginn einer zu erwartenden Übelkeit; Akupressur auf den Innen-Unterarm, ca. 5 cm von der Hand entfernt. Als Arbeitserleichterung gibt es im Handel Elastik-Armbinden, in die eine Kugel eingearbeitet ist, welche auf den »Nei-Kuan«-Akupressur-Punkt drückt. Angeblich verhindert der Druck bei manchen Menschen nach 5 Minuten Übelkeit und Müdigkeit. → Wristband
In manchen Ländern gibt es das Pflaster *Scopoderm*, das man auf das Gleichgewichtsorgan hinterm Ohr klebt. Es war das einzige Mittel, das mir 100%ig geholfen hat. Nach 3 Tagen läßt die Wirkung nach. Nachteil: Sehstörungen. Es ist es in Deutschland nicht mehr im Handel.
Andere Medikamente: Belladonna- und Antihistamin-Präparate.
Bei den meisten Menschen tritt nach einiger Zeit eine Gewöhnung an die S. ein, einige werden schließlich völlig immun dagegen. Ich nicht.

☺ ***Vorteile:*** S. hat den unbestreitbaren Vorteil, daß man sein Übergewicht verliert. Bei langsamfahrenden Booten kommt hinzu, daß sie ständig von Fischen begleitet werden, die helfen, das Erbrochene zu recyceln.

☺ ***Eigenversuch:*** Hilfreich ist auch Arbeit an der frischen Luft. Vorschlag: erbrechen, beobachten, wie die Fische die mundgerechte Nahrung verzehren, Fische angeln und verzehren, Gegessenes mit Hilfe der Seekrankheitsautomatik zurückspucken ins Meer und den Vorgang bis zur Erschöpfung wiederholen (= Kreislauf der Natur). Auf dem Bauch liegend ausruhen.

Seewasser trinkbar machen → Salzwasser-Filter → Wasserbeschaffung

Seewasser trinken darf nur der, dem es körperlich gutgeht und der es schluckweise als Medikament einsetzen möchte. Wer jedoch Durst hat (Schiffbrüchige) und Seewasser zum Löschen des Durstes trinkt, wird an Nierenversagen zugrunde gehen. Das ist qualvoller als nur verdursten. Wohl kann man notfalls ***und bei Aussicht auf Rettung*** letzte Wasservorräte mit wenig S. strecken oder auch Regenwasser (relativ mineralienarm) mit etwas S. versetzen.

Seilbrücken. Mit Hilfe *eines* Seiles kann man ein Hindernis überwinden (→ Hindernisüberwindung). Mit Hilfe *zweier* übereinander strammgespannter Seile kann man das ebenfalls. Es geht sogar mit locker gespannten Seilen (Zeichnung Seite 254). Ideal ist jedoch die Brücke aus *drei* Seilen.

Seile sind eines der wichtigsten Reise-Utensilien. Vom Nähgarn über den Bindfaden bis hin zum Bergsteiger- und Ankerseil. Wer Seile gedankenlos zerschneidet, hat entweder zuviel davon oder ist dumm. Bindfaden gehört in jeden → Überlebensgürtel. Schon die sog. Reepschnur von 3 mm Stärke trägt im Ausnahmefall einen Menschen.

☠ Achtung: Jeder Knoten vermindert die Reißfestigkeit um 50%.

Ausführlichere Informationen in den Katalogen der Globetrotter-Ausrüster. → Flechten

Seilherstellung (Behelfsseile). Du hast lange, kräftige, elastische und griffige Fasern irgendeiner Pflanze (→ Bindematerial). Auch in Streifen geschnittene Plastiktüten und Papierstreifen sind solches Material. Sogar Toilettenpapier ist geeignet.
Um Seile herzustellen, sollte man zu zweit sein und sich eine Drehanlage, seine eigene *Reeperbahn*, herstellen. Das geschieht durch Einrammen eines kräftigen Stockes in die Erde. Der Stock hat oben eine zwillenartige Astgabel. Die V-artige Gabel wird mit einem Querstock geschlossen. Mitten durch dieses Dreieck hindurch führt man eine Kurbel, die am anderen Ende einen Schlitz hat.
In diesen Schlitz füttert eine Person die ersten Fasern, während die zweite Person im Uhrzeigersinn die Kurbel betätigt. Der Fütterer muß mit dem Kurbler immer in leichtem Kontakt bleiben. Das heißt, der entstehende erste Seilstrang muß immer spürbar auf Spannung bleiben.
Der Fütterer hat sein Fiber-Material unterm linken Arm und läßt die Fibern langsam zwischen Daumen und

Seilbrücken

Zeigefinger der linken Hand in das Seil einlaufen. Die rechte hilft ihr dabei. Denn es ist vor allem wichtig, daß der Strang gleichmäßig wird. Das ist eine Erfahrungs- und Geduldssache. Beim Seilemachen Akkordarbeit leisten zu wollen, ist ein falscher Ehrgeiz. Ein ungleichmäßiges Seil ist nur so viel Wert wie seine dünnste Stelle. Wie bei einer Kette, die nur so stark ist wie ihr schwächstes Glied. Alle dicken Stellen sind Materialverschwendung. Geduld ist also oberstes Gebot für jeden Seiler.

Tempo kommt erst mit der Erfahrung. Wertvoller, als ein ein strangiges Seil zu winden, ist es, mehrere dünne Stränge miteinander zu verdrehen. Aus drei mach eins und aus dreien solcher Dreierpacks machst du das endgültige Seil. Diese Zusammensetzung erst macht die Haltbarkeit aus.

Deshalb gehört zu einer anständigen Reeperbahn alle zwei Meter eine weitere Astgabel, auf der sich die ersten zwei Meter Seil ausruhen können. Sie sollen nie auf der Erde abgelagert werden. Dort mischen sie sich mit Schmutz und entwickeln sich wieder.

Man kann ein Seil nun aus zwei oder mehreren Strängen machen. Wichtig ist die Grundregel: der erste Dreh erfolgt im Uhrzeigersinn, der zweite unbedingt *gegen* die Zeiger, etwaige weitere Verflechtungen wieder im Uhrzeigersinn. Immer abwechselnd also. Und immer auf Spannung.

Eine andere Methode, sich ein Seil zu machen, besteht darin, die Stränge miteinander zu verflechten (→ Flechten).

Zu den tollsten Bindematerialien gehören bestimmte Lianen. Welche das sind, erfragt man jeweils vor Ort oder stellt es durch Versuche fest. Aus Asien kennt man z.B. Rattan oder Peddigrohr. Der Vorteil dieser Seile ist, daß man sie nicht mit sich tragen muß, weil sie überall in den Tropen wachsen: Man schneidet sie, wenn man sie benötigt. Und man muß sie nicht weiter verarbeiten, weil sie sofort gebrauchsfertig sind. Sind sie zu dick, kann man sie halbieren und vierteln (→ Lianen halbieren).

Ist man gezwungen, Bindematerial auf Vorrat zu horten, wird es trokken und büßt viel von seiner Elastizität ein. In dem Fall empfiehlt es sich, das Material rechtzeitig in Wasser einzuweichen.

Seilwinde. Bei Benutzung einer Auto-S. gelten folgende Sicherheitsregeln: Seil nie mit Schlinge, sondern mit → Webeleinstek plus 6 Umwindungen auf Trommel befestigen. Seil von Trommel *senkrecht* zum Zugpunkt fixieren. Maximale Schräge 15 °! Während des Elektro-Windens Motor laufen lassen.

☠ Hand immer mindestens einen Meter von der rotierenden Trommel entfernt halten.

Seitenlage, stabile – das A & O der Erste-Hilfe-Lehrgänge. Sie findet Anwendung, wenn jemand bewußtlos ist. Dann fallen die natürlichen Schutzreflexe aus. Erbrochenes kann dazu führen, daß der Bewußtlose erstickt. Solange er noch atmet, muß er in die S. gebracht werden. Die Zeichnung erklärt das: Patient in rechtsseitliche Bauchlage bringen, unteres Knie vorwinkeln, linkes Bein gestreckt lassen, linken Arm unters Kinn, rechten unters Gesäß, Kopf nach hinten überstrecken.

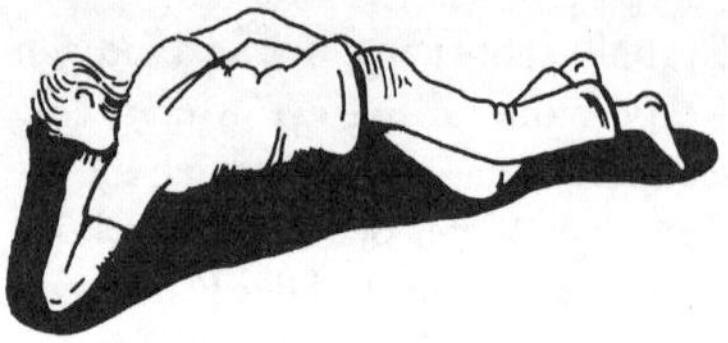

☺ **Sekt des Survivors:** Das ist Teichwasser mit lebenden Wasserflöhen en masse. Sie vermitteln einem das prickelnde Gefühl.

Selbstdisziplin ist eine der Grundvoraussetzungen fürs Überleben. Wer sich gehenläßt, geht auch bereits seinem unnötig vorzeitigen Ende entgegen. Vorher erlebt er die

Improvisierte Winde

Stadien Desinteresse, Panik, Depression. Dann seinen Exitus.
S. muß besonders in Extremsituationen (Schiffbruch, Gefangenschaft) gewahrt werden. Das geschieht durch die unbedingte Einhaltung eines festen Tagesablaufs (Waschen, Mahlzeiten, Sport, Tagebuch) und durch das Erreichen eines immer neu gesetzten, realistischen Zieles.
In Zeiten des Wohlstandes gilt das genauso. Und es gilt bis ins hohe Alter. Ob man in seinen vier Wänden konsequent auf Sauberkeit achtet, Termine pünktlich wahrnimmt, anliegende Arbeiten durchführt und nicht aufschiebt, Zukunftspläne schmiedet oder sich im Essen mäßigt – S. läßt sich rund um die Uhr praktizieren.
Eine besonders schwere Übung der S. ist das → Fasten über einen bestimmten Zeitraum.

Selbstfeueranlage → Feuer zum Schlafen

Selbstmord → Selbsttötung

Selbstschuß-Anlage → Fallen (Bogenfalle). Statt des Pfeiles kann man in gleicher Weise auch Feuerwaffen arrangieren.

Selbsttötung, von Kirchen gern als Selbst**mord** abgekanzelt, ist ein Tabuthema vieler Gesellschaften. Aber alle diejenigen, die darüber gern und heftig moralisieren, sind selbst noch nie in einer entsprechenden Situation gewesen. Insbesondere sollten Kirchen sich nicht scheinheilig zum Richter aufspielen, solange sie selbst unzählbare Morde bei ihren Missionskriegen auf sich geladen haben und es immer noch tun.
Es ist eine Frage gesellschaftlicher Toleranz, die Entscheidung über S. jedem Menschen selbst zu überlassen. Wer ungefragt in diese Welt gezeugt wurde, wird auch entscheiden dürfen, wann er sie wieder verläßt. S. ist die äußerste Ausschöpfung menschlicher Freiheit.
Normalerweise hängt jedes Lebewesen mit großer Leidenschaft an seinem Leben. Es wird alles tun, dieses Leben zu erhalten. Das ist biologisch vorprogrammiert zur Optimierung und Erhaltung der Art. Aber es gibt Umstände, die ein Weiterleben als nicht mehr erträglich erscheinen lassen. Das können qualvolle, unheilbare Krankheiten sein, Folter, Ehrenkodex, Aufopferung für einen geliebten Menschen, menschliche Enttäuschungen, wirtschaftliche Not, politischer Protest. Die Motive und Leidensfähigkeit / -grenze des einzelnen sind sehr unterschiedlich.
Die besten Mittel *gegen* S. sind stabile soziale Beziehungen und humane Gesellschaftsstrukturen.
Wichtig ist, daß man zum Zeitpunkt der Entscheidung für die S. noch körperlich dazu in der Lage ist. Falls nicht, sind zuverlässige Freunde wichtig, die einem zur Seite stehen. Beihilfe zur S. ist nicht strafbar. Jedoch ist die Abgrenzung zur strafbaren *Tötung auf Verlangen* schwierig. Eine andere Möglichkeit, selbstbestimmt und nicht qualvoll im Kran-

kenhaus zu sterben, ist die schriftliche Verfügung, eine apparative Hinauszögerung des Todes zu untersagen. Damit dieser letzte Wille respektiert wird, bedarf es ebenfalls guter Freunde.
Das sicherste Mittel zur S. ist der Schuß in den Mund. Vom Unterkiefer durch den Gaumen. Wichtig: der Lauf muß mit dem Mund festgehalten werden. Sonst spielt der Rückstoß dem Kandidaten einen Streich.
Wer keine Waffe hat, könnte sich aufhängen. Ein Strick ist immer erreichbar und ein ausreichend stabiler Ast auch. Der Tod tritt nach 6 Sekunden ein, wenn die Schlinge die Halsschlagadern zugezogen hat. Das reine Erwürgen dauert um vieles länger (dickes Tau, das sich nicht ausreichend zuzieht). Man kann den Tod auf eine halbe (!) Sekunde reduzieren, wenn man sich mit dem gesamten Körpergewicht zwei Meter in die Schlinge fallen läßt. Dann bricht außerdem das Genick.
Eine weitere Möglichkeit ist die S. per Auto. Wer mit mind. 80 km/h unangeschnallt auf ein festes Hindernis prallt, benötigt keinen Führerschein mehr. Sein Körper wiegt dann 3 Tonnen und saust mit 20facher Schwerkraft vom Sitz.
Das vielzitierte Zyankali bereitet einen qualvollen Tod: 5 Minuten Todeskampf gegen das Ersticken.
Wer eine Überdosis Schlaftabletten wählt, die Frauen-Variante der S., sollte 30 Minuten vorher Reisetabletten gegen Erbrechen schlucken.
Wer einen Arzt im Freundeskreis hat, ist besser dran. Der erhält vielleicht 10 Gramm Natrium-Pentobarbital, das Epileptiker-Medikament. 10 g sind die 3fach tödliche Dosis. Auch hier werden 30 Minuten vorher die Reisetabletten gegen Erbrechen genommen und dann das Medikament, gelöst in Apfelsaft, in einem Zug getrunken. Es wirkt nach 5 Minuten ohne Qual.
Die Qual liegt oft bei den Angehörigen. Deshalb denk auch an sie und daran (wenn das situationsbedingt möglich ist), dein → Testament auf aktuellen Stand zu bringen, die Versicherungen und Freunde zu benachrichtigen, Begräbnis-Anweisungen, Paß und Familienbuch bereitzulegen. Schließlich muß ja alles seine Ordung haben.
In Holland können sich Personen über 55 Jahre einen »Selbsttötungscocktail« verschreiben lassen. Er soll schnell und schmerzlos wirken.

Selbstverteidigung ist das Naturrecht eines jeden Lebewesens, das bedroht wird. Damit die S. unter Menschen verhältnismäßig bleibt, ist sie in der Notwehrformulierung des Gesetzgebers definiert (→ Notwehr). Mach aber nie den Fehler, den Gegner zu unterschätzen! Lieber *über*schätz ihn.
Bedrohungen entstehen meist sehr schnell. Entscheidend ist, sie richtig einzuschätzen, blitzschnell, explosiv und entschlossen zu reagieren und in der Weise auf den Angreifer einzuschlagen, daß er in spätestens fünf Sekunden kampfunfähig ist. Erzieh dich dazu, den Schlag nicht nur bis

zum Ziel zu berechnen, sondern über das Ziel hinwegzuschlagen. Willst du das Kinn treffen, schlag bis zum Hinterkopf durch.

☞ Ein Teil des ausgeteilten Schlages trifft auch dich schmerzhaft als Rückstoß!!

☞ Optimal erreichbar, ungeschützt und extrem wirkungsvoll: der Tritt gegen das Knie. Von vorn, von hinten, von der Seite (am besten). In allen Fällen ist der Gegner im selben Moment kampfunfähig. Es ist die erfolgversprechendste Abwehrart im Nahkampf.

Nimm dem Gegner die Chance, seine Füße und Fäuste einzusetzen. Spring ihm vor den Körper und attackier die empfindlichen Stellen (→ Karate). Wenn deine Fäuste ungeübt sind, nimm die Handballen für Kinn und Nase, die Finger für die Augen, das Knie für die Hoden. Dieser Tritt und der sofort nachfolgende Schlag gegen Kinn oder Nase bedeuten das Aus für den Gegner.

☞ Mit diesem sog. Kombinationsstoß soll man möglichst alle Nahkämpfe beenden.

Für den Ungeübten ist der Nahkampf immer gefährlich, denn der Angreifer hat ihm seine kriminelle Energie und wahrscheinlich Erfahrung voraus. Man kann sich deshalb entweder in Kampfsportschulen unterweisen lassen, oder man ist mit einer Faustfeuerwaffe ausgerüstet (→ Pistole, Revolver, Schießen, Schießtraining).

Sextäter. Viele Mädchen und (weniger) Jungen werden Opfer sexuellen Mißbrauchs. In 80 bis 95% der Fälle sind Vater, Verwandte, Nachbarn und Freunde die Täter.

Vorbeugung: • Kindern keine Angst machen vor Sexualität und Triebtätern, sondern realistisch aufklären. Sie müssen Sexualität als etwas Normales kennenlernen, das nur dann verhängnisvoll wird, wenn es zu sexueller Gewalt kommt. Angst vor Sexualität verursacht Schwäche, und schwache Menschen sind die bevorzugten Opfer von Sextätern und Kriminellen vieler Couleur. • Kinder ermutigen, keinerlei Zärtlichkeiten zu dulden, die ihnen unangenehm sind. Sie sollen sie höflich, aber sehr bestimmt ablehnen. Ganz besonders auch von Freunden und engsten Verwandten. Nur wenn ein Kind sich dieser seiner Rechte bewußt ist, wird es wagen, die Hand zurückzuweisen, die unter den Slip rutscht. • Bitte dein Kind, mit dir wie mit seinem allerbesten Freund darüber zu sprechen, wenn eine solche Zurückweisung erforderlich wurde. Deshalb Gefühle und Äußerungen der Kinder immer ernst nehmen. • Erweise dich des Vertrauens deines Kindes würdig, indem du alle seine Sorgen ernst nimmst. Sei ihm Vorbild. Kinder lernen durch Nachahmung. • Müttern wird geraten, bei Verdacht gegen Ehemann und Verwandte besonders selbstbewußt zu sein. • Präg dem Kind immer wieder ein, daß es **niemals** mit Fremden mitgehen, mitfahren oder ihnen allein die Wohnungstür öffnen darf. Egal, welchen Grund die Fremden angeben. • Spiel mit deinem Kind alle Möglichkeiten durch, die Fremde sich ausdenken könnten: vom Stück Schokolade über die Frage nach dem Weg bis zum Appell an die Hilfsbereitschaft. • Wiederhol das Spiel von Zeit zu Zeit und teste mit Hilfe einer zuverlässigen Person und unter Beobachtung, ob deine Ratschläge befolgt werden. • Vereinbare ein Geheimzeichen oder ein Geheimwort, das ein Fremder offenbaren muß, wenn er *doch* von dir geschickt worden sein sollte. • Sprich offen mit ihm über aktuelle Vorfälle, wenn in den Medien darüber berichtet wird.

Sexualität, männliche, vor allem *fehlende* auf Reisen, ist ein geringeres Problem als Zivilsationspotenzler glauben mögen. Zum einen ist man durch die Flut fremder Reiseeindrücke in Anspruch genommen und abgelenkt, zum anderen ist man auf das Alleinsein eingestellt.

☺ Des weiteren kann man solche Probleme selbst in die Hand nehmen.

Auf jeden Fall sollte man sich so viel Selbstachtung bewahren, im Ausland nicht deshalb allerorten den großen Larry raushängen zu lassen, nur weil man aus reichen Ländern kommt. Denk lieber darüber nach, welches unverschämte Glück dir zuteil wurde, daß du nicht an Stelle deiner Partnerin auf die Welt gekommen bist und den Vorteil erleben darfst, aus einer der beneidetsten Regionen der Welt zu stammen. Respektier die Prostituierten, wie du deine beste Freundin achten würdest. Und sei vor allem zurückhaltend in islamischen Ländern. Sprich unter keinen Umständen eine Frau an. Frag sie nicht einmal nach dem Weg. Du könntest ihren Tod verschulden, weil ihr das als Anmache angelastet wird.

→ Geschlechtskrankheiten

Sexualität, weibliche. Reisende Frauen haben eher das Problem, im Ausland als Freiwild angesehen zu werden. Auch und gerade im islamischen und im macho-geprägten Ausland. Sollten sie jedoch den exotisch-erotischen Reizen der Männer unterliegen, dann müssen sie wissen, daß sie ihren Nachreisenden das Leben noch schwerer machen. Der Ruf von der Touristin als Freiwild wird sich festigen.

Wegen der Gefahr der Schwängerung und → Geschlechtskrankheiten sollte das Kondom zur Pflichtausrüstung jeder reisenden Frau gehören. Von ihren Lovern wird keiner eins dabei haben.

Abgeraten wird auf Reisen von der Einnahme der Pille. Zum einen ist die Zeitverschiebung zu berücksichtigen. Zum anderen hat man sehr schnell einen verdorbenen Magen, und die Pille ist wieder draußen. Wenn *doch* Pille, ist zu klären, ob es sie im Ausland nachzukaufen gibt, oder ob man Reserven von daheim mitnimmt. Was, wenn sie gestohlen wird oder durch das andere Klima verdirbt? Also lieber Spirale? → Heirat im Ausland.

Sicherheitszeichen → Nachrichtenübermittlung

Sicherung, Wohnungs-
→ Wohnungssicherung

Signalcode, international

Benötige Arzt	I
Benötige Medikamente	II
Komme nicht weiter	X
Benötige Wasser und Nahrung	F
Benötige Waffen und Munition	<<
Benötige Karte und Kompaß	II
Benötige Signallampe und Funkgerät	––
Benötige Treibstoff und Öl	L
Benötige Techniker	W
Benötige Richtung für Weitermarsch	K
Ich gehe in diese Richtung	>
Ich versuche Start	I >
Landung hier möglich	V
Flugzeug ernsthaft beschädigt	□
Alles klar	LL
Nein	N
Ja	Y
Nicht verstanden	IL
Hilfe!	SOS

Signalisieren wird wichtig, wenn du irgendwo liegengeblieben bist und Suchmannschaften auf dich aufmerksam machen mußt. Dabei überschätz nicht die Größe deiner Signale. Aus der Ferne wirkt alles sehr klein. Deshalb mach alles so groß und grell wie möglich.

Optisch, tagsüber: Winken mit großen Planen an langem Stock von unbewachsener Bodenfläche aus oder von erhöhtem Punkt. Ferner: rote Signalraketen oder orangefarbener Rauch (Seenot-Signal); *Rauch*feuer mit nassem Laub, Gras, Plastik, Gummireifen, Öl etc.; Blinken mit Spiegeln (→ Blinkspiegel), glänzenden Metallen, Glasscherben auf bewegter Decke und Alufolie; Drachen aufsteigen lassen; Zeichen auslegen (SOS; → Signalcode, international). *Wichtig:* Zeichen müssen ausreichend groß (10 × 1 m) sein, sich deutlich von der Landschaft abheben, ggf. Schatten werfen (Stein- und Schneewälle, Gräben); Nachrichten und Zeichen hinterlassen bei Weitermarsch.

Optisch, nachts: Ideal sind *große* Feuer. Möglichst *drei* und in Linie oder Dreieck. *Wichtig:* Groß genug und perfekt vorbereiten (ggf. gegen Regen schützen): zur blitzschnellen Entzündung mit viel trockenem Astmaterial und/oder Benzin; Taschenlampen (→ Morsealphabet).

Akustisch: Rufen; Hupen, Trillern; Schießen; Klopfen, Klatschen, Platschen. *Wichtig:* Von erhöhten Punkten und *mit* dem Wind, zweisilbige Wörter mit Vokalen (Hiiilfeee!) bevorzugen, Hände oder Papiertrichter zur Schallbündelung zu Hilfe nehmen.

Sonstiges: Flaschenpost (Flasche oder aufgeblasene Kondome auffällig machen mit Farbbändern); Hunde, Brieftauben, Funk.

Signalspiegel. Wer einen Spiegel im Gepäck hat, sollte statt des Glasspiegels für die Schönheitskontrolle einen doppelseitigen, unzerbrechlichen aus Metall oder beschichtetem Kunststoff wählen, der dann außerdem als Signalspiegel verwendet werden kann. In der Mitte hat er ein Peil-Loch (ca. 5 mm) und seitlich einen 15 cm langen Faden, um beim Visieren und Blinken einen festen Abstand zum Auge einzuhalten.
Anwendung: Spiegel ca. 15 cm vor das Gesicht halten und die Suchmannschaft anvisieren. Die Sonne muß sich dabei ebenfalls *vor dem* Spiegel befinden. Sie wirft durch das Peil-Loch einen Lichtfleck auf dein Gesicht, den du auf der Spiegelrückseite erkennen kannst. Dreh den Spiegel nun so, daß der Fleck verschwindet. In diesem Moment müßte der Sonnenstrahl ins Ziel weisen (Zeichnung).

☞ Diese Methode läßt sich gut vor Hauswänden üben.

Das Signalisieren mit einem einseitigen, ungelochten ***Normalspiegel*** erfolgt in der Weise, daß man den Spiegel unter das Visierauge hält (das andere ist geschlossen) und ihn – gegen unnötiges Verwackeln – an der Nasenspitze fixiert. Den freien Arm streckt man vor, winkelt die Finger hoch, bis Auge und höchster Finger eine Linie zum Ziel bilden. Dann dreht man den Spiegel so lange, bis die Sonne die Fingerkuppen anstrahlt und klappt die Finger zurück. Der Strahl geht ins Ziel.

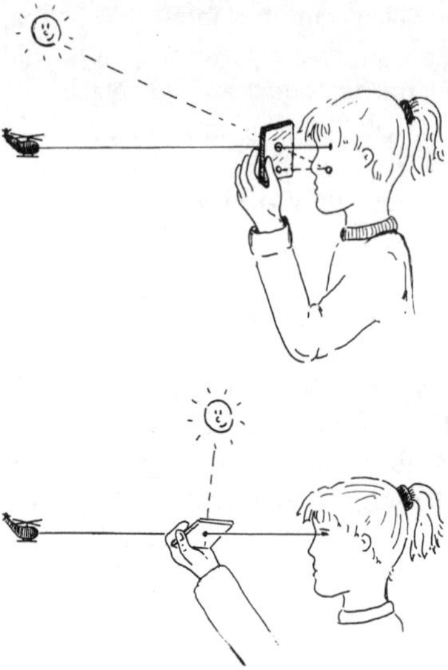

Lochspiegel

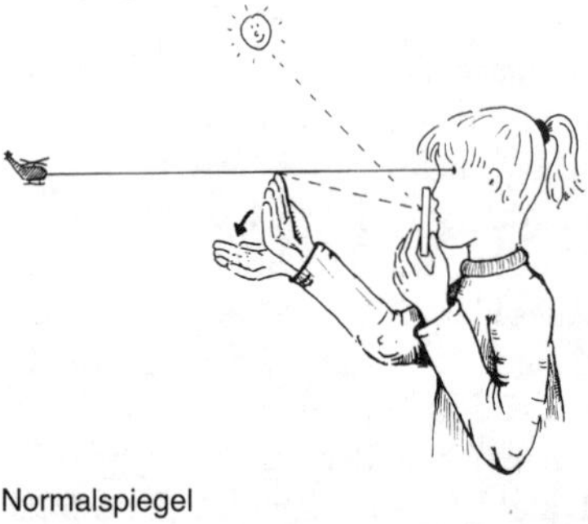

Normalspiegel

Simulation einer Krankheit kann lebensrettend sein, wenn man damit z.B. aus einer Haftanstalt in

ein weniger streng bewachtes Hospital verlegt wird. Die Simulation muß glaubwürdig sein. Beispiel: Vergeßlichkeit (mangelnde Konzentrationsfähigkeit) vortäuschen bei Anlässen, von denen jeder glaubt, daß man sie nie vergessen würde, solange man noch gesund ist und alle Tassen im Schrank hat. Beispielsweise die Einnahme der guten Essensmahlzeit. Nächste Schritte: Alpträume simulieren (nachts zitternd und still jammernd aufrecht im Bett sitzen) und sporadische Schmerzen in der Hüftgegend vortäuschen, wenn man sich scheinbar unbeobachtet fühlt. Diese Anfälle nie vor *vielen* Zeugen spielen! Am besten nur für dich allein zum Üben und Verbessern. Dann richtest du es ein, daß irgendein Zeuge es einmal sieht. Fleh ihn an, nichts zu melden. Du seist gesund, das seien vorübergehende Anfälle. Vielleicht hättest du dir den Magen verdorben. Noch nie hättest du ähnliches erlebt.
Das nächste Stadium sind Schüttelfröste. Du zitterst am ganzen Leib und wärmst dich mit allen erreichbaren Textilien. Die Anfälle steigern sich, und schließlich spuckst du Blut. Das läßt sich üben durch starkes Saugen am Zahnfleisch, und dieses Blutspucken muß dein Höhepunkt werden. Irgendwann wird dich jemand der Gefängnisleitung melden, weil er Mitleid mit dir hat. Im Hospital keine Freude anmerken lassen! Im Gegenteil: Du betonst immer wieder, nicht krank zu sein, zurückzuwollen in die Zelle, und gleichzeitig kotzt du schon wieder Blut. Das lockt den Ehrgeiz der Ärzte. Du wirst ein richtiger Fall für sie. Leute, die mit jedem zu leisen Furz ins Krankenhaus wollen, kennen die zur Genüge. Vielleicht diagnostizieren sie dir eine Epilepsie oder geistige Verwirrung. Und irgendwann schlägt deine Stunde, in der du aus dem Hospital entwischst.

Skorpione leben in heißen trockenen Gebieten unter Steinen. Sie verfügen über einen Giftstachel am Schwanzende, den sie nur einsetzen, wenn sie sich bedroht fühlen. Das ist der Fall, wenn man gedankenlos Steine hochhebt oder sie fangen will. Ob sie gelb oder schwarz aussehen, klein oder groß sind, sagt nichts über ihre Giftigkeit aus. Meist wird diese übertrieben. Wenn es passiert ist, Ruhe bewahren und behandeln wie Schlangenbiß (→ Schlangen).

Socken sind die Streichler der Füße. Damit die Füße wirklich optimal davon profitieren, sollte man beim Kauf sehr sorgfältig wählen. Die Werbung brüstet sich mit »speziell entwickelten Sockengarnen« und »anatomischer Polsterung«. Die Firma Thorlo gibt sogar eine »Anti-Blasen-Garantie«, die man bezweifeln darf. Wichtig ist die gute Polsterung an Ferse und Zehen und der faltenfreie Sitz. Sie sollen wärmen, und das Material soll den Schweiß nach oben abtransportieren. Ratsam ist es auch, mindestens zwei Paar Socken mitzunehmen, um feucht gewordene

Strümpfe schnell trocknen zu können.
Ob man sie aus reiner Wolle nimmt, aus Mischungen mehrerer Kunststoffe oder aus Fleece, hängt nicht zuletzt davon ab, welche Gewaltmärsche man damit vorhat. Aktuelle Infos vermitteln die Kataloge der Globetrotter-Ausrüster.

Sodbrennen ist die Folge von zu starker Säureproduktion des Magens. Es kommt auch vor nach Übergenuß irgendwelcher Speisen. Man neutralisiert die Säure mit magnesiumhaltigen Mitteln (Maaloxan, Aludrox). Natron hilft auch, aber nur momentan. Langfristig steigert es die Säureproduktion. Saure Nahrung meiden und mit erhöhtem Kopfende schlafen.

Soft-Air-Pistolen sind bedingt brauchbare Übungspistolen für die Technik des → Deutschusses und des → Stoßgriffes. Sie sehen aus wie echte Pistolen, sind waffenscheinfrei und billig in der Munition. Die Plastik-Kugeln werden mit Gasdruck verschossen. Man übt auf 5 Meter und kann das gefahrlos in der Wohnung tun. Es gibt Zielscheiben, an denen die Kugeln wiederverwendbar kleben bleiben.
Nachteil der S. ist der fehlende Rückstoß. Erhältlich sind S. bei Jagdausrüstern. Adresse im Anhang.

Sonne → Orientierung

Sonnenschutz. Wer sich in ungewohnter Umgebung der Sonne aussetzt (Hochgebirge, Schnee, Meer, Äquator), sollte sich rechtzeitig über die Intensität der UV-Strahlung informieren und entsprechend mit Sonnenschutz-Mitteln ausrüsten. Es gibt fettfreie und fetthaltige Mittel und vor allem verschiedene Sonnenschutzfaktoren. Wer baden will oder viel schwitzt, sollte darauf achten, daß die Mittel wasserfest sind.
Nach einigen Tagen des Gebrauchs gewöhnt sich die Haut an die Sonnenstrahlung, und man kann die Anwendung drosseln.
Wenn kein S. zur Verfügung steht, muß man sich behelfen und alle Hautpartien mit Stoff, breitkrempigem Hut, Sonnenbrille bedecken. Bei Vernachlässigung des S. kann es zu Verbrennungen höchsten Grades kommen.

Sonnenstich bekommen vor allem Glatzköpfe, Babys und Dünnbehaarte, wenn sie ihren Kopf direkt der Sonne aussetzen. Das reizt die Hirnhaut.
Erkennen: Kühle Körperhaut, aber heißer, hochroter Kopf. Der Betroffene ist unruhig, hat Kopfschmerzen, ihm ist übel, er muß erbrechen. Es folgen Schwindel, Nackensteife, Bewußtseinsschwund.
Behandlung: Betroffenen in den Schatten legen, Garderobe öffnen, Kopf erhöht lagern, mit kalten nassen Tüchern bedecken und Luft zufächeln. Bei Bewußtlosigkeit → Stabile Seitenlage. Bei Atemstillstand

→ Atemspende. Lange ausruhen lassen.

Speere → Fischspeer

Speerschleuder. Eine Erfindung der Aborigines in Australien. Sie wirkt wie ein verlängerter Arm und erhöht die Schleuderkraft.

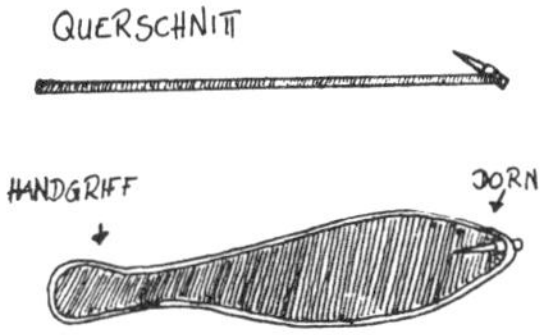

Speerspitzen macht man aus spitzwinkligen Astgabeln. Sie können über einem Glutfeuer durch leichtes Anbrennen gehärtet werden.

Spenden. Ohne die Spendenbereitschaft vieler Menschen sähe es in der Welt um einiges schlimmer aus. Die Beweggründe fürs Spenden sind verschieden: Mitleid, soziale Gesinnung, schlechtes Gewissen, ☺ beim lieben Gott anschmusen usw.
Und überall dort, wo es etwas umsonst gibt, sind auch sofort genügend Schmarotzer-Organisationen zur Stelle. Die Vertrauenswürdigen von den Betrügern zu unterscheiden, ist nicht immer leicht. Aber es gibt Kriterien, an denen sich jeder Spender orientieren kann.
• Nie spontan und nie an der Haustür spenden, sondern erst Erkundigungen einholen. • *Niemals* auf Telefon/Faxwerbung reagieren. Sie ist immer unseriös. • Skeptisch bleiben gegenüber Straßensammlungen. Die Erlaubnis dafür ist leicht zu erhalten.
• Ist die Organisation (O) gemeinnützig? • Sind die Spenden absetzbar?
• Was hat die O bisher wo geleistet?
• Ist die O postalisch und telefonisch im Inland erreichbar? Oder hat sie nur ein Postfach im Ausland? • Kann man persönlich im Büro vorbeischauen? • Welche Qualifikation/Berufsausbildung haben die Mitarbeiter? • Wie lange sind sie schon in der O tätig? • Welchen Einfluß hat die O auf dein ins Ausland geleitete Geld für das angepriesene Projekt? • Wie schnell werden Fragen beantwortet und Infomaterial zugesandt? • Treten bekannte Persönlichkeiten für das Projekt oder die O ein? • Gibt es im Ausland bekannte Os, die für die korrekte Geldverwendung gerade-

stehen? • Wird die betroffene Bevölkerung mit einbezogen? Bringt es ihr Nutzen? • Wird sich das Projekt selbst tragen, oder bedarf es ständiger Unterstützung? • Welche glaubwürdigen Beweise liefert die O dafür, daß das vorgelegte Bildmaterial authentisch ist? • Kann jemand aus der O die Seriosität des Projekts und der kooperierenden Auslands-O *persönlich* bezeugen, oder verläßt man sich auf Korrespondenz? • Wie lange liegen die Spendengelder auf dem Konto? • Wie hoch (prozentual) ist der Verwaltungsaufwand? • Stehen er und der Projektanteil in gesunder Relation? • Welche unabhängige Kontrollinstanz prüft die Buchführung der O? • Verfügt die O über ein Infoblatt, das alle diese Fragen nachprüfbar beantwortet?
Natürlich erfordert dieser Seriositäts-Check viel Arbeit. Er empfiehlt sich vor allem für Groß- und Dauerspender. Wenn nur eine Frage mit Nein beantwortet werden muß, behalt dein Geld. Lauten einige Antworten: »Ich weiß nicht« – bitte die O um Auskunft. Kann sie das nicht, kann sie garantiert auch kein Auslandsprojekt durchführen.
Wenn du dich zum Spenden entschlossen hast, prüf diese Kriterien alle Jahre wieder. Zu schnell schleicht sich in Organisationen Bürokraten-, Selbstüberschätzungs- und Nassauermentalität ein. Vor allem, wenn die Spenden erst einmal automatisch fließen.

Spiegel, Signal- → Signalspiegel

Spinnen sind eigenartigerweise für viele Menschen ein Grund zur Phobie.

✿ Daß sie so fleißige Insektenvertilger sind, rettet sie auch nicht vor Verachtung und Intoleranz.

Einige sind giftig, manche sehr. Einige beißen, andere verstäuben nesselartigen Staub. Manche können springen. Da man nicht alle kennen kann, sollte man sich zur Regel machen, sie grundsätzlich in Ruhe zu lassen. Man faßt in warmen Gebieten ohnehin nie (!) in irgendwelche dunklen Löcher oder blind hinter Baumstämme, denn immer sind das Zufluchtsorte für irgendwelche Lebewesen.

☺ Übrigens: Vogelspinnen werden bei respektvollem Umgang nach kurzer Zeit so zahm, daß sie einem das Futter aus der Hand nehmen.

Spinnen (Handwerk). Wem Wolle oder andere Haare, Baumwolle, Hanf, Leinen oder Flachs zur Verfügung stehen, kann aus den Fasern ein solides Garn spinnen. Daraus wieder lassen sich Stoffe weben (→ Weben), Decken machen, Garderobe stricken. Feine Fäden lassen sich zu stärkeren Seilen verdrehen (→ Seilherstellung).
Alles, was man benötigt, ist eine Handspindel. Man stellt sie aus einem geraden glatten Ast, dem Drehstab, her. Das Glatte ist besonders wichtig. Sonst verhaken sich die

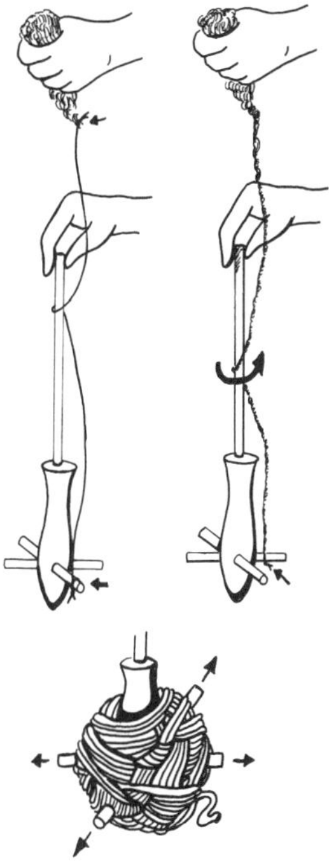

feinen Fasern. Unten erhält der Ast einen Schwerpunkt, der gleichzeitig die erforderliche Schwungmasse ergeben soll. Zum Beispiel durch eine runde Holzscheibe. Wie die Zeichnung zeigt, werden kreuzweise zwei kurze aalglatte (!) Stöckchen durch das untere Ende gesteckt. Sie müssen sich später leicht herausziehen lassen. Damit ist das Gerät schon fertig.

An eins der Querstöckchen knotest du einen ersten Faden, den du von Hand gezwirbelt oder den du dir aus der Garderobe gezogen hast. Den schlingst du dann einmal um das obere Ende des Drehstabes und verknotest ihn mit dem ersten Fadenansatz, den du per Daumen und Zeigefinger aus dem in der linken Hand gehaltenen Fasernknäuel herausgezwirbelt hast. Damit das weitere Verspinnen hinterher zügig und reibungslos verläuft, muß die Wolle sauber sein, frei von Fremdstoffen wie Gras und bestmöglich vorgelegt durch Sortieren der Fasern in Längsrichtung.

☞ Zum Üben nimm Baumwollwatte aus der Drogerie. Weil die meiste Watte irgendwie behandelt ist und sich zu glatt anfühlt, wasch sie aus und trockne sie vorher. Dann hat sie eine bessere Griffigkeit.

Nun setzt du den von der linken Hand herunterhängenden Stab mit den Fingern der rechten Hand in drehende Bewegung. Wie einen Spielzeug-Kreisel. Mach es zunächst langsam, gib gleichzeitig und gleichmäßig Wolle nach, die du mit der rechten Hand aus dem Knäuel in der linken Hand nachzupfst. Dabei darf dieser nachgegebene Faden nie reißen.

Jedes Mal, wenn die Spindel die Erde erreicht, wickelst du den Faden um das Kreuz. Um später das gesamte Knäuel abzulösen, ziehst du einfach die Stöckchen aus der Spindel.

Spitzwegerich sagt man nach, daß seine Blätter, zerdrückt und auf eine Wunde gelegt, Heilwirkung besitzen. Ich habe sie erprobt. Die Wunden haben sich geschlossen.

☺ Vielleicht hätten sie das auch ohne S.

Sport ist der Förderer von Gesundheit, sofern er nicht zum einzigen Lebensinhalt und extrem betrieben wird und dann dem Körper schadet. Erste Anzeichen eines Zuviel zum falschen Zeitpunkt sind Gereiztheit, Schlafstörungen und schlechtes Aussehen. Im äußersten Falle folgen dann Herzfehler, Bänderrisse, Knochen- und Zusammenbrüche und die Abhängigkeit von Medikamenten.
Diese Gefahr wächst mit der Überbewertung des Sports durch die Medien, wo nur noch zählt, wer einen neuen Weltrekord aufgestellt hat. Der Fanatismus, mit dem Sport hochgejubelt wird, läßt mich an Kriegsersatz denken.
Empfehlenswert sind Sportarten, die der persönlichen Konstitution des betreffenden Menschen entsprechen. Ein schlanker Mensch ist kein Gewichtheber und ein muskulärer kein Hochspringer, wie es im Gesundheits-Brockhaus heißt. Auch das Alter setzt Grenzen. Bis zum 20. Lebensjahr sollten junge Menschen nicht zu Hochleistungssport gezwungen werden, und ab 35 werden manche Sportler bereits zu den Senioren gezählt. Die Zeit dazwischen ist die ideale Zeit für persönliche Hochleistungen. Wer sich da erproben möchte, sollte sich aber der Kontrolle eines Sportmediziners anvertrauen.
Des weiteren ist Mannschaftssport (Teamgeist) dem Einzelsport (Starallüren) vorzuziehen. Turnerisches, Gymnastisches, Joggen und Ballspiele sowie Schwimmen, Radeln und Wandern werden als ideal gewertet. Nie darf Leistungssport wegen Alterns *abrupt* beendet werden. Er muß allmählich reduziert werden, damit das kräftige Sportler-Herz sich zurückbilden kann.
Auf jeden Fall ist es wichtig, daß einseitig Berufstätige sich einen entsprechenden Ausgleich im Sport suchen. Der körperlich hart Arbeitende sollte zur Entkrampfung lieber schwimmen oder Ballspiele und Gymnastik pflegen. Der Geistesarbeiter wählt eher die härteren Sportarten: Rudern, Radfahren, Wandern, Joggen.

Sprachliste → Grundwortschatz

Spritzen verabreichen → Injektionstechnik

Spulwurm. Den S. gibt es auf der ganzen Welt, außer in kalten und trockenen Gebieten, weil er Wärme und Feuchtigkeit für seine Entwicklung außerhalb des Menschen benötigt. Die Tiere werden 40 cm lang und 6 mm dick. Sie leben im Darm des Menschen. Die Larven können viele Teile des Körpers befallen. Die Folgen sind mannigfaltig und schwer: innere Blutungen, Leber- und Lungenschäden, Vereiterungen, hohes Fieber. Im Dünndarm können sie durch Bildung von Bällen einen Darmverschluß herbeiführen.
Feststellen kann man sie im Stuhl. Nicht selten erbricht man sie.
Ansteckungsgefahr besteht in Gebieten, wo die menschliche Notdurft in die Landschaft verrichtet wird oder

Menschenkot zum Düngen von Gemüse verwendet wird.
Vorbeugung: Sauberkeit, gekochtes Wasser, gekochtes Gemüse.
Behandlung: Wurmkur mit Tabletten

☞ Spulwürmer haben, wie alle Würmer im menschlichen Körper, drei Vorteile: 1. Wer Würmer hat, ist nie allein! 2. S. sind gute Angelköder. 3. Wenn die Fische nicht beißen, kann man S. – gut durchgebraten – als Nahrung recyceln.

Stabile Seitenlage → Seitenlage, stabile

Stecknadel im Hemdkragen getragen, vor allem eine mit dickem Kopf, ist die ideale Mikrowaffe gegen manchen Vergewaltiger.

Steinschleuder

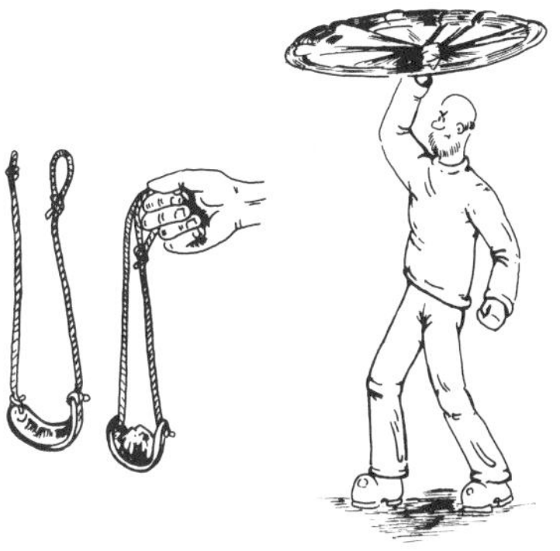

Steinwerkzeuge. Wer weiß, daß man sich aus vieler Art Steinen Ur-Werkzeuge herstellen kann, verleiht sich als Survivor ein stark erhöhtes Selbstbewußtsein. Es ist beruhigend zu wissen, daß man bei Verlust von allem Gepäck nicht wirklich besitzlos ist. Je härter der Stein, desto besser ist er. Der beste ist der Flint- oder Feuerstein, der mieseste der Sandstein.
Flintsteine gibt es im Norden der nördlichen Halbkugel bis zum Breitengrad von Hannover. Sie haben den Härtegrad 7, Diamanten 10. Aus ihnen macht man im Handumdrehen Messer, Äxte, Sägen, Bohrer und Skalpelle. Und Feuer (→ Feuer mit Flint). Das beste Vorkommen in Deutschland ist bei Saßnitz auf Rügen.
Der Fachmann weiß genau um die Strukturen und Eigenarten der Steine und schlägt auf Anhieb das heraus, was gewünscht wird. Wir Laien vereinfachen uns die Prozedur. Einen großen Flint nehmen wir in beide Hände und schlagen ihn mit einer Kante und voller Wucht auf die Kante eines auf dem Boden liegenden dicken Findlings. Also Kante auf Kante.

Vorsicht vor den Splittern! Sie sind rasiermesserscharf. Handschuhe oder Lappen benutzen.

Kleine Flinte werden in die linke Hand genommen und per Kieselstein mit der rechten Hand, ebenfalls kräftig Kante auf Kante, geschlagen, um Absprünge zu erzielen.
Schon beim ersten Versuch findet man eine Fülle von brauchbaren Splittern: Pfeilspitzen, Speerspitzen. Immer sind winzige Skalpelle dabei, die man getrost für Kleinoperationen verwenden kann.

Nicht zu unterschätzen sind solche Mini-Splitter als Waffe in Gefangenschaft!

Längere Absprünge ergeben ein Messer; Messer verwandelt man durch Ausbrechen oder Einratschen von Zähnen in Sägen; Stücke mit einer Rundung und einer scharfen Kante sind ein Handbeil; bleistiftartige Splitter Bohrer; dreieckige Splitter fügt man zu einer Sichel zusammen (Zeichnungen).
Bei Benutzung des Beils empfiehlt sich, die Hand mit einem Handschuh zu schützen und den zu fällenden Baum nach Biber-Manier rundherum anzuhacken und ihn nicht nach Kettensägen-Art zu umzulegen.

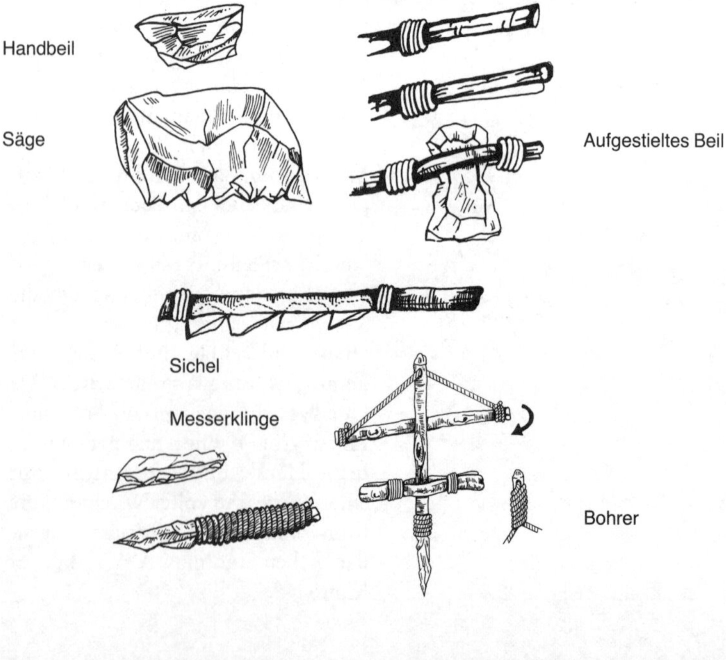

Steinzeit-Werkzeug. Darunter versteht man die → Steinwerkzeuge sowie alles, was aus Holz gefertigt wird (Keule, Speer, Bogen) und aus Knochen/Geweih. Um letztere gut schnitzen zu können (für Speerspitzen, Angelhaken), weicht man sie möglichst lange ein oder kocht sie auf.

Sterbehilfe ist ein Reizthema für Pseudo-Moralisten, denen es selbst noch körperlich gutgeht. Emanzipierte Bürger, unbeeinflußt von pseudowissenschaftlichen Dogmen wie denen der Kirche und kirchennaher Politiker, werden selbst entscheiden können, ob sie für sich Sterbehilfe wünschen oder ob sie sie engsten Freunden zuteil werden lassen als letzten barmherzigen Akt bei qualvollen Leiden und auf ausdrücklichen Wunsch des Sterbenden hin. Ethisch steht niemandem ein Urteil über den Wunsch des Sterbenden zu, solange er nicht am eigenen Leib ähnliche Schmerzen durchgemacht hat.

Juristisch wird zwischen vier Formen der Sterbehilfe unterschieden.

Passive S. ist die Einstellung medizinischer Versorgung. Sie ist straffrei.

Beihilfe zum Freitod ist die Beschaffung lebensbeendender Mittel wie Tabletten, Revolver usw. Sie ist ebenfalls straffrei, wenn der Kranke sie selbst anwendet.

Aktive S. oder *Tötung auf Verlangen* leistet der, der dem Sterbenden die Tablette in den Mund legt. Sie sind strafbar. Freisprüche erfordern krasse Krankheitsfälle, gute Zeugen, fähige Anwälte und verständnisvolle Richter.

Wer für sich entscheidet, möglichst nicht qualvoll sterben zu wollen, kann vorsorgen, wenn er die Tötungsmittel rechtzeitig bereitlegt und zuverlässige Freunde bei Bedarf um die Überbringung bittet (→ Selbsttötung).

Sterben ist das, wovor der Mensch am meisten Angst hat, solange er nicht extrem leidet. Sterben ist Hilflosigkeit und Hilfsbedürftigkeit. Man klammert sich an jeden Strohhalm, und allmählich weichen Energie und Hoffnung einer zunehmenden Schwäche, Apathie, Ruhe bis zum Entschlafen.

Wer infolge schwerer Krankheit, hohen Alters und Bettlägerigkeit den Tod herbeisehnt, kann ihn sogar durch Willenskraft verfrüht herbeiführen.

Wichtig ist es, dem Sterbenden Trost zu spenden. Der Helfer behandelt den Sterbenden aufmerksam, pflegt ihn, als würde er noch lange leben, kommt seinen erfüllbaren Wünschen nach und redet auch dann noch zuversichtlich von dessen Krankheitsverlauf, wenn er bereits bewußtlos ist. Im Unterbewußtsein haben schon viele wehrlos mit anhören müssen, wie hoffnungslos ihr Fall ist und wer nun was erben soll.

Wiederbelebte Scheintote schildern den Tod durchweg als angenehm. Religiöse Menschen, die an ein Weiterleben nach dem Tod glauben, sehen im Sterben den Beginn eines neuen und hoffentlich besseren Lebens.

☺ Ich selbst habe meinen Körper, wenn er denn schon irgendwann tot ist, zur restlosen Aufarbeitung aufwärtsstrebenden Studenten der Universität Hamburg geschenkt. Wegen Überbevölkerung und daraus resultierenden Platzmangels wird es keine wie auch immer geartete Beerdigung geben. Die entsprechende schriftliche Vereinbarung steckt in meinem Personalausweis.

Sterilisation von Geräten ist die Tötung der Mikroorganismen. Ehe alle tot sind, müßte man das Gerät auf 180 °C erhitzen. Das schafft man nur im Druckbehälter. Der steht auf Reisen nicht zur Verfügung. Entweder hat man steril verpacktes Gerät (bei Druck auf die Packung darf die Luft nicht entweichen), oder man muß sich behelfen. Versuch es mit einstündigem Kochen. Am besten legst du das Besteck in ein Sieb, das über das Wasser gehängt wird. Der Topf wird so fest wie möglich verschlossen. Wasserdampf ist heißer als 100 °C.
Ist der Notfall noch größer, nimm Desinfektionsmittel bis hinab zu Schnaps, Rasierwasser und Parfüm.
Die schnellste Methode, und vor allem immer verfügbar, ist die S. per Feuer: vom Streichholz über die Kerze, vom Feuerzeug bis zum Glutfeuer. Ist Ruß entstanden, muß er mit desinfektionsmittelgetränktem Tupfer abgewischt werden.

Stethoskop ist ein Hörgerät zum Abhorchen der Brust- und Bauchgeräusche. Es ist leicht improvisierbar aus einer Dose, in deren Bodenmitte ein Schlauch eingearbeitet wird. Die Dosenöffnung wird auf die Brust gesetzt, am Schlauch wird gehorcht.
Mit einem solchem S. lassen sich unter günstigen Bedingungen auch Gespräche im Nebenraum abhören. Mit einem *gekauften* Stethoskop ist deren Abhören sehr einfach.

Stockbrot → Brot

Stockholm-Syndrom ist das Sympathisieren der Geisel mit dem Geiselnehmer. Ursache ist die Angst, daß die Retter (Polizei) eine Kurzschlußhandlung beim Geiselnehmer zum Nachteil der Geisel auslösen könnten.

Stoßgriff wird der Schnellschuß aus dem Hüfthalfter genannt. Er ist der am schnellsten zu erlernende Verteidigungsschuß auf max. 5 m Distanz. Voraussetzung ist ein Schnellziehhalfter mit unverrutschbarem Sitz, damit die Waffe immer millimetergetreu plaziert bleibt.
Ablauf: Jacke ist offen. Linke Hand reißt die Jacke weit nach links, wodurch die Waffe rechts am Gürtelholster frei wird. Rechte Hand befindet sich dann bereits über der Waffe, stößt auf sie hinunter, packt fest den Griff, zieht, bringt sie in Schußrichtung und drückt ab (→ Deutschießen).

Strategie → Notwehr

Streichhölzer, Arten. Wer Streichhölzer mitnehmen will, sollte die folgenden drei Sorten bevorzugen:

1. Überall-Streichhölzer, weil sie sich auf fast allen rauhen Flächen entzünden lassen.
2. Sturmstreichhölzer, weil sie einen extra langen windtrotzenden Zündkopf haben.
3. Wasserfeste Streichhölzer, weil sie infolge ihres Wachsschutzes auch bei Feuchtigkeit zünden.

Streichhölzer halbieren wird gern empfohlen, wenn es auf den Rest geht. Aber das ist gefährlich. Wer ungeschickt ist, verliert womöglich auch noch das wenige, das ihm geblieben ist.

☞ Man sollte diese Technik unbedingt rechtzeitig zu Hause üben. Es soll Kriegsgefangene gegeben haben, die aus einem Hölzchen sechs gemacht haben!

Holz-Streichhölzer werden flach hingelegt. Mit einem spitzen Messer wird das Holz unmittelbar hinter dem Schwefelköpfchen durchstoßen. Dabei halbiert sich das Köpfchen, und man zieht das Messer behutsam zum anderen Ende durch.
Papierzündhölzer werden vom Nicht-Schwefel-Ende her halbiert.
Wachszündhölzer werden ebenfalls von hinten halbiert. Es kann aber erforderlich sein, beim Schwefelkopf ein Messer zu Hilfe zu nehmen.

Das Anzünden der Hölzer bedarf ebenfalls einiger Übung: Die Schwefelseite wird auf die Reibfläche gelegt, der Zeigefinger drückt das Hölzchen sanft, während Mittelfinger und Daumen es halten und abziehen.

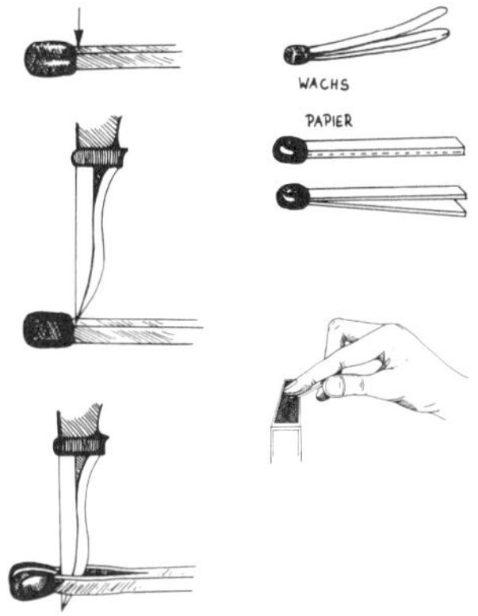

☞ Beim Üben bleibt es nicht aus, daß man sich mitunter den Finger verbrennt. Denn zieht man ihn zu früh weg, gelingt das Feuer nicht, und das Streichholz ist womöglich unbrauchbar geworden. Und hält man ihn zu lange dran, verbrennt die Haut. Dann ist die beste Soforthilfe die, sich ans Ohrläppchen zu greifen. Das versiegelt die Wunde gegen Sauerstoff aus der Luft und mildert die Folgen. Wer vorsichtshalber kaltes Wasser bereitgestellt hat, taucht den Finger dort hinein. Auch bei großen Brandwunden ist das Abschocken mit kaltem Wasser eine bewährte Methode. Eine weitere Möglichkeit ist das Eintauchen in Speiseöl.

Streichhölzer konservieren. Das geht recht simpel, indem du heißes Wachs von einer Kerze über den Schwefel tropfen läßt und dieses flüssige Wachs schnell auch über das Hölzchen reibst. Die Reibfläche von der Streichholzschachtel wickle in Plastikfolie und alles zusammen gib in eine wasserdichte Schraubdose (Filmdose).

Streit ist eine Folge von Intoleranz und Egoismus und die Ursache aller Kriege. Schon in der Zwei-Personen-Partnerschaft, in Familien, Schulen und an Arbeitsplätzen kann S. das Leben unerträglich machen. Langfristig senkt er die Leistungsfähigkeit und steigert die Krankheitsquote.
Streit ist besonders bei Extremreisen, bei denen man aufeinander angewiesen ist, verheerend bis lebensgefährlich. Er verwandelt die schönsten Reisen in Höllenfahrten.
Ein Mensch mit gesundem Verstand wird sich bemühen, S. zu vermeiden. Ein Leben ohne S. hat eine entschieden höhere Qualität. Voraussetzung ist, daß beide Seiten zum Frieden bereit sind und sich in die Argumentation des anderen hineindenken.
→ Frieden

Streß ist ein vielgenutztes Modewort. Wer nicht gestreßt ist, lebt offenbar nicht zeitgemäß. Dabei ist S. nur der Beweis, daß der Gestreßte irgend etwas falsch macht in seinem Leben. Entweder überschätzt und übernimmt er sich total, oder er führt Tätigkeiten aus, die er nicht mag, oder arbeitet in schlechtem Betriebsklima und unter ständiger Angst, den Job zu verlieren. Andere Auslöser: Drogen, Kälte, Hitze, Lärm, Schadstoffe, Dauerangst, Isolation, Prüfungen. Vorübergehender S. ist gesund. Der Körper mag Belastungen. Sie stählen ihn. Auf Dauer wirkt S. jedoch über Magengeschwüre, Bluthochdruck und Herzinfarkt tödlich.
Lebensweisen, die man mag, erzeugen keinen negativen Streß. Sie beglücken und wirken sich positiv auf das Leben aus.

Strickleiter → Leitern

Striker nennt man Metallwerkzeuge zur Funkenerzeugung an Flintsteinen (→ Feuer mit Flint). Ideal sind Feilen und manche Eisensägeblätter-Stücke (testen!).
Um den Härtegrad (und damit die Funkenproduktion) der Feilen zu optimieren, macht man sie glühend, formt sie kufenartig, erglüht sie erneut kirschrot und schreckt sie in Speiseöl ab.

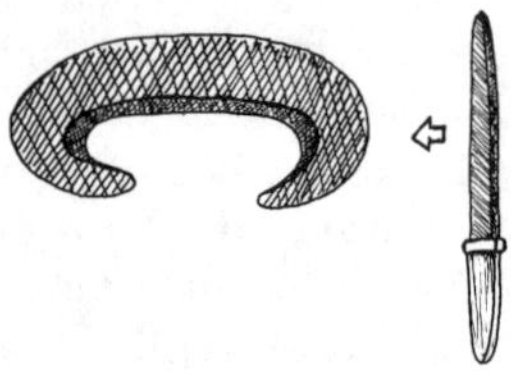

Stuhl (Kot, Fäkalien) ist eine Mischung aus Nahrungsresten, Magendarmsaft, Galle, Wasser und Bakterien u.a. Der Geruch wird durch Fäulnisprodukte hervorgerufen. Die

Färbung besorgt die Galle. Auf jedes Lebewesen wirkt der eigene Kot ekelerregend, der von anderen Lebenwesen manchmal neutral (Pferdemist) bis berauschend (Wal-Ambra).
Teerfarbener Stuhl deutet auf Blutungen hin. Blutiger Stuhl ist ein Indiz für Blutungen im Dickdarm. Haben sich Stuhl und Blut nicht gemischt, liegt es an → Hämorrhoiden.
Der gesunde Mensch entleert täglich ein bis zweimal breiigen oder festeren Stuhl. Bei dünnflüssigem Stuhl (→ Durchfall) ist es wichtig, das verlorene Wasser durch Trinken wieder aufzufüllen. Ein Fachmann erkennt an Farbe, Geruch, Konsistenz, Beimischungen, Bakterien, woran der Betroffene leidet.
Naturvölker lesen am Stuhl ab, ob er von einem der Ihren stammt oder von einem Fremden. Bei Verfolgung Stuhl generell verscharren. In Notzeiten ist Stuhl für manche Tiere Nahrung (Menschenkot für Polarhunde).

Südpol-Phänomen nennt man die unter besonderer Belastung abhanden kommende Fähigkeit, eine große Höhe richtig einzuschätzen. So springt man z.B. im Falle eines Feuers in einem Hochhaus nicht nur aus akuter Lebensgefahr und nackter Angst auf die Straße, sondern auch, weil man die Höhe für viel geringer und nicht tödlich hält. (→ Nordpol-Phänomen)

Survival ist das englische Wort für »überleben«. Heute gilt S. als die Disziplin, bei der man durch rechtzeitiges Studium und Training verlorengegangene Instinkte und Fertigkeiten wieder zu reaktivieren versucht, um im Notfall ein paar Chancen mehr zu haben als die konsum- und zivisilationsabhängige Masse der Bevölkerung.

Survival-Ausrüstung. Notfalls muß man ohne alles, mit nackter Haut, in die Zivilisation zurückkehren können. Wer das über 500 km schafft, hat Survival begriffen. Wer sich bewußt ins Abseits der Welt begibt und einigermaßen bequem leben möchte, sollte eine gewisse minimale Grundausrüstung dabei haben. Unterschiede ergeben sich aus Reiseziel, Alter, Kondition, Geschlecht etc. Hier sind einige unrepräsentative Beispiele: Schlafsack, Isomatte, warme, schnell trocknende (Fleece-) Garderobe, Schuhwerk, Unterwäsche, Hut, Poncho, Strümpfe, Messer, ggf. Waffe, Müsli, Wasser, kleiner Topf, Rucksack, Zelt oder Tarp, Medikamente. → *Überlebensgürtel.*
Man hüte sich, alles zu kaufen, was mit dem zugkräftigen Werbewort *Survival* angeboten wird. Ein einfacher Nagel ist von seiner Bestimmung her ein Stück Werkzeug und Waffe zugleich. Wenn jemand den Nagel aber als *Survival-Nagel* preist, dann will er nur ungerechtfertigt viel Geld dafür. Ein gutes Beispiel sind die sog. Survivalmesser für ein paar hundert Mark. Vergiß sie.
Spar bei der Ausrüstung immer wieder Gewicht, Volumen, Geld. Das ist Survival.

Survival-Rallye ist eine interessante Möglichkeit, Survival-Wissen zu testen, sich zu amüsieren, Wettbewerbe zu veranstalten in Schulen, Firmen, privat. Dem Thema entsprechend sollten die Aufgaben aus einer Mischung von Körperlichem und Geistigem bestehen.
Beispiele, körperlich: Hindernisüberwindung auf Seil, Abseilen, Seilbrücke beschreiten, am Seil hochklettern, Kletterwand, Zunder mit Flint und Eisen zum Glühen bringen, über ein Gewässer schwingen, schwere Last am Stirnband und barfuß durch nachempfundene Landschaften (Geröll, Fels, Sand, Sumpf, Baumstammbrücken) tragen (um zu fühlen, was manche Frauen dieser Erde täglich, unentgeltlich und viele Stunden lang machen müssen).
Beispiele, geistig: Schwierige Fragen zu den Themen Umweltschutz und Menschenrecht. – 1. »Wenn jemand 30 Minuten in der Rush-Hour durch Hamburg joggt, atmet er viel Gift ein. Dem Gift wie vieler Zigaretten entspricht das? 5-10-15-20?« Antwort: 20. – 2. »Wie heißt das weltweit größte Volk ohne eigenen Staat?« Antwort: Kurden.
Wichtig: Survival ist Teamwork und kein Rekordstreben.

Survival-Training
(→ Überlebenstraining)

Survival-Werkzeuge Darunter versteht man kleine Vielzweckmetalle, mit denen man schneiden, schrauben, Nord finden, messen, Dosen und Flaschen öffnen kann. Und mehr. Da sie billig sind und kaum etwas wiegen, kann man sie mitnehmen (Globetrotter-Ausrüster). Vor allem, wenn sie zur Stärkung des Selbstbewußtseins beitragen. Oft sind sie kleine praktische Geschenke für Jugendliche.
Auch das legendäre → Schweizer Offiziersmesser ist ein solches S.

Swat Bag → Deckenrolle

Syphilis, eine Geschlechtskrankheit, die bei Nichtbehandlung zum Tode führt. Sie ist mit hohen Dosen Penicillin zu heilen.
Drei Wochen nach dem Geschlechtsverkehr bildet sich am Penis des Mannes und an den Schamlippen der Frau ein rotes Knötchen, das sich bald zu einer kleinen schmerzlosen Wunde mit hartem Rand öffnet. Dann schließt sich die Wunde, und man ist scheinbar geheilt.
Nach 5 Wochen schwellen die Lymphdrüsen in der Leistengegend an. Ebenfalls schmerzlos. Ferner bildet sich roter, nicht juckender Hautausschlag oder kleine gelbliche Papeln. Die Papeln sitzen vor allem auf den Schleimhäuten des Mundes, Afters, der Genitalien. In ihnen befindet sich hochinfektiöse Flüssigkeit.
Im letzten Stadium der Krankheit werden Knochen, Leber, Gelenke, Nieren und das Nervensystem befallen und zerstört.

Vorbeugung: Verwendung von Kondomen.

T

☠ **Tabak,** wenn er geraucht wird, hat eine beruhigend-anregende Wirkung. Er verschafft dem Raucher das Gefühl von Wohlbehagen. Dem Hungrigen suggeriert er ein Sättigkeitsgefühl. Diese scheinbaren Vorteile werden durch viel mehr Nachteile aufgehoben. Man konsumiert die Gifte: → Nikotin, Pyridin-Basen, Methylalkohol, Blausäure, Ammoniak, Schwefelwasserstoff, Kohlenoxid, Tabakteer. Der Teer ist es, der den Krebs erregt. Am nikotinreichsten sind die Kippen. Nikotin wird nicht nur durch die Lunge, sondern auch durch die Haut und die Schleimhäute aufgenommen sowie beim Baby über die Muttermilch. 60 mg Nikotin sind für den Menschen tödlich! Sie sind in 4 g Zigarettentabak enthalten! Daß man dennoch nicht sofort stirbt, liegt daran, daß ein Teil des Nikotins in der Glut verbrennt, ein anderer Teil verdunstet. Beim Inhalieren des Zigarettenrauchs werden bis zu 95% (!) resorbiert, bei Mundrauchern nur 5%. Und davon wird das meiste von der Lunge entgiftet! Aber langfristig nimmt sie irreparablen Schaden.

Schäden: In erster Linie wird der Kreislauf betroffen: das Herz und die Gefäße. Ferner der Magen-Darm-Kanal. Raucher bekommen Magenschleimhautkatarrh, die Vorstufe zu → Magengeschwüren. Weitere Schädigungen: Lungenkrebs, Impotenz beim Mann, Unregelmäßigkeiten der Menstruation, Heiserkeit, Schnupfen, Husten, Arterienverkalkung. Pfeifenraucher bezahlen mit erhöhtem Risiko zu Lippen- und Zungenkrebs.

Abgewöhnung: Vorrangig wird eiserner Wille benötigt. Er wird gestärkt, wenn bereits erste Krankheitssymptome spürbar sind. In Apotheken gibt es Tabakentwöhnungsmittel. Auch Akupunktur vom Fachmann hilft in manchen Fällen.

☞ Wer raucht, hat Survival nicht begriffen.

Tampon ist nicht nur gut zur Blutaufsaugung während der Menstruation. Da er aus gepreßter Baumwollwatte mit hoher Saugkraft besteht, kann man sich seiner auch erinnern, wenn andere starke Blutungen zu stillen sind. Frauen, die die Verwendung von Tampons praktisch finden, müssen auf Reisen daran denken, daß es sie nicht überall zu kaufen gibt. Also an Vorrat denken.
In Notzeiten sind gebrauchte T. Köder für Fische.
Darüber hinaus läßt sich mit Hilfe von T. und Asche Feuer machen (→ Feuer mit Tampons).

Tape → Lassoband

Tarnung wird wichtig beim Jagen (→ Jagdtricks) und wenn man verfolgt wird. Tagsüber ist der beste

Schutz, sich in Garderobe und Bewegung den Einheimischen anzupassen. Nachts ist die Garderobe weniger wichtig, aber unbedeckte Haut (Gesicht, Hände) reflektiert Licht. Deshalb sollte man sie schwärzen. Die einfachsten Mittel dafür sind mit Wasser verrührte Erde, Schlamm oder angebranntes, pulverisiertes Holz. Wer einen Korken zur Hand hat, sengt ihn mit dem Feuerzeug an und benutzt ihn wie einen Augenbrauenstift.

Wer ein Tarn-Schminkset aus mehreren Farben (meist schwarz, grün, braun; Militärshops) besitzt, muß darauf achten, die typischen Konturen des Gesichts aufzulösen (Zeichnung).

Schließlich bleibt die Möglichkeit, sich mit Tarnnetz oder/und Zweigen in einen Busch zu verwandeln. Hat man kein Tarnnetz, ist es sehr praktisch, wenn die Garderobe über viele kleine Ösen verfügt.

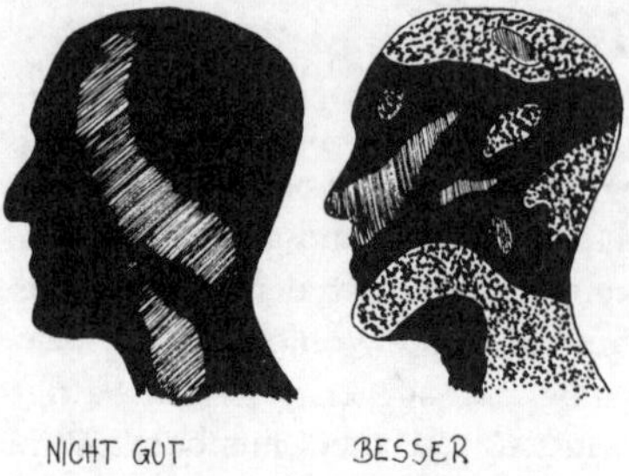

Tarps sind reißfeste Kunststoff-Folien, die in vielfältiger Form als Schutzdach gespannt werden können und einen Zelt-Ersatz oder eine Zelt-Ergänzung darstellen. Sie schützen gegen Sonne, Wind und Regen und haben Zelten gegenüber den Vorteil, daß sie kein Kondenswasser bilden und man unter ihnen inmitten der Natur liegt und den Sternenhimmel genießen kann. Sie sind preiswerter als Zelte, leichter, weniger voluminös.

Darüber hinaus lassen sich T. auch noch anders einsetzen: als Rucksack, als Wasserbehälter, Gefäß zum Teebrühen (→ Tee ohne Topf), als Badewanne (Zeichnung), als Poncho, als Schattenspender. Sie sind ein ideales Survival-Ausrüstungsteil.

☺ Von Nachteil sind sie, wenn man unbeobachtet kuscheln möchte.

Gefährliche Tiere könnten die Nachtruhe stören. Da ist man im Zelt besser aufgehoben.

Tassen macht man aus Kokosnüssen, Bambus, Papier und Birkenrinde. Papierbecher → Gefäße

Tauchen tief und mit Gerät, lernt man, wie Bergsteigen, in Kursen oder Vereinen.

Wer für kurze Augenblicke ohne Gerät tauchen muß, sollte 10mal tief ein- und ausatmen, dann einmal normal Luft holen und untertauchen. Wer gelernt hat, aufkommende Panik unter Kontrolle zu bringen, kann, je nach Arbeit, drei Minuten und länger unter Wasser bleiben (Kampfschwimmer, japanische Perlentaucher). Sobald das Bedürfnis nach Atmung übermächtig wird, kann man sich noch ein paar Augenblicke mit Schluckbewegungen behelfen.

Um keine Kraft beim Abtauchen zu vergeuden, läßt man sich von einem schweren Stein in die Tiefe ziehen, den man unten liegen läßt, wenn man auftauchen will.

Tauchen, Eisloch- → Eislochtauchen

Tauchgerät. Ein verblüffend einfaches Tauchgerät kann man sich bauen, wenn eine Flucht unter Wasser mit der Strömung erforderlich wird. Man benötigt einen Auftriebskörper (Styropor, Kanister, luftgefüllter Plastikbeutel), der wie Müll den Fluß hinabtreibt. Wo Müll unnatürlich wirkt (Regenwald), wird er getarnt als natürliches Treibgut (entwurzelter Baumstamm, losgerissene Schwimmpflanzen). Die Atmung erfolgt durch ein Stück Schlauch, gegen das Auftauchen des Pos schützt ein Stein. Eine Taucherbrille erleichtert die Darbietung (Zeichnung).

Täuschung, Fährten- → Fährtentäuschung

Teamgeist. Einen harmonischen Umgang mit Partnern, Untergebenen und Leidensgefährten zu pflegen, ist besonders in Extremsituationen eminent wichtig. Gute Teams können unschlagbar werden. Zerstrittene Gruppen hingegen sind leistungsschwach. Sie vergeuden Energien für Intrigen oder lassen sie verkümmern wegen fehlendem T. Streit macht krank und mindert die Lebensqualität. Firmen mit schlechtem Betriebsklima haben die höchsten Krankheitsraten.
Dem kann man in vieler Weise vorbeugen: gegenseitige Rücksichtnahme, Körperpflege, Zuwendung, Aufgabenverteilung, Anerkennung der Qualifikationen des anderen, gemeinsames Pläneschmieden, konstruktive sachliche Kritik (einstekken und äußern).

Teich. Einen Teich zu bauen, ist aktiver Naturschutz und müßte zur Pflicht werden für jeden Gartenbesitzer. Er verzaubert einen langweiligen Garten in ein abwechslungsreiches Naturtheater. Gleichzeitig gibt ein T. dem Naturfreund Gelegenheit zum kostenlosen Biologie-Studium und zum Träumen. Er kostet nichts weiter als die Folie und die angenehme Mühe, ihn zu gestalten.
Ein Loch ist schnell ausgehoben oder -gebaggert. Der Aushub wird nicht abgefahren, sondern zur Gestaltung von Hügeln verwendet. Der T. sollte an einer Stelle 1 m tief sein und dreiviertel sollten Flachwasser werden, weil dann eine automatische Wasserbewegung einsetzt: Das flache Wasser erwärmt oder kühlt sich schneller ab als das tiefe und tauscht sich mit dem anders temperierten ständig aus.
Die Folie wird mit Sand oder Kieseln bedeckt und verschwindet damit für immer von der Bildfläche. Ränder werden ebenfalls mit Kieselsteinen und Findlingen bestückt, es wird ein Sortiment Wasserpflanzen angesiedelt und das Wasser kostenlos vom Dach zugeleitet.
Beratung erfährt man heute in vielen Landschaftsgärtnereien (Branchenbuch) oder bei *renatur*, Charles-Ross-Weg 24, 24601 Ruhwinkel, Fax 04323-72 43.

Teig, Sauer- → Sauerteig

Termiten sind nicht nur nahrhaft und schmecken gut – sie können auch dem Menschen sehr zu schaffen machen mit ihrer Gefräßigkeit. Sie essen alles, was nicht niet- und nagelfest ist. Incl. Mensch, wenn er sich nicht wehrt. Der sicherste Schutz ist, ihre Wohngebiete zu respektieren und woanders zu campen. Sonst streut man den Boden des Lagers mit Asche ab oder schläft auf tischartigen Podesten, deren Pfosten im Feuer angesengt werden. T. kommen nachts zu Tausenden aus dem Boden, essen sogar Kunststoffzelte und verwandeln sie in Protein, Fett und neue Termiten.

☺ Geheimprognose: Vielleicht werden T. irgendwann zum *Tier der Zukunft,* wenn es gilt, die internationalen Kunststoff-Müllberge in menschliche Nahrung umzuwandeln.

Testament. Ein T. ist die letzte Möglichkeit, sich für den Fall des Todes bei Freunden und Angehörigen für die lebenslange Treue zu bedanken.

☺ Geheimtip: Oder sich bei ungetreuen Nahestehenden zu rächen, indem man sie *nicht* bedenkt. Das T. regelt, wem man was von seinem Eigentum vererben möchte.

Die Abfassung ist an Vorschriften gebunden. Der Erblasser muß mindestens 16 Jahre alt und darf nicht entmündigt sein. Er muß das T. persönlich und handschriftlich abfassen. Wer eine eigene Familie hat, muß daran denken, daß dem Ehepartner und den Kindern ein sog. Pflichtteil zusteht. Der muß nur dann nicht gezahlt werden, wenn die Betreffenden sich schwerer Verfehlungen schuldig gemacht haben. Ist das juristisch anfechtbar, verschenk alles zu Lebzeiten und stirb besitzlos.
Die unanfechtbarste Art, ein Testament abzufassen, ist über einen Notar (teuer) oder ein Gericht (billiger). Auf jeden Fall sollte es sicher verwahrt und leicht auffindbar sein. Gegen Diebstahl und Veruntreuung sichert man sich ab, wenn man den späteren Erben je eine versiegelte Kopie überläßt oder/und es im Amtsgericht des Geburtsortes deponiert. Zu jedem Testament gehört eine Liste des Gesamtbesitzes, incl. Versicherungspolicen, Skizzen von vergrabenen Schätzen usw.
Man kann ein Testament jederzeit ändern und widerrufen.
Im Falle plötzlich nahender Todesgefahr (Verkehrsunfall) gibt es die Möglichkeit, vor Zeugen ein Not-Testament aufzusetzen. Auf Urlaubsreisen kann man in solchem Falle den Bürgermeister und zwei Dorfälteste darum bitten. Diese schreiben den letzten Willen nieder, und man selbst unterzeichnet ihn.

☺ Überlebt man den Tod, verliert das Not-Testament nach 3 Monaten seine Gültigkeit.

Eheleute können ein gemeinschaftliches Testament errichten. Einer schreibt es, und beide unterzeichnen es. Wenn ein Ehepartner es widerrufen will, geht das nur über den Notar.
Die vom Erbe Beglückten müssen das Erbe aber nicht annehmen! Sie können deine lächerliche Bierdeckel-Sammlung ausschlagen. Benenn für solchen denkbaren Fall einen Ersatzerben. (Aber bitte nicht mich!)
Wer den Löwenanteil einem Lebensgefährten vermacht, der mit den Behördenwegen nicht vertraut ist, verfaßt außerdem eine

☺ → Witwen-/Witweranleitung.

Tetanus (Wundstarrkrampf). Die T.-Bazillen gibt es überall im Erdboden und in Exkrementen von Mensch und Tier. Infektion durch Stich- und Bißverletzungen, die nicht ausbluten können (Stacheldraht, Holzsplitter). Während der ein- bis dreiwöchigen Inkubationszeit vermehren sich die Erreger und produzieren ein Nervengift, das über Unruhe, Mattigkeit, Gliederzittern und Schlaflosigkeit zu Krämpfen in der Muskulatur führt. Es folgen Schüttelkrämpfe, Muskelstarre und bogenartige Spannung des Rückens. Endstadium ist der Tod durch Herzversagen.
Behandlung: Großflächiges Ausschneiden der Wunde, Verabreichung von Antibiotika. Im Krankenhaus dann aktive Immunisierung und Behandlung gegen die drohenden Krämpfe.
Vorbeugung: Intravenöse Impfung mit Tetanol (2 × 0,5 ml im Abstand von 4 Wochen und Auffrischungen nach einem und zehn Jahren). Bei Verletzungen Geimpfter: Wundversorgung, Auffrischungsimpfung. Bei Verletzung Ungeimpfter: aktiv-passive Schutzimpfung mit Toxoid und Immunglobulin.

Thrombose ist der Verschluß einer tiefliegenden Vene durch ein Blutgerinnsel. Meist in den Beinen. Behandlung: blutverdünnendes Heparin sowie ein Kreislauf- und Schmerzmittel und verstärkte Sauerstoffzufuhr. Notbehelf auf Reisen: mehrere Blutegel ansetzen.

Tiefkühlraum-Training, ein Nehberg-Speschel, kann derjenige durchführen, der seine Ausrüstung auf Arktistauglichkeit testen möchte. Bei minus 40 ° und bei eingeschaltetem Gebläse im Tiefkühlraum eines Fleischhändlers läßt sich am schnellsten feststellen, ob der Schlafsack, die Unterwäsche und die Schuhe den Herstellerangaben entsprechen. Im Schlafsack sollte man – auf einer Isomatte – *mehrere Stunden* liegen. Beim undichten Schuh merkt man die Luftbrücken *sofort* wie Nadelstiche.

Unbedingt darauf achten, ob sich die Froster-Tür jederzeit mühelos von innen öffnen läßt.

Tierangriffe → unter den jeweiligen Tiernamen

Tierbiß. Ein T. kann sehr gefährlich werden, weil bei fleischfressenden Tieren, vor allem Hunden und Katzen, die Gefahr der → Tollwut-Übertragung besteht. Auch wenn man geneigt ist, Blutungen schnell zu stoppen, soll man solche infolge T. vorher gut ausbluten lassen.
Darüber hinaus muß man wissen, daß T. und Verletzungen mit Schlachtermessern, an denen Tierblut klebt, nie vernäht werden dürfen.

Tierfang → Fallen, Jagdtricks, Angeln

Tierische Notnahrung kann tierisch gut schmecken, wenn man Vorurteile ablegt und sie zubereitet wie andere Nahrung auch. Mäuseschenkel medium, Wanderrattenfilets well done, Bisam al dente, in Butter geröstete Heuschrecken, dazu ein Glas Teichwasser mit lebenden Wasserflöhen (Survivor-Sekt) – fast könnte man darüber sein Müsli vergessen. Und das Welternährungsproblem in den Griff bekommen.

Oberregel: Alles ist eßbar. Manches nur einmal. Deshalb hier grundsätzliche (d.h., es gibt immer auch Ausnahmen) ***Faustregeln***: • Meide alles, was langsam ist, den Verfolgern schutzlos ausgeliefert und nicht weglaufen kann (Kröte, Schnecken ohne Haus). • Meide Raupen mit Haaren. • Meide Insekten mit pulvrigen Flügeln (Motten). • Meide knallrote Tiere (Giftpfeil-Frosch). • Meide Käfer (Ausnahme u.a.: Kakerlaken, Maikäfer – sie schmecken ekelhaft, sind aber schluckbar). • Brate Fleisch der fleisch- und gemischkostessenden Tiere (Igel, Ratte) gut durch wegen der → Trichinengefahr. • Meide Fische, die nicht fischtypisch aussehen (Kofferfisch, Igelfisch. Ausnahme u.a. Aale). • Meide alles, was sich bereits in Verwesung befindet.

Insekten haben den höchsten Nährwert allen Fleisches. Sie ernähren sich aus der bunten Vielfalt der Natur und ohne medikamentöse Eingriffe durch den Menschen. Kleininsekten ißt man mit Haut und Haaren. Durch Kochen und vor allem Braten (ist entschieden heißer als die 100 °C des kochenden Wassers) werden evtl. anhaftende schädliche Bakterien (bei z.B. Fliegen in Typhus-Gebieten) getötet. Durch Braten verwandeln sich sogar Trichinen in Proteine. 1 Kilo Wasserflöhe, strumpfgefiltert, entsprechen einem Kilo Fisch!

☺ Sonntagsbraten-Sondertip: Brate dir die abgestoßenen Enden des Bandwurms oder die Mücken, nachdem sie sich mit deinem Blut vollgesaugt haben. Lerne so, dich von deiner eigenen Körpersubstanz zu ernähren. Kreislaufdernatur- und perpetuummobilemäßig.

Tod → Sterben, Testament

Todesbienen sind das Kreuzungsprodukt einer italienischen und afrikanischen Bienenart. Sie sind klein, aber reizbar und aggressiv. Sie reagieren auf Lärm (Bässe), dessen Schallwellen sie wahrnehmen, und auf direkte Bedrohung. 1994 soll es in Brasilien vier und in den USA 100 Tote gegeben haben.

Todesstrafe wird in vielen Ländern praktiziert für besonders schwere Verbrechen wie Mord, Vergewaltigung, Drogenhandel. Oft gehören dazu auch politische oder militärische Delikte! Darüber muß sich ein Tourist im klaren sein.

Die T. soll abschrecken und sichern. Das tut sie nicht bei Trieb-, Konflikt- und Überzeugungstätern. Eine große Gefahr bei Praktizierung der T. sind Mißbrauch und Fehlurteile.

Gegen die T. spricht vor allem die

Glaubwürdigkeit einer Gesellschaft, die Mord ablehnt und sich selbst anmaßt zu töten.

Toilette. Der verantwortungsbewußt Reisende hinterläßt keine Spuren. Auch keine sichtbare Notdurft. Ein kleines Loch ist schnell gescharrt und wieder zugeschüttet. Im Regenwald ist das weniger erforderlich, weil die Kraft der Natur alles in Stunden auflöst. In Wüsten hingegen, die touristisch gut besucht sind und wo die Hitze konservierend wirkt (Namibia), sollte das Verscharren der Notdurft eine Selbstverständlichkeit sein. Selbstverständlich gegenüber der Natur, den nachkommenden Reisenden und den Gastgebern.

Ist man in Gruppen unterwegs und vor allem länger an einen Ort gebunden, benutzt man eine gemeinsame Grube, die bei hohen Ansprüchen auch gern mit einer Sitzvorrichtung luxuriert werden kann (Zeichnung). Die einfachste Version, zum Drüberhocken, ist ein schmaler Graben.

Tollkühnheit. Hüte dich vor tollkühnen Begleitern! Du erkennst sie an ihrer zur Schau gestellten Topfitneß und ihrem übersteigerten Geltungsdrang, der eine Reisegruppe rausreißen oder vernichten kann. Tollkühne sollten ihren Trieb lieber im Alleingang abreagieren und wichtige Entscheidungen den etwas Besonneneren, den Mutigen überlassen. T. ist nur verantwortbar, wenn sie die einzige Alternative zum sicheren Tod darstellt.

Tollwut holt man sich durch Bisse von tollwütigen Tieren (Hunden, Füchsen, Wölfen, Katzen, Wildschweinen, Rindern, Schafen, Pferden, Ziegen, Rotwild). Die Erreger befinden sich im Speichel der Tiere. Inkubationszeit: 3 Wochen bis 1 Jahr. Die Krankheit beginnt mit nervösen Störungen und Schluckbeschwerden. Der Kranke ist durstig, aber er will nicht trinken! Dann folgen Krämpfe im Schlundbereich und eine starke Erregbarkeit, die sich steigert zu Aggressivität, Raserei und Tobsucht (Tollwut). Das Endstadium sind Lähmung, Erschöpfung, Tod.
Erkennung: Ein Tier, das sich völlig unnormal aggressiv verhält, hat mit Sicherheit T.

Vorbeugung: T.gefährdete Gebiete meiden, lange Hose tragen (hält manchmal den Speichel beim Biß zurück), Maulkorbzwang für Hunde, Vernichtung aller Gegenstände, die gefährdete Tiere mit Speichel benetzt haben.
Behandlung: Wunde in den ersten 5 Minuten großflächig ausschneiden oder rotglühend ausbrennen. Druckverband. Sofort ärztliche Hilfe aufsuchen, impfen und Meldung bei der Polizei machen.

☠ Die unbehandelte und bereits ausgebrochene Krankheit führt immer zum Tode!!! Es können nur die Erregungszustände mit Betäubungsmitteln gedämpft werden.

Töpfern. Dazu benötigt man Ton. Er ist vielerorts in Flußtälern zu finden. Er muß von allem Fremdschmutz gereinigt und dann gut durchgeknetet werden. Den elastisch gekneteten Ton rollt man zu wurstdicken Stangen, die spiralförmig auf einer fingerdicken, flachen, tönernen Grundplatte zu einem Gefäß aufgebaut werden. Hat es die gewünschte Höhe erreicht, werden die senkrechten Wulst-Wände mit nassen Händen glattgestrichen. Vorsicht: mit Wasser geizen, sonst wird alles matschig.
Zuletzt wird das Gefäß innen und außen mit einer wäßrigen und stark salzhaltigen Ton-Suppe überschüttet. Sie sorgt für die Abdichtung. Dann muß alles im Schatten unter mehrmaligem Wenden trocknen (Tassen etwa 1 Woche, Töpfe 3 Wochen). Schon nach zwei Tagen, wenn sich alles lederartig anfühlt, poliert man noch einmal die Innen- und die Außenwand sanft mit den Fingerkuppen.
Ob ein Gefäß durchgetrocknet ist, stellt man fest, indem man ein extra dafür angefertigtes gleich dickes zerbricht.
Nach dieser Zeit gräbt man eine geräumige Grube (je nach Menge der Gefäße). In ihr wird ein Riesenfeuer mit dicken Holzscheiten entfacht. Das Holz muß hoch über die Grube hinaus gestapelt werden, damit zum Schluß mindestens dreiviertel der Grube voll ist mit reiner Glut, ohne Flammen. Es muß deshalb so viel sein, weil die Gefäße 900 °C erreichen müssen.
In die Mitte der Glut wird ein Loch gescharrt. Da hinein werden die Gefäße geschichtet und mit Glut zugedeckt. Dann läßt man alles komplett ausbrennen und über Nacht völlig auskühlen, ohne vorher nachzuschauen. Die Gefäße dürfen keinen Zug bekommen. Deckt die Grube mit vielen Schichten belaubter Äste ab.
Wenn ihr Glück hattet, sind die Töpfe heil geblieben. Da man unter solchen Behelfsumständen viel Bruch haben wird, macht man viel mehr Gefäße als benötigt. Und man macht lieber zwei *kleinere* Töpfe als einen großen. Denn je größer das Gefäß ist, desto eher springt es entzwei. Oder entdrei.
Sind die Gefäße zwar gelungen, aber nicht ganz dicht, kocht Milch darin auf. Das Eiweiß der Milch dichtet kleine Poren ab.

Topfhalter (Zeichnungen)

Tornado → Wirbelsturm

Töten, Drahtschlinge zum → Drahtschlinge zum Töten

Toter Briefkasten → Nachrichtenübermittlung

Totschlagfalle → Fallen

Trage (Zeichnung)

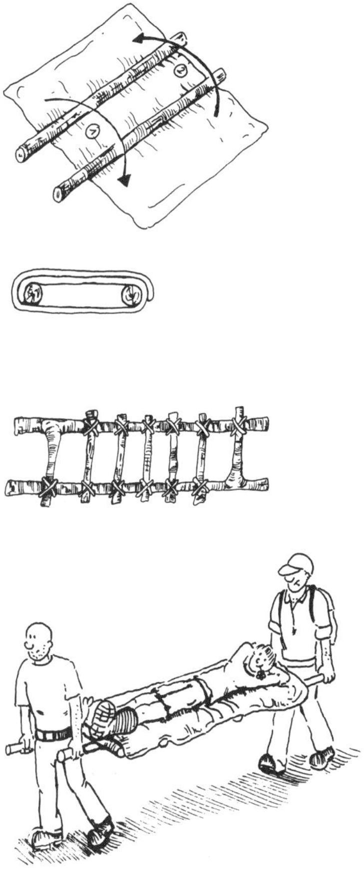

Tragegestell → Rucksäcke

Tragegriff zum Transport Verletzter (Zeichnungen) (→ auch Rautekgriff)

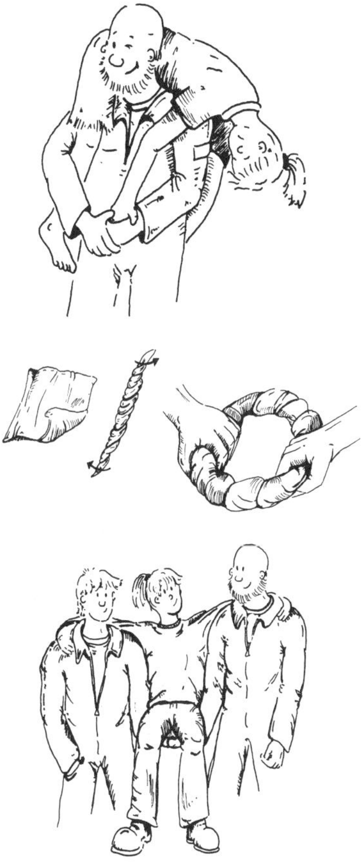

Training → Überlebenstraining

Trampen ist immer mit einem Risiko verbunden. Besonders für Frauen. Noch besonderer im fernen

Ausland. Zum anderen ist es die billigste Art zu reisen. Wer das Risiko nicht scheut, sollte gepflegt erscheinen und vor allem wenig Gepäck haben und das beim Stoppen übersichtlich vor sich hinstellen. Je weniger Gepäck, desto größer die Mitnahmechancen. Behaltet es aber im Auto immer im Auge und verstaut es so, daß ihr es jederzeit mit einem Griff an euch reißen und fliehen könnt. Ein Döschen Abwehrspray in der dem Fahrer abgewandten Hosentasche und eine Stecknadel im Hemdkragen haben auch noch nie geschadet.

Eine Frau allein sollte nicht einsteigen, wenn mehr als *ein* Mann im Auto sitzt. Meidet auch solche Personen, die auf Anhieb unsympathisch wirken. Nennt in dem Falle schnell ein ganz entgegengesetztes Reiseziel. Fahrt als Frauen lieber zu zweit. Setzt euch nach hinten und nicht auf den Beifahrer-Sitz. Steigt aus, wenn ihr merkt, daß der Fahrer betrunken ist oder euch mit Raserei imponieren möchte.

Macht vorm Einsteigen klar, ob der Lift wirklich gratis ist. Manchenorts ist Bezahlung üblich. In Ländern, die mit eurem Heimatland in Freundschaft leben, hängt zwei Wimpel ans Gepäck, den eures Landes und den des Gastlandes.

Stellt euch beim Winken an Stellen auf, wo der Fahrer problemlos halten kann, ohne den übrigen Verkehr zu beeinträchtigen. Tankstellen, Gasthöfe, Ampeln sind gute Startplätze. Schreibt euer Ziel groß auf ein Stück Papier. Dann muß niemand unnötig halten und sich erst groß erkundigen. Und wenn er hält, begrüß ihn in der Landessprache. Die Grußformel ist Mindestpflicht eines jeden Reisenden.

Transport von Verletzten
→ Trage, Boot aus Ästen, Tragegriffe

Treibangel → Angeln

Treibanker dienen dazu, bei Wind nicht schneller als die Strömung davonzutreiben. Als T. dienen zu 90% mit Wasser gefüllte Kanister oder andere Hilfsmittel (Eimer, Fallschirm), die gerade noch an der Oberfläche treiben. Sie üben auf das Boot eine bremsende Wirkung aus, wenn sie an langer Leine im möglichst übernächsten Wellental hinterhergeschleppt werden, während sich das Boot auf einem Wellenkamm befindet. (Zeichnung siehe Seite 289)

Trichinen sind kleine Fadenwürmer im Fleisch von fleischessenden Tieren. Wenn man als Mensch solches Fleisch roh verzehrt, besteht die hohe Gefahr der Ansteckung.

Symptome: Schon wenige Tage nach der Infektion stellen sich ruhrartige Durchfälle ein mit starken Leibschmerzen und Erbrechen. Die zweite Phase der Krankheit Trichinose folgt eine gute Woche später: hohes Fieber, Muskelsteife, geschwollenes Gesicht, Herzprobleme, Atmungsstörungen, Tod nach wenigen Wochen.

Treibanker

Vorbeugung: Fleisch von fleisch- und *Gemischtkost* essenden Tieren (Wanderratte, Schwein, Bär) grundsätzlich nie roh, geräuchert oder leicht gepökelt essen. Zumindest muß das Fleisch durch***gekocht*** sein. Trichine sterben bei 70 °C. Empfehlenswerter ist das Braten, weil dabei höhere Temperaturen erzielt werden.

Behandlung ist nur möglich in den ersten Tagen, in denen aber keine Symptome wahrzunehmen sind. Dann befinden sich die Trichinen noch im Magen und nicht in den Muskeln und können mit einem Wurmmittel getötet werden. Danach ist Hilfe aussichtslos.

☺ Gebratene Trichinen verwandeln sich in Proteine und sind eßbar.

Trichterfallen sind Reusen in Großformat. Man sperrt mit ihnen ganze Bäche oder nutzt die Gezeiten und fischt am Meer. Am Meer wird die T. bei Ebbe an der Wasserlinie gebaut. Das Baumaterial sind in solchen Fällen Steine, Stämme, Bretter. Am besten sind Netze. Ohne Netze sind sie wegen des hohen Bauzeit-Aufwands nur lohnend, wenn man länger am Ort verweilt (Zeichnung).
→ auch Fallen, Krebsfalle

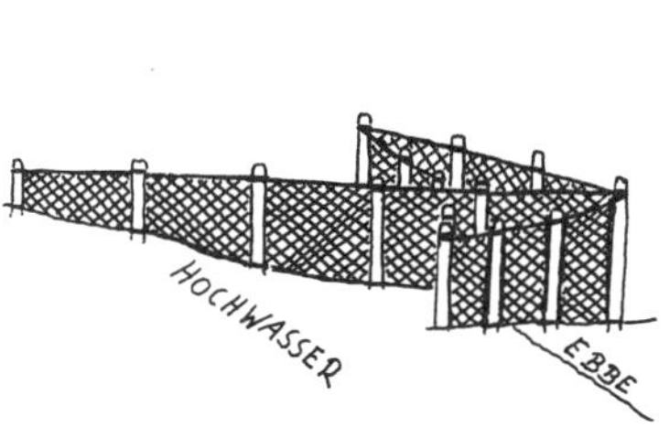

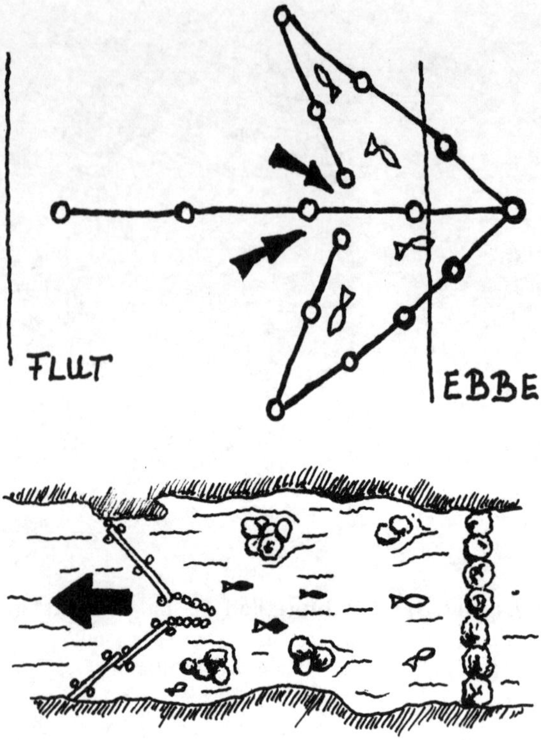

Trichterfalle

Tripper ist die Geschlechtskrankheit, die relativ freundlich ist. Man holt sie sich beim Geschlechtsverkehr. 2 bis 3 Tage nach der Ansteckung bricht sie durch mit eitrigem Ausfluß aus Penis und Scheide. Mit Hilfe von Penicillin-Tabletten (oder Injektion) ist sie sofort zu beheben. Aber man wird dadurch nicht immun. Schon zum selben Zeitpunkt kann man sich erneut anstecken.
Die Nichtbehandlung hat auf Dauer schwere Schäden zur Folge.

Vorbeugung: Benutzung von Kondomen. Männern hilft es in vielen Fällen, den Penis gleich nach dem Verkehr mit Penicillin-Puder einzustäuben.

☺ Tripperkranke erkennt man an den vielen aufgeregten Fliegen, die den Genitalbereich umschwirren.

Trost spenden sollte ethische Pflicht eines jeden sein, der mit dem Leid anderer konfrontiert wird. Vor allem, wenn es sich um Freunde, Verwandte, Bekannte oder Leidensgefährten handelt. T. ist vor allem dann wichtig, wenn der Betroffene Todesangst hat. Nur wer je selbst in ähnlicher Bedrohung geschwebt hat, wird die Bedeutung des T. zu schätzen wissen. T. gibt Hoffnung, und Hoffnung stärkt den Lebenswillen, und der kann Berge versetzen.

☞ Ein äthiopisches Sprichwort sagt es treffend: »Das Wort, das dich tröstet, kannst du dir nicht selbst sagen.«

Typhus, Paratyphus sind Infektionskrankheiten, die man sich über den Stuhl und Urin Kranker holt. Also vor allem in Gebieten, wo die Notdurft im Freien verrichtet oder menschlicher Stuhl zur Düngung von Gemüse verwendet wird.
Symptome: Nach einer Woche Unwohlsein und Kopf- und Bauchschmerzen, belegte Zunge, auf 41 °C steigendes Fieber, leicht aufgedunsener Bauch, gelber Durchfall, Apathie, Appetitlosigkeit.
In der 2. Woche folgen rotfleckiger Ausschlag, Darmblutung (blutiger Stuhl), Darmperforation.
Wenn keine Behandlung erfolgt, besteht Lebensgefahr, aber auch die Chance der Besserung ab der 4. Woche. Der Betroffene bleibt dann aber Dauerausscheider von T.- Salmonellen.
Vorbeugung: Typhus-/Paratyphus-Schutzimpfung (Schluckimpfung).
Isolierung des Kranken von Gesunden, strikte Sauberkeit, Kochen der Wäsche, Desinfektion der Geräte, die mit dem Kranken Berührung hatten. Helfer sollen Gummihandschuhe und Mundschutz tragen. Wenn keine Toilette vorhanden, Grube als Toilette einrichten. Toilette wiederholt mit Chlor bestäuben.

U

Überbevölkerung wird der Erde zum Verhängnis. Die explodierende Masse Mensch verdrängt die Vielfalt der Natur und verwandelt sie in eine Monokultur. Immer schwerwiegendere Eingriffe in den gewachsenen Kreislauf der Natur sind nötig, um diese Menschen zu ernähren und Schäden zu korrigieren. Kriege zwischen den Begüterten und Armen sowie Völkerwanderungen und Seuchen könnten in der Zukunft zu einer gefährlichen Herausforderung für die gesamte Menschheit werden.
Einzig friedliche Lösung: Nur noch ein Kind pro Familie und gerechtere Verteilung der Güter. Ohne Sinneswandel bei uns Begüterten und unseren Einpeitschern in Politik, Kirche, Gewerkschaft und Handel wird das auf friedlichem Wege kaum möglich werden. Es sei denn, Katastrophen zwängen uns zum Umdenken.
Der *Beitrag der Survivors* könnte sein: Ein Kind pro Familie, Reduktion der Lebensansprüche, Stärkung derer, die für eine gerechtere Welt kämpfen.

Überfall, bewaffneter
→ bewaffneter Überfall

Überfälle sind vor allem nachts, in abgelegenen Gebieten und in Armenvierteln der Großstädte ein zunehmendes Problem. Da sie meist unerwartet geschehen und die Räuber in der Überzahl, adrenalin-aufgepumpt und bewaffnet sind, reagier nach einem wichtigen Schema: Bleib so ruhig wie möglich. Mach dir klar, daß die Räuber dich nicht töten wollen. Sonst wärest du bereits tot.
Wenn dir dein Leben wertvoller ist als die Ausrüstung, gib sie hin; und zwar ohne zu zögern. Vermeide Widerstand, hektische Bewegungen und Zeitschinderei. Das macht die Gegner nur nervös und könnte sie zu Kurzschlußhandlungen hinreißen. Denn auch wenn sie dich geschont haben: Im Zweifelsfalle ist dein Leben für sie wertlos und ein Mord kein Hindernis.

Überhitzung → Hitzeerschöpfung

Überlebensgürtel. Wer sich auf eine Reise begibt, während der er längere Zeit auf sich gestellt und ohne Fremdhilfe ist, sollte sich unbedingt ausstatten mit einem selbstgebastelten sog. Ü. Das wäre ein Ausrüstungsgegenstand, der mehr oder weniger zum Körperteil werden und dem naturentfremdeten Wohlstandsbürger das ersetzen sollte, was er durch Zivilisationsschädigungen verloren hat: manche Instinkte und Fertigkeiten. Oder was ihm gestohlen wurde. Der Ü. ist das, was man immer und unter allen Umständen am Körper behält, auch nachts, und er ist das letzte, was man je fortwirft. Der Ü. erleichtert einem das Überleben im äußersten Notfall.

Der Inhalt des Gürtels wird u.a. bestimmt vom Landschaftstyp, der persönlichen Erfahrung, dem Geschlecht, der Kondition und der Dauer des Unternehmens. In Wüsten benötigt man andere Dinge als in der Tundra, eine Frau z.T. anderes als ein Mann, ein Gesunder anderes als ein Kranker.

Die nachfolgend aufgezählten Dinge sind wahllose Beispiele. Keinesfalls wird man das alles mitnehmen, und bei jeder Reise wird man den Ü. neu gestalten. Je weniger man sich von allem abhängig macht durch rechtzeitige Reaktivierung verlorengegangener Instinkte und Fertigkeiten, desto besser.

Deshalb und weil einem auch der Ü. abhanden kommen kann, sollte man neben dem materiellen unbedingt auch einen ***geistigen Überlebensgürtel*** im Kopf mit sich herumschleppen. Je umfangreicher der ist, desto freier und sicherer fühlt sich sein Besitzer. Das wären z.B. das Wissen um die Orientierung in der Natur ohne Kompaß, die Ernährung, das Haushalten mit Kraft und Körperwärme, das zeitweise Überleben ohne Nahrung, die Fertigung von Waffen, Werkzeugen, Unterkünften, Angelhaken und Feuer – um nur einiges zu nennen, was alles in diesem Lexikon angesprochen ist.

Der Ü. könnte so gestaltet sein, daß an einem Gürtel eine Tasche hängt, in der die feuchtigkeitsempfindlichen Gegenstände in wasserdichtem Kunststoffgefäß untergebracht sind. Das übrige ist lose oder in Minibeuteln verstaut. Der Gürtel selbst könnte ein käuflicher Geldgürtel sein. Also mit Innentasche für Geldreserven. Und am Gürtel, neben der Tasche, hängen Taschenlampe, Messer und Waffe.

Inhaltsvorschläge: (ohne Reihenfolge)

Schußwaffe, Taschenlampe, Kerze, Messer, beidseitig angespitzter Bleistift (schreibt immer, auch über Kopf), Papier, Rasierklinge, Schere, Bindfaden, verschiedene Angelhaken, Sehne, Aquariumschlauch zum Aussaugen kleinster Pfützen, Metallspiegel zum Signalisieren, Blumendraht, Feuerzeug, Sicherheitsnadeln, Nähgarn, Nähnadel, Signalraketen, Kompaß, Landkarte, Vokabelliste, Brennglas, Micropur zum Wasserentkeimen, Medikamente (Malaria, Schmerzmittel, Desinfektionsmittel, Antibiotika, med. Nähnadel, Lokalanästhetikum, Pervitin als letztes Aufputschmittel), Mull, Pflaster, Pinzette, Dreiecktuch, Alufolie, Sägeblatt, Poncho, Schlafmittel und Zyankali als Waffe, einen halben Korken zum Schwärzen des Gesichts. Ferner: Paß, Geld, Tickets, Impfausweis und last not least: Mikro-Mundharmonika für einsame Stunden und zum Kontaktmachen sowie Foto eines netten Menschen, für den es sich heimzukehren lohnt.

Überlebensschwimmen spart Kräfte, wenn man lange im Wasser aushalten muß und keine Schwimmhilfen zur Verfügung stehen. Bei ruhiger See schwimmt man auf dem

Rücken, bei heftiger See senkrecht nach folgendem Schema:
Im Wasser stehend einatmen. Kopf mit Gesicht ins Wasser legen bis zum Ausatmen. Erneut einatmen und jeweils mit den Armen die Stellung auspendeln.

Überlebenstraining. Das Ü. ist das A & O des Survival. Es ist von unbegrenzbarer Vielfalt und soll den Trainierten unabhängig machen von allem, was er normalerweise zum Leben und Überleben benötigt. Es soll ihm weitestgehend die Urfähigkeiten eines intakten Wildtieres zurückgeben, das nichts weiter hat als sein Leben, seine Instinkte, seine Kraft, sein Selbstvertrauen.
Ü. ist immer zugleich Körperliches und Geistiges. Das eine ist nur halb so viel wert ohne das andere. Man gibt also den Muskeln Arbeit, eignet sich alte verlorengegangene Fertigkeiten wieder an und füllt das Hirn mit einem breitem Wissensspektrum. Ob man sich gesund ernährt, die Sprache der Bereisten erlernt, sich im Willenstraining testet oder mit autogenem Training das Unterbewußtsein nutzt – dieses Lexikon bietet Ansätze zuhauf.
Beispiele:
1. Konditionstraining. Ohne Zwang und Fanatismus, aber doch regelmäßig • joggen über 10 Kilometer in ungestylter (also behindernder) Garderobe (Overall), • anschließend und bei jedem Wetter erfrischen in Naturgewässer, • kleinere Erledigungen grundsätzlich mit dem Fahrrad. Gelegentlich auch größere Strecken per Rad, • Fahrstühle und Rolltreppen umgehen.
2. Mentaltraining
→ Autogenes Training
Willenstraining (→ Fasten, Selbstdisziplin)
→ Ekelüberwindung
Mut-Training: z.B. eine Nacht in einem Schlangenraum übernachten.
3. Praxiserweiterung
Sprachkurse, Erste Hilfe, Sportbootschein, Fischereischein, Jagdschein, Fotografieren, Rettungsschwimmen, Steinzeitpraktiken (→ Feuer machen ohne Feuerzeug, → Steinwerkzeug)
4. Vorschlag für ein Wochenendtraining
• Flintaxt und Messerklinge (→ Steinwerkzeug) schlagen, → Grabstock machen, → Schlafgrube scharren und mit Laub füllen, Dach über Schlafgrube anlegen (alternativ: Foliendach benutzen. Wärmen mit Feuer und Reflektorwand und laubgefülltem Overall), • Brennholz zusammentragen und Feuer machen. Und zwar mit einem halb abgebrochenen Streichholz. Wenn das nicht klappt, Feuer nach einer der unter → Feuer angegebenen Methoden entzünden, • Trinkwasser sichern (→ Wasserbeschaffung), • → Tee (Pfefferminze, Kamille, Brennesseln) suchen und brühen ohne Topf, • Fisch fangen (→ Angeln) per selbstgemachtem Angelhaken, → Speer, → Reuse, → Trichterfalle, • Fisch → räuchern, • → Stockbrot, • → Boot vorbereiten aus Gras

für Heimweg, • Steilwandklettern, • → Abseilen per Karabiner und Seil, • → Baum erklettern, • → Hindernisüberwindung per Seil, • Flucht durch Sumpf (Garderobe ausziehen und trocken durchbringen), • das anschließende Säubern im Gewässer (zu jeder Jahreszeit) verbinden mit → Sea-Survival-Übungen, • an verkehrstotem Tier Wunden vernähen (→ Vernähen einer Wunde) und → Schlachten üben, • Pfeil und → Bogen machen, • Lager abbrechen, Spuren tilgen, Grasboot startklar machen und heimpaddeln.

5. Sonstige Übungen:
Melken, Karte & Kompaß, Boot aus Ästen, Fallen bauen, verschiedene Feuermethoden, Knoten üben, Floß bauen, joggen, Abseilen im Dülfersitz, Kaminklettern, Zahn füllen, Insekten-Menu, Filter bauen, Trage bauen, Dauermarsch usw.

»U-Boot« → Tauchgerät

Uhr. Die Armbanduhr des Traveller sollte folgende Funktionen erfüllen: Wasserdichtigkeit, Leuchtziffern, Sekundenzeiger, Datum, Wochentag (wegen regelmäßiger Tabletteneinnahme); sie sollte ohne Glanz sein.

Umweltschutz. Darunter versteht man alle Maßnahmen, die die natürlichen Lebensgrundlagen ***sämtlicher*** Lebewesen (also auch Pflanzen und Bakterien) erhalten und bereits gestörtes ökologisches Gleichgewicht wiederherstellen sollen. Angesichts der zunehmenden Bedrohung der Schöpfung infolge Überbevölkerung, Profitorientierung und Rücksichtslosigkeit ist die Lebensgrundlage der Menschheit zunehmend gefährdet. Zwar steigen die Bemühungen um Begrenzung des Schadens, aber sie reduzieren sich naturgemäß nur auf die wohlhabenden Staaten, und bei diesen rangiert immer noch Eigennutz vor Umweltschutz. Aus Gründen des Opportunismus, aus mangelnder Verantwortung gegenüber unseren Nachkommen und aus Gründen der Durchsetzbarkeit gegen die Mehrheit rangieren für uns zwangsläufig wirtschaftliche Orientierungen vor ökologischen. Es ist absehbar, wann Katastrophen uns zum Umdenken zwingen.

Entscheidend wären ein Rückgang der Überbevölkerung und ein Umdenken: weg von der Maxime der maßlosen persönlichen Bereicherung auf Kosten Schwächerer. Da das jedoch infolge jahrtausendelang gewachsener gesellschaftlicher Strukturen unrealistisch scheint, bleibt uns einzelnen nur, wenigstens im persönlichen Bereich umzudenken, Ansprüche zu reduzieren und solchen Politikern und Organisationen den Rücken zu stärken, die den Mut aufbringen, das Umdenken voranzutreiben.

Kein Bemühen ist zu gering, als daß es nicht doch nutzen könnte: Müllvermeidung, Boykott, Teiche anlegen, Bäume pflanzen, Luxusverzicht – es gibt viel zu tun. Packen wir's an. Das einzige, was sich von uns Wohlhabenden keiner mehr erlauben kann, sind Resignation und Passivität. Denn Nichtstun heißt, aktiv mitzuzerstören.

Unterkühlung entsteht, wenn jemand lange großer Kälte oder Nässe mit Wind (→ Chill-Faktor) ausgesetzt war und der Körper es nicht schafft, die verlorengegangene Körperwärme ausreichend schnell nachzuproduzieren. Das kann durchaus im Sommer bei Plusgraden geschehen. Entscheidend für die U. sind Nässe, Dauer und Windstärke. Die Lippen werden blau und die Haut totenblaß. Der Körper stoppt die Versorgung der Extremitäten. Füße, Hände, Ohren werden eiskalt und gefühllos. Dann folgen Beine und Arme. Der Unterkühlte hat verlangsamenden Puls und ein großes Schlafbedürfnis. Es folgen Bewußtlosigkeit und Absinken der gesamten Körpertemperatur bis zu unter 30 °. Schließlich stirbt er während des Schlafes.

☺ Kältetod ist, wenn das anfängliche Zittern überwunden ist, ein angenehmer Tod. Wer so sterben will, mag es tun.

Wenn wir Unterkühlte finden, müssen wir die weitere Auskühlung stoppen: Fortschaffen vom Ort der Kälte, Windschutz, nasse gegen trockene Kleidung austauschen, Einhüllen in (warme) Decken, notfalls mit Körpertemperatur des Helfers wärmen, abseits von Heizquellen mit dem Kopf nach unten lagern. Bei Atemstillstand → Atemspende. Bei Bewußtlosigkeit → stabile Seitenlage. Bei Bewußtsein anregen zu Muskelbetätigung. Warme Getränke einflößen, wenn möglich mit Trauben- oder Raffinadezucker. Keinesfalls Alkohol einflößen! Keinesfalls in warmes Wannenbad legen! Aufwärmung langsam, über Stunden, durchführen. (→ Erfrierungen)

Unterkünfte müssen improvisiert werden, wenn nichts Besseres zur Verfügung steht und das Wetter ein Schlafen im Freien nicht zuläßt. Die schnellsten Möglichkeit, sich gegen Wind und Regen zu schützen, sind Alufolie und → Tarp. Die Alufolie sollte man im → Überlebensgürtel tragen. Dann ist sie jederzeit zur Stelle.

Ist auch sie abhanden gekommen, sucht man Zuflucht unter umgestürzten Bäumen, kratzt sich in senkrechte Erdwände Höhlen (→ Höhlenbau), fertigt Hütten aus Ästen und Laub (→ Hüttenbau), → Iglu, → Eisschutzbauten.

Untersuchung, medizinische. Die richtige *Diagnose* ist die halbe Heilung. Wenn nicht eindeutig feststeht, was dem Patienten fehlt, muß die Krankheit durch Fragen und Untersuchen ermittelt werden. Jede Krankheit hat ihre Ursache. Eine Diagnose zu stellen ist Erfahrungssache und eine erlernbare Übung, die System hat (Anamnese).

Fragen: • Wo sind die Schmerzen? (Genau zeigen lassen!) • Seit wann bestehen die Schmerzen? • Sind sie akut (plötzlich) oder chronisch (seit langem)? • Hattest du sie schon früher? • Wie sind sie (anhaltend, kolikartig, messerstichartig, strahlend, zeitweise)? • Wann fühlst du dich besser, wann schlechter? • Gibt es besondere Anlässe, an denen du dich besser oder schlechter fühlst? • Tritt der Schmerz nach dem Essen auf? • Hatten Angehörige, Kollegen oder Nachbarn ähnliche Probleme? • Hattest du Kinderkrankheiten? • Hast du Appetit? • Was ißt du im allgemeinen? • Wie ist dein Stuhl? • Ist Blut im Stuhl? Schleim? Wie oft? • Hast du Stuhldrang, ohne daß etwas kommt? (Blutig-schleimiger, wasserdünner Stuhl weist auf Ruhr hin; Reissuppenstuhl auf Cholera.) • Hast du Verstopfung? • Wie sind Farbe und Konsistenz des Stuhls? • Seit wann? • chronisch? • Nimmst du Medikamente? • Hast du andere Beschwerden, die zur Zeit nebensächlich scheinen (Zähne, Mandeln)? • Hast du Kopfschmerzen (Stirn, hinterer Kopf, ganzer Kopf, eine Seite (Migräne)? • Bist du je operiert worden? • Welche Impfungen hast du? • Was machst du beruflich? • Belasten dich Beruf, Familie, Nachbarn? • Hast du Probleme? • Hast du Laster (Rauchen, Alkohol, Drogen? • Bist du homosexuell? • Wechselst du die Partner?

☺ Liest du Nehbergs Bücher?

Nach dieser sog. Anamnese wird *klinisch untersucht*. Schon während der Befragung hast du den Patienten beobachtet: • War er apathisch? • Reagierte er normal? • Ist er blaß, rot, abgemagert, unkonzentriert, deprimiert?

• Dann miß den → Puls, den → Blutdruck, das Fieber. • Schau dir die Pupillen an, den Mund. • Kontrollier das Nervensystem: Sind seine Bewegungen symmetrisch, ist er benommen, klagt er über Lähmungen, hat er ein Körperteil nicht mehr unter Kontrolle?

• Ertaste an Arm, Leiste, Kinn, ob die Lymphdrüsen angeschwollen sind. • Laß ihn den Oberkörper entblößen und horch ihn ab (→ Abhorchen). • Achte auf Pickel, Flecken, Besonderheiten.

• Taste den Bauch (mit warmen Händen) ab. • Zieh beim Abtasten des Unterleibs, des Afters und der Genitalien Handschuhe an. • Achte auf Ausfluß, Entzündungen, Würmer.

• Check als letztes die Funktionen der Bewegungsorgane: Arme, Finger, Beine, Füße.

Urin ist das Ausscheidungsprodukt der Nieren. Er transportiert Giftiges, Unverdauliches und Zuvielgegessenes als Schlacken- und Schadstoffe wieder nach draußen. Normalerweise ist U. bernsteingelb. Er kann variieren von hellgelb bis rötlich. Im Urin lassen sich mikroskopisch viele Krankheitserreger feststellen.
Ist ein Harnlassen infolge Entzündung nicht möglich, → Katheter.

Unter anderem wird Urin immer wieder empfohlen als *das* Heilmittel für Wunden, Fußblasen und zum Anpassen unförmiger Schuhe. Urin, wenn er aus dem Körper kommt, ist weitestgehend steril.

☺ Am Trend, allmorgendlich eine Tasse Urin aus dem Mittelstrahl zu trinken als Vorbeugungs- und Heilmittel gegen alles, mag manches dransein. Entsprechende Sachbücher unter dem Stichwort *Urin* gibt es mittlerweile en masse. Ich trinke lieber Kaffee.

Die Urinzecher-Mentalität soll Verdurstenden aber keinesfalls suggerieren, Urin sei Wasserersatz und bei drohender Verdurstung lebensrettend. Wenn Verdurstende Urin trinken, werden sie unter Qualen sterben. Urin kann nur ein Gesunder und in Maßen trinken, wenn sein körperlicher Wasserhaushalt ansonsten ausgewogen ist. Trinken Verdurstende Urin (oder Meereswasser), führen sie dem Körper die ausgeschiedenen Schlacken etc. erneut zu und verstopfen die Nieren.
Anders ist es, wenn man Urin durch Kochen und Kondensation von seinen Salzen befreit (→ Wassergewinnung). Der typische Ammoniakgeruch wird durch die Kondensation allerdings nicht beseitigt.

Urrecht in der Wildnis. Wer allein durch endlose Wildnisse geht, wird irgendwann wieder Menschen begegnen. Das werden in der Regel Siedler oder Jäger sein, vielleicht Aufständische oder Militärs. Stell dich schon vorher auf die Begegnung ein und mach dir klar, daß gerade Menschen an der Peripherie der sog. Zivilisation (vor allem Naturvölker) mit den ihnen begegnenden Menschen aus anderen Kulturbereichen meist sehr schlechte, oft tödliche Erfahrungen gemacht haben. Dazu kommt, daß das Leben in der Wildnis ohnehin hart ist. Es ist ein ständiger Kampf ums Dasein, ein Kampf oft in animalischer Form, wo nur der Schnellere und Gerissenere Überlebenschancen hat.
Hier gelten das Recht der Wildnis und das Stammesrecht. Du befindest dich auf dem Land dieser Menschen, und du bist ohne Vorankündigung erschienen. Das ist so, als stünde ich nachts überraschend in deiner Wohnung.
Deshalb mußt du wissen, daß es gerade dort, wo Menschen ein solch hartes Leben führen, auch viel Gastfreundschaft und Hilfsbereitschaft gibt. Kein Mensch will immer einsam leben. Deshalb mußt du es schaffen, den Menschen ihre instinktive Angst zu nehmen und dich ihnen als Freund zu offenbaren.
Geh laut und deutlich. Das zeigt, du hast nichts zu verbergen. Mach Musik, sing ein Lied. Böse Menschen kennen keine Lieder. Das ist, als würde ich an deiner Wohnung klingeln, bevor ich sie betrete.
Wirst du eines Menschen ansichtig, demonstrier ihm, daß du sein Vorrecht respektierst. Bleib stehen, zeig leere (unbewaffnete) Hände vor. Leg

deine Waffe ggf. demonstrativ ab. Geh erst dann langsam auf ihn zu, wenn er dir das erlaubt.
Sind Frauen und Kinder in deiner Begleitung, zeig sie deutlich und laß notfalls sie vorangehen. Gemischte Gruppen wirken nie kriegerisch.
Begrüß die Leute nicht unbedingt mit Handschlag. Bleib mit respektvollem Abstand stehen, mach eine Verbeugung, lächle, nimm Hut und Sonnenbrille ab und bitte um Gastrecht. Nutz die Gastfreundschaft nicht schamlos aus, sondern revanchier dich mit einem Geschenk. Irgendeinen Ausrüstungsteil wirst du entbehren können.
Sei nett zu Kindern und Alten. Bleib zurückhaltend und bescheiden.
Sind die ersten Menschen Soldaten oder Rebellen, zeig ein weißes Tuch vor oder einen Palmenzweig. Mach dem Ranghöchsten deine Aufwartung. Du wirst ihn gleich erkennen an Uniform oder Auftreten, und diese Ehrbezeugung schmeichelt ihm.
Wenn du Mißtrauen spürst, spiel den Schutzbedürftigen. Bitte um Wasser und Hilfe. Schütz eine Krankheit vor. Wenn sie dir die Hilfe gewähren, hast du gewonnen. Oder biete ihnen medizinische Hilfe an, sofern du noch Medikamente besitzt.

V

Vegetarier vertreten eine Ethik, die den Verzehr jeglichen Fleisches ablehnt. Eins ihrer berechtigten Argumente ist die tierquälerische Aufzucht der Schlachttiere. Ein anderes, daß der Mensch von Natur aus Pflanzenesser sei.
Wie auch immer. Auf Reisen und in der Not ist es oft leichter, sich vorübergehend von Fleisch (Insekten, Fisch etc.) zu ernähren als von Pflanzen, weil nährstoffhaltige Pflanzen ihre Produkte nur zu bestimmten Jahreszeiten (Sommer und Herbst) liefern. Zwar kann man auch im Frühjahr und Winter Pflanzen essen (Moose, Flechten, Wasserpflanzen, Rinden), aber sie enthalten so gut wie null Kalorien.

☺ Nicht zu klären ist, warum V. den bedauernswerten Tieren skrupellos das Futter wegessen.

Verätzungen sind Zerstörungen des Körpergewebes durch Säuren und Laugen. Dazu kann es kommen, wenn Flaschen falsch beschriftet sind und man Säure trinkt, oder wenn bei unvorsichtigem Hantieren ätzende Flüssigkeiten mit der Haut oder dem Auge in Kontakt kommen.
Gefahren: V. im *Mundbereich* führen zu heftigen Schmerzen und zu vermehrter Speichelbildung. Die Schleimhäute sind verändert. Sie können weißliche Verquellungen zeigen oder bluten. Eine weitere Gefahr ist die des Speiseröhren- und Magendurchbruchs mit der Gefahr des Schocks und Todes.
Ist die *Haut* von der V. betroffen, wirkt sich das mit großen Schmerzen und tiefen Wunden aus. Ferner besteht Infektionsgefahr.
Sind die *Augen* betroffen, besteht die Gefahr der Erblindung.
Behandlung: In allen Fällen helfen Verdünnung und Entfernung mit Wasser. Niemals soll man den Verletzten zum Erbrechen der Chemikalie veranlassen. Statt dessen soll er lieber viele kleine Schlucke Wasser trinken.
Ist die Haut betroffen, anhaltend unter fließendem Wasser spülen. Dabei darauf achten, daß die Lösung nicht unnötig über andere Hautpartien läuft und daß man sich als Helfer nicht mitverätzt. Ist Wasser nicht vorhanden, muß die Chemikalie abgetupft werden. Abschließend Wunde mit losem Verband schützen. Jeden Verband nur einmal benutzen.
Bei *Augenverätzungen* (z.B. auch durch das Gift der Spei-Kobra oder Verteidigungssprays) wird der Patient hingelegt auf die Seite des verletzten Auges. Ein Helfer öffnet mit beiden Händen das Augenlid. Der zweite schüttet aus 10 cm Höhe Wasser (auch Milch) in den inneren Augenwinkel, das dann über das gesamte Auge abfließt. Dabei soll der Verletzte sein Auge in alle Richtungen drehen. Das gesunde Auge muß abgedeckt werden.

Verband, Druck- → Druckverband

Verband, Gips- → Gipsverband

Verbände sind (möglichst) keimfreie Wundauflagen, die die Wunde gegen Infektionen und weitere mechanische Berührungen isolieren soll. Vorher jedoch läßt man Wunden ausbluten (Selbstreinigung), ohne daran herumzudrücken. Sind die Wunden sichtbar verschmutzt, müssen sie mit Wasser ausgewaschen und dann mit Desinfektionsmitteln (Kodan, Kaliumpermanganat, Alkohol, Urin) behandelt werden.
Der beste Verband ist der eigene Blutschorf und frische Luft. Die Baumwollverbände und Pflaster sollten möglichst steril sein. Das sind sie, wenn die Packungen bei leichtem Drücken die Innenluft nicht verlieren. Die Größe des Verbandes richtet sich nach Art und Umfang der Wunde. Je heftiger sie blutet, desto dicker muß die Auflage sein.
In der Praxis hat man oft nicht genügend Verbandsmaterial zur Verfügung. Dann müssen Hemden in Streifen gerissen werden (in manchen Biotopen gibt es bastartiges Pflanzenmaterial als Verbandsersatz). Verschmutzte, eitrige V. müssen immer wieder gewaschen (am besten wie Kochwäsche behandeln) und möglichst in der Sonne oder mit Bügeln getrocknet bzw. sterilisiert werden.

Verbrennungen sind Haut- und Gewebezerstörungen durch Hitze, Sonne, heiße Flüssigkeiten und elektrischen Strom. Im günstigen Falle bewirken sie nur Schmerz, Rötung und Blasen; im schlimmsten Falle Schock und Tod. Dazu kommt es vor allem bei großflächigen V., weil der Körper große Mengen Gewebeflüssigkeit und Salze verliert. Das führt, wie Blutverlust, zum Schock.
Maßnahmen: 1. Bei *brennender Kleidung* die (meist in Panik flüchtende) Person stoppen. Laufen facht die Flammen an! Mit Hilfe einer Decke, des eigenen Körpers, Feuerlöschers (nicht ins Gesicht halten!), Wälzens und Wassers die Flammen ersticken. Besondere Vorsicht bei geschmolzener Kunststoff-Kleidung!
2. Bei *Verbrühungen* sofort mit viel kaltem Wasser überschütten. Je schneller und je mehr, desto besser. Garderobe entfernen.
3. Elektrische Verbrennungen → Elektrischer Schlag
Bei Schock → Schock. Bei Flüssigkeitsverlust → Kochsalzlösung zu trinken geben oder/und infundieren (→ Infusionstechnik). Wunden steril abdecken. Niemals Mehl, Puder, Salben, Öle auf die Wunden bringen.

Verbrühungen → Verbrennungen

Verdursten → Durst

Vereisen → Narkose

Verfolger irritieren. Wer sich verfolgt glaubt, muß lässig und natürlich bleiben. Schau dich nur dann mal kurz um, wenn der Rück-Blick einen Grund hat: das vorbeifahrende tolle Auto, die schöne Frau. Versuch nicht, dir das Verfolgergesicht einzuprägen, weil der Augenkontakt den anderen zumindest mißtrauisch macht. Merk dir lieber seine Garderobe. Versuch, deine Verfolger im Spiegelbild einer Schaufensterscheibe zu orten.
Wechsle nicht ständig die Straßenseite, geh bei Regen nicht unnatürlich langsam. Mach Umwege beim Verdacht einer Verfolgung nur dann, wenn sie logisch sind: Du kaufst dir eine Zeitung am Kiosk, holst dir eine Auskunft im Geschäft. Das Verlassen des Ladens bietet eine gute Möglichkeit, die Straße etwas länger zu inspizieren.
Sprich Freunde nie an, wenn Fremde dabeistehen. Sei immer sekundenpünktlich. Warte nie länger als zwei Minuten. Genaue Uhren sind Voraussetzung. Ist die Nachricht übermittelt, geht *der Wichtigere zuerst*! Tagsüber geht man an der Hausseite des Gehweges, um von Autos schlechter erkannt zu werden. Nachts bevorzugt man die Straßenkante, um nicht aus einer Hausnische angegriffen zu werden.

Vergeltung → Rache

Vergewaltigung. Eine Frau, die nie vergewaltigt wurde, vermag kaum nachzuvollziehen, mit welcher Brutalität eine V. geschehen kann. Oft hat die Überfallene, wenn sie noch bei Bewußtsein ist, keine andere Wahl, als alles mit sich geschehen zu lassen, um nicht getötet zu werden. Ob sie deshalb anschließend wirklich verschont wird, ist fraglich, denn die Täter fürchten Anzeige und Bestrafung. In manchen Ländern steht auf V. die Todesstrafe.
Wehrt eine Frau sich nicht, läuft sie Gefahr, daß die V. ihr mangels sichtbarer Kampfspuren nicht geglaubt wird. Daß man sie gar verhöhnt. Im Moment der V. ist das absolut nachrangig. Wichtiger ist das Überleben. Deshalb muß eine Überfallene abwägen, ob ihre Chancen größer sind, wenn sie Lust vortäuscht. Das nimmt dem Täter die Angst vor der Strafanzeige. Vielleicht wird er sogar unvorsichtig. Das gibt die Möglichkeit zur Flucht oder zur unerwarteten Gegenwehr. Ein Tritt oder Biß in die Genitalien, Nase, Ohren, Zunge – ohne jegliche Hemmschwelle – ein Stich mit den Daumen in die Augenhöhlen (jeweils von der Nase in die Augen gleiten), ein Schlag mit beiden flachen Händen auf die Ohren oder die kleine Survivalwaffe Stecknadel im Hemdkragen und Stich in die Augen wären wirksame und verhältnismäßige Notwehr-Maßnahmen.

Vergiftung → Kohlenmonoxid, → Kohlendioxid → Verätzungen

Vergiftung über Atemwege durch *Kohlenmonoxid* geschieht durch Auspuffgase, Rauch und schlecht ziehende Öfen. Kohlenmonoxid ist geruchlos, leichter als Luft und hochexplosiv (besondere Gefahr deshalb in geschlossenen Räumen). Es verbindet sich leichter als der Sauerstoff mit den roten Blutkörperchen, wodurch diese dann für die Sauerstoffaufnahme blockiert sind. Der Betroffene vergiftet infolge Sauerstoffmangels. Die V. beginnt mit Kopfschmerzen und Schwindel. Es folgen Übelkeit, fehlende Ansprechbarkeit, beschleunigter Puls, rosige Gesichtsfarbe, Bewußtlosigkeit, Krämpfe, Atemstillstand, Tod (Tod auch durch die Explosion möglich). Selbstschutz: Atem anhalten, am Boden bewegen, kein offenes Feuer, keine elektrischen Einrichtungen benutzen, Fenster öffnen, Vergifteten ins Freie bringen. Bei Atemstillstand → Atemspende, Seitenlagerung wegen Gefahr des Erbrechens.

Kohlendioxid findet sich in Klärgruben, Futtersilos und Brunnenschächten. Es ist geruchlos und nicht explosiv. Es ist schwerer als Luft und befindet sich deshalb am Boden. Es ist scharf abgegrenzt gegen die darüber befindliche Luft und bildet einen sog. See. Bei Bewegung vermischen sich See und Luft. Die Mischzone ist ebenso gefährlich.

Da im Dioxid-See jeglicher Sauerstoff fehlt, kommt es zu schlagartigem Ersticken. Rettung per Atemspende nur aussichtsreich innerhalb der ersten drei Minuten.

Verhaftung. Dem Globi kann es im Ausland schnell passieren, daß ein Polizist ihn anhält und einen fadenscheinigen Grund für eine Verhaftung sucht. Ob du tatsächlich etwas ausgefressen hast, oder der Mann seinen Lohn mit einem Trinkgeld aufbessern möchte, ist beinahe Nebensache. Wichtig ist, daß du da rauskommst. Bleib auf jeden Fall höflich. Der Typ hat den längeren Atem. Entschuldige dich zunächst mal dafür, daß du offenbar einen Anlaß für seinen Verdacht gegeben hast. Erklär das damit, daß du zum ersten Male in seinem Land bist und die vielen Eindrücke dich überwältigt haben. Dabei müßtest du wohl die beanstandete Sache übersehen haben. Appellier an die traditionelle Gastfreundschaft seines Landes, die dich u.a. hierhergeführt hat und die du allerorten so wohltuend erleben durftest. Bitte ihn außerdem um eine Auskunft. Zum Beispiel, wo der nächste Taxistand ist, weil du um 16 Uhr einen Termin beim Minister hast. Ob man diese von ihm beanstandete Angelegenheit nicht schnell und hier komplikationslos regeln könne.

Von Fall zu Fall mag es durchaus angebracht sein, sich als Journalist auszugeben. Es kann aber ebensogut auch schädlich sein. Fingerspitzengefühl.

Und wenn du deinen Paß rübergibst, leg 10 DM rein. Das ist keine Bestechung, sondern der Paß ist dein Portemonnaie. Du hast immer Geld darin, weil Paß und Geld die beiden Dinge sind, die du vor allem brauchst, wenn du mal schnell vor die Tür gehst. Erst wenn er das Geld genommen hat, ist es Bestechung (oder Diebstahl), aber auch nicht für dich, sondern für ihn.

Wichtig ist, solche verbalen oder finanziellen Versuche immer nur unter vier Augen zu starten. Nie darf es Zeugen geben. Opfere die 10 DM lieber schnell wie einen Wegzoll bei Straßenräubern, bevor Kollegen hinzukommen und die Bagatelle »ein Vorgang« wird.

Wenn du dennoch abgeführt wirst, versuch, nie abfällig über den Vorgang zu sprechen. Auch nicht in Deutsch. Am Tonfall kann man schnell erraten, was du meinst, und nichts schadet dir mehr als europäische Arroganz.

Solltest du je in eine Massenverhaftung geraten, bei der blindwütig geprügelt oder geschossen wird, dann such sofort Deckung an einer Hauswand. Damit halbierst du die Zahl derer, die auf dich einprügeln könnten. Drischt man doch auf dich ein, roll dich wie ein Igel zusammen. Das schützt den Bauch. Den Kopf vergräbst du in Händen und Armen. Der Rücken liegt dabei auf der Erde, damit die Nieren geschützt bleiben, die außerdem von den Ellenbogen gedeckt werden.

Gibt es gar Tote, dann leg dich unter einen von ihnen und tarn dich mit seinem Blut. Bloody hell.

Verhör. Verhöre können angekündigt und unangekündigt und mitten in der Nacht durchgeführt werden. Vor allem in Unrechtsstaaten ist alles möglich. Auf jeden Fall ist das V. ein Schritt weiter aus der Ungewißheit und der Einsamkeit der Zelle. Du weißt, das man dich nicht vergessen hat. Dein Fall kommt voran.

Bewahr Haltung, sei nicht bockig und lüg nicht, wenn die Lüge durchschaubar ist. Bleib auch dann geduldig, wenn die Frage zum 20. Male wiederholt wird. Die vernehmenden Jungs stehen in Lohn und Brot. Sie müssen was tun für ihr Geld. Also gönn ihnen ihren Job.

Appellier auch hier an die traditionelle Gastfreundschaft. Das kann nie schaden. Hab den Mut, etwas zu gestehen, daß sie dir sowieso beweisen können.

Versuch, den Namen des Vernehmenden zu erfahren, und sprich ihn mit dem Namen an. Der eigene Name ist die Lieblingsvokabel eines jeden Menschen. Auch sein Titel. Dafür hat er jahrelang gekämpft, gearbeitet und vielleicht auch intrigiert. Das mußt du würdigen. Von Vorteil ist es ebenfalls, Details über seine Karriere, Familie, Hobby und Sexualität zu wissen. Je mehr du weißt und je mehr du anbringen kannst, desto eher neigt sich ein V. ins Menschlichere.

Versuch auch, ihn als Person zu analysieren: Wie sind sein Auftreten, Gang, Haltung, Bewegung? Ist er nervös, arrogant, rücksichtslos, eitel, unbekümmert? Spricht er gewählt, Dialekt, geschraubt, überlegt, unbeholfen, nachlässig?

Je besser du ihn kennst und durchschaust, desto eher kannst du dich

auf ihn einstellen und z.B. seiner Eitelkeit Rechnung tragen.
Dem Anmaßenden gegenüber bewahre vor allem Ruhe. Dem Mißtrauischen komm besser mit Offenheit. Dem Eitlen schmeicheln Komplimente, den Launenhaften parierst du mit Vorsicht, Sorgfalt, Geduld, Takt.
Bau ihnen eine Brücke, wenn sie einsehen müssen, daß sie den Falschen verhaftet haben. Hilf ihnen, sich vor ihren Vorgesetzten nicht zu blamieren. Vor allem in totalitären Staaten, wo Eingeständnisse der eigenen Fehlbarkeit Strafen für sie nach sich ziehen könnten. Bau ihnen eine Brücke. Etwa so: »Ich kann die Beweggründe für die Verhaftung verstehen. Mein Verhalten ließ offensichtlich solche Schlüsse zu. Dafür habe ich mich zu entschuldigen.«
Ist das Verhör grundsätzlich human und will man dir nichts am Zeug flikken, um einen Täter vorweisen zu können, schau dem Vernehmenden in die Augen. Oft läßt sich auch daraus etwas ablesen. Z.B. ob er dir wohlgesinnt ist, ob er skrupellos ist usw.
Ist es jedoch ein brutales Verhör und gegen alle Menschenrechte, dann meide den Augenkontakt. Er provoziert zu mehr Härte (→ Folter).

Verirrt. Wenn Wege immer spärlicher werden, bewegst du dich von Menschen fort.
Wenn im Regenwald der kaum sichtbare Pfad vor Gebüsch endet, wo du dein Haumesser einsetzen müßtest, bist du ebenfalls falsch. Geh zurück, bis du deutlich wieder auf dem richtigen Pfad bist, und schau, wo du die falsche Gabelung gewählt hast.
Liegen im Regenwald große Hindernisse (gestürzter Baum) über deinem Pfad, müh dich nicht hindurch, sondern umgeh sie und komm hinter dem Hindernis wieder auf die Verlängerungslinie deines Pfades.
Führt der Weg durch Bäche (in Längsrichtung), beobachte genau beide Ufer, um zu sehen, wann es wieder an Land weitergeht. Meist sind die Ausstiege gut zu erkennen.
Hast du dich von einem deutlichen Weg ins seitliche Gebüsch geschlagen (um z.B. einem Tier zu folgen) und findest nicht mehr zurück, erinnere dich, wie lange du maximal unterwegs warst. Waren es 30 Minuten, geh in irgendeiner geraden Linie *mehr* als diese 30 Minuten. Vorher markier deinen derzeitigen Standort und markier deutlich deinen Weg, damit du zurückfindest zum Standort. Wenn diese Linie nicht den gesuchten Weg gekreuzt hat, kehr zurück und geh in die Gegenrichtung. War auch das nichts, kehre erneut zurück und versuch's im rechten Winkel zur abgegangenen Strecke usw. Irgendwann mußt du so deinen Weg wiederfinden.
Bist du infolge Schiffbruchs oder Flugzeugabsturzes in völlig unbekanntem Gebiet gelandet, verweile beim Wrack. Es wird schneller gefunden als ein Einzelwanderer. Wenn mit einer Suche nicht zu rechnen ist, hinterlaß eine Nachricht am

Wrack mit näheren Angaben darüber, wer du bist, wohin du gehst, ob du Hilfe benötigst, Datum etc.
Wenn du dich entschieden hast, den Heimweg allein zu finden, folge den Flüssen. Von der Küste aus führen sie stromaufwärts zu Menschen, vom Landesinneren her stromabwärts. Vor allem garantieren dir Flüsse das nötige Trinkwasser und ersparen dir schwere Wasser-Schlepperei.
Ersteig Höhen, um einen Überblick und Hinweise auf Menschen zu finden. Vor allem nachts sieht man Lichtschein besonders weit. Verlaß dich auch auf deine Ohren und Nase.

Verkehrsunfall 1: Wer in einen Verkehrsunfall verwickelt wird, hat die Pflicht, am Unfallort zu warten und die Angelegenheit mit der Polizei oder den Betroffenen zu regeln. Das gilt auf der ganzen Welt und insbesondere, wenn es sich um einen tödlichen Unfall handelt.
Aber es gibt Länder, wo das Warten auf die Polizei nach einem tödlichen Unfall, zumal wenn der Tote ein Kind ist, absolut auch tödliche Folgen für den Verursacher hätte. Egal, ob er nach geltenden Verkehrsgesetzen schuldig oder unschuldig ist.
Es gibt Landesgesetze, die da sagen: »Wäre der Fremde nicht in unser Land gekommen, wäre der Unfall nicht passiert. Also ist er schuld.«
In Ländern, in denen Blutrache gang und gäbe ist und manchmal gesetzlich toleriert wird (z.B. in einigen islamischen Ländern), gibt es nach tödlichen Unfällen nur einen einzigen Rat: *Fahrerflucht und Verschwinden über die Landesgrenze!*
Selbst derjenige, der zunächst flieht, um der Lynchjustiz zu entgehen, und sich dann der Polizei stellt, weil er sich für schuldlos hält, muß sich grundsätzlich auf schlimmste Konsequenzen einstellen: lange U-Haft, hohe Auslösungssummen, Blutgeld, Gefängnis, Todesstrafe, Blutrache nach der Entlassung.

Verkehrsunfall 2: »Die Teilnahme am Straßenverkehr erfordert ständige Vorsicht und gegenseitige Rücksicht.« Die Hauptunfallursachen sind zu schnelles Fahren, Alkohol und Müdigkeit. »Mehr Zeit, mehr Sicherheit«, ist eine wichtige Grundregel. Und »Unfall ist nie Zufall« eine andere. Müdigkeit ist genauso gefährlich wie Alkohol, aber sie wird oft unterbewertet.
Daß ein Fahrzeug fahrtüchtig sein muß, sollte jedem klar sein. Daß man sein Erste-Hilfe-Paket gern überdimensionieren darf, um bei einem Unfall mehr als nur einer Person helfen zu können, wäre ein weiterer Rat. Eine andere Grundregel ist, keine Tür während der Fahrt zu verriegeln. Die vielen weiteren Regeln erfährt man bei den Führerschein-Kursen.

☺ Sollte man eine je vergessen, wird man sie irgendwann vor Gericht erneut zu hören bekommen.

Verknoten, Lianen- → Lianen verknoten

Verletzten-Transport → Boot aus Ästen, → Trage, → Tragegriffe

Vernähen einer Ader. Durch eine zertrennte Ader kann schnell viel Blut verlorengehen. Sie muß sofort verschlossen werden. Zunächst mit einem → Druckverband. Dann sollte genäht werden.
Hängt die Ader sichtbar heraus, ist das Verschließen sehr einfach. Mit Hilfe einer Aderklemme oder eines Nadelhalters (→ Vernähen einer Wunde) wird die Ader abgedrückt, damit kein Blut mehr herausfließen kann. Dann bindest du sie mit mediz. Nähgarn einfach ab: Ein chirurgischer Knoten und darauf ein Halber Schlag (→ Knoten).
Blutet es hingegen aus dem Fleisch heraus, mußt du die Ader suchen. Das geschieht durch gründliches Abtupfen allen Blutes und Beobachten, woher das Blut nachströmt. Sieht man die Quelle, wird max. 10 mm tief mit der Aderklemme in das Gewebe hineingegriffen und die Ader von oben und unten in die Zange genommen. Wenn die Blutung steht, hast du die Ader richtig getroffen und vernähst sie im Fleisch. Dazu stichst du neben der Aderklemme so ins Gewebe, daß die Nadel, der Krümmung folgend, an der gegenüberliegenden Seite wieder hervorkommt. Jetzt machst du dreimal einen Halben Schlag: den ersten legst du *unter* die Klemme, den zweiten genau *auf* die Klemme. Dann entfernst du die Klemme und sicherst beide Knoten durch den dritten Halben Schlag.

👌 Das V. kann man sehr gut üben mit einem Stück Schaumstoff, an dem man mit Hilfe zweier Ventilgummis die beiden Arten der Adervernähung simuliert. Einmal schaut ein Stück Ventilgummi heraus, das andere Mal ist es mit dem Schaumstoff bündig.

☺ Merke: Irgendwann steht jede Blutung. Spätestens aber mit dem Tode.

Vernähen einer Wunde. Das V. gehört zu den Grundfertigkeiten eines jeden Survivors. Es ist die kleine Operation, die gleichzeitig einen ersten Eindruck von der Welt der Chirurgie gibt.
Wunden, die ordnungsgemäß vernäht werden, heilen schneller, glatter

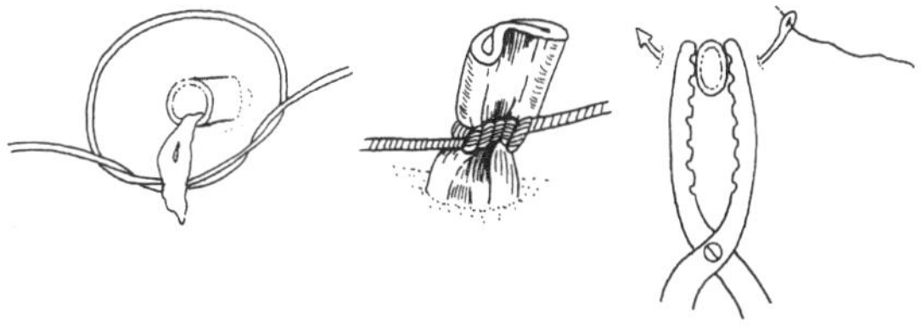

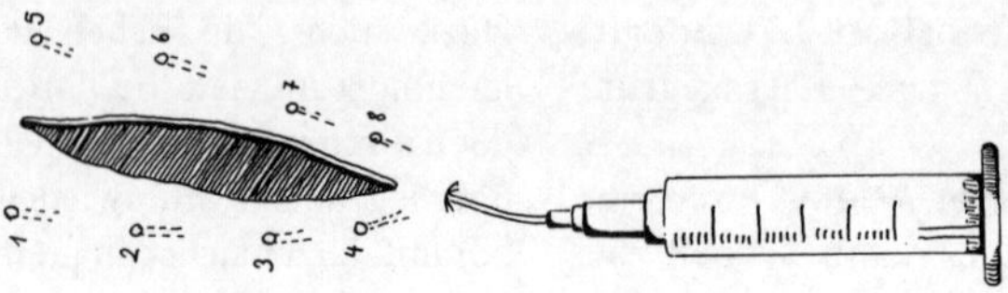

und schöner. Fleischwunden, die man sich selbst überläßt, verschorfen zunächst, schließen sich nur langsam und hinterlassen eine häßliche Narbe. Wollen wir das? Nein! Also lernen wir das Nähen.

Genäht werden dürfen nur Schnitt- und Fleischwunden, die nicht älter sind als 8 (!) Stunden, nicht von Tierbissen oder Schlachter- und Fischmessern stammen und die keine Schürf- oder Brandwunden sind. Kleine Schnittwunden, auf denen keine besondere Spannung lastet, können mit einem → Schmetterlingspflaster verschlossen werden.

Die Wunde wird mit Wasser gereinigt, die Haare rundherum abrasiert. Es folgt die → Desinfektion und dann die Betäubung.

Dazu ziehst du pro Zentimeter Wunde 1 ccm Lokalanästhetikum (Scandicain) in deine Spritze (→ Injektionstechnik) und injizierst das intramuskulär, nur wenig tiefer als die Haut. Das macht man schonenderweise so, daß man am Wundende einsticht und die (gebogene) Nadel flach an einem der beiden Wundränder bis zum Ende der Wunde entlangschiebt. Dann wird aspiriert – wie gelernt unter Injektionstechnik. Zeigt sich kein Blut, wird ½ ccm gespritzt, die Nadel einen Zentimeter zurückgezogen und erneut gespritzt. Bis man wieder kurz vor der Einstichstelle landet. Dort wird die Nadel nicht herausgezogen, sondern nur einfach gedreht, am anderen Wundrand entlanggeschoben und der Vorgang wiederholt. Diese Rückzieher-Methode hat den Vorteil, daß der Patient nur einen einzigen Einstich merkt. Das Entlang-

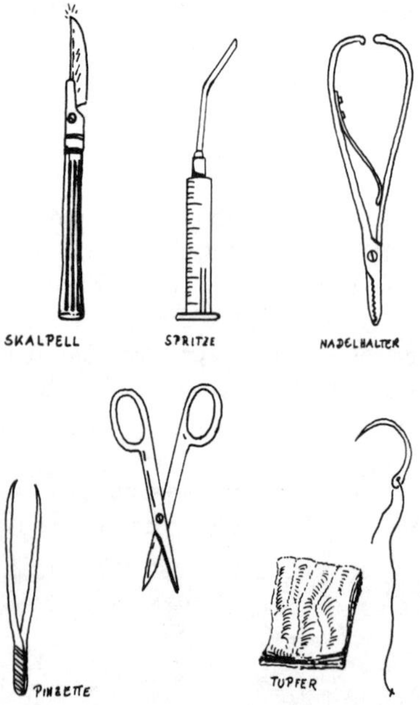

schieben und Zurückziehen trifft keine Nerven und verursacht demzufolge keine Schmerzen.
Nach fünf Minuten ist die Wunde betäubt. In dieser Wartezeit bereitest du auf dem Tisch und einem sterilen Tuch dein Werkzeug vor. Im Idealfall sind das: 1 Tupfer, 1 Nadelhalter, Nadel mit Naht (= Garn), 1 chirurgische Pinzette, 1 Aderklemme, 1 Lochtuch (OP-Tuch), 1 chirurg. Schere, 1 Glasspatel, 1 Skalpell, (Zeichnung).
Du schützt dich und den Patienten mit Haar- und Mundschutz. Wegen der Bakterien und wegen Aids. Der Mundschutz muß über Mund und Nase hinweggezogen und auf der Nase mit dem Metall-Clip angepaßt werden.
Dann ziehst du die sterilen Handschuhe an. Damit sie steril bleiben, machst du das so: du öffnest die unversehrte Packung zur Hälfte. Die Finger der Handschuhe müssen noch im Papier steckenbleiben. Die Daumen beider Handschuhe müssen nach außen gerichtet sein, wenn sie vor dir liegen. Die Armansätze der Handschuhe sind umgekrempelt.
Die linke Hand greift den rechten Handschuh und berührt nur dessen Innenfläche. Regel: Steriles greift Steriles, Unsteriles greift Unsteriles. Du gleitest mit den Fingern in den rechten Handschuh und entkrempelst den Umschlag. Jetzt ist der erste Handschuh steril angezogen.
Mit der sterilen rechten Hand faßt du den sterilen Teil des linken Handschuhs und ziehst ihn ebenfalls an. Jetzt darfst du nichts Unsteriles mehr berühren und hältst die Hände betont und chirurgenmäßig hoch: angewinkelte Unterarme nach oben.
Das OP-Tuch wird über die Wunde gelegt. Es ist jetzt dein Arbeitstisch.
Hat die Wunde rauhe Ränder, schneide sie mit dem Skalpell glatt. Bei Kopfwunden darf man nur wenig abschneiden, weil die Kopfhaut knapper und straffer ist als die des übrigen Körpers.
Rührte die Wunde von einer Verletzung durch Glas her (Autounfall, Schlag mit der Flasche), such sie mit dem Glasspatel nach möglichen winzigen Splittern ab. Das geht leicht: Bei Berührung klingelt es. Mit der Pinzette holst du die Splitter heraus.
Öffne die Packung mit Nadel und Naht (= Garn). Greif die Nadel mit dem Nadelhalter vorm letzten Drittel am dickeren Ende. Laß den Nadelhalter gut einrasten, damit die Nadel sich nicht dreht.
Wer keine mediz. Nadel hat, nimmt eine sterile Nähnadel und Nähgarn.
Den ersten Knoten macht man in der Mitte der Wunde und dann immer wieder jeweils in der Mitte der verbleibenden unvernähten Wunde, bis alle Knoten in 1 cm-Abständen sitzen.
Du stichst 4 mm von der Wunde entfernt durch die Haut, folgst der Nadel entsprechend ihrer Krümmung und führst sie gleichzeitig so, daß sie 4 mm jenseits des Wundrandes wieder zum Vorschein kommt. Die Einstichstelle hältst du mit der Pinzette.

Jetzt löst du den Nadelhalter und ziehst mit ihm die Nadel ganz aus der Haut heraus. Der Faden wird bis 5 cm vorm Ende durchgezogen. Dann kommt der Knoten. Du kannst ihn mit den behandschuhten Händen machen.
Fachmännischer ist es so: Du greifst die Nadel mit der Pinzette in der linken Hand und wickelst sie zweimal um den Nadelhalter in der rechten Hand. Dieser Nadelhalter greift nun das Garnende und du kippst die beiden Schlingen vom Nadelhalter über das kurze Ende des Fadens. Jetzt zieh an beiden Enden, damit der erste, der ›chirurgische‹ Knoten, sich zuzieht. Er muß die Wundränder gut, aber ohne Wulst, zusammenziehen und soll neben der Wunde liegen, nicht auf ihr.
Auf diesen Knoten praktizierst du einen einfachen Schlag. Das geht so: Wieder greift die Pinzette die Nadel und wickelt sie um den Nadelhalter. Aber diesmal nur einmal und entgegen der Richtung, in der du eben die beiden Umwindungen gewickelt hast. Also mal im Uhrzeigersinn, mal entgegen.
Die Fäden werden auf 5 mm Länge gekürzt. Über alles kommt noch einmal Desinfektionsmittel und antibiotischer Puder, vielleicht noch ein lockeres Pflaster.
Nach sechs Tagen werden die Fäden gezogen. Das ist ebenfalls sehr simpel: Mit der Pinzette greift man eins der Fadenzipfelchen, hebt es sanft an und schneidet den Faden unterhalb des Knotens durch.

☞ Das V. kann man sehr gut üben an toten Tieren und an Schaumstoff, Orangen oder Leder.

Verpflegung, Marsch-
→ Marschverpflegung

Verrenkung. Wenn das Gelenkende eines Knochens das Gelenklager des angrenzenden Knochens verläßt, spricht man von einer V. (Luxation). Meist geschieht das durch einen Unfall. Vom selben Moment an ist das Gelenk nicht mehr bewegungsfähig, schwillt an und zeigt einen Bluterguß.
Behandlung: So schnell wie möglich mit Hilfe einer zweiten Person einrenken (besser mit → Narkose) und Ruhigstellung mit → Gipsverband oder Schienung. War die sofortige Einrenkung nicht möglich und liegt ein Bluterguß vor, ist nur noch operativer Eingriff im Krankenhaus anzuraten. Nachbehandlung mit Wärme.

Verschlucken. Hat jemand etwas verschluckt und ist es in der Speiseröhre steckengeblieben oder z.T. in die Luftröhre gelangt, droht er zu ersticken. Der Teil in der Luftröhre erzeugt heftiges Husten, Brechreiz und Atembeschwerden. Schläge mit der flachen Hand auf den Rücken helfen, das Hindernis hinauszubefördern. Wenn nicht, legt man den Betroffenen bäuchlings mit herabhängendem Oberkörper auf einen Tisch und schlägt ihn auf den Rücken.
Steckt das Hindernis in der Speiseröhre, hilft der → Heimlich-Handgriff.

Die Gefahr des V. ist besonders groß bei Bewußtlosen. Deshalb bringt man sie in die → stabile Seitenlage mit überstrecktem Kopf.

Verschüttung. Durch Lawinenrutsch, Krieg, Feuer und vieles andere kann man plötzlich verschüttet werden oder in die Situation geraten, anderen helfen zu müssen. Meist werden Verschüttete zusätzlich verletzt. Weitere Gefahren sind Rauch, Nachrutschendes, ausströmendes Gas, Wasser, Kälte, Angst und womöglich unzureichendes Bergungsgerät. Oder daß niemand von der Verschüttung des Menschen weiß.
Vorbeugung: Wenn (vor allem in Kriegszeiten und Erdbeben-Gebieten) eine V. denkbar ist, sollte man vorbeugen: einen Kellerraum durch starke Baumstämme und dicke Bohlen zusätzlich kreuz und quer abstützen, zu allen Seiten Rohre zur Außenluft legen, Vorräte sicherstellen: Wasser, warme Garderobe, Medikamente, Verbandsmaterial, Taschenlampe, Kreuzhacke, starkes Eisenrohr als Brechstange, schwerer Hammer und Meißel, Schutzbrille, Säge, Wertpapiere...
Verhalten: Sobald die Gefahr spürbar ist (Schüsse, Bombeneinschläge, Vibrationen, herunterrieselnder Putz, plötzliche Risse), freie Natur oder Schutzraum aufsuchen. Wenn die Zeit dafür zu knapp ist, in zusammengekauerter Stellung an Außenmauern und in den Mauer*winkeln* Zuflucht suchen. Je tiefer das Geschoß, desto besser.
Ist man verschüttet, Garderobe als Staubfilter vor den Mund halten und Ruhe bewahren. Klopfzeichen geben in gleichmäßigen Intervallen. Pausen einhalten, um auf Antwort zu lauschen.
Retter sollen sich nie von oben nach unten zu den Verschütteten durcharbeiten, sondern von der Seite her. Vorrangig sind deren Versorgung mit Luft, Wärme, Wasser und Trost.
Selbstbefreiung: Wenn von außen keine Rettung zu erwarten ist, wird man sich selbst freibuddeln. Dabei ist es wichtig, sich den Umständen anzupassen. Sind Luft und Wasser knapp, muß man starke körperliche Belastung und Schwitzen bestmöglich reduzieren. Im Prinzip muß man sich wie ein Maulwurf verhalten und den freigeschaufelten Schutt geschickt hinter sich bringen, um nach vorn Platz zu schaffen. In welche Richtung man sich freigräbt, werden die Gegebenheiten diktieren: Mitunter verraten Außengeräusche und Luftzug den nächsten Weg.

Verstauchung. Wird ein Gelenk über die Maßen beansprucht oder entgegen üblicher Bewegungsrichtung belastet, kann es zu einer V. kommen. Vom selben Moment an ist die Funktion des betroffenen Gelenks eingeschränkt. Es schmerzt, schwillt an, und manchmal entsteht ein Bluterguß.
Behandlung: Hochlagern, feuchte kühlende Umschläge, Ruhigstellung (evtl. → Gipsverband). Bei Abklingen der Schwellung: Bewegungsübungen, Wärme. Sportsalben.

Versteck. Grundsätzlich gibt es kein Versteck, das nicht entdeckt werden könnte. Denn was du dir ausgedacht hast, ist anderen auch schon hundertmal eingefallen. Aber es gibt prinzipiell gute Verstecke und Allerweltsverstecke. Was im allgemeinen die Chance für die Nichtentdeckung eines V. erhöht, ist die Zeitknappheit des Suchenden und ausreichende Zeit desjenigen, der das V. anlegt. Das gilt beim Zoll ebenso wie beim Einbrecher oder dem Häftling in der Zelle.

Grundsätzlich muß man sich bei der Auswahl des V. in den Suchenden hineinversetzen: Hat er viel oder wenig Zeit zur Suche? Ist er spezialausgerüstet oder nicht? Muß das Versteckte für dich schnell erreichbar sein, oder hast du Zeit beim Hervorholen? Soll es womöglich Jahre liegen bleiben? Versteckst du es am Körper, im Gepäck, in der Zelle, im Freien? Wer soll davon wissen, falls du stirbst?

Am Körper sind gute Verstecke für Kleinigkeiten: Scheide, After, Gehörgang (etwas Watte vorwegschieben), unter der Zunge, im Magen (in winzige Behältnisse wie Kondom, Tablettenröhrchen packen und mit Vaseline einfetten zum besseren Gleiten). Festgeklebtes unter der Achsel, auf dem Rücken, an den Hoden, unter den Fußsohlen.

In Prothesen und in blutig-eitrig getrimmten Verbänden. Wunden notfalls selbst beibringen.

In der Garderobe: in alles, was steif ist: Gürtel, Tragegurte, Hutkrempe, Aufnäher usw. Gürtel anfertigen aus 20 Metern Reepschnur. Geheimtaschen im Nähtebereich und in Schuhen. Büstenhalter mit Draht im Saum. Papiere im Überzug von Senkfuß-Einlagen.

Oder wie Modeschmuck auf Jeans, Lederarmband und Pulli Genähtes: Perlen, Gold, Eisensäge, Draht, Wurfstern. Halskette aus Stahlkugeln für Zwille.

Im Gepäck: in Metallkoffern, Fototaschen, in bleiumgebenen, röntgensicheren Behältnissen. Kleinigkeiten im Wirrwar der Elektro- und Elektronikgeräte (müssen funktionstüchtig bleiben!). Größeres im Rohr des Rucksacks: Blasrohr, Gewehrlauf, Eispickel, Stahlstangen-Schlagstock. Trageriemen mit eingearbeiteten Drähten, Eisensäge, Antenne. In gebrauchter stinkender Unterwäsche. Im Fahrradschlauch (Schlitz rein und Flicken aufsetzen).

☞ Achtung: Verstecke in Garderobe und Gepäck sind am einfachsten zu finden!

Im Haus: Geheimfächer in den stabilen Holzrahmen der Zimmertüren, hinter Steckdosen, Lichtschaltern, Wänden, unter festgeklebten Teppichen, in den Abflußrohren (Geruchsverschluß), an Nylonsehne Festgebundenes in Toiletten und Lüftungsschächten runterspülen/runterlassen, im WC-Wasserkasten, aus dem Fenster hängen, an Außenwand ankleben, in Farbtöpfen inmitten der Farbe (hundenasensicher wegen des

übertönenden Gestanks), in der Blumenerde der Pflanzen, in allen technischen Geräten, in den Fußsockeln der Möbel, im Schornstein (vom Dach aus hineingehängt).
In der Zelle: wie *im Haus*. Zzgl. im möglichst stinkenden Unrat.
Im Freien: Dunkle Kanister in Gewässern versenken (bei Strömung mit Nylon oder dunklem Seil anbinden). Auf feuchten Wiesen, im Schlamm, unter Fäkalien vergraben. Unter Lagerfeuerstellen (vorher und tief vergraben und dann das Feuer entzünden. Niemand tritt gern in Asche herum).
Waffen: immer zerlegt und einzelteilweise befördern, Metallteile meiden und statt dessen Glasfasermaterial und Kevlar (Messer, Blasrohr) nutzen. Erlaubte Ersatzwaffen verwenden: Signalgeräte, Zwille, Armbrustpistole, Nadeln etc.
Die Supertricks: Wirkungsvoll ist immer das Neuartige, das Unübliche. Gefordert ist Kreativität. Oft sucht der Fahnder überall und übersieht die 100 DM im aufgerissenen, beschrifteten und frankierten Briefumschlag auf dem Tisch.
Oder man macht's wie der Typ, der Tag für Tag eine Schubkarre voll Sand über die Grenze fuhr. Jeder Zöllner dachte, den Trick sofort zu durchschauen. Sie untersuchten das Gestänge, die Reifen, die Schläuche und siebten den Sand. Nie fanden sie die kleinste Spur.
Bald war ihnen klar, daß der Mensch sie immer wieder ergebnislos den Sand durchsieben ließ, bis sie es leid würden. Die Zeit sollte für ihn arbeiten. Und dann würde er im Sand die Ware schmuggeln. Doch wann immer und was immer sie durchsuchten – sie fanden nichts. Ein ganzes Jahr lang. Bis der gekränkte Ehrgeiz ihnen den Schlaf raubte, sie über → Magengeschwüre klagen und sie an Berufswechsel denken ließ.
»Sag uns um Himmels willen, was du schmuggelst! Wir versprechen dir, daß wir dich nicht bestrafen und dich weiter wirken lassen.«
Da lächelte der Schmuggler und meinte: »Schubkarren«.
→ Flucht (Sich-Verbergen als Mensch)

Verstopfung liegt vor, wenn man Stuhldrang hat und keine Ergebnisse vorweisen kann. Oder wenn der Stuhl zu hart ist. Das passiert auf Reisen infolge Nahrungsumstellung und ist bedeutungslos, sofern es nicht über zwei und mehr Tage anhält.
Andere Gründe für eine V. sind ungenügende Bewegung (Bettlägerigkeit, sitzende Tätigkeit) oder falsche Ernährung (Mengen an Schokolade) oder Würmer.
Das einfachste Mittel, harten Stuhl herauszubefördern, ist per Einlauf (→ Einlaufgefäß). Ein anderes und sanftes Mittel ist das Essen von drei und mehr Backpflaumen oder Feigen, das abendliche Trinken von 2 Eßlöffeln Paraffinöl oder das Essen eines Löffels Leinsamen. Des Morgens hilft auch ein Glas Salzwasser auf nüchternen Magen.

Regelrechte Abführmittel wie Rizinusöl sollen nur im Notfall genommen werden. Langfristig verschlimmern sie die V.
Vollwerternährung sowie körperliche Betätigung sind gute Vorbeugungsmaßnahmen.

Verteidigung → Selbstverteidigung

Viren sind kleiner als Bakterien und können viele Infektionskrankheiten bei allen Lebenwesen verursachen. Beispielsweise: Tollwut, Hepatitis, Gelbfieber, Grippe, Kinderlähmung, Lungenentzündung. Sie sind bekämpfbar mit Hilfe von Hitze, Desinfektionsmitteln, durch organische Lösungsmittel und Impfungen.

Völkerverständigung. Ein Ziel unserer Reisen sollte sein, Verständnis und Respekt für andere Völker und deren Lebensgewohnheiten zu entwickeln, ungeachtet dessen, wie andersartig sie sein mögen. Gerade die Verschiedenartigkeit der Völker macht den wahren Reichtum unserer Erde und den Reiz des Reisens aus. Wer das aus Überzeugung verinnerlicht, der wird mit seiner gereiften Einstellung automatisch einen Beitrag zur besseren V., auch hier im eigenen Land gegenüber Gastarbeitern, leisten und rechtem Gedankengut entschiedener entgegentreten.
Wo die Völker immer enger zusammenrücken, darf es keine unüberbrückbaren Kluften geben. Toleranz ist die beste Brücke zueinander.

Vorbild → Idole

Vorrat, Not- → Eiserne Ration

W

Waffenbeschaffung. Welche Waffe sich jemand zulegen will, richtet sich danach, wofür er sie benötigt und was der Markt bietet. Das geht legal und illegal. Macht man es illegal, gilt es, Vorteil und Nachteil gegeneinander abzuwägen. Die Strafen für unerlaubten Waffenbesitz sind unterschiedlich. Sie können sehr hoch sein.

Legal kann man Waffen bekommen, wenn man bei der Behörde einen Waffenerwerbssschein beantragt. Dazu muß man einen triftigen Grund haben: beispielsweise ernsthaft in Gefahr für Leib und Leben zu schweben – aus politischen oder Reichtumsgründen nachweisbar.

Des weiteren besteht die Möglichkeit über den Jagdschein. Um ihn zu erwerben, muß man die Jägerprüfung ablegen. Das ist teuer und dauert mindestens ein Jahr.

Oder man tritt einem Schützenverein bei. Nach mindestens halbjähriger aktiver Zugehörigkeit besteht die Möglichkeit des Erwerbs einer eigenen Waffe.

Eine weitere legale Art ist der Kauf einer Waffe, wenn man ins Ausland will. Sie wird einem dann nach dem Passieren des Zolls überreicht.

☞ Das bedeutet nicht, daß man sie im Ausland führen darf. Jedes Land hat da seine eigene Regelung.

Die einfachste Art, an eine Waffe zu gelangen, ist der Kauf in der Schweiz und in Belgien. Dort genügt die Vorlage des Personalausweises. Gleichwohl gilt ihr Besitz in anderen Ländern als *illegal*.

Die letzte Möglichkeit ist der Kauf auf dem Schwarzmarkt. Besonders in Ländern, die eher willkürlich als demokratisch regiert werden, ist solche Waffenbeschaffung zwar auch illegal, aber kein unlösbares Problem. Die nötigen Kontakte knüpft man vorzugsweise mit Hilfe von Portiers, Oppositionellen, Rebellen, Fremdenführern, Straßenhändlern, Taxifahrern oder Prostituierten. Um nicht an Geheimpolizisten und in heikle Situationen zu geraten, erkundigt man sich grundsätzlich, unter welchen Umständen man in diesem bereisten Land eine Waffe ***legal*** kaufen könnte. Das hat immer unter vier Augen zu geschehen. Dann ist es eine Frage der Geschicklichkeit, das Gespräch in die gewünschte Richtung zu lenken.

☠ Beim illegalen Erwerb einer Waffe ist auch daran zu denken, daß mit ihr womöglich jemand ermordet wurde und man dadurch in Tatverdacht geraten könnte.

Waffen improvisieren (→ Schießender Kugelschreiber, Messer, Steinwerkzeug, Molotow-Cocktail, Bogen, Fallen, Blasrohr, Zwille, Bola, Steinschleuder).

Sehr einfach ist es auch, eine Schrotflinte selbst zu bauen. Allerdings ist das in unserem Lande verboten!!!

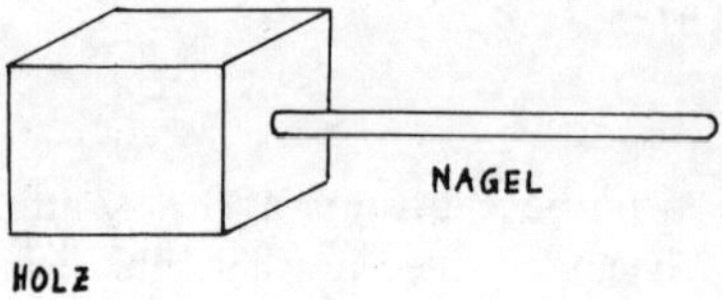

☠☠☠ Und es besteht die große Gefahr der Explosion und der Selbstverletzung durch solche Waffen, wenn das verwendete Material den entstehenden Kräften nicht gewachsen ist. Häufig läßt sich aus solchen unpassenden Rohren nur einmal ein Schuß abfeuern. Für einen Kriegsgefangenen oder Häftling in einem Unstaat jedoch stellt sich diese Frage nur nachrangig. Er muß nehmen, was vorhanden ist, um sich seiner Haut zu wehren.

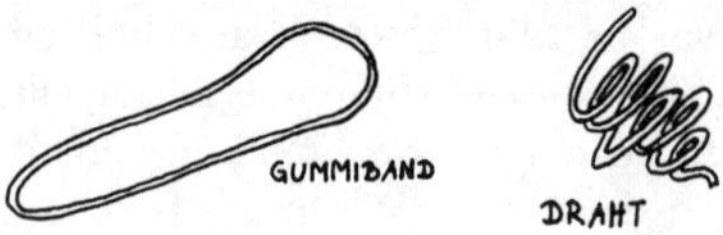

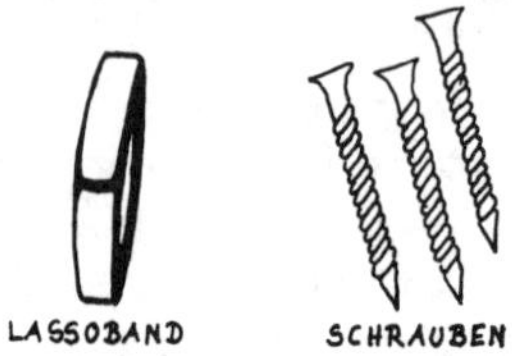

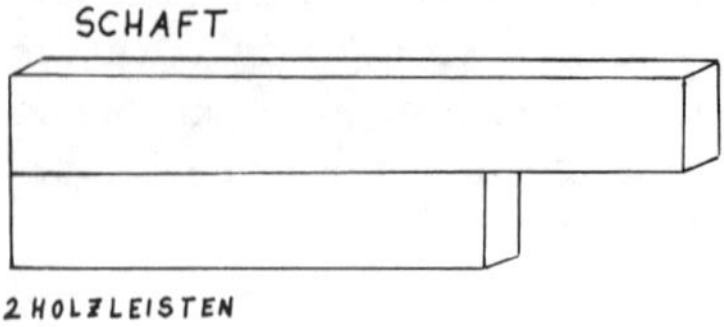

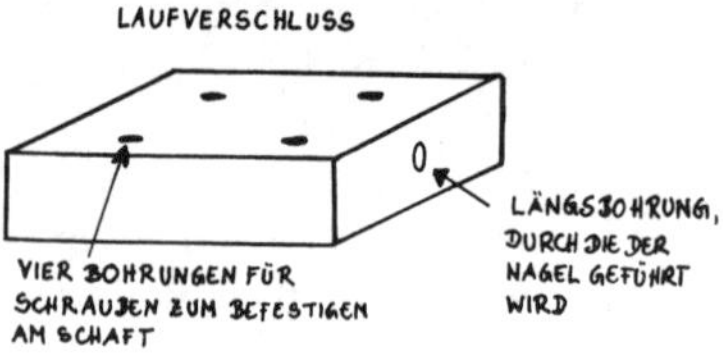

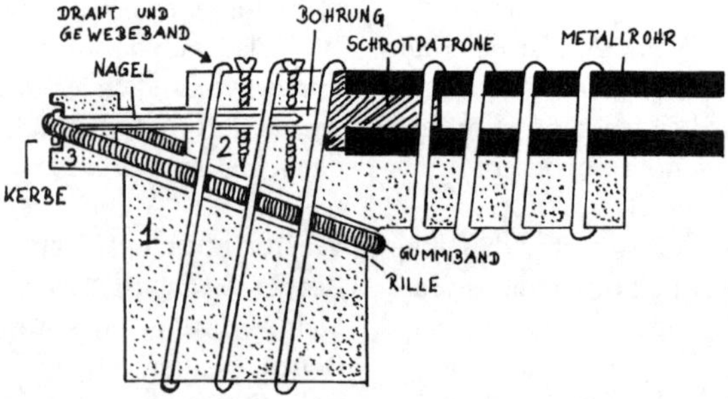

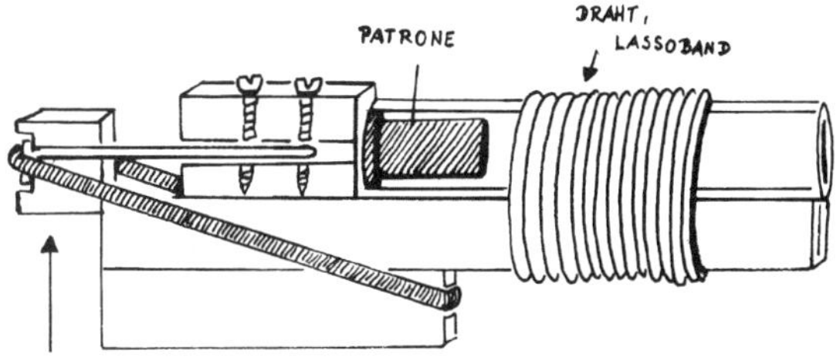

1–3 sind Holzteile:
1 = Schaft mit umlaufender Rille zur Aufnahme eines kräftigen Gummibandes. Auf den Schaft wird mit Draht und Lassoband ein Eisenrohr gebunden, das möglichst dickwandig und zur Patrone passend sein soll.
Schrotpatrone mit reduzierter Menge an Pulver und Kugeln wird in den Lauf geschoben.
2 = Holzteil mit mittiger Längsbohrung, durch die der Schlagbolzen vor das Zündhütchen der Patrone katapultiert wird. Es wird nach Einschieben der Patrone aufgeschraubt und dann zusätzlich mit Draht und Gewebeband auf dem Schaft befestigt. Das Gummiband wird vorher in die Rille gelegt. Es muß unter dem Gewebeband beweglich bleiben.
3 = Kolben mit eingearbeitetem, abgerundetem Nagel ohne Kopf.
Zur Spannung wird der Kolben hinten an der Kante von 1 eingerastet und zum Schießen mit dem Daumenknochen der rechten Hand hochgeschoben.

☠ ☠ ☠ Noch einmal sei darauf hingewiesen, daß solche selbstgebastelten Waffen, abhängig vom verwendeten Material, nicht nur für den Gegner, sondern auch für den Bedienenden und für Umstehende *hinter* der Waffe äußerst gefährlich sind! Diese Gefahr ist nur dann unerheblich, wenn solche Waffen für eine Selbstschußanlage Verwendung finden.

Waffenöl. Ideal ist → Ballistol, weil es für Waffen hergestellt wird. Für den Globetrotter ist Ballistol wegen mancher anderer Verwendbarkeit doppelt wertvoll.
In der Not müssen auch alle anderen Öle herhalten. Und in noch größerer Not behilft man sich mit dem Knochenmark aus den Hohlknochen oder mit Speckschwarten erlegter Tiere. Beide sind auch als Hautfett geeignet.

Waldbrand → Buschfeuer

Wandern → Marschieren und Wanderstöcke

Wanderstöcke entlasten die Beine des beladenen Wanderers. Was vorher auf zwei Beinen lagerte, verteilt sich dann auf vier. W. erhöhen die Leistungsfähigkeit und die Trittsicherheit in steinigem und bergigem Gelände.

Als W. genügen gerade, kräftige und ausreichend lange Stöcke. Sie sollten so lang sein, daß die Arme beim Bergabgehen immer noch rechtwinklig bis schwach V-förmig nach oben gewinkelt werden. Wer seine W. selbst bauen muß, reguliert das am besten mit drei Seilschlingen übereinander an jedem Stock. Beim Bergaufgehen steckt man die Hände in eine der tieferen Schlingen, beim Hinuntergehen bedient man sich der obersten.

Wanzen sind unangenehme Plagegeister. Nachts marschieren sie aus ihren Schlupfwinkeln heraus, an der Zimmerdecke entlang und lassen sich dann zielgenau auf die Schlafenden fallen. Andere wohnen gleich in den Betten und kommen von dort angerückt, und noch andere in Südamerika sind gar flugfähig (Raubwanzen) und übertragen die → Chagas-Krankheit.

Bis auf die Letztgenannten verursachen W. durch ihre Bisse und das Blutsaugen nur unangenehmes Jukken, gelegentlich, infolge Kratzens, kleine Entzündungen.

Vor allem mit Spray, mitunter hellem Licht und Moskitonetzen kann man sich ihrer erwehren.

☺ Wer sich für das Gebeiße rächen will, verwendet vollgesogene W. als Köder für kleine Fische.

Warnanlagen → Alarmanlagen

Wäscheklammer

Wäscheklammer-Schalter. Die einfache deutsch-römisch-ökumenisch-hygienische Wäscheklammer ist eine kostenlose Möglichkeit, sich einen Schalter zu bauen, der bei Berührung einen Stromkreis schließt und eine → Alarmanlage auslöst.

Waschmaschine. Wäsche, Wasser, Waschpulver und einige runde Steine in Weithalskanister packen, verschließen und während der Fahrt im Auto (oder auf dem Lasttier) auf holprigen Straßen durchrütteln lassen.

Wasser zur Heilung. W. hat man eigentlich immer zur Verfügung. Und Wehwehchen ebenfalls. Das paßt gut, denn das eine kann man gegen das andere einsetzen. Und wenn es nur der Durst ist, den man mit W. stillt. Nicht selten steht einem auf Reisen und in Gefangenschaft nichts anderes zur Verfügung. Deshalb sollte man den Nutzen kennen.
Da wäre z.B. die Reinigung mit *warmem* W., unterstützt von Seife.
Oder die Abhärtung: Waschen, Baden, Überschütten mit kaltem Wasser, unterstützt von rauhem Massage-Waschlappen. Empfohlene Zeit: nicht über drei Minuten.
Kälteempfindlichen Personen, die Kaltes partout nicht vertragen, wird ausnahmsweise zunächst warmes Wasser in warmer Umgebung angeraten. Und dann Steigerung zu kälterem Wasser.
Kranken und Genesenden kann man helfen mit Waschungen, deren Wasser Essig (1 Eßl. auf 1 Liter Wasser) zugesetzt wurde.
Grundsätze der Wasseranwendung: Entweder heiß *oder* kalt. Nie lauwarm; außer zum Reinigen. Auf jede heiße Behandlung soll eine kalte folgen. Nicht abtrocknen, sondern von selbst trocknen lassen.

☺ Abschließend stets langsam durch Bewegung oder im Bett (mit einem lieben Menschen) erwärmen.

Das alles hat eine Reizung und Anregung der Hautgefäße, Zellen und der Organe zur Folge. Wärmeentzug steigert die Verbrennung im Körper und den verstärkten Abbau von Stoffwechselschlacken. Die Behandlung war richtig, wenn man hinterher ein Wohlbehagen empfindet.

☺ Frieren macht schlank.

Wasser, destilliertes → Destilliertes Wasser

Wasserbeschaffung. Genügend Wasser zu haben, ist immer wichtiger als ausreichend Nahrung. Man kommt wochenlang ohne Nahrung aus, aber nur wenige Stunden bis zu drei Tage ohne Wasser. Der Wasserbedarf hängt ab von Außentemperatur und geleisteter Arbeit. Je heißer es ist, je mehr du arbeitest, desto mehr schwitzt du und mußt das verlorene Wasser wieder ergänzen mit Trinkwasser.

Das Wasser hält dein Körpergewebe unter Saft, es sorgt für die richtige Konsistenz deines Blutes und für die Kühlung des Körpers durch Schwitzen. Sobald der Körper daran Mangel leidet, meldet er sich über den Durst. Und wenn dann kein Nachschub kommt, kriegt er Probleme.

Wenn Wasser bedrohlich knapp ist, *hör auf zu essen*. Nahrung fordert Wasser an. Sie erhöht den Durst. Nutz jede Möglichkeit, deinen Wasserbedarf zu reduzieren. Trink Wasser nur *in kleinen Schlückchen*, nie in Mengen. Trink lieber *heißen Tee* als lauwarmes oder eiskaltes Wasser.

Geh ökonomisch. Überanstrenge dich nicht. Meide die Sonne, geh im Schatten. Raste während der heißen Tageszeit und wandere in der kühleren oder nachts, wenn es möglich ist. Vermeide unnötiges Sprechen, Unruhe oder gar Panik. Sprechen, Schreien, Angst und Aufregung erhöhen den Wasserverlust. Bleib cool. Das ist zwar leichter gesagt als getan, aber das hier vermittelte Wissen mag dir dabei zugute kommen.

Kleide dich in *lockere helle Baumwollgewänder* und nie in Kunststoffe. Wenn du schwitzt, bleib angezogen. Die nackte Haut verdunstet viel mehr Wasser als die bekleidete. Außerdem sammelt die Kleidung das Schwitzwasser und bewahrt es dir länger zur Kühlung. Trag eine Windel um den Nacken und immer eine *Kopfbedeckung*. Du verlierst besonders viel Wasser über den Kopf. Vor allem gilt das für Glatzköpfe wie mich und für Blondschöpfe mit dünnem Haar. Denn der Körper ist bestrebt, vorrangig den Kopf auf Bluttemperatur herabzukühlen. Wenn die Kopfbedeckung eine breite Krempe hat, ist das besser. Die Krempe ersetzt die Sonnenbrille und erlaubt dir ein angenehmeres Sehen. Meide die Sonnenbrille, weil sie dir die kleinen Hinweise verdunkelt, die zur Wasserfindung wichtig sein können. Zum Beispiel, das *intensivere Grün einer Baumgruppe* zu erkennen oder die wasserabhängigen *Bienen*.

Wisse, daß die meisten Tiere genauso wasserabhängig sind wie du. Also beobachte sie. Bienenstöcke sind selten weiter als 5 Kilometer von Wasser entfernt.

In Australien zeigt der Bau der hornissenartigen *Mason-Fliege* nahes Wasser an. Sie benötigt den nassen Schlamm zur Konstruktion ihrer Baue. Sie fliegt nur wenige hundert Meter zum Wasser. Handelt es sich dabei lediglich um feuchten Schlamm, dann grabe dort. In geringer Tiefe wirst du auf klares Wasser stoßen.

Ebenfalls in Aussieland gibt es *schwarze Ameisen*, die in langen Kolonnen am Baum hochmarschieren und in einem Loch verschwinden. Dort legen sie Wasserspeicher an. Vergrößere das Loch vorsichtig mit deinem Messer und steck vorsichtig einen feinen Schlauch hinein und saug es heraus. Wenn du keinen hast, nimm ein Büschel Gräser und stecke sie hinein. Laß sie sich mit Wasser vollsaugen. Dann zieh sie heraus und lutsch sie ab. Hack aber nicht den Baum um. Denn dann verschwitzt du mehr Wasser, als du findest. Außerdem wird der Wasserbehälter Risse bekommen und auslaufen.

Keine Indikatoren sind Grashüpfer oder Kaninchen, Känguruhs oder Gazellen, weil sie lange ohne Wasser auskommen oder in der Lage sind, große Strecken mühelos zu wandern.

Viele Bäume (z.B. Affenbrotbaum) haben regelrechte porzellanartige *Hohlräume*, wie Schalen, ausgebildet, die sich in der Regenzeit mit Wasser füllen. Da nachts mitunter auch noch Tauwasser die Stämme herabläuft und sich in den Schalen sammelt, halten sie ihre Flüssigkeit erstaunlich lange.

Finken und andere *körnerfressende Vögel* sind auf Wasser angewiesen, weil Körner durstig machen.

Das gilt auch für *Tauben.* Tagsüber fliegen sie in der Weite der Landschaft. Aber abends suchen sie Wasserstellen auf. Solange sie noch unbeschwert und zügig fliegen, sind sie auf dem Weg *zum* Wasserloch hin. Fliegen sie schwerfällig und flacher und von Baum zu Baum, dann kommen sie vom Wasser. In dieser Phase sind sie besonders angreifbar durch *Greifvögel.* So kann auch ein abends herabstürzender Greifvogel ein Hinweis auf eine Taube sein. Im übrigen sagt man Greifvögeln *nicht* nach, gute Wegweiser zu Wassern zu sein. Das gilt auch für Reptilien. Sie sind weitgehend unabhängig von Wasser, weil sie es von ihren Opfern und von wenigen Tau-Tropfen beziehen. Anders ist das, wenn du Schwärme von *Kakadus* siehst. Vor allem, wenn sie morgens, mittags oder abends sich lautstark ihren Tratsch erzählen. Dann sind sie nicht zu verfehlen.

Alle *großen Säugetiere* benötigen einmal täglich Wasser. Besonders gern ziehen sie spätnachmittags zu den Tränken. Wenn du ihre *Spuren* siehst und feststellst, daß es immer mehr werden, die sternförmig zu einem Punkt zusammenkommen, ist dort Wasser. Vor allem, wenn sie bergab führen. Ein einzelner gut ausgetretener Tierwechsel hat noch nichts zu bedeuten, weil Tiere große Distanzen ohne Trunk bewältigen können. Siehst du die Fährten eines *Wildschweins*, ist immer Wasser in der Nähe, weil sie es lieben, sich zu suhlen.

Eine tolle Wasserquelle bieten einige *kletternde (nicht hängende) armdicke Lianen und Ranken.* Trenn sie unten ab und schlag dann einen Meter höher eine derbe Kerbe in ihr Fleisch. Du wirst erstaunt sein, welche Mengen aus ihnen hervorsprudeln und wie köstlich der Trunk ist!

☠ *Gefahr:* Trink dennoch immer erst eine winzige Probe. Manche Lianensäfte sind gefährlich.

Weitere Wasserquellen sind *Baumwurzeln.* Besonders in den frühen Morgenstunden holen sie es sich aus der Tiefe oder 10 Metern Entfernung. Schneide dir Ein-Meter-Stücke nahe am Baumstamm ab und stell sie senkrecht in ein Gefäß. Sie laufen wie eine Wasserleitung. Selbst wenn du den Saft der Blätter desselben Baumes (manche Eukalyptusarten) nicht trinken könntest – das Wasser in den Wurzeln ist einwandfrei. Wenn du sie allerdings nicht in kurze Meterstücke schneidest, rükken sie die Flüssigkeit nicht heraus. Und natürlich bevorzugst du Bäume im tiefsten Tal statt solche an den Hängen.

Im Frühjahr kannst du *Birkenzweige* kappen. Sie sprudeln tagelang ihr Birkenwasser heraus.

Gefahr: Natürlich gilt auch hier die Regel: *Verzichte auf milchige Säfte!* Ausnahmen sind Feigen und Latexbäume. Milchige Säfte können zu schlimmsten Verätzungen führen. Geraten sie ins Auge, kannst du erblinden. Deshalb kann man gar nicht genug von diesen vielen kleinen Tricks lernen, um immer noch ein As im Ärmel zu haben, wenn die Natur ihre Stärke an dir erproben und Schwaches aussortieren möchte.

Morgens läßt sich der *Tau* von den nassen Gräsern *sammeln.* Du bindest dir dicke Tücher um die Beine und stakst hindurch. Wenn die Tücher pitschnaß sind, wringst du sie aus. Oder du ziehst die Tücher, T-Shirts etc. flach über die Gräser. Nach der Feudel-Methode.

Ebenso wichtig wie das Tau-Sammeln ist das *Auffangen des Regens.* Deshalb gehört zu den Soll-Ausrüstungen für alle Gebiete immer ein leichtes großes Plastiktuch von 3 × 2 Metern. Bei Segelmachern gibt es das Spinnakertuch, das nur 25 g pro Quadratmeter wiegt. Es erfüllt gleich mehrere Funktionen: In der Not ist es dein Schattendach oder ein Reserve-Wasserbehälter, ein Rucksack oder Swatbag, ein Windschutz und ein Regendach. Und du kannst dir sogar ein Boot (→ Boot aus Ästen, Bott aus Gras) davon bauen. Wer nur kleine Gefäße zum Regenauffangen hat, stellt Holzstangen oder sich selbst nackt während des Regens mit den Füßen in diese Gefäße. Alles Wasser, das auf die Stangen oder den Körper trifft, läuft daran herunter in die Schalen.

Sehr hilfreich kann ein großer klarer Plastiksack sein (keine farbigen). Du spannst ihn mittags über belaubte Äste in Richtung Sonne und bindest ihn am Ast, Richtung Stamm, luftdicht fest. Nun entsteht eine gewaltige Treibhaus-Wärme. Die Blätter schwitzen ihr Wasser aus. Es sammelt sich am tiefsten Punkt des Beutels. Damit die trockenen Blätter das Wasser nicht wieder aufsaugen, kannst du vorher einen kleinen Zipfel abbbinden, der nur eine winzige Öffnung besitzt, um das sich bildende Kondenswasser hindurchzulassen (Zeichnung). Sobald die Wasserbildung nachläßt, nimm einen neuen Ast.

Der Plastiksack erfüllt seine Aufgabe

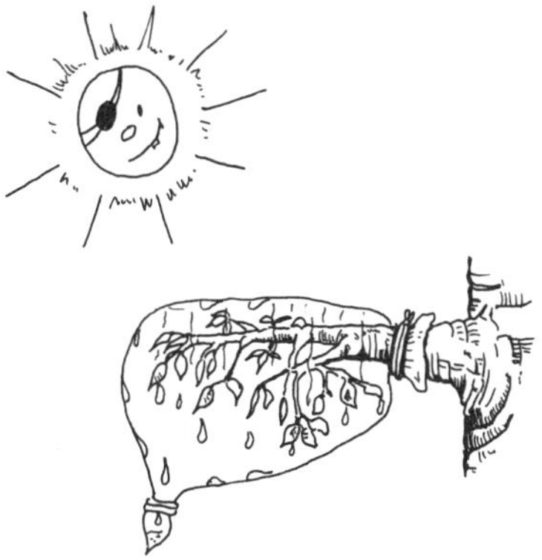

auch ohne Baum. Gib irgend etwas Feuchtes in den Sack. Blas ihn rund und prall auf, binde ihn fest zu und leg ihn in die Sonne. So kann man auch Schmutzwasser, Meereswasser oder Urin in Süßwasser umwandeln, wenn man diese Wasser mit Hilfe nasser Tücher gebunden hat. Man muß die feuchten Textilien lediglich auf einen Rost aus frischen Ästen oder Steinen legen. Sonst saugen sie das ausgeschwitzte Wasser immer wieder auf.

Nach diesem Prinzip funktionieren auch spezielle Salzwasser-Verdunster für Seefahrer. Sie werden in Nautik-Handlungen angeboten. Sie schwimmen halbballonähnlich neben deinem Rettungsboot und verwandeln Salz- in Süßwasser.

In heißen Wüsten läßt sich auch mit einer anderen Verdunstungsmethode Wasser beschaffen. Man gräbt ein *tiefes Loch* und bespannt es *mit einer Plastikfolie*. Der Rand wird luftdicht gemacht mit einem Wall aus Sand. In der Mitte wird sie mit einem Stein beschwert, um ihr eine trichterartige Form zu geben. Unter diesen tiefsten Punkt hat man ein Gefäß gestellt. Vom Gefäß nach außen kann ein dünner Schlauch führen, um das sich bildende Wasser von außen abzutrinken. Während des Kondensprozesses muß der Schlauch zugebunden sein (Zeichnung).

Wenn man in diese Grube noch feuchte Dinge legen kann (taufrische Gräser, Urin, Kadaver, Vollgeschwitztes), erhöht das die Effizienz. Sobald die Hitze auf dieses Treibhaus einwirkt, verdunstet alles Wasser und kondensiert an der Folien-*Unter*seite. Durch die Trichterform laufen die Tropfen zum tiefsten Punkt und fallen ab ins Gefäß. Selbst in scheinbar trockenem Sand befindet sich immer noch Wasser. Allerdings hat die Methode nur Sinn, wenn man gezwungen ist, an einem Ort zu bleiben. Denn wer das Loch mittags in seiner Pause graben muß, verliert viel zuviel Schweiß. Man gräbt es in der kühlen Tageszeit und wartet die Mittagshitze ab.

Da *Kondenswasser nicht trinkbar* ist – es hat das Bedürfnis, sich mit Mi-

neralien zu sättigen und entzieht diese deinem Verdauungssystem, was daraufhin kollabiert – rühr einfach ein paar Körnchen Salz, eine Spur Sand, Sägemehl, Haferflocken oder sonstwas hinein, und schon kannst du es trinken.

Wer einen großen Topf besitzt und eine Aluminium-Folie, der verwandelt sein Salz- oder Gammelwasser so, wie auf der Zeichnung zu sehen.

Wo wir gerade am Kondensieren sind, soll auch mein *Urinator* nicht vergessen werden. Das ist eine Radfahrer-Trinkflasche aus Metall, die am Schraubverschluß eine kleine Öffnung hat. Über sie stülpt man einen 4 m langen (möglichst Silikon-) Schlauch von ca. 5 mm Durchmesser. Er wird ins kühlere Erdreich eingebuddelt oder durch eine Schattenzone geleitet. Der Urin oder das Schmutzwasser in der Flasche werden auf kleinem Feuer erhitzt. Bevor der Wasserdampf das Schlauch*ende* erreicht, ist er bereits kondensiert und flüssig. Leider verdunstet im Falles des Urins auch das Ammoniak. Das Kondensat schmeckt also immer noch wie Pipi, aber es ist befreit von den körpergefährdenden Salzen (Zeichnung).

Wer solch schöne Pinkelflasche nicht besitzt, hat womöglich einen *Topf.* Oder er gräbt sich die *Kochgrube* (→ Kochen ohne Topf und Pfanne). Die Gefäße werden abgedeckt mit einem Handtuch oder anderen dik-

ken Stoffen. Am besten legt man sie auf ein einfaches Geflecht aus Ästen, das einen durchlässigen Deckel bildet. Dann kocht man dieses Unwasser. Der Wasserdampf fängt sich in dem Tuch und kondensiert. Durch Auswringen macht man es sich verfügbar.

An *Meeresküsten* findet man Süßwasser, wenn man ein Loch gräbt. Es muß tiefer sein als die Wasserlinie. Und je weiter es vom Ufer entfernt ist, desto salzloser ist es. Schon in drei Metern Entfernung von der Wassergrenze kann das Wasser für Kamele trinkbar sein. Für Menschen empfehlen sich hundert Meter und mehr. Vor allem *hinter* den Dünen. Denk daran, daß die Gezeiten den Wasserstand in der Grube beeinflussen.

An *felsigen Steilküsten* sucht man Risse im Gestein und legt vorsichtig das untere Ende des Risses frei. Mitunter rieselt dort in winzigen Rinnsalen Süßwasser aus der Regenzeit herunter.

Wer nur kleine Gefäße zum Auffangen von Regenwasser hat, kann deren Auffangkapazität erheblich vergrößern (siehe Zeichnung).

☠ In manchen Schriften wird empfohlen, das Wasser aus dem *Fischfleisch* herauszuwringen, indem man das Fleisch in ein Handtuch wickelt. Meine Tests haben ergeben, daß solche Flüssigkeit eiweißhaltig ist und *mehr Durst verursacht, als sie stillt.* Viel besser ist es, das Fischfleisch-Wasser zu verdunsten und zu kondensieren, wie vorhergehend beschrieben.

Wasserentkeimung → Filter und Entkeimungstabletten

Wasserfeste Streichhölzer → Streichhölzer, Arten

Wasserreinigung. Im absoluten Notfall wirst du *alles* trinken und hinterher versuchen, die Folgen zu beheben. Wann immer du aber eine Möglichkeit hast, das verdächtige oder sichtbar verunreinigte Wasser zu klären, tu es. Denn es gibt Folgen, die irreparabel sind. Zum Beispiel Verätzungen durch Chemikalien in industriell verschmutzten Wassern. Oder andere Gefahren wie Typhus, der einer raschen Behandlung bedarf.

Zu solchen verdächtigen Gewässern zählen alle, an deren Oberlauf Men-

schen wohnen. Handelt es sich dabei nur um winzige Dorfgemeinschaften ohne Industrie und um einen Fluß, der große Mengen Wasser transportiert, dann betrachte das Wasser als trinkbar.
Klares Wasser bedeutet nicht, daß es auch unverdorben wäre. Chemie ist oft nicht sichtbar. Schlammiges Wasser nach Regenfällen ist trinkbarer als der Rhein oder die Elbe zu allen Zeiten.
Bevorzuge immer fließende Gewässer vor stehenden. Je schneller und munterer sie fließen, desto besser.

Filter aus dem Handel. Um Wasser trinkbar zu machen, gibt es viele Möglichkeiten. Zunächst sind da die *verschiedenen Filter*, die der Globetrotter-Handel anbietet. Sie befreien das Wasser von Schmutz und Bakterien, von Pilzen und Desinfektionsmitteln, von Amöben und Würmern (Bilharziose), Pestiziden und Viren und sogar von radioaktiven Partikeln. Da nicht alle Filter alles machen, studier die Hersteller-Beschreibungen sehr genau, und beachte auch die Leistungsfähigkeit hinsichtlich der Wassermenge pro Stunde.

Filter-Strohhalm. Der Zwerg unter den Filtern ist der *F.* Er wird einfach ins verschmutzte Wasser gesteckt, und dann wird daran gesogen. Dabei passiert das Wasser eine Kombination aus Filtern und Chemikalien. Unter anderem Jod. Das Wasser ist mikrobiologisch einwandfrei. Aber Salzwasser bleibt Salzwasser. Es wird nicht entsalzen. Man schafft damit mindestens 30 Gramm pro Minute. Nach 40 Litern Gesamtleistung gibt der Halm seinen Geist auf.

Reinigen mit Certisil. Ein anderes Mittel ist das flüssige *Certisil.* Man benötigt 1 Milliliter auf 10 Liter Wasser. *Außer* Silber enthält es Chlor und tötet damit auch Amöben. Es ist das Mittel der Wahl, wenn man Wasser zum Obst- und Gemüsewaschen oder zum Zähneputzen benötigt. Man kann es trinken, aber es schmeckt nach Swimming Pool.

Reinigen mit Micropur. Statt per Filter kann man sein Wasser auch chemisch reinigen. Da ist das bekannte *Micropur.* Es tötet auf Silberionen-Basis die Bakterien namens Cholera, Typhus, Parathypus, Colibazillose, Influenza und andere. Es tötet nicht die Amöben und Bilharziose. Dafür benötigst du die mechanischen Filter.
Es filtert auch keine Schmutzteile aus. Das mußt du selbst tun per Stoff-Filter. Schütte das Wasser durch dein Baumwoll-T-Shirt.
Micropur verwandelt auch kein Salzwasser in Trinkwasser. Aber es ist leicht zu dosieren, es schmeckt einwandfrei, hält Wasser ein halbes Jahr trinkbar und ist nach Angaben der Hersteller für den Menschen absolut unschädlich. Das kann ich insofern bestätigen, als ich es bei meinen Atlantiküberquerungen eingesetzt habe und immer noch lebe.

See- und Brackwasser-Filter. Besonders interessant für Ozean-Freunde ist der *See- und Brackwasser-Filter.* Dabei handelt es sich um eine handbetriebene Entsalzungsanlage auf der Basis der Umkehr-Osmose. Sie schafft einen Liter pro Stunde und scheidet mindestens 98% des Salzes aus.

Sickergrube. Den Survivor interessiert natürlich, was er tun kann, wenn er all diesen wichtigen Luxus nicht hat. Er muß jedenfalls nicht verzweifeln. Er kann einen Filter improvisieren.

Der allersimpelste aller *Filter ist das Loch*, die Sickergrube neben dem undefinierbaren Fluß. In einem Meter Abstand gräbst du ein Loch. Sobald es tiefer ist als die Wasseroberfläche des Flusses, sickert von unten her langsam Wasser in deine Grube. Die ersten Aufgüsse schöpfst du behutsam heraus. Sie sind noch zu schmuddelig. Erst wenn es klarer wird, trinkst du es. Mit diesem natürlichen Sandfilter kannst du das Wasser aber nur von Schwebeteilchen reinigen, nicht von Salz oder gar chemischer Belastung.

Stoff-Filter. Ebenso simpel wie hilfreich kann es sein – in Ermangelung besserer Möglichkeiten –, das Schmutzwasser durch dichtgewebten Stoff zu filtern. Zum Beispiel durch ein Hosenbein. Anschließend kochst du es, und damit hast du relativ sicheres Wasser. Das gilt nicht bei chemisch verunreinigtem Wasser.

Filter lassen sich improvisieren. Dafür ist ein Gefäß erforderlich. Schlanke hohe sind besser als flache breite. Also ist ein Bambusrohr besser als eine Bratpfanne. Aber auch eine aufgerollte Zeitung, ein Hosenbein oder ein Strumpf sowie eine Plastiktüte erfüllen ihren Zweck. Nicht zu verachten ist letzlich auch das treue Vielzweck-Utensil, das Kondom. Das gute Stück sollte aber, wenn es mit Zartgefühl gefüllt worden ist, mit einer Umwickelung von Papier, Plastik oder Stoff stabilisiert werden.
Du hängst das Gefäß auf oder stellst es hin. Unten in der Mitte wird ein winziges Loch angebracht, aus dem das gefilterte Wasser auslaufen kann. Das Loch darf das Wasser nur tropfenweise austreten lassen. Es sollte nämlich 15 Minuten und länger im Filter verbleiben. Und unter deinen Filter stellst du ein Auffanggefäß. Oder du legst dich mit offenem Mund darunter.
Den Filter füllst du von unten nach oben mit verschiedenen Materialschichten, die jeweils mit einem Stück Papier oder Stoff voneinander getrennt sind. Dann schüttest du das Schmutzwasser von oben hinein.
Die Zeichnung veranschaulicht die Schichtungsmöglichkeiten. Sand, Stoff und Watte haben überwiegend reinigende Wirkung auf Schmutz und Schwebeteilchen. Watte liefern womöglich aufgebröselte Tampons. Die Holzkohle nimmst du vom verkohlten Holz aus deinem Lagerfeuer, indem du es pulverisierst. Es tötet die Bakterien.

Sicherheitshalber sollte solcherart gefiltertes Wasser vorm Genuß auch noch gekocht werden.

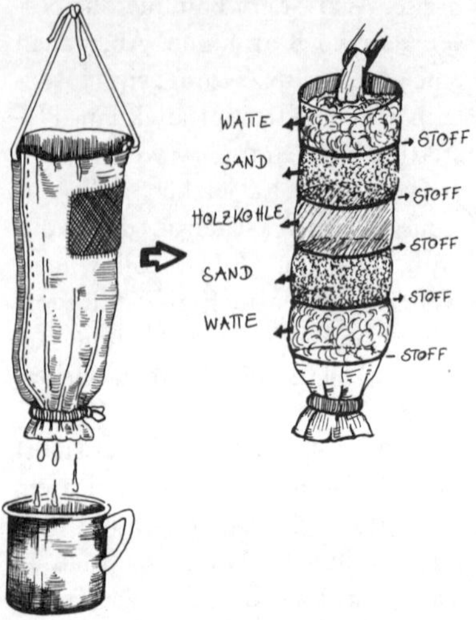

Wassersäcke, Leinen- → Leinen-Wassersäcke

Wassertraining → Schwimmtraining

Webeleinstek → Knoten

Weben. Wer über Wolle verfügt (→ Spinnen), kann auch weben, um sich bei fehlender Versorgung wärmende Decken/Stoffe selbst herzustellen. Dazu fertigt man sich einen Holzrahmen von der Größe der zu webenden Decke. Ideal und einfach dafür sind zwei nebeneinanderstehende Bäume, die man in der erforderlichen Höhe oben und unten mit je einem glatten Ast verbindet.

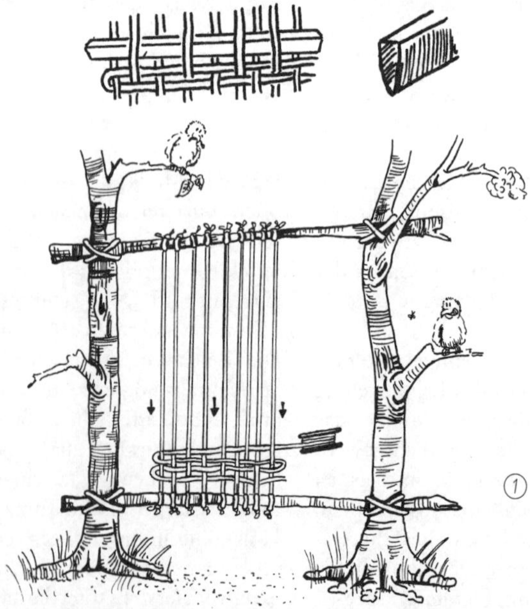

①

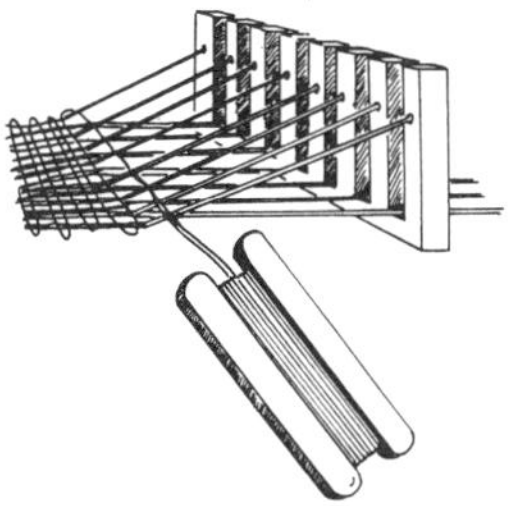

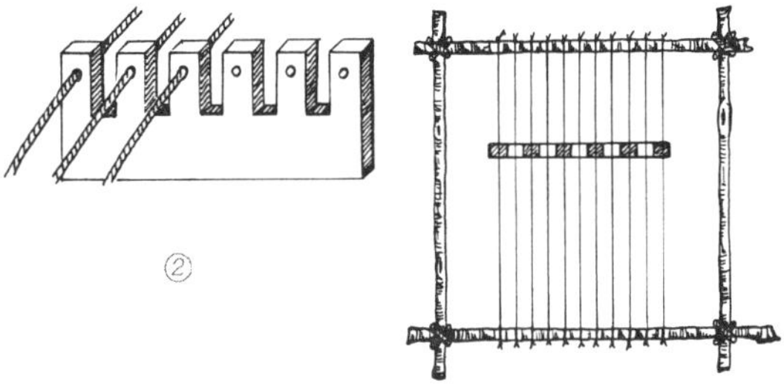

②

Zwischen diesen werden, eng bei eng, eine ***ungerade*** Anzahl senkrechter Fäden (Kettfäden) gebunden. Mit Hilfe eines glatten geraden Stockes (dem Weberschiffchen, einer gewaltigen Stopfnadel) werden dann Querfäden (Schußfäden) – wie beim Flechten – waagerecht und slalommäßig durch die Kettfäden geschoben: also immer abwechselnd einmal *vor* dem senkrechten Kettfaden und beim nächsten *dahinter*. Bei der zweiten waagerechten Schußfaden-Lage verfährt man genau umgekehrt: wo der Faden eben *hinten* verlief, muß er nun *vorn* verlaufen.

Jeder Schußfaden wird anschließend mit Hilfe einer feinen Latte fest gegen die bereits eingewebten Fäden gedrückt, um eine möglichst große Dichte zu erzielen.

Das wäre die Urform einer Webevorrichtung (Zeichnung 1).

Es kostet nicht viel Mühe, sich aus vier Ästen einen etwas effektiveren Webrahmen herzustellen (Zeichnung 2).

Ihn würde man waagerecht vor sich hinlegen und beim Einspannen der Kettfäden jeden zweiten durch eins der *Löcher* in der sog. *Starren Helfe* fädeln. Jeden anderen zweiten Kettfaden führt man durch den *Schlitz* der Starren Helfe. Dieses kleine Hilfsinstrument erleichtert das Hochheben und Absenken der ungeraden und der geraden Kettfäden. So kann man das Schiffchen viel schneller querführen und erspart sich das Slalomgefummel.

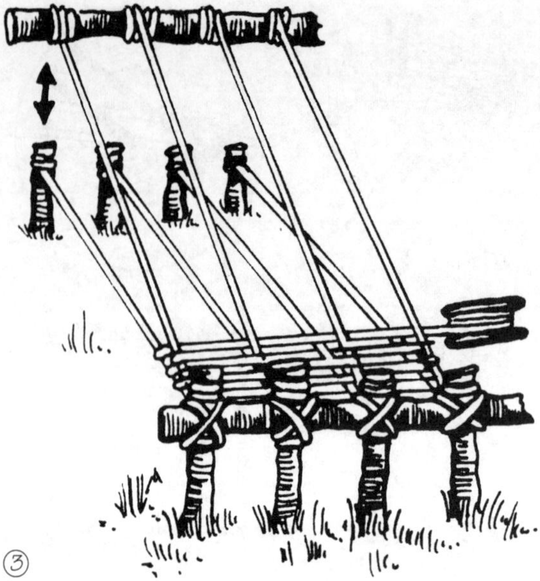

Zeichnung 3 zeigt einen weiteren einfach zu bauenden Webstuhl.

Wecker, Reise- → Reisewecker

Weide. Die Weide gehört in unserer Heimat zu den Bäumen, deren Äste auf Grund ihrer Elastizität ideal sind zum Flechten (→ Flechten mit Ästen).

Aus den Rinden der W. lassen sich auch besonders leicht dicke Streifen abziehen und zu einer → Hängematte arrangieren.

Dünne Streifen ergeben belastbares Bindematerial.

Und last not least enthält die Rinde der Weiden Salicyl (Schmerztabletten-Bestandteil), das, als Tee gebrüht oder roh gekaut (bitter!), von Fall zu Fall schmerzbetäubende Wirkung hat.

Werbung muß sein. Wirb oder stirb. Da viele Firmen ständig ums nackte Überleben kämpfen, ist ihnen jede *Werbelüge* recht. Darum sei vorsichtig, wenn du aufgrund von Werbung etwas kaufen willst und nicht auf Empfehlung hin.

Es gibt Grundsätze, die seriöse von unseriöser Werbung unterscheiden.

• Glaubst du wirklich, daß du das Produkt benötigst, oder schwatzt man es dir auf? • Weckt man Ängste in dir oder appelliert man an dein Geltungsbedürfnis? Dann laß die Finger davon. • Wird mit Mode-, Fremd- oder Schlagworten geworben? Oder mit Wortneuschöpfungen? Dann will man bluffen. • Oder handelt es sich um ein angebliches Wundermittel, das der »Arzt« Dr. X lobt? Dann vergiß es und kau lieber Fingernägel. Das ist gesünder. Mit Ärzten darf nicht geworben werden. • Wird mit bombastischem Firmennamen, Titel, überstyltem Logo oder Prachtstraßen-Adresse Eindruck geschunden? Dann sei vorsichtig. Das Produkt ist überteuert. Du willst schließlich nicht die Adresse kaufen, sondern das Produkt. • Verkaufen dir ein Arzt oder seine Vorzimmerleute Schlankheitsmittel oder Nahrungsergänzungsmittel? Dann zeig sie an bei der Verbraucherzentrale/Ärztekammer. Es gibt weder ein Schlankheitsmittel noch ein Perpetuum mobile. Nur geringere Kalorienzufuhr hilft dir abzunehmen. • Wirbt man mit Dankschreiben, in denen Frau A. aus O. etwas lobt? Dann ist es gelogen. • Werden dir Preisermäßigungen oder Geschenke beim Kauf versprochen? Oder gratuliert dir jemand, weil du etwas »gewonnen« hast? Pinkel ihn an. Niemand hat etwas zu verschenken. • Wirst du gelockt mit Fotos »vorher«/»nachher«? Dann gratulier ihnen zur gelungenen Fotomontage. • Kauf schon gar nichts an der Wohnungstür oder spontan auf Infoveranstaltungen. Laß dir immer reichlich Zeit zum Überlegen. Möglichst über Nacht. Auch wenn dir dadurch tatsächlich mal ein Schnäppchen entgeht. Wer drängt, will übervorteilen. Meist entgehst du einem Betrüger. • Kauf nichts von Firmen ohne Ladengeschäft. Also nichts auf der Straße, an der Tür oder im Versand ohne feste Adresse innerhalb deines Landes.

☞ Wenn du *im Zweifel* bist, ob es sich um Betrug handelt oder nicht, frag sicherheitshalber deine *Verbraucherzentrale.*

Werkzeug, Steinzeit- → Steinzeit-Werkzeug

Werkzeuge, Survival- → Survival-Werkzeuge

Wespenstich → Hornissen

Westen, kugelsichere → Kugelsichere Westen

Westen, Rettungs- → Rettungswesten

Wetter. Wer nichts zu erzählen weiß, redet übers Wetter. Wir nun auch. Es gibt tausend Regeln, nach denen das Wetter vorhergesagt werden kann. Brauchbare und hirnlose. Und es gibt die Meteorologen, die sich seit Generationen in dieser Kunst üben. Mit mehr oder weniger respektablem Erfolg.
Für Survivors gibt es zwei oberste Wetterregeln:

1. ***Immer mit dem Schlimmsten rechnen und jederzeit darauf reagieren können.***
2. ***Es gibt kein schlechtes Wetter. Nur die falsche Ausrüstung.***

Damit ist eigentlich alles gesagt, denn ändern kann man ein Wetter nicht.
Trotzdem seien hier unverbindliche *Schönwetteranzeichen* für die nächsten 12 Stunden genannt: hochfliegende Schwalben; senkrecht aufsteigender Rauch; dunstige Täler, klare Höhen; Morgennebel, die von der Sonne schnell aufgelöst werden; Morgentau nach kalter Nacht und kaltem, klaren Morgen.
Schlechtwetterzeichen: tieffliegende Schwalben; fallender Rauch; Morgenrot; abends zunehmender Wind; Dunkelfärbung des Himmels.

☺ Kräht der Hahn auf dem Mist, ändert sich's Wetter. Oder es bleibt, wie es ist.

Widerstandskraft. Jedes Lebewesen hat von Mutter Natur mannigfaltige Kräfte mitbekommen, um mit den unterschiedlichsten Bedrohungen fertigzuwerden, die es töten könnten. Darüber hinaus ist es auch in der Lage, bestimmte Kräfte über die Norm weiterzuentwickeln (Muskeln) und völlig neue Kräfte zu entfalten (Immunität gegen Krankheiten, Gifte). Diese Fähigkeit des Körpers kann man forcieren oder vernachlässigen.
Wer den Körper nie herausfordert mit Hunger, Hitze, Kälte, physischer (Langstrecken-Wanderungen und Joggen) und psychischer Höchstbelastung (Angst, Entbehrungen), der ist ein Narr und mordet seine eigenen Kräfte. Eine Zeitlang mag das jeweils gutgehen und dem Betreffenden ein Gefühl von Sicherheit und Unangreifbarkeit vortäuschen, bis irgendwann das körperliche Kräfte- und Immunsystem verkümmert ist und Krankheiten freie Bahn haben. Dann ist Aktivität nur noch Reparaturpfusch.
Deshalb wird jeder, dem Gesundheit das wertvollste Gut bedeutet, sich nicht von der Zivilisation bis zur Degenerierung verhätscheln lassen, sondern durch eine verantwortungsbewußte Lebensführung (Ernährung, Bewegung, Höchstbelastungen) das Bestmögliche aus dem machen, was Mutter Natur ihm in die Wiege gelegt hat.

☺ Vorbeugen ist besser als Heulen.

Wiederbelebung → Herz-Lungen-Wiederbelebung

Wildschweine sollte man grundsätzlich als gefährlich einstufen. Vor allem, wenn man eine Rotte mit Frischlingen überrascht hat. Dann können die erschreckten Bachen und Eber sofort zum Kampf übergehen. Erwischen sie einen, hat man schlechte Karten. Gegen die Urgewalt eines anstürmenden Schweines bleibt nur die Flucht hinter oder auf einen Baum. Gelingt es einem nicht, den Baum zu erklettern, bleibt das Herumlaufen um den Baum. W. haben den Nachteil, daß sie ihren Kopf nicht wie ein Mensch wenden und dann zubeißen können. Sie müssen ihren Körper mitdrehen und das

macht sie ein wenig unbeholfen. Das Herumlaufen nutzt einem nichts, wenn mehrere W. attackieren.
Wer auf einen Baum geflohen ist, sollte mindestens 2 Meter hoch klettern, weil sich die Tiere in ihrem Zorn auf die Hinterläufe stellen. Häufig belagern sie ihren Feind über längere Zeit (Pekaris im südamerikanischen Regenwald).

Willenstraining (→ Überlebenstraining)

Wind. Wer gegen ihn ankämpfen muß, mag ihn nicht. Wer ihn im Rücken hat, liebt ihn.
Radfahrer glauben, ihn immer gegen sich zu haben. Dabei ist das, was ihnen am meisten zu schaffen macht, der Luftwiderstand, der um so größer wirkt, je schneller man fährt.
Ohne Wind und genügend Trinkwasser wäre der Mensch nicht in der Lage, in Ländern zu existieren, deren Temperatur über der Körpertemperatur liegt. Erst durch den Luftzug des Windes erfährt der Körper die nötige Kühlung (→ Chill-Faktor) und vermeidet seine Überhitzung. Wo der Wind fehlt, muß der Fächer ihn künstlich erzeugen.
Fahrtwind kann man zur Kühlung von Getränken nutzen (Getränk in Flasche aus Glas oder Metall, dick umwickeln mit nassem Stoff und außen in den Fahrtwind hängen).
Wind kann auch sehr schnell zur Unterkühlung führen. Selbst im Sommer. Deshalb bei aufkommendem Kältegefühl mit Hilfe eines winddichten Tuches den Wind vom Körper isolieren.

Wirbelstürme haben viele Namen (Taifun, Orkan, Hurrikan, Zyklon, Willy-Willy, Tornado usw.), aber sie haben eines gemein: Sie sind gefährlich infolge der ungeheuren Kraft ihrer rasend-rotierenden Luftmassen.
Sie entstehen über warmen Meeren und können Geschwindigkeiten bis zu 200 km/h erreichen. Sie ziehen relativ schmale Bahnen von wenigen 100 km Durchmesser und einem toten »Auge« von ca. 20 km. Sobald sie auf Land treffen, verlieren sie ihre Wirkung allmählich.
W. werden rechtzeitig von den Wetterstationen angekündigt. In freier Landschaft versucht man sofort und so schnell wie möglich, die vorhergesagte Bahn des Sturmes seitwärts zu verlassen. Schafft man das nicht, sucht man Schutz in Gräben oder Senken, sofern keine Flutwelle zu befürchten ist. Oder man flieht in solide gebaute Häuser. Dort wiederum das unterste Geschoß aufsuchen und niederkauern in den Ecken der Außenmauern.
In traditionell gefährdeten Gebieten: Vorräte (Trinkwasser) anlegen. Verbandszeug, Äxte und Sägen, Schaufeln, Kreuzhacken, Lampen, Kerzen. Transistorradio bereithalten (Reservebatterien), um die Nachrichten zu hören.
Außerhalb des Hauses alles sichern mit starken Seilen: Wohnanhänger, Satellitenschüsseln, alles Freilie-

gende. Sturmgefährdete Bäume kappen.
Im Haus Fenster zur Sturmseite hin mit Klappläden oder Brettern verschließen, weil sonst die Scheiben brechen und der Luftdruck das Haus von innen auseinanderreißt. Zur entgegengesetzten Seite einige Fenster öffnen. Sobald man sich im »Auge« (manchmal totenstill, kein Regen, kein Wind) befindet, keinesfalls denken, der Sturm sei vorbei! Diese Zeit (ca. 10 bis zu 60 Minuten) nutzen, um die offenen Fenster zu schließen, zu verrammeln und auf der Gegenseite einige zu öffnen.

VORHER

IM AUGE

NACHHER

☠ Wichtig: Sobald das »Auge« vorübergezogen ist und der Sturm wieder zuschlägt, Achtung: Jetzt kommt die Windkraft aus der **anderen** Richtung (Zeichnung)!

Witwen-/Witweranleitung. Wer eine gefährliche Reise vorhat, sollte nicht nur per → Testament an den bedauernswerten (?) hinterbliebenen Partner denken, sondern auch per W. Das ist besonders dann vonnöten, wenn der Witwen-/Witwermacher bisher alles Geschäftliche besorgt hat und der Hinterbliebene damit weniger erfahren ist.
Also verrät man ihm • die Versicherungen, die nun zahlen müssen, • wessen Daueraufträge für Konten zu annullieren sind, • wer Schlüssel für was hat, • wo Wertgegenstände verliehen, versteckt sind, • wo Sparverträge, Ratenzahlungen und sonstige Verpflichtungen bestehen, • wo man Teilhaber ist, • wo man Eigentümer ist, • welchen testamentunabhängigen Wunsch man noch hat und:

☺ wer die Alpenveilchen auf dem Grab gießen soll (oder ob sie lieber aus Plastik sein sollten).

Wohnungssicherung. Wer seine Wohnung oder das Haus gegen Einbrecher sichern will, tut gut daran, sich mit seiner zuständigen Kriminalpolizei in Verbindung zu setzen. Sie führt kostenlos Besichtigungen durch und erteilt dann objektbezogene Ratschläge.

Es gibt keine 100%ige Sicherheit gegen Einbrecher. Aber wenn man nicht gerade einmalige Schätze zu sichern hat, die die Eliteknacker der Welt reizen, sondern einen Normalhaushalt führt, dann läßt sich mit wenig Aufwand die Einbruchgefahr stark eingrenzen.

Die meisten Einbrüche geschehen durch Türen, Fenster, Dachluken und Balkone. Bei Nacht und vor allem auch bei Tage! Sie werden geöffnet mit Dietrichen, Stahlbändern, Schraubenziehern, Brechstangen, Glasschneidern und Steinen.

Fassaden werden mit affenartiger Gewandtheit und ohne Hilfsmittel erklommen. Oder man kommt vom Nachbarhaus, vom Baum.

Also beugt man vor: In die Eingangstür gehört ein 180 °-Spion. Man muß sehen, wer da draußen steht, und öffnet nicht, wenn irgend etwas verdächtig ist. Wenn man bei Verdächtigen dennoch öffnet, sollte die Tür mit Riegel und Kette gesichert sein, bis der Verdächtige sich ausgewiesen hat. Bleiben die Zweifel und ist es gar Nacht, bittet man den Betreffenden, am anderen Tag wiederzukommen, und erkundigt sich inzwischen über ihn bei der Polizei. Oder man lädt sich einen kräftigen Beschützer ein. Fall nicht rein auf Gejammer der Art: »Mir ist schlecht, haben Sie ein Glas Wasser?« Reich es ihm durch die verriegelte Tür. Bitte ihn dafür um Verständnis, weil dein »Hund unberechenbar ist«. Überhaupt: das Schild »Vorsicht, bissiger Hund!« kann nie schaden. Du kannst ihn ja auch bellen lassen. Vom Tonband.

Die Tür muß aus massivem Holz sein und nicht aus Sperrholz, bündig mit dem Rahmen und nicht hervorstehend; der Rahmen aus Stahl, das Schloß mit drei Verriegelungen.

Fenster im Parterre müssen aus Isolierglas und mit Fensterriegeln von innen gesichert sein. Zusätzlich erschweren Stangen und Verschraubungen den Einbruch. Der Mehraufwand lohnt sich vor allem während längerer Reisen.

Kelleraußentüren sind ebenfalls massiv und mit Eisenstangen und Balken gesichert.

Im Garten stehen keine Leitern herum, und es befindet sich dort kein Stromanschluß. Innenschlüssel werden mit Draht gegen das Herausstoßen gesichert.

Keller- und kleine Parterrefenster sind vergittert. Desgleichen Kasemattenroste. Große Fenster schützt man mit Metall-Außenrollos.

Die Innensicherung kann man mit Infrarot-Alarmmeldern optimieren, und Wertsachen liegen in Tresoren und nie im Schlafzimmer, hinter Bildern oder in Schubladen.

Außen kann eine gelbe Signallampe auf dem Dach signalisieren, daß das Haus überwacht ist – selbst wenn sie

gar nicht angeschlossen ist. An den Fenstern weisen ein Schildchen und Metallfolien-Streifen darauf hin, daß bei Glasbruch ein Alarm ausgelöst wird.
An den Klingeln beeindrucken viele Namen, auch wenn du alleine wohnst. Sehr wichtig ist gute Nachbarschaft. Empfehlenswert sind Alarmsysteme und Gegensprechanlagen über die Steckdosen von Haus zu Haus und bei Abwesenheit persönliche, unregelmäßige Kontrollgänge durch Nachbarn. Briefkästen sind täglich zu leeren. Die Nachbarn sollen auch ab und zu ihr Auto vor dein Haus stellen, weil ein autoloses Haus die Abwesenheit seiner Bewohner verrät.
Außerdem empfehlenswert: verschiedene Lampen, die – über Schaltuhren gesteuert – in unregelmäßigen Abständen an- und ausgehen, um Bewohntheit vorzutäuschen.
Schließlich kann es nicht schaden, eine Waffe griffbereit zu haben sowie Taschenlampen, Abwehrspray und Elektroschocker.
Einige dieser Sicherungen kosten zwar Geld, aber sie sind erheblich billiger als die Regulierung des Schadens nach einem Einbruch.

Wolf (med.) ist das unangenehme Wundsein der Haut, das entsteht, wenn schwitzende Hautpartien (Gesäß, Brust, Achselhöhle, Hals) lange aneinander oder in unpassender Garderobe (Nylonwäsche) gerieben werden. Zur Rötung gesellen sich Schmerzen, Nässen und unangenehmer Geruch durch Entzündungen.
Vorbeugung: Sauberkeit, Trockenheit, luftige Baumwollgarderobe, Waschungen mit Kamillentee.
Behandlung: Waschen, trocknen, pudern. Notfalls mit einfacher Mehlstärke. Wenn bereits fortgeschritten: Umschläge/Einlagen mit Kaliumpermanganat, Zinksalbe, Hautcreme.

Wolf (Tier). Wölfe sind vor allem im Rudel und in kalten Notzeiten gefährlich. Normalerweise meiden sie den Menschen. Hilfreich gegen sie ist die Flucht auf Bäume und Pfefferspray, weil gerade Hunde auf Pfeffer besonders empfindlich reagieren. Bei Angriff durch mehrere W. muß für Rückendeckung gesorgt werden. Mit Hilfe eines dicken Stockes kann man sie sich, solange die Kräfte reichen, vom Hals halten.

Wortschatz, Grund- → Grundwortschatz

Wristband ist ein elastisches Strickarmband mit eingearbeitetem Knopf, der auf den Akupressur-Punkt »Nei-Kuan« drückt und Gläubige so vor Müdigkeit und Seekrankheit bewahrt. (Zeichnung)

Wunden sind die Eingangspforten für Krankheiten. Bakterien, Viren, die sonst an der glatten Haut abprallen oder im Säurebad des Magens elendiglich ertrinken würden, nutzen jede noch so kleine Verletzung des Körpers, um sich zu entfalten und zu erhalten. Auch wenn der Wirt dabei zugrunde gehen könnte. Denn Undank ist der Welten Lohn. Auch in Bakterienkreisen.

Deshalb ist keine Wunde zu gering, als daß sie nicht beachtet werden müßte. Wenn es zu einer *kleineren* blutenden *Verletzung* kommt, läßt man sie kurz ausbluten. Blutungen sind die beste Selbstreiningung. Dann desinfiziert man Wunde und Umfeld (störende Haare abschneiden). Notfalls mit Urin. Und schließlich bedeckt man die Wunde mit möglichst sterilem Verband, um eine weitere Blutung zu stoppen und mechanische Belastungen abzufangen. Schorf ist jedoch das bessere Pflaster.

Größere Wunden: Blutung stoppen. Verschmutzte Wunden möglichst mit Alkohol u.ä. (nicht mit Jod), notfalls unter sauberem, *fließendem* Wasser und mit Seife, reinigen. Nicht in der Wunde herumrühren und den Dreck einmassieren! Wunde ruhigstellen. Erforderlichenfalls zerrissene, gequetschte Wundränder glattschneiden (→ Injektionstechnik, Vernähen einer Wunde). Verabreichung von Sulfonamiden, Antibiotika, Schmerzmitteln.

Muß sich der Patient nicht bewegen oder sind Verbandsstoffe knapp, kann man sich auf eine lockere Mullauflage (also keinen festen Verband) beschränken. Sie soll die Fliegen fernhalten und Licht und Luft heranlassen.

Die *Offene Wundbehandlung* ist besser als die meisten Salben. Außerdem erspart sie Schmerzen beim Verbandswechsel. In diesem Fall ist das Heranlassen der Fliegen empfehlenswert! Sie legen ihre Eier ins tote Fleisch. In wenigen Stunden schlüpfen daraus unendlich viele Maden. Sie ernähren sich nur vom toten Gewebe und säubern die Wunde schmerzfrei und ohne Nebenwirkungen. Einziges Anfänger–Handicap: die Überwindung des unbegründeten Ekels. Das wird reichlich kompensiert durch ein angenehmes Kitzelgefühl (☺)!

Wundstarrkrampf → Tetanus

Wurfanker

Würgeschlangen. Pythons und Boas ab 3 Metern Länge können einen Menschen erwürgen. Das tun sie nicht aus Hunger, sondern wenn sie sich angegriffen fühlen. Weicht man ihnen aus, kann man sich das Erwürgtwerden ersparen. Fairerweise warnen sie vorher durch Zischen. Der Mensch ist zu Fuß immer schneller als jede Riesenschlange. Möchte man ein solches Erlebnis jedoch nicht missen, läßt man sich probewürgen. Man muß nur den Mindestabstand zum Tier unterschreiten – er beträgt etwa ein Drittel der Schlangenlänge –, dann greift es an.

Die W. packen das Opfer mit ihrem zahnbewehrten Mund, meist am Hals, und werfen peitschenartig ihre Schlingen um den Körper, vor allem um den Brustkorb. Werden dabei die Arme mitgefesselt, sieht es schlecht aus für den Einzelwanderer. Ist ein Helfer dabei, kann er das Tier – auf Wunsch des Gequetschten – leicht vom Schwanz her abwickeln. Durch die Wucht der angreifenden Schlange stürzt man zu Boden. Das tut nicht weh, weil man durch die Schlangenwindungen gepolstert ist. Ist Wasser vorhanden, läßt sich die Schlange mit großer Wahrscheinlichkeit hineinfallen. Schlangen sind gute Schwimmer und Taucher und wissen, daß ihre Opfer dort schnell ertrinken. Sie selbst können mühelos viele Minuten die Luft anhalten.

An Land hingegen spürt der Gewürgte zunächst nur den gewaltigen Körpermuskel der Schlange, der ihn wie eine Stahlfeder umfaßt. Möglicherweise hat er eine letzte Chance, die Schlange mit den Zähnen so zu verletzen, daß sie aufgibt. Oder er erwischt trotz der Umwicklung mit seinen Händen den Schwanz und kann einen Wirbel brechen. Das geht am Schwanz relativ leicht. Die Wirbel sind die empfindlichen Stellen der Schlange (beim Menschen allerdings auch).

Sind die Schlingen geworfen, kommt ein interessanter Part. Ich kenne ihn aus Eigenerfahrung. Man erwartet einen Wahnsinnsdruck oder -zug, der einem die Luft aus der Lunge quetscht und die Rippen brechen läßt. Aber das ist nicht der Fall. Man spürt nur die liebevolle starke Umarmung und wundert sich einen Moment lang, daß das alles sein soll. Aber dann kommt's! Irgendwann muß man ausatmen, um wieder einzuatmen. Im selben Moment, wo der Brustkorb kleiner wird infolge der ausgeatmeten Luft, zieht der Schlangenmuskel nach. Man kann nicht mehr einatmen. Um dennoch Luft zu kriegen, muß man erneut und tiefer ausatmen – und schon wieder zieht der Mordsmuskel nach. Innerhalb von 60 Sekunden bleibt dem Opfer nur noch ein hektisches Hecheln, das ihm nichts mehr nutzt. Dann wird's Zeit zum Verabschieden. Oder zum Abwickeln. Wie gesagt – das kann nur der Helfer vom Schwanz her.

Nach solcher Würgung wird man anschließend sein Herz rasen spüren, und Schweiß bricht aus allen Poren, weil der Körper derart Revolutionäres noch nie erlebt hat. Nach 30 Minuten beruhigt er sich jedoch wieder, und man verspürt nur noch ein riesiges Wohlgefühl wie nach einer Monstermassage.

☺ **Würmer!** Sie sind das Markenzeichen des Survivors. Würmer können Leben zerstören (Bandwürmer im Darm) und Leben retten (Bandwürmer in der Pfanne). Da Bandwürmer knapp sind, reden wir von Regenwürmern. Man findet sie unter Steinen überall dort, wo der Boden humös ist. Oder man gräbt. Nachts findet man sie in feuchten Wiesen, wenn man lautlos auftritt und mit der Taschenlampe leuchtet. Sie schauen neugierig aus der Erde, weil sie sich für den Mond interessieren. Oder für deine Lampe.

Tagsüber gibt es den Trick, einen Stock oder Spaten in den Boden zu rammen und dann schnell am Stiel hin- und herzuwackeln: drrrrrrh. Ob die Würmer nun denken, es regne in Strömen oder ob sie fürchten, ein hektischer Maulwurf wolle ihnen den Garaus machen, darüber streiten die Wurmologen. Tatsache ist, daß die Tiere in Panik an die Oberfläche schießen, um dir das Graben zu ersparen.

Würmer sind der ideale Köder zum Angeln. Aber wenn es keine Fische gibt oder einem Fleisch lieber ist als Fisch, dann ißt man die Würmer. Sie schmecken sandig, humös oder mistig. Je nach Fundort. Gut schmekken sie eigentlich nicht. Eher bitterlich. Aber sie sind proteinhaltig wie Frühstücksquark. Oder wie Fisch.

Gourmets, die das Sandig-Mistige ablehnen, reinigen die Tiere vorher. Dazu legt man sie ins Wasser und melkt ihnen den Körperinhalt ins Freie. Auch auf die Gefahr hin, daß einem dadurch wertvolle Mineralien verlorengehen.

In Salzwasser gekocht, wird man W. mit Makkaroni verwechseln.

Hektiker mit chronischem Zeitmangel essen W. roh. Hektiker mit empfindlichen Rachenzäpfchen und Brechlust kauen sie nicht, sondern schlucken sie am Stück oder stückchenweise herunter.

Wer für Notzeiten vorsorgen muß, kann W. auch trocknen und pulverisieren.

Y

Yeti. Gäbe es den Y. nicht, hätte dieses Lexikon kein Wort mit Y., und die Zeitungen hätten häufig leere Seiten wegen Sensationsmangels. Das wäre schade. Der Y. soll ein Bär, ein Menschenaffe oder Affenmensch sein, den alle kennen, den aber noch keiner (außer Reinhold Messner) gesehen hat. Er führt sein Inkognito-Leben im Hochgebirge des Himalaya. Er ist nicht aggressiv. Man benötigt also kein Abwehrspray.
Alle Meldungen über den Yeti hatten bisher (1998) eines gemeinsam: Immer war das Tier in weiter Ferne gesehen worden, immer waren die Bilder unscharf (vor Aufregung verwackelt oder wetterbedingt vernebelt), immer gab es nur Fuß-, Haar- und Kotspuren. Aber nie einen Yeti.

☺ Deshalb hier der Supertip für alle Hobbyzoologen und Entdecker: Man schnitze sich zwei Fußabdrücke aus Holz und binde sie unter seine Schuhe. Damit lege man ein großes Spurenfeld im Himalaya an und fotografiere es. Ferner mische man den Kot von Esel, Yak und Pferd und modelliere ungewöhnliche, aber gleichartige geometrische Formen. Die lege man an den angeblichen Wechseln des Yeti aus. Plus Eigenurin.
Ferner forme man durch Hin- und Herwälzen an geeigneter Stelle Schlafplätze, wo Haare zu hinterlassen sind, die man über die Wärter zoologischer Gärten von echten Menschenaffen rechtzeitig sichergestellt und mit Pferde- und Galloway-Rinderhaaren kunstvoll gemischt hat. Schließlich hänge man sich ein langhaariges Fell über (→ Jagdtricks) und lasse einen Mitverschworenen im Morgennebel oder Schneetreiben die berühmten unscharfen Bilder machen.

Z

Zahn und Zahnbürste. Wer seine Zähne liebt, putzt sie mehrfach täglich. Spätestens am Abend. ***Denn ein sauberer Zahn wird nicht krank.*** Wenn möglich, benutzt man warmes Wasser (da besser schmutzlösend) und Zahnpasta und putzt vor allem rauf und runter und nicht hin und her. Wenn eine Zahnbürste nicht zur Verfügung steht, zerfasert man kleine Ästchen durch Zerkauen und funktioniert sie zu Zahnbürsten um. Welche Hölzchen am geeignetsten sind, muß man durch Versuche herausfinden. Aber auch ein Stück Stoff, Gurgeln mit Salzwasser, ein harter Apfel, ein Zwirnsfaden können zu zahnbürstiger Bedeutung gelangen.

Zähne füllen. Sobald die Kariesbakterien ein Loch durch den Zahnschmelz zum Zahnnerv gefräst haben, setzen Schmerzen ein. Kalte Luft, Süßes – alles tut empfindlich weh.
Solche Löcher kann man provisorisch schließen. Man improvisiert ein Zahnbesteck, das zwei Funktionen erfüllen muß: Es muß das Loch bestmöglich auskratzen und reinigen, und es muß geeignet sein, die Füllmasse einzuspateln (→ Operationsinstrumente). Solche Instrumente-Sets gibt es bei den Globetrotter-Ausrüstern fertig zu kaufen.

☞ Umsonst gibt es sie bei deinem Zahnarzt, weil der von Zeit zu Zeit seine Instrumente gegen neue austauscht.

Um gut sehen zu können, setz den Patienten in die Sonne, ins Licht. Nimm die Taschenlampe und eine Spiegelscherbe zu Hilfe. Dann kratz den braunen Kariesbefall heraus. Ist alles sauber, nimmst du ein stecknadelkopfgroßes Stück Watte, tauchst es in Nelkenöl (gehört in jede Reiseapotheke) und steckst es tief in das Loch. Nelkenöl ist schmerzlindernd, bakterizid und riecht nach Zahnarzt und Weihnachten. So gefüllt kannst du die Wunde bis zu vier Wochen belassen. Treten die Schmerzen erneut auf, mach eine weitere Füllung.
Wenn du über Cavit verfügst (gehört ebenfalls in jede Reiseapotheke), füllst du den Zahn damit. Dabei ist wichtig, daß keins der Wattehaare herausschaut. Sobald die Möglichkeit besteht, laß den Zahn fachmännisch und dauerhaft füllen.

✍ Zähnefüllen übt man am besten an den Prothesen-Gipsabdrücken, die man sich beim Zahnarzt erbittet.

Zähne ziehen. Das erforderliche Zahnbesteck schenkt einem jeder nette Zahnarzt, weil er von Zeit zu Zeit seine angekratzten Instrumente gegen neue austauscht. Da es für jeden Zahn, strenggenommen, eine eigene Zange gibt, behilf dir mit je einer Universalzange für Schneidezähne und Backenzähne. Nimm dazu einen Spiegel, einen Extravator, einen Elevator. Wem das nicht zur Verfügung steht, der muß die gute alte Kombizange umfunktionieren, indem er deren Backen mit Lassoband umwickelt, und sich alles andere ebenfalls improvisieren (→ Operationsinstrumente)

Normalerweise weiß man, welcher Zahn schmerzt. Ist das nicht klar, richte dich nach dem Sitz des allgemeinen Schmerzes. Dröhnt es im Schädel, befindet sich der defekte Zahn im Oberkiefer. Zieht der Schmerz in Richtung Ohr, ist es der Zahn im entsprechenden Unterkiefer.

Entstehen beim Drücken gegen das schmerzende Zahnfleisch Blutungen, liegt Parodontose vor. Das ist Zahnstein, eine Art Kesselstein, der sich zwischen Zahnschmelz und Zahnfleisch geschoben hat. Dadurch sind Taschen entstanden, in denen Schmutz steckt, der die Entzündung ausgelöst hat. Der Schmutz muß raus, der Kesselstein gehört abgekratzt, und der Zahn kann drinbleiben.

Für das Abkratzen des Kesselsteins nimmt man einen Extravator. Das ist ein scharfes, löffelartiges Instrument. Abschließend wird alles mit 10%igem Wasserstoffsuperoxid gesäubert.

Spürt jemand seinen Zahn als »hoch«, hat er eine Entzündung im Kiefer, und der Zahn muß raus. Je entzündeter der Zahn ist, desto weniger wirkt die Betäubungsspritze.

Beim Ziehen eines Zahnes muß betäubt werden. Dazu zieht man 1,8 ccm Scandicain in eine Spritze mit feinster Nadel. Handelt es sich um Zähne im Oberkiefer, spritzt man ins Wurzelfleisch; und zwar dorthin, wo Wangen und Kiefer zusammentreffen. Spritz viermal: vorne links und rechts, hinten links und rechts. Das ist vor allem bei Eck- und Backenzähnen wichtig, weil sie zwei bis drei Wurzeln haben, Schneidezähne dagegen nur eine.

Muß ein Zahn aus dem Unterkiefer gezogen werden, wird nicht der einzelne Zahn, sondern per Leitung der gesamte halbe Kiefer betäubt. Die Einstichstelle für den zu treffenden Hauptnerv liegt genau in der Verlängerung des Innenkreises der Unterkieferzähne über der Stelle, wo der Unterkiefer – von außen fühlbar – einen Bogen nach oben beschreibt. Laß dir das rechtzeitig bei deinem Zahnarzt zeigen. Das ist genau die Stelle, wo der Hauptnerv im Knochen verschwindet.

Am besten läßt sich diese Spritze verabreichen, wenn du den Unterkiefer mit dem Daumen von innen faßt und mit der Nadel von der gegenüberliegenden Seite über den 5. und 6. Zahn hinweg auf den Nerv zuhältst.

Bei allen Spritzen: nur der feine Einstich ist vom Patienten fühlbar. Das Vordringen der Nadel nicht.

☞ Beim Leitungspritzen kann man versehentlich die Ohrspeicheldrüse treffen. Dann ist das halbe Gesicht wie gelähmt. Das ist jedoch nicht weiter schlimm! Nach drei Stunden löst sich die Lähmung.

Hast du den Nerv nicht getroffen (das ist der Fall, wenn der Patient nach fünf Minuten noch Schmerz empfindet), spritz noch einmal. Ein Zuviel an Scandicain hat keine Nebenwirkungen. Wie man spritzt → Injektionstechnik.
Sind Zahn, Lippe, Kiefer betäubt, kann die Extraktion beginnen. Lüfte die Zahnreihe mit zwei Fingern und halt den Kiefer gut fest. Mit einem Elevator oder sterilem feinen Schraubenzieher stich zwischen Fleisch und Zahn und heble das Fleisch ab wie mit einem Spaten. Dann greif mit der Zange tiefstmöglich in Richtung Wurzel. Die *unteren* beiden hintersten Zähne (Nr. 7 + 8, links und rechts) werden ganz langsam nach innen *und* außen gehebelt, um sie zu lösen. Alle übrigen werden nur nach außen gewippt, weil der Kiefer dort dünner ist und nachgibt. Hin und her, langsam, aber kräftig. Also nicht ziehen wie einen Nagel, sondern wippend hebeln. Sobald ein Schmatzen zu hören ist, löst sich der Zahn von seinem Ader- und Fasersystem. Schließlich reißt es, und der Zahn ist frei.
Beim Ziehen mußt du den Kopf des Patienten sehr gut festhalten und dich absichern gegen unbeabsichtigtes Zubeißen. Zwischen die Zangengriffe legt man einen Finger, der die Zange gegen unverhofftes Abrutschen und Zuklappen abfedert.
Ein besonderes Problem bieten die hintersten Backen-, die Weisheitszähne. Sie sind mit der Zange kaum erreichbar. Sie werden mit einem sterilen (mindestens 7 mm breiten) Schraubenzieher einfach herausgekugelt. Dazu sticht man zwischen Zahn 7 und 8 ins Fleisch.
Nach der Extraktion leg dem Patienten erforderlichenfalls eine Mullrolle auf die Wunde. Blutgerinnsel zwischen den Zähnen läßt man drin. Sie sind die Basisnahrung für die Neubildung der Knochen.
Bis zu zwei Stunden nach dem Zähneziehen sind Alkohol, Tabak, Obst, Salat oder Milchprodukte verboten.

Zähneziehen kann man an größeren toten Tieren üben, die man von den Straßen sammelt. Oder man erbittet einen Schafskopf beim Schlachter.

Zahnhilfe-Set werden die Instrumente genannt, die der Globetrotter-Handel anbietet zum Füllen der Zähne (→ Zähne füllen) und Befestigen gelöster Kronen. Inhalt: Spiegel, 1 Instrument zum Untersuchen und Füllen der Zähne, 1 Spachtel, 2-Komponenten-Zahnzement, 1 sterile Dental-Einwegspritze.
Zusätzlich sollte man sich ausstatten mit Nelkenöl zur Desinfektion und Betäubung der Zahnlöcher sowie mit einer Pinzette zum Austupfen der Löcher mit Watte.

Zecken. Die meisten dieser Milben sind harmlos. Aber einge können tö-

ten. Sie übertragen das afrikanische Rückfallfieber, Küstenfieber, Gallenfieber, Texasfieber u.ä. oder die tödliche Hirnhautentzündung (Europa). Deshalb sollte man vorsichtshalber alle Z. als gefährlich betrachten und ihren Biß verhüten.
In z.gefährdeten Gebieten ist eine Impfung möglich.
Z. können jahrelang ohne Nahrung auskommen und warten geduldig auf ihre Chance, einen Wirt zu finden und sich mit Blut vollzusaugen. Mit ihrem ausgefeilten Wahrnehmungssystem wittern sie ihre Opfer auf viele Meter. Sie lassen sich zielgenau von Sträuchern fallen oder kommen über die Erde gerannt, verhaken sich auf der Haut und beißen sich durch zum Blut. Erst wenn sie sich dick vollgesogen haben, lassen sie sich fallen.
Z. soll man nicht abreißen, sondern herausdrehen. Sonst bleiben die Zangen im Körper stecken, und das führt zumindest zu Infektionen. Oder man bedient sich der Z.zange (Globetrotter-Handel). Mit ihr wird das Tier ergriffen und herausgedreht.
In Z.gebieten schützt man sich nachts mit dem Moskitonetz. Tags, beim Marschieren in Regenwäldern, kann es praktisch sein, unbekleidet zu marschieren. Dann lassen sich die Zecken sofort sehen und absammeln, bevor sie gebissen haben.

Zitrone ist nicht nur *der* Vitamin-C-Spender und Durstlöscher, sondern auch als Desinfektionsmittel und Juckreizstiller geeignet. Zitronensaft, mit starkem Kaffee vermischt, kann von Kopfschmerzen befreien.

Zivilcourage »ist eine Grundfeste und bewegende Kraft demokratischer Gesellschaften«, sagt Ortwin Runde, Bürgermeister in Hamburg. Z. und persönliche Eigenständigkeit kann man sich erarbeiten über eine breitgefächerte Allgemeinbildung, gepaart mit persönlichem Mut. Wer darüber verfügt, sollte seine Fähigkeiten nutzen und Schwächeren beim Kampf um würdigere Lebensbedingungen helfen.

Zopf → Flechten

Zunder ist alles, was sich schnell zu Glut oder Flamme entzünden läßt: Flugsamen, Feinstholzspäne (per Bleistiftanspitzer), verkohlte Baumwolle/-stoffe, Heu, Schießpulver, Benzin, Alkohol, Birkenstammhäutchen, Hanf, Papier, Petroleum, Speiseöl usw.

Zunderschwamm ist ein konsolenartiger Pilz, der an toten Bäumen (Buchen, Birken) wächst. Er enthält eine dünne Lage samtenen Materials, das geeignet ist, Funken in Glut zu verwandeln. Dazu entfernt man die Röhren- und die Oberschicht. Die Samtschicht wird mehrfach gekocht, gewalkt, mit Salpeter- oder Kaliumlösung (Apotheke) getränkt und getrocknet. Ein Funke (Flint und Eisen; → Feuer mit Flint), der auf den präparierten Z. trifft, ist mit Blasen leicht zu Glut auszuweiten. Das Glutnest wird übertragen auf schnell entzündbares Material (Heu) und zur Flamme entfacht.

Zuverlässigkeit → Ideale

Zwangserziehung ist eine der vielen Varianten der Bestrafung in diktatorischen Ländern. Entweder wird sie vollzogen an Prominenten, von deren Beeinflussung man sich für die Öffentlichkeit etwas verspricht, oder an labilen Charakteren, weil man aus ihnen Mitstreiter formen will. Verglichen mit → Folter und → Gehirnwäsche ist Z. das kleinere Übel, das dem politischen Gefangenen widerfahren kann. Der Globetrotter kann in diese Situation geraten, wenn er mit Regierungsgegnern sympathisiert hat oder man ihn zusammen mit Aufständischen verhaftet hat.

Statt körperlicher Strafen wird er in persönliche Gespräche verwickelt. Sie dauern monatelang. In dieser Zeit soll der Häftling umgepolt werden auf die andere Ideologie. Wehrt er sich dagegen, wird er methodisch erniedrigt und schikaniert. Bei geringsten Anlässen wird nicht er bestraft, sondern die Gemeinschaft, die engeren Mitgefangenen. Streit und Denunziantentum werden gefördert. Der Zusammenhalt unter den Häftlingen wird vernichtet. Du mußt dich immer wieder vor allen entschuldigen. Das geht über Wochen und zermürbt. Der Gegner hat Zeit. Erst dann bist du reif für die Aufnahme seiner Thesen. Dabei genügt es nicht, sie nachzuplappern. Das täte jeder Häftling, um freizukommen. Man muß die Sprüche auch nachts ohne nachzudenken herunterrasseln, wenn man aus tiefstem Schlaf geweckt wird. Muß man für die Antwort auch nur im geringsten überlegen, ist man noch nicht reif.

Gegen Z. hilft das Wissen um deren Methodik. Auch → Autogenes Training ist eine Chance, um reflexartiger die gewünschten Parolen von sich zu geben. Du mußt ferner wissen, daß die letzte wirksame Waffe deiner Gegner die Drohung ist, dich bei Abtrünnigkeit zu Tode zu foltern und sich schadlos zu halten an deinen Kindern. Wenn der Umerzogene eine starke Persönlichkeit ist, verliert sich die Z. meist, sobald er wieder in der alten vertrauten Umgebung weilt. Diese Verdrängung der Umerziehung ist nicht mehr möglich, wenn er einer → Gehirnwäsche unterzogen wurde.

Zwiebel. Sie ist nicht nur gesund, sondern vertreibt auch Insekten, wenn man sich mit ihr eingerieben und so den Eigengeruch übertönt hat.

Zwille. (Zeichnung Seite 346)

Zyankali (Kaliumcyanid) ist das Kaliumsalz der Blausäure. Es sieht aus wie Schnee und löst sich schon bei Luftfeuchtigkeit auf. Also muß es luftdicht verpackt werden. Es ist ein

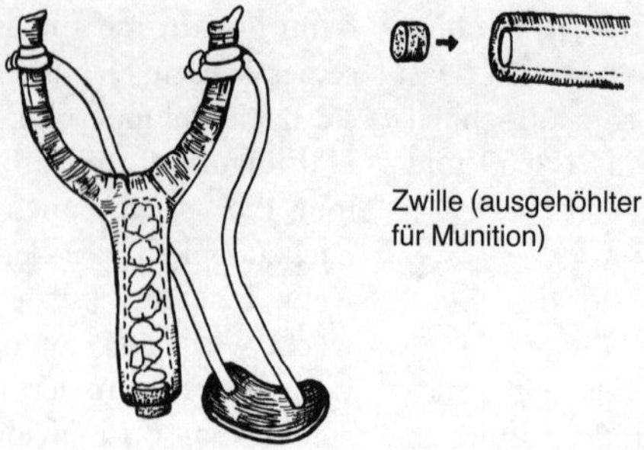

Zwille (ausgehöhlter Griff für Munition)

starkes Gift, das die Atmung blockiert. Der Todeskampf ist qualvoll wie das Erwürgen und kann bis zu fünf Minuten dauern.

Z. kostet im Handel nur wenige Mark pro Kilo, in Sterbehilfe-Vereinen ein Hundertfaches. Gerber, Galvaniseure, Fotolabors, Apotheker, Chemielehrer haben die Möglichkeit, das Gift relativ problemlos zu beschaffen. Auch 60 Bittermandeln enthalten die tödliche Dosis Blausäure.

☺ Das war ein würdiges Schlußwort.

Anhang

Persönlicher Hinweis

Man kann Rüdiger Nehberg zu zwei verschiedenen Dia-Vorträgen einladen: **Survival** und **Yanomami**.

Sie sind auch für Schulen geeignet. Kontaktadresse:
Büro Nehberg, Frau Margrit Ludwig,
Fax 040/6 93 48 44

Aktuelle Vorträge erfahren Sie auf der homepage unter: **www.nehberg.com** und **www.sir-vival.com.**

Hier die Kurzbeschreibung der Vorträge:

SURVIVAL
Die verrückten Überlebenstricks

In einer 90minütigen Dia-Reportage gibt Rüdiger Nehberg einige seiner Überlebenstricks zum besten. Er zeigt, was ihn befähigt, monatelang im Abseits der Welt bestehen zu können. Zwischen kalkulierbaren Naturgewalten und unberechenbaren Menschengestalten. Bilder zwischen Witz und Schock, zwischen Steinzeit und Gegenwart, von Freiheit und Gefangenschaft, von Leben und Tod. Belege von seinen Trainings zu Hause, bei der Bundeswehr und den Reisen in ferne Länder. Im Team oder als Einzelkämpfer. Dokumente, die zeigen, wie mann/frau jeden Alters dem Körper, der Seele und dem Verstand spielerisch neue Dimensionen zuweisen kann. Wie man mit Vielseitigkeit resistent wird gegen Langeweile, Null-Bock und Arbeitslosigkeit. Wie man Selbstvertrauen und Zivilcourage vermehrt und wie man diese Stärken einsetzen kann. Ob daheim oder in der Öffentlichkeit. Oder dort, wo Naturschutz und Menschenrecht mit Füßen getreten werden. Wo Geschundene dieser Welt Hilfe brauchen. Um seinem Leben Spannung und Erfüllung zu geben. Vielleicht auch dem der meisten Zuschauer. Denn eines wird jedem klarwerden: Heute beginnt der Rest des Lebens. Machen wir was daraus! Let's fetz! Man gönnt sich ja sonst nichts.

YANOMAMI
20 Jahre Aktionen für ein bedrohtes Indianervolk
Dia-Reportage eines Augenzeugen

In einer 90minütigen Dia-Reportage erzählt Rüdiger Nehberg sein Stück Lebenslauf im Zusammenhang mit den Yanomami-Indianern in Brasilien. Er berichtet, wie er ihnen vor 20 Jahren das erste Mal begegnete, wie sie leben, was ihn an ihnen so fasziniert hat und wie sie vernichtet werden. Er zeigt Opfer, nennt die Schuldigen und stellt die Verteidiger der Indianer vor.
Der Zuschauer erfährt aber auch von Nehbergs zahlreichen, oft vergeblichen Bemühungen, den Völkermord an dem letzten großen, freien Indianervolk weltweit bekannt zu machen und Hilfe zu organisieren, und wie es schließlich dazu kam, daß er seine bürgerliche Existenz als selbständiger Konditor aufgab und zum Aktionisten für Menschenrechte für die »Gesellschaft für bedrohte Völker« wurde.

Anschließend gern auch Diskussion, Bücherverkauf und Signierungen.

Tatsachenberichte anderer Autoren

Zwei alte Frauen
Velma Wallis; Kabel Verlag
Zwei alte Frauen werden von ihrer Lebensgemeinschaft in der Arktis ausgesetzt und wachsen über sich hinaus.

Wenn es Krieg gibt, gehen wir in die Wüste
Henno Martin; Abera Verlag
Zwei Deutsche im heutigen Namibia wollen dem Krieg entgehen und verstecken sich jahrelang in der Wüste.

The Last of the Nomads
W. J. Peasley; Fremantle Arts Centre Press
Zwei Aborigines müssen sich jahrzehntelang vor ihren eigenen Leuten im Outback Australiens verstecken.

Flug in die Hölle
Hans Bertram; Ullstein
Zwei Deutsche stürzen vor der australischen Küste ab. Survival non plus ultra.

Allein über den Ozean
Hannes Lindemann; Edition Maritim
Der qualvolle Selbstversuch mit wenig Trinkwasser und einem Faltboot über den Atlantik.

Survival-Bücher anderer Autoren

Der totale Widerstand
Major vom Dach; Schweizer Unteroffiziersverband
Lehrbuch über die Möglichkeiten des kleinen Mannes, sich gegen Unrechtssysteme zur Wehr zu setzen. Survival der harten Gangart.

Abenteuer unter freiem Himmel
Andrea Mercanti; Mosaik Verlag
Das große Buch für Fahrt und Lager. Ein ideales Buch für angehende Survivors. Mit vielen detaillierten Zeichnungen.

Bushcraft
Western Australia Police Force. Erhältlich in australischen Polizeistationen. Das Pflichtbuch für jeden Australien-Outbacker. Kurz, umfassend, lehrreich.

Schmerzen, Migräne
Stiftung Warentest
Das kompetenteste Buch zu diesem Thema.

Das große Überlebensbuch
Gerhard Buzek; Orac-Verlag
Ein besonders empfehlenswertes, sehr umfassend-detailliertes Survival-Buch.

Der Gesundheits-Brockhaus
Brockhaus-Verlag
Ein verständliches Volkslexikon zum Thema Gesundheit.

Frankonia Jagd
Randersackerer Str. 3–5, 97072 Würzburg, Fax 09302-2 02 00
Der große Katalog für alles, was mit Jagd und Sportschießen zu tun hat. Ein umfassendes *kostenloses* Lehrbuch. Jährlich 2 × aktuell.

Globetrotter Ausrüstung Handbuch
Bargkoppelstieg 12, 22145 Hamburg
Das *kostenlose* 500-Seiten-Lehrbuch über alles, was mit aktuellem Reisen zu tun hat.

Erste Hilfe Leitfaden für Ausbilder
Deutsches Rotes Kreuz

The SAS Survival Handbook
John Wiseman; Collins Harvill Verlag
8 Grafton Street, London W 1

Publikationen von Rüdiger Nehberg zu den Themen »Survival« und »Abenteuer mit Sinn«

Abenteuer am Blauen Nil
Serie Piper 1796, München 1993
Die Geschichte der Erstbefahrung.

Drei Mann, ein Boot, zum Rudolfsee
Serie Piper 2714, München 1998
Michaels Ermordung. Flucht und Fahndung.

Überleben in der Wüste Danakil
Serie Piper 1809, München 1994
Vier Monate mit Kamelen und zwei Freunden durch eine der interessantesten und abenteuerlichsten Wüsten.

Die Kunst zu überleben – Survival
Kabel, Hamburg 1997; Serie Piper 2622, München 1998
Der Bestseller, der die europäische Survival-Bewegung begründete.

Survival-Abenteuer vor der Haustür (Taschenbuchausgabe von »Let's fetz«)
Serie Piper 2715, München 1999
Das Einstiegsbuch für angehende Survivors.

Survival-Training
Knaur Taschenbuch, München 1989
Der Fünf-Tage-Kursus für Schüler, Lehrer, Einsteiger.

Medizin Survival
Kabel, Hamburg 1986; Serie Piper 2717, München 1998
Das Handbuch für das Überleben ohne Arzt. Erste bis letzte Hilfe.

Abenteuer vor der Haustür (Video)
Komplett Video Verlag
Die Dauerserie aus dem Jugendprogramm des ZDF. 22 Lehrbeispiele à 4 Minuten über Survival-Grundfertigkeiten. Mit Kindern für Kinder.

Survival (CD ROM)
Navigo Verlag
Survival digital mit dem Ziel, Hacker für die Natur und Abenteuer zu begeistern.

Yanonámi
Serie Piper 2716, München 1998
Überleben im Urwald. Nehbergs erster Marsch zu den Indianern im brasilianischen Regenwald.

Die letzte Jagd
Kabel, Hamburg 1989
Nehberg und ein Freund als Goldsucher, um die Machenschaften der brasilianischen Goldmafia gegen Indianer und Regenwald zu dokumentieren.

Im Tretboot über den Atlantik
Serie Piper 2829, München 1999
Der Nicht-Seemann Rüdiger allein auf dem großen Wasser. Mit Sea Survival.

Der selbstgemachte Häuptling
Knaur Taschenbuch, München 1993
Die unglaubliche, aber wahre und selbsterlebte Kriminalgeschichte aus dem Regenwald. Ein Deutscher spielt seit Jahrzehnten den »Häuptling« eines »unterirdisch lebenden Volkes«. Als ihm vier Personen auf die Schliche kommen, verschwinden sie. Drei Leichen werden gefunden.

Über den Atlantik und durch den Dschungel
Serie Piper 1965, München 1994
Eine Rettungsaktion für die Yanomami-Indianer. Mit Christina Haverkamp und dem Bambusfloß von Senegal über Brasilien bis vors Weiße Haus. Eine Protestaktion gegen die 500-Jahres-Feier Amerikas. Christinas Gefangenschaft bei den Goldsuchern im Regenwald.

Das Yanomami-Massaker
Reise Know-How Verlag, Bielefeld 1997; Taschenbuchausgabe unter dem Titel »Die Rettung der Yanomami«, Serie Piper 2979, München 2000
Goldsucher fallen über ein Yanomami-Dorf her und köpfen die Einwohner. Bei der Recherche nach den Mördern werden Christina Haverkamp und Rüdiger Nehberg zweimal von Goldsuchern ausgeraubt.

Survival-Faustregeln
Globetrotter Ausrüstung Hamburg
Die Stichworte für Survival und »Abenteuer mit Sinn«.

Leben mit Risiko
Hans-Dieter Schütt; Schwarzkopf und Schwarzkopf, Berlin 1998
Die Nehberg-Biographie des Berliner Journalisten. Kurzweilig, vielseitig, geistreich.

Mit dem Baum über den Atlantik
Kabel, München 2000; Serie Piper 3607, München 2002
Drei Geschichten in einem Band: die Reise mit der massiven Tanne, der Weltmarsch (Human Race) durch Australien und eine Gefängnisgeschichte aus Jordanien.

Die Yanomami-Indianer
Serie Piper 3922, München 2003
Rüdiger Nehbergs Rettungsaktionen für die Yanomami-Indianer in einem Band, eine persönliche Bilanz.

Survival-Training

Reinhard Zwerger und Uschi Raab, Zwerger & Raab GmbH – Naturerlebnis und Abenteuerreisen, Freiburger Straße 31, 79856 Hinterzarten, Telefon 07652/54 94, Fax -54 04, e-mail: zwerger-raab@t-online.de, Homepage: http://www.zwerger-raab.de
Trainings für alle Kategorien von Interessenten: vom Kind bis zum Manager. Für Einzelpersonen, Firmen, Gruppen. Erlebnisreisen. Schwarzwald und weltweit.

Hinweise für Leserzuschriften

Sind erwünscht! Vor allem, wenn sie neue Impulse vermitteln oder berechtigte Kritik enthalten. Richtet sie bitte an:

Rüdiger Nehberg
Großenseer Straße 1a
22929 Rausdorf

Respektiert jedoch meine karge Freizeit! Fragen werden nur beantwortet, wenn sie mit dem Thema Survival zusammenhängen und ihre Gegenstände nicht bereits in meinen Büchern beschrieben worden sind. Ich bin keine allgemeine Auskunftei, ich entwerfe keine Reiserouten usw.
Ein beigefügter frankierter Rückumschlag sollte Ehrensache sein!

Rüdiger Nehberg – ein Lebenslauf

Rüdiger Nehberg, Jahrgang 1935: kein Sternzeichen, keine Kirche, keine Haare, kein Blinddarm, kein Clip im Ohr; verheiratet, eine Tochter, Schlangen als Haustiere; war seit der sogenannten Mittleren Reife als Konditor tätig und 25 Jahre in Hamburg selbständig. Sein Beruf ernährte ihn zwar angemessen, aber erfüllte ihn nicht. Erfüllung fand er beim Reisen. Schon als Lehrling nahm er unbezahlte Urlaube und erradelte sich nach und nach die halbe Welt.
Eine Wende in seiner Art zu reisen trat ein, als er aus den USA vom Thema Survival erfuhr – eine bis in die 60er Jahre in Deutschland völlig unbekannte Sache. Mit Begeisterung importierte er es nach Europa, reaktivierte verlorengegangene Instinkte und Fertigkeiten und testete seine Unabhängigkeit von der Zivilisation mit gewagten Expeditionen. Immer mehr verlagerte sich sein Leben weg von den Torten hin zu den Torturen. 20 bewaffnete Überfälle überlebte er, zweimal geriet er in Gefangenschaft, mehrfach kurz in Gefängnisse. Bei der Erstbefahrung des Blauen Nil wurde sein Freund Michael ermordet, die Täter wurden gefaßt. Es gab monatelange Wüstendurchquerungen zu Fuß, die zweimalige Überquerung des Atlantiks mit Tretboot und Bambusfloß, einen Marsch 1000 Kilometer lang ohne Nahrung und Ausrüstung durch Deutschland, das Wettrennen mit einem Aborigine und einem Iron Man 600 km durch Australien.
Als er merkte, daß andere sich auch für das Thema Survival interessierten, schrieb er sein Wissen nieder. *Die Kunst zu überleben* wurde ein Bestseller und begründete die europäische Survival-Bewegung. Inzwischen gibt es 17 Bücher, die Hälfte davon Reiseabenteuer und Survival. Die Kinderserie

»Abenteuer vor der Haustür« (ZDF) wurde ein Dauerrenner, Survival eine Wirtschaftsbranche. Schulen machten das Thema gesellschaftsfähig und erhoben es zum Schulprojekt, Journalisten adelten Nehberg zum »Sir Vival«. Was seine Publikationen auszeichnet, sind die Authentizität der Erzählungen, seine verrückten Selbstversuche, seine Liebe zur Natur und die locker-humorvolle Art zu erzählen: nie belehrend und immer mit einem Schalk im Sinn. Er verstand es, aus dem einfachen Abenteuer das »Abenteuer mit Sinn« zu machen.

Das alles aber geriet zur Nebensache, als er vor 18 Jahren Zeuge der Vernichtung des letzten freilebenden Indianervolkes wurde: der Yanomami in Brasilien. Ihre Verteidigung gegen eine Übermacht von Goldsuchern und deren Hintermänner wurde zu Nehbergs Lebensinhalt. In der *Gesellschaft für bedrohte Völker (GfbV)* fand er für sein Engagement genau den richtigen Partner. Er wurde ihr *Aktionist für Menschenrechte*, sie war die beratende Institution im Hintergrund – eine ideale Symbiose. (Inzwischen hat die GfbV den »Consultativen Status« bei den Vereinten Nationen. Nehberg wurde Beiratsmitglied der GfbV.) 1990 verkaufte er seinen 50-Mitarbeiter-Betrieb, um mehr Zeit für seinen Einsatz in Brasilien zu haben.

In 3 000 Vorträgen, 15 TV-Filmen, 40 Talk-Shows, mit 35 Kilo Zeitungsartikeln, ungezählten Rundfunk-Interviews, Konsultationen von UNO, Weltbank und Papst machte Nehberg – inzwischen mit seiner Kampfgefährtin Christina Haverkamp – die Yanomami in Europa zu einem festen Begriff. Gemeinsam mit brasilianischen Menschenrechtlern gelang es der weltweit gewachsenen Bewegung, den Yanomami 1992 zu einem verbürgten Schutzgebiet von der Größe der Schweiz zu verhelfen. Aber brasilianisch-politische Ignoranz bleibt auch weiterhin eine latente Gefahr für die erstrittenen Rechte. Als Krönung ihrer Arbeit bauten Rüdiger Nehberg und Christina Haverkamp 1997 den Yanomami mit Einnahmen aus Vorträgen mitten im Regenwald eine Krankenstation und Schule. Sie wird geleitet von einer unabhängigen Französin. Haverkamp: »Die Indianer sterben sonst an den von Goldsuchern eingeschleppten Krankheiten. Und solange sie nicht Portugiesisch sprechen, gelten sie nach brasilianischem Recht als unmündig.«

Und Nehberg ergänzt: »Die Station beraubt die Yanomami nicht ihrer Kultur, sondern macht sie nur schlauer, damit sie den Bedrohungen aus unserer Welt besser gewachsen sind. Ich bin überzeugt, daß wir viel von den Urvölkern dieser Welt lernen können. Vor allem ihren harmonischen, respektvollen Umgang mit der Natur. Wenn wir das nicht begreifen, werden uns Katastrophen das Umdenken abnehmen.«

Detlef Lerch
Kabel Verlag

Ein Appell an meine Leserinnen und Leser

TARGET
(ZIEL)
RUEDIGER NEHBERG
Direct actions for human rights
Gezielte Aktionen für Menschenrechte

Es gibt neue Projekte. Bei den Waiapí-Indianern und gegen die weibliche Genitalverstümmelung. Besonders das letzte Thema ist für mich zur letzten großen Herausforderung geworden. Zusammen mit meiner Lebenskampfgefährtin Annette Weber und fünf Freunden habe ich deshalb meine eigene Menschenrechtsorganisation TARGET (Ziel) gegründet. Sie macht mich unabhängig und aktionsschnell. Finanziell und in Entscheidungen. Denn ich bin über 70, und da bleibt keine Zeit mehr für lange akademische Diskussionen.

TARGET's besondere Strategie: Beendigung des Brauches der weiblichen Genitalverstümmelung *mit der Hilfe des Islam.* Zwar verstümmeln auch Christen (»Es steht in der Bibel!«) und Andersgläubige, aber in den betroffenen Gebieten ist der Islam der dominierende Glaube. Und dort ist die meist gehörte unrichtige Begründung: »Es steht im Koran.« Deshalb ist es TARGET's Vision, dass höchste Glaubensführer erklären:

Frauenverstümmelung ist mit der Ethik des Islam unvereinbar, Gottesanmaßung und Diskriminierung des Islam.

Bis hin nach Mekka. Nicht mehr und nicht weniger.

Wer uns dabei unterstützen möchte, ist herzlich eingeladen, das als Förderer zu tun. Schauen Sie gern auf unsere Homepage, oder kommen Sie zu meinen Vorträgen. Dort erfahren Sie, welche unglaubliche Kooperation wir bereits in der islamischen Welt erfahren haben, was mit den Spendengeldern geschieht, auf welche messbaren Erfolge wir verweisen können.

Herzlich bedanken sich

Rüdiger Nehberg und Annette Weber

TARGET (e. V.)
Ruediger Nehberg
Poststr. 11, 22946 Trittau
www.target-human-rights.com
E-Mail: ruediger-nehberg@target-human-rights.com
Spendenkonto: 24240, Sparkasse Stormarn, BLZ 230 516 10
In der Schweiz: Konto 40-622117-1, Kontobezeichnung: TARGET Ruediger Nehberg, Finanzinstitut: PostFinance

Bei Überweisung bitten wir dringend um Ihre Anschrift für die Spendenbescheinigung.

PIPER

Rüdiger Nehberg bei Piper:

Überleben in der Wüste Danakil

335 Seiten mit 34 Farbfotos und einer Karte. Serie Piper

Survival-Lexikon

368 Seiten mit zahlreichen Abbildungen von Julia Klaustermeyer. Serie Piper und gebunden bei Kabel

Medizin-Survival

Überleben ohne Arzt. 268 Seiten mit zahlreichen Abbildungen. Serie Piper und gebunden bei Kabel

Survival-Abenteuer vor der Haustür

296 Seiten mit 116 Illustrationen von Marian Kamensky. Serie Piper

Die Yanomami-Indianer

Rettung für ein Volk – meine wichtigsten Expeditionen. 413 Seiten mit einem farbigen Bildteil und einer Karte. Serie Piper

Mit dem Baum über den Atlantik

THE TREE und andere Abenteuer. 240 Seiten mit 67 Farbfotos und 3 Karten. Serie Piper und gebunden bei Kabel

Abenteuer am blauen Nil
Drei Mann, ein Boot, zum Rudolfsee

Zwei Abenteuer in einem Band. 462 Seiten mit 34 Farbfotos. Serie Piper

01/1299/02/R

Pam Houston

Wildnis im Herzen

Aus dem Amerikanischen von Ulrike Wasel und Klaus Timmermann. 284 Seiten. Serie Piper

Pam Houston ist süchtig nach Abenteuern. Kein Fluß ist ihr zu reißend und kein Berg zu hoch auf ihrer Suche nach den extremen Seiten des Lebens. Stets zieht es sie in die entlegensten und unberührtesten Gegenden der Erde: in die Berge Colorados, auf die Stromschnellen wilder Flüsse oder in die Einsamkeit Alaskas. Sie fühlt sich dort am wohlsten, wo nur noch Steinböcke, Bären, Kojoten und Krokodile leben. Packend, unerschrocken und voller Humor erzählt sie von der Faszination der Wildnis, die sie in ihrem Herzen trägt.

»Das Buch liefert tiefenscharfe Erkundungen einer passionierten Beobachterin. Es sind Botschaften aus dem Herzen einer romantisierten Wildnis, die sich unterm Strich als kaum verstellte Liebesgeschichten einer Erotikerin des Natürlichen offenbaren.«

Facts

05/1343/01/L

Maria Blumencron

Flucht über den Himalaya

Tibets Kinder auf dem Weg ins Exil. 304 Seiten mit 16 Seiten farbigem Bildteil. Serie Piper

Rund tausend Kinder aus Tibet fliehen jedes Jahr über die eisigen Pässe des Himalaya. Oft können sie kaum noch weiter und kämpfen gegen Schnee, Hunger und Erschöpfung. Ihr Ziel sind die Schulen des Dalai Lama in Nordindien. Dort, so hoffen ihre Eltern, erwartet sie eine bessere, freie Zukunft. Die engagierte Dokumentarfilmerin Maria Blumencron hat sechs Kinder auf ihrer Flucht begleitet. Mit ihrer einfühlsam erzählten Geschichte macht sie zugleich auf die Mißstände im besetzten Tibet aufmerksam.

»Es gibt Bücher, die zerreißen einem einfach das Herz, und wenn sie dann auch noch wie Maria Blumencrons Buch ein Happy-End haben, ist das so wie Weihnachten und Ostern an einem Tag. Ihr Buch setzt starke Emotionen beim Lesen frei: Lachen, Bangen und Hoffen.«

Brigitte

05/1910/01/R

Jon Krakauer

In die Wildnis

Allein nach Alaska. Aus dem Amerikanischen von Stephan Steeger. 302 Seiten. Serie Piper

Im August 1992 wurde die Leiche von Chris McCandless im Eis von Alaska gefunden. Wer war dieser junge Mann, und was hat ihn in die gottverlassene Wildnis getrieben? Jon Krakauer hat sein Leben erforscht, seine Reise in den Tod rekonstruiert und ein traurig-schönes Buch geschrieben über die Sehnsucht, die diesen Mann veranlaßte, die Zivilisation hinter sich zu lassen, um tief in die wilde und einsame Schönheit der Natur einzutauchen.

»Ein zutiefst bewegendes, ganz unsentimentales Abenteuerbuch.«
Die Woche

05/1516/01/L

Jon Krakauer

In eisige Höhen

Das Drama am Mount Everest. Aus dem Amerikanischen von Stephen Steeger. 390 Seiten und 33 Schwarzweißfotos. Serie Piper

Geplant war ein Bericht über die dramatischen Auswüchse des kommerziellen Bergsteigens, Jon Krakauer wurde jedoch Augenzeuge der schlimmsten Katastrophe, die sich je auf dem Dach der Welt ereignet hat: Zwölf Bergsteiger kamen ums Leben. Jon Krakauers spannendes und tief berührendes Buch ist ein einmaliges Dokument, das sich mit der Faszination und Irrationalität des Bergsteigens auseinandersetzt.

»Eines der besten Bergbücher, weil es hautnah und nachvollziehbar zeigt, warum Leute auf den Gipfeln ihr Leben riskieren, obwohl sie es gerade dort wiederfinden wollen.«
Tages-Anzeiger, Zürich

05/1659/01/R

SERIE PIPER

SERIE PIPER

Break your Limits

Neue Extremabenteuer.
Herausgegeben von Ulrich Wank.
316 Seiten. Serie Piper

Man kann seine Hochzeitsreise auch zu Fuß durch die Sahara machen – jedenfalls wenn man Michael Asher heißt und passionierter Abenteurer ist. Den leichten Weg gehen, das ist nichts für die Autoren in diesem Buch. Ob wie Bertrand Piccard mit dem Ballon um die Welt oder in einer einmotorigen Maschine über den Atlantik wie Beryl Markham, ob ein Jahr mit Frau und Baby allein in der kanadischen Wildnis wie Nicolas Vanier oder auf der Suche nach einer großen Reportage im afrikanischen Dschungel … Wovon andere Menschen nur träumen, das leben die Autoren dieses Buches: Denn für das Abenteuer gibt es keine Grenzen.

05/1466/01/L

Martin Dugard

Auf nach Afrika!

Stanley, Livingstone und die Suche nach den Quellen des Nils.
Aus dem Amerikanischen von Ulrike Frey. 336 Seiten mit 25 Abbildungen. Serie Piper

Am 4. April 1866 marschiert der große britische Afrikareisende David Livingstone mit seiner Karawane in Sansibar los, um die Quellen des Nils zu finden. Mit dem Augenblick, in dem er den Urwald betritt, verschwindet er für die Außenwelt von der Bildfläche, verschluckt vom sumpfigen Dickicht des Dschungels. Fünf Jahre später glaubt niemand mehr, daß Livingstone noch leben könnte. Bis sich der Draufgänger und Sensationsjournalist Henry Morton Stanley in die Sümpfe und Wälder im Herzen Afrikas aufmacht – und in sein größtes Abenteuer stürzt …

»Dugard beschreibt einen Kontinent, der von Kriegen, Krankheiten und sengender Hitze geprägt ist. Und schildert gleichzeitig eine einzigartige Landschaft, die selbst den erfahrenen Livingstone immer wieder aufs neue beeindruckt hat.«
Süddeutsche Zeitung

05/1905/01/R

Nicolas Vanier

Die weiße Odyssee

Aus dem Französischen von Reiner Pfleiderer. 318 Seiten mit 42 Farbfotos. Serie Piper

Nicolas Vanier hat sich seinen Traum erfüllt, als erster allein mit seinen Schlittenhunden vom Pazifik bis zum Atlantik zu fahren: 8600 Kilometer quer über den Kontinent. Sein Bericht ist nicht nur ein packendes Leseabenteuer – es ist auch die Geschichte einer unerschütterlichen Freundschaft zwischen einem Menschen und seinen Hunden, die sich in der Auseinandersetzung mit einer gnadenlosen Natur bewährt.

»Von den Strapazen der Fahrt berichtet Vanier in seinem Buch, von ihrem beinahe fatalen Ausgang, aber auch von der Weite und Schönheit der Landschaft im Norden. Vanier ist mehr als ein Draufgänger, er kann blendend erzählen. Ein moderner Jack London.«

Focus

05/1409/01/L

Nicolas Vanier

Das Schneekind

Eine Familie unterwegs durch die Schneewüsten von Kanada und Alaska. Aus dem Französischen von Reiner Pfleiderer. 351 Seiten mit 35 Farbfotos. Serie Piper

Die Geschichte von der Erfüllung eines Lebenstraums: Der weltberühmte Abenteurer Nicolas Vanier zieht mit seiner Frau Diane und der kleinen Tochter Montaine für ein Jahr in die Wildnis von Kanada und Alaska. Sie bauen sich ein Blockhaus und ernähren sich wie die Menschen früherer Zeiten: vom Jagen, Fischen und Sammeln. Es ist ein Leben im Einklang mit der gewaltigen Natur des hohen Nordens, voller Einfachheit, Klarheit und Poesie.

»Nicolas Vanier ist ein ebenso unerschrockener Abenteurer wie einfühlsamer Chronist seiner Erlebnisse. Bei Vanier wird aus dem Trip eine große Liebeserklärung an die Natur.«

Vogue

05/1537/01/R

SERIE PIPER

Reinhold Messner

Der nackte Berg

Nanga Parbat – Bruder, Tod und Einsamkeit.320 Seiten mit zahlreichen Farb- und Schwarzweißabbildungen. Serie Piper

Über 8000 Meter ist er hoch, der magische Nanga Parbat. Seine mächtige Rupalwand, die mehr als vier Kilometer in die Tiefe fällt, hat Reinhold Messner als erster durchstiegen. Doch bis heute ruft sie die Erinnerungen an das Jahr 1970 wach, an die dramatischen Geschehnisse, die den Extrembergsteiger nicht loslassen, denn damals mußte er fassungslos und ohnmächtig den schrecklichen Tod seines Bruders durch eine Lawine erleben. Drei Jahrzehnte später erinnert er sich – an den Bruder, an das schreckliche Erlebnis am Nanga Parbat, an eine Tragödie, die am Anfang von Messners Identität als Grenzgänger steht.

»Ein großartiges, sein weitaus bestes Buch. Wer den Mythos Messner verstehen will, muß dieses Buch lesen, und er wird auch etwas vom Menschen Messner verstehen. Und von sich selbst.«
Die Zeit

05/1467/01/L

Reinhold Messner

Die weiße Einsamkeit

Mein langer Weg zum Nanga Parbat. 351 Seiten mit zahlreichen Abbildungen und einem farbigen Bildteil. Serie Piper

1970 gelang Reinhold Messner die Überschreitung des Nanga Parbat. Doch im Erfolg erlebte er auch seine größte Niederlage: Sein Bruder Günther wurde unter einer Eislawine begraben. Immer wieder ist Reinhold Messner seitdem an den »Nackten Berg« zurückgekehrt. Bis ihm 1978 ausgerechnet dort das kühnste Vorhaben seiner Karriere gelang – der Alleingang auf den Gipfel. Nirgendwo liegen für ihn Triumph und Tragödie so eng beieinander wie am Nanga Parbat. »Die weiße Einsamkeit« ist eine Geschichte zwischen Schuld und Schicksal und zugleich die bewegte Chronik des Berges, durch den Reinhold Messner wurde, was er ist. Im Frühjahr 2004 konnte mit Hilfe einer DNA-Analyse nachgewiesen werden, daß Günther Messner tatsächlich erst nach der gemeinsamen Überschreitung am Fuß des Bergs verunglückt ist.

05/1791/01/R

Hans Kammerlander

Bergsüchtig

Klettern und Abfahren in der Todeszone. Unter Mitarbeit von Walther Lücker. 349 Seiten mit 56 Schwarzweiß- und 85 Farbfotos. Serie Piper

Der Südtiroler Hans Kammerlander ist einer der erfolgreichsten Extrembergsteiger der Welt und bisher der einzige, der vom Mount Everest mit Skiern abgefahren ist. In diesem Buch erzählt er von seiner Bergsucht, die ihn seit seiner Jugend immer wieder auf die höchsten Gipfel treibt, von seinem Leben zwischen Fels und Eis und von seinen Abenteuern auf den Achttausendern.

»Ein ehrliches, bodenständiges und schnörkelloses Buch. Ein echter Kammerlander eben.«
Abendzeitung, München

05/1561/01/L

Hans Kammerlander

Abstieg zum Erfolg

282 Seiten mit 78 Farbfotos und 39 Schwarzweißfotos. Serie Piper

Nicht das Erreichen des Gipfels ist die wahre Leistung beim Bergsteigen und Extremklettern, sondern ein erfolgreicher Abstieg. Hans Kammerlander berichtet von bedrohlichen Situationen, die manchmal nur durch Glück und Zufall gemeistert werden konnten, von Touren, die abgebrochen werden mußten, vom eigenen Scheitern und dem Scheitern anderer. Er erzählt davon, wie er immer wieder herausfindet, wo seine Grenzen liegen und wie weit er noch gehen kann – vor allem aber erzählt er von der unendlichen Faszination der Berge.
Außerdem Beiträge von Reinhold Messner, Oswald Oelz, Michl Dacher, Werner Beikircher, Friedl Mutschlechner, Hanspeter Eisendle, Alois Kammerlander, Hans Steinbichler und Franz Xaver Wagner.

05/1562/01/R

SERIE PIPER